普通高等院校文化产业管理系列教材

文化经济学

李向民 等 著

清华大学出版社
北京

内 容 简 介

本书系统阐释了文化经济学的重要原理问题，主要包括导论、文化产品的价值构成与生产、创意劳动与创意劳动报酬、文化业态、文化市场与文化商品价格、文化消费、文化经济的统计分类与计量、文化经济的增长动力和机制、国际文化贸易与文化保护、产业文化化与经济高质量发展、文化经济政策等。在精神经济理论的基础之上，结合文化经济发展的最新业态，具有鲜明的经济学与管理学、艺术学等学科融合的特点。

本书是文化产业的基础理论，适合于文化产业及相关专业本科生与研究生阅读学习，也适合于对文化产业相关领域感兴趣的读者阅读。

本书封面贴有清华大学出版社防伪标签，无标签者不得销售。
版权所有，侵权必究。举报：010-62782989，beiqinquan@tup.tsinghua.edu.cn。

图书在版编目（CIP）数据

文化经济学 / 李向民等著. —北京：清华大学出版社，2022.5（2024.8 重印）
普通高等院校文化产业管理系列教材
ISBN 978-7-302-60536-2

Ⅰ. ①文… Ⅱ. ①李… Ⅲ. ①文化经济学—高等学校—教材 Ⅳ. ①G05

中国版本图书馆 CIP 数据核字（2022）第 062433 号

责任编辑：杜春杰
封面设计：刘　超
版式设计：文森时代
责任校对：马军令
责任印制：杨　艳

出版发行：清华大学出版社
网　　址：https://www.tup.com.cn, https://www.wqxuetang.com
地　　址：北京清华大学学研大厦 A 座　　　邮　　编：100084
社 总 机：010-83470000　　　　　　　　　邮　　购：010-62786544
投稿与读者服务：010-62776969，c-service@tup.tsinghua.edu.cn
质量反馈：010-62772015，zhiliang@tup.tsinghua.edu.cn
印 装 者：三河市天利华印刷装订有限公司
经　　销：全国新华书店
开　　本：185mm×260mm　　　印　张：19　　　字　数：436 千字
版　　次：2022 年 5 月第 1 版　　　　　　　印　次：2024 年 8 月第 3 次印刷
定　　价：65.00 元

产品编号：091382-01

普通高等院校文化产业管理系列教材
丛书编委会

丛书主编：李向民

丛书副主编（按姓名拼音排序）：
陈少峰　　范　周　　傅才武　　顾　江　　姜　生　　李凤亮
李　炎　　祁述裕　　单世联　　魏鹏举　　向　勇　　尹　鸿

丛书编委（按姓名拼音排序）：
车文明　　山西师范大学
陈　斌　　厦门大学
陈　波　　武汉大学
陈少峰　　北京大学
戴伟辉　　复旦大学
丁　方　　中国人民大学
董泽平　　台湾师范大学
范　周　　中国传媒大学
傅才武　　武汉大学
顾　江　　南京大学
皇甫晓涛　北京交通大学
贾磊磊　　中国艺术研究院
贾旭东　　中国社会科学院
姜　生　　四川大学
李凤亮　　南方科技大学
李康化　　上海交通大学
李向民　　南京艺术学院
李　炎　　云南大学
祁述裕　　中共中央党校（国家行政学院）
单世联　　上海交通大学
王　晨　　南京艺术学院
魏鹏举　　中央财经大学
吴承忠　　对外经济贸易大学
向　勇　　北京大学
尹　鸿　　清华大学
张胜冰　　中国海洋大学
张振鹏　　深圳大学

总　　序

党的十九大报告首次提出:"中国特色社会主义进入新时代,我国社会主要矛盾已经转化为人民日益增长的美好生活需要和不平衡不充分的发展之间的矛盾。"社会需要的变化反映了财富概念的变迁,人民对"美"和"好"的向往变得前所未有的重要。

美好生活建立在生活美学的观念之上,这是社会生产力高度发达后呈现出来的一种全新的生存状态。文化将回归本质,将普照社会生活的每个角落。产业的文化化将是大势所趋。这是全新的精神经济时代,文化在经济生活中将拥有前所未有的重要地位。

在此前的几十年中,中国社会的进步更多体现在文化的产业化方面。从广州白天鹅宾馆的音乐茶座开始,"文化产业"这颗种子从 20 世纪 70 年代末破土而出,历经各种障碍,最终长成伟岸的大树和茂密的森林。我们都是亲历者和见证者。

也正因为此,很多人以为,文化产业是最近几十年的事,并且将文化产业的学术源头追溯到法兰克福学派。的确,法兰克福学派最早从学理上分析了 cultural industries(文化工业、文化产业)这一概念。但这些研究是从哲学层面、从文化批判的角度进行的,并没有研究文化产业自身的产业特性。这与我们今天所要从事的研究并没有太大的关系。

其实,从更广阔的历史维度看,中国的文化产业化,或者是产业化的文化,拥有非常悠久的历史。从新石器时代的大规模玉器雕琢、交易,青铜器生产的全流程管理,到周代对艺术品市场的管理,再到汉唐的碑铭市场,宋代的瓦肆勾栏,元代的杂剧和青花瓷,明代的小说出版,清代的绘画市场和京剧戏园,直到民国的电影,等等,无一不是文化产业的生动例证。这一切,也为我们今天理解和分析文化产业提供了重要的历史依据和文化自信。

在很长一段时期内,我们对文化产业、文化经济的研究都是严重滞后的。1987 年,钱学森在谈到精神经济理论时说过:"这个大问题,我国经济学家也出不了多少力,他们也没有研究过。还望有志于此的同志继续努力!"这是老一辈学者对我们的殷殷嘱托!

进入 21 世纪以来,中国的文化产业研究者们从文学、艺术、经济、历史、伦理、社会学,以及哲学的角度,对文化产业问题进行了分析和解读,为推动国家的文化产业发展,推动相关学科建设发挥了重大作用。

但总体看,文化产业的理论研究落后于如火如荼的产业实践,相关研究也大多局限在政策研究和规划的层面。加上研究者不同的专业背景,文化产业研究难以形成最大公约数。也正因为此,文化产业作为学科的面目并不清晰。目前将文化产业管理作为二级学科归入工商管理的一级学科之下,只能说是权宜之计、无奈之举。

学科认知上的错位,反映了理论的贫瘠。缺乏理论的学科是肤浅的,更不用说在其上构建学术殿堂。正是学科定位上的不确定性和诸多专家五花八门的专业话语,给人一种文化产业管理是一个没有门槛的学科的错觉。但是,文化产业管理并不是一个不需要工具的学科。我们需要整合大家的理论贡献，并且凝聚共识，打造文化产业理论的中国学派。

从21世纪初国内开始有高校开设文化产业相关本科专业以来，发展到现在全国已经有上百所高校开设了文化产业管理专业，涵盖专科、本科、研究生等全部教育层次。此前，北京大学、上海交通大学等高校也先后组织出版了相应的文化产业系列教材，为推动专业建设和学科建设发挥了积极作用。同时，由于各高校开设的文化产业管理专业的学科归属千差万别，一定程度上存在着老师会什么就教什么，而不是根据专业需要，设置基础课、专业基础课和专业课。这既不利于文化产业管理专业的标准化和规范化，也不利于培养符合社会需要的合格的文化产业人才。当然，这也并不是一所学校、一位教师所能解决的。

应当看到，经过30余年的探索，尤其是近20年政策和实践的推动，以及20余年持续不断的人才培养，文化产业学科已经聚集了大量的从业者。教学科研队伍也因为专业多样性而显示出新文科和交叉学科的特点。我们对中国文化产业研究中所涉及的问题、提出的观点也是有价值的，对中国产业发展做出了重要的理论贡献。对此我们充满信心。

2017年，中国艺术学理论学会中国文化产业管理专业委员会成立，这是我国文化产业学科第一个全国性的学术组织，发起单位包括北京大学、清华大学、中国人民大学、复旦大学、上海交通大学、南京大学、武汉大学、厦门大学、四川大学、云南大学、中国传媒大学、中央财经大学、中国海洋大学、深圳大学、南京艺术学院等高校和中共中央党校（国家行政学院），聚集了国内研究文化产业最活跃、最有影响力的专家学者，代表了从事文化产业教学和科研的主流力量。中国文化产业管理专业委员会成立后，大家一方面致力于推动文化产业的学科建设和智库建设，一方面致力于推动文化产业管理的专业建设，希望能够联合起来，形成一些较为规范和成熟的本科专业教材。

在这样的动议下，中国文化产业管理专业委员会成立了由会长、副会长及常务理事组成的教材编纂委员会，负责教材的遴选和把关。教材建设拟分步实施，成熟一本出版一本。计划通过几年的努力，完成30本左右的规范教材，推荐给全国的文化产业管理专业的教师和同学们。

在教材的编写中，我们坚持马克思主义的立场、观点和方法，博采众家之长，反映课程思政的最新成果。随着全面建成小康社会第一个百年目标的实现，我国开启了全面建设社会主义现代化强国的新征程，高质量发展成为社会的最强音。文化经济和文化产业发展任重道远。我们将以习近平新时代中国特色社会主义思想为指南，以生动宏伟的文化产业实践为归依，努力编撰出反映文化产业学科特点和水平的系列教材。

党的二十大报告指出："全面建设社会主义现代化国家，必须坚持中国特色社会主义文化发展道路，增强文化自信，围绕举旗帜、聚民心、育新人、兴文化、展形象建设社会主义文化强国"。文化产业任重道远，还望同行们共同努力！

李向民
2021年6月于南京
2023年7月修订

目　　录

第一章　导论 1
　学习目标 1
　导言 1
　第一节　文化经济学概述 1
　　一、文化经济的内涵 1
　　　案例/专栏 1-1　《少年派的奇幻漂流》（*Life of Pi*）................... 2
　　　案例/专栏 1-2　李子柒与"网红"变现新模式 2
　　　案例/专栏 1-3　梵高的《雏菊与罂粟花》 3
　　　案例/专栏 1-4　汾酒老作坊，焕发工业遗产新活力 5
　　二、文化经济学的研究对象 6
　　三、文化经济学的研究意义 7
　第二节　文化经济学的形成与发展 8
　　一、文化经济学的形成和发展脉络 8
　　二、文化经济学形成与发展的政策实践背景 16
　第三节　文化经济学的研究方法 17
　　一、规范研究 18
　　二、案例分析 18
　　三、定性与定量分析相结合 18
　第四节　文化经济学的研究框架 18
　　本章小结 20
　　综合练习 20

第二章　文化产品的价值构成与生产 21
　学习目标 21
　导言 21
　第一节　财富的认知 21
　　一、传统的财富认知 21
　　　案例/专栏 2-1　拍卖会上艺术品的价值 22
　　二、财富认知的转变 23

　　　　　案例/专栏 2-2　未被探明的煤矿是不是人类社会的财富 24
　　第二节　产品的价值构成与分类 25
　　　　一、产品价值构成模型 25
　　　　二、基于价值构成的产品分类 26
　　第三节　文化产品的价值构成、价值属性及文化生产 29
　　　　一、文化产品的价值构成 31
　　　　二、文化产品的价值属性 31
　　　　三、文化生产原理 34
　　本章小结 34
　　综合练习 35

第三章　创意劳动与创意劳动报酬 36
　　学习目标 36
　　导言 36
　　第一节　创意劳动 36
　　　　一、劳动与创意劳动 37
　　　　二、创意劳动的特征 37
　　　　三、创意劳动对文化业态的影响 41
　　第二节　创意人才 43
　　　　一、创意人才及其特征 43
　　　　二、创意人才资源管理 44
　　　　三、创意劳动力发展新趋势 45
　　第三节　创意劳动报酬 46
　　　　一、价值创造与价值分配的关系 47
　　　　二、创意劳动报酬及其表现形式 47
　　　　　　案例/专栏 3-1　50 年后被理解的"黑宾虹" 48
　　　　　　案例/专栏 3-2　央视春晚明星的劳动报酬 49
　　　　三、创意劳动报酬的特点 49
　　　　　　案例/专栏 3-3　头部创意人才何以获得更高报酬 51
　　　　四、创意劳动产品的要素投入与价值实现 53
　　本章小结 54
　　综合练习 55

第四章　文化业态 57
　　学习目标 57
　　导言 57

第一节　文化业态的概念、特征及分类 57
　　一、文化业态的概念 58
　　二、文化业态的特征 58
　　三、文化业态的分类 59
第二节　文化业态的演化机理 61
　　一、文化业态的演化类型 61
　　二、文化业态演化的影响因素 62
　　三、文化业态演化的机制 65
　　四、文化业态演化的表现形式 66
第三节　文化科技融合与新型文化业态 67
　　一、文化与科技融合 67
　　　　案例/专栏4-1　文化与科技融合的代表性技术简述 68
　　二、信息技术进步新浪潮下的文化业态发展 69
　　　　案例/专栏4-2　奈飞公司（Netflix）大数据互动化打造内容——
　　　　　　　　　　　《纸牌屋》 71
　　　　案例/专栏4-3　从泛娱乐到新文创 72
　　　　案例/专栏4-4　国外数字文化产业发展 73
　　三、文化科技融合下的高新技术与新型文化业态 74
　　　　案例/专栏4-5　智搜（Giiso）AI写作机器人赋能融媒发展 76
　　　　案例/专栏4-6　以今日头条、抖音为代表的"千人千面"的内容
　　　　　　　　　　　分发产品成为主流 77
　　　　案例/专栏4-7　百度超级链助力内容版权保护 78
　　　　案例/专栏4-8　继长城、故宫、昆曲之后，腾讯携手敦煌莫高窟，
　　　　　　　　　　　科技携手文化旅游 79
　　　　案例/专栏4-9　基于互联网云计算的"Stadia"游戏平台 81
第四节　新型文化业态的发展趋势 81
　　一、积极发展新型文化业态的重要性 81
　　二、面临的挑战与瓶颈 82
　　三、发展趋势展望 84
本章小结 86
综合练习 87

第五章　文化市场与文化商品价格 **88**
　学习目标 88
　导言 88

第一节 文化市场概述
一、文化市场的概念 88
二、文化市场的构成 89
三、文化市场的历史形态 90
四、文化市场的分类 91
案例/专栏 5-1 不同类型的文化市场 91
五、文化市场的运作机制 94
第二节 文化市场的结构
一、自由竞争市场 95
二、不完全竞争市场 96
第三节 文化市场中政府的职能与角色
一、文化市场准入 97
二、文化市场监管 99
案例/专栏 5-2 中国电影审查制度与电影分级制度 101
三、文化市场扶持 101
第四节 文化商品的价格
一、文化商品的价格形成 102
二、文化商品的价格弹性 104
三、文化商品的估价方法和定价策略 106
本章小结 108
综合练习 109

第六章 文化消费 110
学习目标 110
导言 110
第一节 文化消费的内涵界定 110
一、文化消费的特点和支付方式 111
二、文化消费中的价值转化与创造 112
案例/专栏 6-1 二次元文化 114
第二节 文化消费的决定因素 114
一、经济因素 114
二、时间因素 115
三、社会因素 117
案例/专栏 6-2 青年文化大数据："95后"引领文娱消费新潮流 117
四、供给创造需求 119

目 录

第三节　文化消费的发展趋势 121
　　一、消费的泛精神化 121
　　二、文化消费的场景化 122
　　三、文化消费的分众化 124
　　　　案例/专栏 6-3　华语说唱音乐 125
　　四、文化消费的数字化 125
　　五、文化消费的社交化 127
第四节　扩大和提升文化消费的主要策略 130
　　一、提高居民可自由支配收入 130
　　二、健全、完善公共文化服务体系，加强文化消费的社会治理 ... 131
　　三、供给侧结构优化和产品创新 133
本章小结 135
综合练习 135

第七章　文化经济的统计分类与计量 137
学习目标 137
导言 137
第一节　文化经济统计的内涵与意义 137
　　一、文化经济统计的目标与范围 137
　　二、文化经济统计与一般统计的区别 138
　　三、文化经济统计的意义 140
第二节　文化经济常用统计类目 143
　　一、文化经济的常用宏观统计 143
　　二、文化经济的常用业态统计 144
　　三、文化经济的常用消费统计 145
　　　　案例/专栏 7-1　文化事业繁荣兴盛　文化产业快速发展——新中国
　　　　　　　　　　　成立 70 周年经济社会发展成就系列报告之八（摘选）..... 147
第三节　文化经济统计的基础方法 149
　　一、德尔菲法 149
　　二、李克特量表 150
　　三、数值标准化 150
　　四、熵值法 151
　　五、回归分析 151
第四节　文化经济的计量分析模型 152
　　一、文化竞争力分析模型 152

| 二、文化软实力分析模型 154
| 三、公共文化承载力分析模型 156
| 四、文化企业评价分析模型 158
| 五、文化消费评价分析模型 160
| 本章小结 161
| 综合练习 162

第八章 文化经济的增长动力和机制 **164**
 学习目标 164
 导言 164
 第一节 文化经济增长概述 164
  一、文化经济增长的内涵与相关理论的演变 165
  二、文化经济增长的表现 166
  三、文化经济增长的制约因素 169
 第二节 文化经济的增长周期 170
  一、世界主要经济体文化经济发展的一般规律 170
  二、文化经济增长的"长波理论" 172
   案例/专栏 8-1 世界各国文化经济竞争力排名 174
 第三节 文化经济的增长动力 175
  一、生产要素驱动力 176
   案例/专栏 8-2 字节跳动的发展动力 177
   案例/专栏 8-3 打破"次元"壁垒——虚拟歌手演唱会 179
   案例/专栏 8-4 《派拉蒙法案》的"前世今生" 182
  二、企业驱动力 183
  三、市场驱动力 183
  四、创新驱动力 186
  五、场景驱动力 187
 第四节 文化经济的增长机制 189
  一、经济精神化 189
  二、产业创意化 190
  三、文化产业集群化 192
 本章小结 194
 综合练习 195

第九章 国际文化贸易与文化保护 **196**
 学习目标 196

| 导言 | 196 |

第一节　国际文化贸易概况 ... 196
一、文化安全与文化多样性 ... 197
二、国际文化贸易的定义和分类 ... 198
三、国际文化贸易的发展格局 ... 200
四、我国对外文化贸易的规模与结构 ... 201
　　案例/专栏 9-1　中国智慧　世界舞台 ... 202

第二节　国际文化贸易理论 ... 203
一、规模经济理论 ... 203
二、产业内贸易理论 ... 205
三、偏好相似理论 ... 206
四、引力模型 ... 207

第三节　国际文化贸易保护 ... 208
一、关税措施 ... 208
二、非关税措施 ... 209
三、我国文化贸易保护政策与文化走出去 ... 211

第四节　国际组织与国际文化贸易相关规则 ... 214
一、WTO 与 GATT、GATS、TRIPS ... 214
　　案例/专栏 9-2　中美出版物和视听娱乐产品的贸易权和分销服务
　　　　　　　　争端案 ... 216
二、UNESCO 与《保护和促进文化表现形式多样性公约》 ... 216
三、世界知识产权组织与文化知识产权保护类条约 ... 218

本章小结 ... 219
综合练习 ... 220

第十章　产业文化化与经济高质量发展 ... 222
学习目标 ... 222
导言 ... 222

第一节　人类进入精神经济时代 ... 222
一、人类进入精神经济时代的必然性 ... 222
二、传统产业的认知 ... 225
三、产业文化化的转变 ... 229

第二节　产业文化化及其作用机制 ... 230
一、产业文化化的含义 ... 230
二、产业文化化的模型 ... 230

三、产业文化化的演变动因 232
　　　　　案例/专栏 10-1　陶溪川的产业空间 234
　第三节　产业文化化与经济高质量发展 235
　　　一、文化赋能乡村振兴 235
　　　　　案例/专栏 10-2　荷兰库肯霍夫公园 237
　　　二、文化对传统制造业的改造 237
　　　　　案例/专栏 10-3　万宝路的"变性手术" 238
　　　　　案例/专栏 10-4　"2021 年全球最具价值 500 大品牌榜"TOP30 241
　　　　　案例/专栏 10-5　工业废墟上的创意艺术区 244
　　　三、文化赋能现代服务业 244
　　　四、文化赋能科技产业 247
　本章小结 248
　综合练习 249

第十一章　文化经济政策 250
　学习目标 250
　导言 250
　第一节　文化体制与文化经济政策 250
　　　一、文化体制及其类型 250
　　　二、我国文化体制改革 252
　　　　　案例/专栏 11-1　英国"一臂之距"管理原则 252
　　　三、文化体制与文化政策的关系 254
　　　四、文化政策与文化经济政策 256
　第二节　文化经济政策制定的理论依据与价值导向 257
　　　一、文化经济政策的理论依据 257
　　　二、文化经济政策的价值导向 259
　　　　　案例/专栏 11-2　《年画·画年》"破圈"出新 263
　第三节　文化的财政支出与税收政策 264
　　　一、公共文化的直接投入 264
　　　二、文化生产的补贴与资助 265
　　　　　案例/专栏 11-3　美国国家艺术与人文基金会的"种子基金"与
　　　　　　　　　　　　　　"乘数效应" 266
　　　三、文化消费的补贴与资助 267
　　　四、文化税收政策 269

第四节　文化产业与市场政策 270
　　　一、文化产业发展政策 270
　　　　案例/专栏 11-4　中国（上海）自由贸易试验区临港新片区促进
　　　　　　　　　　　 文化产业发展若干政策（节选） 272
　　　二、监管政策与规制法规 273
　　　三、对外文化贸易政策 274
　本章小结 276
　综合练习 277

参考文献 279

后记 287

第一章 导论

通过对本章的学习,学生应了解或掌握如下内容:
1. 掌握文化经济的内涵;
2. 掌握文化经济学的研究内容;
3. 掌握文化经济学的研究对象;
4. 了解中西方文化经济理论的发展脉络。

文化经济学是研究文化的经济价值形成、交易和转化及其规律的经济科学。新时代是精神经济的时代,人民对美好生活的需求在本质上是对精神文化的需求。文化经济是未来我国经济发展的重要增长极,文化产业发展对文化繁荣和社会经济增长的战略意义凸显。在我国不断深化改革与开放的进程中,我国经济正处于由高速发展向高质量发展的重要转型阶段,党的二十大报告指出:"繁荣发展文化事业和文化产业。坚持以人民为中心的创作导向,推出更多增强人民精神力量的优秀作品","健全现代公共文化服务体系","实施重大文化产业项目带动战略"。但文化经济学具有较强的交叉性,其学科理论基础源自经济学、艺术学等领域,尚未形成完善的学科理论框架,因此,亟待完善文化经济学的理论研究,以更好地指导实践发展。

第一节 文化经济学概述

一、文化经济的内涵

随着社会生产力的持续增长,尤其是各国先后进入后工业社会,人们对财富的追求发生重大变化。从千万年来以追求物质财富增长为目标的经济活动,转向更多地追求精神体验满足的新时代,也就是精神经济时代。在这样的新的历史时期,文化经济在国民经济中的作用显著提升,甚至成为社会经济高质量发展的重要驱动力。现实生活中有大量文化现象是与经济活动联系在一起的。我们来看一些例子。

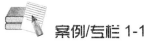

案例/专栏 1-1

《少年派的奇幻漂流》(Life of Pi)

2001年,加拿大作家扬·马特尔出版了小说《少年派的奇幻漂流》,小说讲述了印度少年派遭遇海难,家人全部丧生,他与一只孟加拉虎在救生小船上漂流了227天,最终共同战胜困境,获得重生的离奇故事。小说获得了"曼布克奖",还在《纽约时报》的畅销书排行榜上停留长达1年多的时间。故事吸引了20世纪福克斯电影公司制片人吉尔·内特的注意。内特与福克斯制作部总监伊丽莎白·盖布勒花了几年的时间来开发这个项目,最终决定由著名导演李安来拍摄这部电影,而改编原著的任务则指派给了凭借《寻找梦幻岛》入围"第77届奥斯卡奖最佳改编剧本"的大卫·马戈。剧本定型后,导演李安认真选定角色演员并且准备拍摄。

2011年年初,剧组在印度本地治里市内及其近郊共18个地点拍摄外景,光是一开始的几场戏就动用了约600名工作人员,其中近半数为当地人;此外还邀请了大约5500名当地居民担任临时演员。影片拍摄中大量使用最新技术和特效,最终制作成本达1.2亿美元。按照惯例,可以推算出公司的营销成本大致为8000万美元,也就是说,该电影的总投入约为2亿美元。2012年年底,影片制作完成并开始在全球放映,引起巨大轰动,总票房达6.09亿美元。按照好莱坞最流行的分账模式——阶梯式分账,在影片上映的第一周,制片商可以收取80%的票房,而影院只能收取20%。随着影片上映时间变长,制片商分到的票房会越来越少,第二周、第三周在60%左右,到了第四周可能就只有20%。这样看来,这部电影通过票房收回的利润与成本基本可以持平。除票房之外,好莱坞电影还通过家庭音像发行、电视发行、视频点播、衍生品开发等方式获取收入,这些收入经常会超过票房分账的收入。

案例/专栏 1-2

李子柒与"网红"变现新模式[①]

李子柒作为网络短视频创作者,借助互联网迅速走红,成为一个"文化现象",引发了国内外广大网友的关注和讨论。李子柒制作秋千的视频在"美拍"上的点击量突破1000万,全网播放量达到8000万,点赞超过100万。许多人赞扬李子柒的短视频是一首"田

---

① 根据互联网数据整理;崔钰晴. 李子柒与网红变现新模式探索[J]. 商讯, 2020(4): 6-7.

园诗",将中国传统的田园牧歌般的乡村生活方式传播到了国际。2018年,李子柒的原创短视频在海外运营3个月后获得"YouTube银牌奖"。2019年,李子柒获得新浪微博"超级红人节"年度最具商业价值红人奖、中国新闻周刊"2019年度影响力人物"年度文化传播人物奖并担任成都非遗推广大使。2021年,李子柒以1410万的YouTube订阅量创下了"YouTube中文频道最多订阅量"的吉尼斯世界纪录。

李子柒的走红带来的更多是人们对其中经济效益的思考。2017年组建团队后,"李子柒"代表的是一个她和团队打造的个人品牌,而非她个人。李子柒走红后,在微博、YouTube等平台上拥有了大量粉丝。将粉丝流量转化为经济效益,她选择的是电商平台的网红变现模式。2018年8月17日,李子柒个人同名品牌旗舰店在天猫正式上线,目前旗舰店的粉丝数约600万,而索尼的天猫官方旗舰店粉丝数只有291万。但李子柒团队也存在着流量转化率低、商业模式创新力差等突出问题。李子柒在微博上的粉丝量约2771万,天猫旗舰店粉丝量的转化率大约是22%。这说明很多关注李子柒的人并没有被她的视频内容所吸引而去购买相应的产品。

2017年,李子柒团队与微念科技进行合作。2021年7月,字节跳动公司入股李子柒签约的微念公司,持股1.48%。微念公司是一家具备孵化与深度整合KOL(key opinion leader,关键意见领袖)能力的品牌公司,旗下签约有数十位短视频"网红",关注"新消费"。字节跳动此次的入股,也代表了视频"网红"未来的发展趋势。

 案例/专栏1-3

梵高的《雏菊与罂粟花》

文森特·威廉·梵高(Vincent Willem van Gogh),1853年生于荷兰南部,是后印象派的杰出画家,但他生前只卖出过一幅画《红色葡萄园》,穷困潦倒,还患上了精神疾病。1890年,他开枪结束了自己的生命。

20世纪七八十年代,日本进入经济高速运转期。1987年3月30日,在佳士得拍卖行,日本的安田火灾与海事保险公司总裁后藤安夫以2250万英镑(约3950万美元)拍下梵高的《向日葵》,此举引发全球瞩目。日本各大企业纷纷效仿,印象派名作的拍卖价也节节攀升。从1987年到1990年,国际拍卖会上40%的西方印象派作品都落入日本买家之手,日本进口的艺术品价值达138亿美元。后来,随着日本经济滞胀,这些印象派作品逐渐无人问津,价格也大幅缩水。

1990年,梵高的《雏菊与罂粟花》在拍卖会上流拍,后以低于估价1200万~1600万美元的价格被人买走。2014年10月,苏富比拍卖公司征集到这幅作品后开始宣传,称《雏菊与罂粟花》就源自梵高开枪自杀的那片花园。1890年6月,梵高住在巴黎郊外,一边接受他的医生兼资助人保罗·加谢的治疗,一边创作这幅静物画。苏富比将这幅作品作为领衔当年秋拍的三幅重量级作品之一,估价达到3000万~5000万美元。2014年11月4日,在纽约苏富比"印象派及现代艺术"晚间拍卖中,《雏菊与罂粟花》以6176.5万美元(相当于人民币3.775亿元)成交,买家是中国某影视公司的董事长。

通过以上三个案例,我们不难发现,文化活动与经济活动相互交织,成为社会生活的一个独特方面。文化与经济并不互相排斥,而是相互吸引、相互推动。因为文化可以带来经济效益,经济可以推动文化繁荣。除去自娱自乐的个体行为外,公共文化活动一般可以分为两类:一类是文化事业,另一类是文化产业,二者的主要区别在于,前者是非营利性的公益活动,后者是以营利为目的的文化活动。

文化事业是公益性的,不以营利为目的,大多数是由政府和非营利性机构运营,如少年宫、文化馆、电视台、报社、群艺馆、官方画院、美术馆、艺术院校等。其职责是为社会提供公共文化产品或服务,它也可以成为文化市场的主体,但其收入一般仅限于抵冲成本,其余部分是由财政或社会捐赠供养的。

文化产业则是以营利为目的的,由国有资产投资主体进行投资或者由社会资本投资,它提供主题公园、旅游景点、民营剧团、艺人经纪公司、艺术品拍卖公司、网络游戏及其衍生品的目的不仅是收回投资,还要争取获得利润,如影视公司、书店、画廊、电影院、出版公司等。其收入主要来源于市场的营业收入。

文化事业和文化产业的共同点就是开发利用文化资源,为社会提供精神文化产品和服务,以满足人民群众日益增长的精神文化需要。文化企业、文化事业单位、文化消费者构成了文化市场的主体,也是文化经济活动的主体。总而言之,文化经济是围绕满足精神文化需求展开的经济活动。

文化经济活动有以下几种常见的类型。

(1)演艺。大型演唱会,剧场的戏剧演出,相声表演,茶馆里的评话弹词,街头的吉他弹唱,农村婚丧宴请中的搭台唱戏,各种晚会、剧团演出等。

(2)影视。电影院里观影,注册视频网站会员,电台、电视台、有线电视等的点播,DVD租赁,影视拍摄与后期制作,完片保险,小视频的制作、上传等。

(3)出版。编辑出版、网络写手、文学网站、图书策划、实体书店、网络书店、报社、定制出版、图文打印等。

(4)书画。画院,画廊、博物馆展览,艺术品拍卖会,美术作品展览,年画大集,字画鉴定,画材,装裱,艺术基金会,艺术品保险。

(5)造型和创意设计。城市公共雕塑、大型壁画绘制、彩绘、园林设计、工业设计、室内设计、建筑设计、服装设计、印刷包装等。

(6)娱乐。网络游戏、"剧本杀"、密室逃脱、汉服写真、cosplay(角色扮演)、卡拉OK、游乐场、网咖、猫咖等。

(7)信息服务。社交网络、数据库、知识检索系统、古代壁画的数字化、知网。

(8)艺术教育。各类院校中的艺术教育、社会艺术培训、考级、少年宫等。

综上,文化经济是一个庞大的体系,它与人们息息相关,并且渗透到社会生活的各个领域。据国家统计局数据显示,2020年全国文化及相关产业增加值占GDP的比重为4.43%,文化产业正逐步成为我国的支柱性产业。但是,这并不是文化经济的全部内容。

 案例/专栏1-4

汾酒老作坊,焕发工业遗产新活力

酿酒工艺是我国的传统技艺,在距今6000余年的仰韶文化时期,杏花村就开始了人工酿酒的历史。中国酒业的著名品牌杏花村"汾酒"老作坊的历史可追溯到宋代,距今有千年历史,被誉为中国白酒作坊的"活化石"。

山西杏花村汾酒老作坊及传统酿造区被列为国家级重点文物保护单位及国家级工业遗产,汾酒集团在原址上建立白酒遗址博物馆。该工业遗产较好地保留了宋代古井、清代老作坊的房屋建筑、酿酒车间等生产基地,还保存有醉月楼、醉仙居、汾酒厂俱乐部等销售基地,以及20世纪20年代到50年代的生产设备。博物馆较好地保存了门市、账房、掌柜室、展览室、作坊、酒库等文化遗址,向大众展示古代白酒生产技艺、储藏方式、销售管理等完整的生产运营流程。

如今的汾酒集团作为著名品牌,以1802.23亿元的品牌价值位列中国白酒前十位①。2020年公司收入139.9亿元,净利润31.16亿元。以此工业遗址博物馆为中心,山西省对杏花村景区进行整体规划设计,致力于打造一个以白酒为主导,集白酒生产、储存销售、包装彩印、饲料加工、基地种植、仓储物流、文化旅游等相关产业为一体的杏花村酒文旅特色小镇。工业遗产与当代建筑、自然环境有机融合,形成了独特的文化空间,彰显传统历史价值与当代文化价值。

由此可见,随着产业的文化化进程,国民经济因为文化的注入和赋能而呈现出新的活力。

随着社会的不断发展,文化经济活动越来越活跃,文化经济在国民经济中所占的比重也越来越高。在一些发达国家的大都市中,文化经济是地方经济的重要支柱。中国特色社会主义进入新时代,我国社会主要矛盾已经转化为人民日益增长的美好生活需要和不平衡不充分的发展之间的矛盾。新时代的社会需求更多地体现为精神需求,其经济本质是精神经济,因此文化经济将越来越重要。

迄今为止,很多学者都试图从哲学、文化学、传播学、经济学、艺术学等不同的角度,通过使用拓展的学科理论去分析文化经济学问题,因此一些混合模型较为流行。这种倾向之所以会存在,一方面是因为人们对文化经济学的学科归属不明确,另一方面是因为文化经济学学科的研究框架和基础理论尚不完善。因此,建立文化经济学的新范式,实际构造出一个综合的文化经济学研究框架是我们面临的一个主要任务。

---

① 第13届华樽杯中国酒类品牌价值200强发布[EB/OL].(2021-09-07)[2021-12-20]. https://www.sohu.com/a/490534114_121074056.

二、文化经济学的研究对象

文化经济学建立在文化资源的价值开发和传统经济学的不断发展的基础上，是以经济学为系统工具、以文化活动为研究对象的单独的学科。从本质上说，文化经济学就是研究文化生产再生产规律的经济科学。它研究文化的生产、交换、分配和消费各领域的运行机制及发展规律，主要研究内容包括文化商品、文化资源和文化产业、文化生产和劳动报酬、文化需求和供给、文化市场、文化商品价格、文化经济效益与经济核算、文化消费、文化投资、文化经济政策、文化经济管理体制等。

文化经济并非封闭、独立的，它涵盖了文化、经济和社会等各个方面，与科技、旅游和金融等产业相互融合、促进。在人类发展的蒙昧时期，文化生产和物质生产是交杂、融合在一起的，后来历史又将它们从共生状态拆散，于是它们在与对方"若即若离"的状况下获得了长足的、独立的发展。随着生产力的提高和生产关系的变化，二者又从许多方面相互渗透、互相融合，以现在这种"文化+"的形态共同发展。文化经济推动了物质经济的发展，满足了人们对美好生活的向往，对于整个社会的进步和经济高质量发展有着不可估量的意义。从理论上说明文化经济与物质经济之间相互促进、共同提高的关系，揭示二者的内在联系也是文化经济学的重要研究内容。具体来说，文化经济学的研究对象涉及以下五个方面。

第一是对文化产品和财富的认知问题。在文化经济学的定义中，财富是物质资源和精神资源的集合，是人类精神的对象化。文化产品也是精神内容和物质形式的结合体。对文化产品的价值和生产的思考，是文化经济学研究的理论基础。

从经济学角度出发，资源的有限性决定了生产活动，对资源的有效配置是解决经济问题的出发点。文化经济发展的重要生产资源包括文化资源、人力资源、科技资源等。但文化生产有可能将文化经济推向无效配置的状态，也可能出现投入与产出不明显相关的情况。一些类似对赌的融资方式的出现就是用来解决信息不完全、资源无效配置等问题的。显然这个领域存在着大量的困难和未解之地，这是研究文化经济学的难点，也是其独具魅力的地方。

第二是文化经济中的生产问题。文化资源配置问题的出现也引起人们对文化生产效率的讨论。文化生产涉及文化资源向资本转化，从而形成文化产品的过程，其中最重要的是创意劳动和创意劳动报酬问题以及文化市场的供需、文化消费等。文化经济与传统经济在生产、交易、流通、消费中的差异形成了文化经济学独特的理论体系和运行规律，而这也是本书关注和研究的重点。

第三是文化经济中的交易和市场问题。从委托—代理理论的角度来看，文化经济中的生产者和消费者之间存在着文化认知、审美水平、精神需求、产品内容等多方面的差距，这也导致文化经济活动中的信息不完全问题十分严重。拿电影制片来说，一部电影上映之前，无论其编剧、导演、演员等资源配置如何一流，无论资金投入、宣传发行、院线排片如何完备，都无法准确判断市场对这部电影的反映，最终的口碑、票房只有在上映完成后才能确定。因此，文化经济活动中的不确定性和信息不对称性远远高于传统经济活动，这是文化经济理论不可回避的重要问题。

第四是文化消费和文化产品定价问题。人们在进行消费的过程中，购买产品本身的同时也是精神需求的满足过程，这是精神经济理论研究的一个重要部分。文化产品的定价是一个历史难题，引发了许多学者的讨论、研究。根据马克思政治经济学理论，本书探讨了文化商品具有的使用价值和价值、市场供求以及估价方法和定价策略等问题，旨在为解决定价难题提供一些帮助。

第五是文化经济的产业化发展问题。文化经济包含着微观和中观的部分，是研究人类文化经济活动的整体过程。它一方面要求我们从个人和企业行为等微观视角出发，对人类的文化经济活动进行价值判断并对其交易、生产等行为进行客观描述；另一方面也要求我们从文化统计、文化业态、行业发展动力、国际贸易等中观视角，对文化经济做出具有时序性、规律性的阐释。

三、文化经济学的研究意义

文化经济学是经济学在文化领域的延伸和发展。它研究文化领域的特殊经济现象和经济规律，一方面丰富了经济学的研究内容，一方面又为理解和分析现实文化经济问题提供了理论工具。

（一）研究文化经济学的理论意义

文化经济学作为一门独立的学科，创立时间较晚，交叉性较强，学科归属尚不清晰，独立的理论体系尚未确立，亟待对文化经济学的理论进行系统的梳理和深入的挖掘。研究文化经济学有助于对文化经济学科进行理论化总结和挖掘，可以从理论上进一步阐明物质经济和文化经济相互促进、共同发展的原理，针对文化经济发展过程中出现的问题和现象进行归类和解释，总结发展规律和内部逻辑，为行业发展提供理论基础和实践指导。

研究文化经济学可以揭示文化经济活动的各种规律，指导人们更好地进行和参与文化经济活动，提高文化生产力和人民精神文化生活水平。

（二）研究文化经济学的实践意义

文化经济具有明显的正外部效应。从文化事业的角度而言，一方面有助于繁荣文化精品的创作生产，提升文化艺术经营管理水平；另一方面有助于推动基本公共文化服务的标准化、均等化发展，提高文化开放与交流水平。从文化产业的角度而言，首先，有助于总结文化创新的规律和内部逻辑，推动文化业态的创新；其次，有助于规范文化经济市场的交易，完善市场制度，促进文化产业成为国民经济支柱性产业；最后，有助于提高文化的国际传播影响力，推动国际文化贸易发展。

文化经济学还可以具体地帮助我们适应新时代发展要求的国家文化发展战略和经济发展战略，从而更好地协调生产、交换、消费的关系，促进我国社会主义文化经济稳定、均衡发展。

（三）研究文化经济学的现实意义

研究文化经济学对我国的经济建设有着深刻的现实意义。当前，我国的经济建设正在进入一个转型发展时期，"十三五"时期，我国经济总量居世界第二，2020 年人均 GDP 连续两年超过 1 万美元，经济发展进入昂起阶段。"十九大"首次提出"高质量发展"的表述，我国经济由高速增长阶段向高质量发展阶段转型。"高质量发展"的根本在于经济的结构、创新力和数字化。文化经济的特点就在于对精神内容的生产是一种以创意、科技、智能为主要资源的经济形式，对我国经济产业结构的优化、供给侧改革、经济的创新转型及创意经济的发展都有十分重要的作用。

因此，研究文化经济学，正确把握文化经济发展的现状、问题、规律及其动力，为文化产业和文化事业规划、文化经济政策的制定提供科学的理论依据，对我国经济的转型发展，特别是提升经济发展质量、促进产业结构优化升级、提升文化的国际竞争优势，具有特别的现实意义。

第二节　文化经济学的形成与发展

一、文化经济学的形成和发展脉络

（一）中国的文化经济理论发展

中华文化是世界上延续 5000 年没有被阻断，至今仍然焕发生机的古老文化。中国的文化经济早在最初的艺术品交换中就开始萌芽，逐步形成了理论体系，无论是理论还是实践，均早于西方经济学中对文化经济的研究。

1. 古代文化经济时期

1）艺术起源的经济学说

私有制是交易的前提，文化经济的诞生建立在艺术品作为个人私有财富的基础之上。马克思曾提出，蒙昧时期的人类将装饰品作为私有财产。在距今约 18000 年的北京周口店山顶洞人墓葬中装饰用的小石珠和东胡林人墓葬中出现的项链、蚌类装饰品等都证实了装饰品在个人财产中的先驱地位。早期产品商品化过程中就已包含物质产品商品化和艺术产品商品化，具有较强审美趣味的产品更容易进行交换。同时由于早期艺术品具有的稀缺性和专门的加工技艺，被当作最早的价值符号，成为金银等贵重金属出现之前的一般等价物，在春秋时期之前承担货币的作用。

2）艺术品的两种价值论

书画作品是我国传统艺术品的主要代表，对于艺术品价值的讨论早在春秋战国时期就已经开始。韩非在《韩非子》中讨论了唱歌对生产的促进作用，"讴癸倡，行者止观，筑者不倦……癸四板，射稽八板；擿其坚，癸五寸，射稽二寸①。"这说明他很早就观察到艺术对生产效率的影响。

在唐宋时期艺术品的价值理论有了进一步的发展。唐宋时期我国书画市场已十分成熟，在米芾的《画史》《书史》等著作中已经可以看到关于历代皇室、豪门贵族及士大夫、寺观僧道等消费活动的记载。

唐代张彦远提出了艺术品的使用价值和交换价值，并且主张艺术品的定价应以其艺术水准为标准。张彦远出身三代相门，曾任大理卿，为画家、绘画理论家，其艺术品价值理论不仅是出于书画交易市场的交易实践，而且著有《历代名画记》《法书要录》等相关的理论论著。第一，他提出了绘画艺术的社会功能，认为绘画是应社会发展的需要而产生的，具有极大的社会教育功用和特殊的艺术审美功能，即"夫画者，成教化，助人伦，穷神变，测幽微，与六籍同功，四时并运，发于天然，非由述作。"第二，他还提出，艺术品的价格衡量不只包括其使用价值，主要依靠消费者个人的审美喜好，对价格的制定陷入了不可知论，即"书即约字以言价，画则无涯以定名……但好之则贵于金玉，不好则贱于瓦砾，要之在人，岂可言价。"②这个观点的提出较19世纪英国古典经济学家大卫·李嘉图的观点早一千多年，李嘉图认为，"（艺术精品）它们的价值与原来生产时所必需的劳动量全然无关，而只随着希望得到它们的人的不断的财富和嗜好一同变动。"③

3）艺术品定价问题

艺术品定价历来是困扰经济学家的一个难题，马克思、恩格斯也对艺术品价值采取了回避态度。刘向、韩非、墨子等都尝试用"金""镒"为单位来描述艺术品价值④。刘向在《新序》中就玉器的价格问题进行了探讨，"臣之家有二白璧，其色相如也，其径相如也，其泽相如也。然其价一者千金，一者五百金……侧而视之，一者厚倍，是以千金⑤。"唐代张怀瓘作《书估》为历代法书估价，"三估者，篆、籀为上估，钟（繇）、张（芝）为中估，羲、献为下估……（中估）可贵可重。有购求者，宜悬之千金⑥。"这反映出当时对书法价格的定价标准和价格问题的思考。宋代米芾在《画史》中讨论过书画定价，认为书画作品是没有一个统一的定价方法的，也因此影响了其市场交易——"书画不可论价，士人难以货取"。宋代开始，许多文人开始对艺术品价格的决定因素进行讨论，《宋稗类钞》中就已提出已故画家的作品价格要超出其生前的作品价格的观点："古来以文章名重天下，例不工书，所以子瞻翰墨，尤为世人所重。今日市人持之，以得善价，百余年后，想见其风流余韵，当万金购藏耳。"明人唐志契在《绘事微言》中也继承了米芾的不可知

---

① 《韩非子·外储说左上》。
② 李向民. 中国文化产业史[M]. 长沙：湖南文艺出版社，2006：3-4.
③ 李嘉图. 政治经济学及赋税原理[M]. 郭大力，王亚南，译. 北京：商务印刷馆，1962：8.
④ 李向民. 中国艺术经济史[M]. 南京：江苏教育出版社，1995：121.
⑤ 《新序·杂事第四》。
⑥ 《书估·卷四》。

论:"画有价,时画之或工或粗,时名之大或小分焉,此相去不远者也,亦在人重与不重耳。至或名人古画,哪有定价?"

4) 艺术劳动价值论

早在《尚书》中,就有对"巫师"阶层的专门论述:"敢有恒舞于宫,酣歌于室,时谓巫风……"王国维在《宋元戏曲史》中也将巫师列为一种专门的职业,"楚辞之灵,殆以巫而兼尸之用者也。其词谓巫曰灵……"专职巫师的出现反映了当时人们物质生产力水平的提高,同时也标志着艺术活动的劳动分工正式开始。

古代对艺术品生产过程有严格的要求和监督机制,《吕氏春秋》记载,当时对生产出来的产品,由生产者本人或督造者的机构、司造的各级官吏标上自己的名字,以明确责任,即"物勒工名"[1]。对于艺术工作者的严格分工从公元前一千多年的西周就已开始并且开始对其薪酬问题进行讨论。西汉刘向的《说苑》及《居延汉简》中,都有对画工、书佐付酬的详细记载。

5) 艺术品的外贸策略

中国自汉代开始大量地与西方开展艺术品贸易,当时的经济政策对此也有相当多的讨论。公元前81年召开的盐铁会议中,桑弘羊就建议将中国的艺术品与外国进行贸易交换并提出了"本末并利"的理论,以解决艺术品实际劳动耗费与其物质使用价值间的矛盾[2]。隋唐时期,中国文化产品的国际贸易增加,不少外商深入中国内陆经商、定居,收购中国艺术品,中国艺术家也应邀到国外进行商业活动。一些中亚画工被聘于新疆等地参与壁画绘制。经享誉世界的丝绸之路和海上丝绸之路交易的大宗货品除了茶叶外,主要是中国的精美丝织品和瓷器,当时的欧洲宫廷和贵族以拥有中国丝绸和瓷器而自豪。

2. 近代文化经济时期

文化经济与政治、社会、军事之间的关系在近代中国得到了突出展示。民国时期的文化经济已经形成了较为成熟的国家艺术赞助、私家艺术赞助和艺术市场三种经济行为。1916年到抗日战争前是中国古玩字画市场最兴盛的时期之一,也是私家购藏盛行的时代。当时的文化市场资金来源主要分为国家赞助和私家赞助两种方式。收"润笔"是中国传统的字画交易方式,"润格"则是当时对于艺术品交易的定价。易君左曾将"润格"定价并公开,他指出润格可由资金和酒(作为等价物)组成,并将酒按照品级分为贵州茅台酒、成都生春酒和安徽双沟酒三级。这与传统的以物代润笔的交换已有了本质的区别,而完全是一种具有交易属性的物物交换。

丰子恺曾发文讨论了"艺术的价值"和"艺术品价值"问题,就当时的艺术品定价提出了质疑。"艺术品贱卖亦可使大众皆得欣赏……艺术品亦决不因贱卖而降低其艺术的价值。盖'艺术的价值'与'艺术品价值',原是两件事也。"[3]商业美术的兴起体现了艺

---

[1] 《吕氏春秋·孟冬纪》。
[2] 李向民. 中国艺术经济史[M]. 南京:江苏教育出版社,1995:207.
[3] 丰子恺. 丰子恺文集(第七册)[M]. 杭州:浙江文艺出版社,1990:186.

术与经济活动的紧密结合，徐悲鸿、蒋兆和等不少著名画家也是通过广告画或其他商业绘画踏入了艺术的大门。

3. 当代文化经济时期

20世纪80年代之前，中国的文化经济思想主要从属于艺术学、经济学、文学，文化经济学并没有独立成为一门学科。随着中国经济水平的提升，精神文化的生产和消费越发被一些学者重视。1978年，中国实行了改革开放政策，同时，经济领域的思想解放与改革起步，为文化经济思想理论的提出创造了兼容并蓄、鼓励创新的沃土。在研究大量中国历史艺术品交易史料的基础上，20世纪80年代中期，李向民提出了"精神经济"，重新定义了"财富"的概念，他以精神财富为主要研究对象，构建了精神经济理论模型，为文化经济研究奠定了理论基础。此后，李向民又率先开展了对艺术经济史和文化产业史的研究，开辟了新的研究领域[1]。钱学森在关注"精神经济"研究时，提出研究文化经济问题要注意正确的导向，并将"为文化事业服务的经济事业"称为"第五产业"，"我们在社会主义市场经济中要大力发展第五产业。"[2] 20世纪80年代后期，上海社会科学院花建开展了对文化市场、文化软实力和创意城市的研究[3]；20世纪90年代，上海交通大学胡惠林率先提倡开设文化管理类本科专业，同时开始研究国家文化安全、文化治理[4]。

随着当代中国文化产业的迅速发展和国家的政策需要，21世纪初，文化产业逐渐成为社会关注的热点。许多学者分别从经济学、艺术学、传播学、文学等学科角度对文化产业理论和文化经济学展开了相关研究。其中，具有代表性的有：北京大学叶朗对文化产业学科建设的研究；清华大学熊澄宇对数字文化产业和新媒体的研究[5]；北京大学陈少峰对文化产业战略与商业模式的研究[6]；中国人民大学金元浦对文艺发展战略与艺术保护的研究[7]；中央党校（国家行政学院）祁述裕对公共文化服务和文化消费的研究[8]；中国社会科学院张晓明对公共文化和国际文化产业的研究[9]；国家发改委齐勇锋对文化体制改革和文化投融

---

[1] 李向民. 精神经济[M]. 北京：新华出版社，1999；文化产业：变革中的文化[M]. 北京：经济科学出版社，2005；中国文化产业史[M]. 长沙：湖南文艺出版社，2006.

[2] 李向民. 忘年神交 如切如磋——钱学森指导我研究文化产业[J]. 美术与设计. 美术与设计，2009（1）：1-5.

[3] 花建. 产业界面上的文化之舞[M]. 上海：上海人民出版社，2002；文化软实力：全球化背景下的强国之道[M]. 上海：上海人民出版社，2013.

[4] 胡惠林. 文化政策学[M]. 上海：上海交通大学出版社，1999；文化产业发展与国家文化安全[M]. 广州：广东人民出版社，2005.

[5] 熊澄宇. 文化产业研究：战略与对策[M]. 北京：清华大学出版社，2006；世界数字文化产业发展现状与趋势[M]. 北京：清华大学出版社，2016；中国文化产业政策研究[M]. 北京：清华大学出版社，2017.

[6] 陈少峰. 文化产业战略与商业模式[M]. 长沙：湖南文艺出版社，2006；企业文化与企业伦理[M]. 上海：复旦大学出版社，2009.

[7] 金元浦. 跨越世纪的文化变革——中国当代文化发展研究报告[M]. 北京：首都师范大学出版社，2001.

[8] 祁述裕. 中国文化产业国际竞争力报告[M]. 北京：社会科学文献出版社，2004；中国文化政策研究报告[M]. 北京：社会科学文献出版社，2011.

[9] 张晓明. 文化蓝皮书：中国文化产业发展报告（13册）[M]. 北京：社会科学文献出版社，2005—2016；国际文化产业发展报告（第1卷）[M]. 北京：社会科学文献出版社，2007.

资的研究[①]；清华大学尹鸿对文化产业学科体系和影视产业的研究[②]；武汉大学傅才武对文化市场、文化政策和文化规划的研究[③]；南京大学顾江对文化产业经济学的研究[④]；云南社科联范建华对民族特色文化保护和民族地区文化产业的研究[⑤]；云南大学李炎对西部文化产业特色发展的研究[⑥]；中国传媒大学范周对文化产业规划和区域协同发展的研究[⑦]；中国社会科学院贾旭东对文化发展理论与文化立法的研究[⑧]；深圳大学李凤亮对文化规划及文化科技融合的研究[⑨]；上海交通大学单世联对文化生产和西方文化产业理论的研究[⑩]；中央财经大学魏鹏举对文化产业投融资体系和市场体系的研究[⑪]；北京大学向勇对创意经济与创意战略的研究等[⑫]。此外，全国有上百所高校开设了文化产业管理及相关专业，一大批学者都在不同的领域贡献自己的智慧。这些学者通过对中国文化产业问题的研究，揭示其中的规律，研究对策，为中国文化经济学的体系化提供了重要的前期成果和理论支持。

（二）西方的文化经济理论发展

文化经济的基础是文化生产，关于文化生产的研究，从马克思的精神生产理论到本雅明的艺术生产理论，都有不同的侧重点。西方的文化经济学主要脱胎于经济学和社会学的发展过程，经历了从萌芽、形成到迅速发展的阶段。

1. 文化经济理论萌芽时期

最早对文化经济学进行的朴素讨论要从亚里士多德开始，他很早就讨论生产、闲暇与精神之间的关系，指出勤劳只是获得闲暇的手段，而音乐又可以在闲暇时增加人的闲适度[⑬]。

重商主义学派托马斯·孟从精神需求的角度讨论商品的用途问题，指出商品的用途在于满足人们的需要，人生来就有身体的需要和精神的需要，只要满足这两种需要的一切东

[①] 齐勇锋. 中国文化产业学术年鉴（2003—2007年卷）[M]. 北京：文化艺术出版社，2009；中国文化发展战略与公共财政研究[M]. 北京：中国经济出版社，2014.

[②] 尹鸿. 通变之途：新世纪以来的中国电影产业[M]. 北京：中国社会科学出版社，2019.

[③] 傅才武. 文化市场演进与文化产业发展——当代中国文化产业发展的理论与实践研究[M]. 武汉：湖北人民出版社，2008；近代中国国家文化体制的起源、演进与定型[M]. 北京：中国社会科学出版社，2016；中国文化市场的演进与发展[M]. 北京：经济科学出版社，2019.

[④] 顾江. 文化产业经济学[M]. 南京：南京大学出版社，2007；文化遗产经济学[M]. 南京：南京大学出版社，2009.

[⑤] 范建华. 中国文化产业通论[M]. 昆明：云南人民出版社，2013；中国特色文化与特色文化产业研究[M]（十卷本）. 昆明：云南大学出版社，2014，2018，2019.

[⑥] 李炎. 区域文化产业研究[M]. 昆明：云南大学出版社，2014；西部文化产业理论与实践[M]. 昆明：云南大学出版社，2015.

[⑦] 范周. 中国文化产业新思考[M]. 北京：光明日报出版社，2010；文化产业纲要[M]. 北京：社会科学文献出版社，2016.

[⑧] 贾旭东. 文化发展的理论与政策：基于文化竞争的战略研究[M]. 北京：社会科学文献出版社，2013.

[⑨] 李凤亮. 文化科技蓝皮书：文化科技创新发展报告（2017—2020各年份）[M]. 北京：社会科学文献出版社. 2017—2020；粤港澳台文化创意产业发展报告（2014）：聚焦数字产业[M]. 北京：社会科学文献出版社，2015.

[⑩] 单世联. 文化大转型：批判与解释——西方文化产业理论研究[M]. 北京：中国社会科学出版社，2017.

[⑪] 魏鹏举. 文化产业投融资[M]. 长沙：湖南文艺出版社，2008；文化产业与经济增长——文化创意的内生价值研究[M]. 北京：经济管理出版社，2015.

[⑫] 向勇. 文化立国[M]. 北京：华文出版社，2012；文化的流向：发展文化产业学论稿[M]. 北京：中国文联出版社，2016.

[⑬] 亚里士多德. 政治学[M]. 吴寿彭，译. 北京：商务印书馆，1965.

西都是有价值的①,并且明确了身体需要优于精神需要的先后顺序。进口国外货物时,"在保证基础物质商品和生产工具满足的基础上,最后需要进口用于享受和装饰的物品。"②尼古拉斯·巴尔本也提出了精神满足对于商品的价值的重要性,"那些由于满足精神上的需要才有价值的商品是能满足心愿的一切东西,心愿的意思就是需要……这种欲望之于心灵正如饥饿之于身体一样自然。"③满足精神需要的物品是有价值的,但巴尔本认为精神需要是引起贸易的根本原因,这犯了形而上的错误。此外,他讨论了商品的价格由商人的价格和工匠的价格两部分组成,其中工匠价格的计算基础是物品的加工时间,时间的价值由工艺的价值和工匠的技能而定。

重农主义学派的发展在一定程度上阻碍了文化经济的发展。弗兰索瓦·魁奈(Francois Quesnay)提倡勤俭节约,认为农业经济发达是国家富裕的根本,他将文化艺术的消费简单地等同于奢侈品消费,反对"奢侈装饰过多"并告诫人们过度的装饰品生产会损害生活资料和劳动力的生产④。魁奈同时指出,所谓"奢侈品"引起了土地所有者阶级消费结构的变化,这在经济思想史上首次提出了消费与生产、奢侈品生产与生活资料生产之间的关系,具有一定的理论意义。

古典经济学时期,休谟、杜尔哥、亚当·斯密等学者从经济学的角度对文化问题进行了思考。约翰·罗斯金(John Ruskin)对古典经济学进行了激烈的批判,明确地将文化价值放在经济理论分析框架内,解释了一些艺术作品比其他艺术作品拥有更高价值的现象⑤。伯纳德·曼德维尔(Bernard Mandervill)试图肯定人们对"饮食、家具及服装""变幻莫测"的奢侈的需求对于经济繁荣的作用⑥。但陷于当时的社会经济环境,其理论对于"奢侈""贪婪""挥霍"和"虚荣"的定义仍然存在较大的局限性,并非我们今天所讲的"精神生活""美好生活"的含义。即便如此,这样理论探索也为文化经济思想史的发展带来了积极的推动作用。布阿吉尔贝尔(Pirre Le Pesant Sieur De Boisguillebert)更加强调了物质和精神需求的同等重要性,认为真正的财富构成包括能够满足人们物质生活和精神生活需要的具有使用价值的物品,无论是生活必需品还是非必需品,其本质是要满足人们的身体官能的快乐⑦。但这一观点的局限性在于仅仅将财富看作使用价值,而忽略了其价值生产创造的过程。文化创作者,如演员等被布阿吉尔贝尔归为农民、手工业者、中产阶级和贵族这四个阶级中的小手工业者,其工作是建立在农产品增长的基础之上的⑧。

休谟(David Hume)从人性的"自私"本性出发,强调了满足内心需要对人类追求幸福生活的重要性,重点阐述了文化艺术与"技艺"和科学的相互促进作用。这种经济哲学

---

① 孟,巴尔本,诺思. 贸易论(三种)[M]. 顾为群,刘漠云,陈国雄,等,译. 商务印书馆,1997:55.
② 同①6.
③ 同①56.
④ 魁奈. 魁奈经济著作选集——略论国民每年收入的分配变化情况[M]. 吴斐丹,张草纫,译. 北京:商务印书馆,1979:219.
⑤ GRAMPP. Classical Economics and Its Moral Critics[J]. History of Political Economy, 1973, 5: 359-374.
⑥ 曼德维尔. 蜜蜂的寓言:私人的恶德,公众的利益[M]. 刘需,译. 北京:华文出版社,2019:9.
⑦ 布阿吉尔贝尔. 布阿吉尔贝尔选集[M]. 伍纯武,梁守锵,译. 北京:商务印书馆,1984:13-19.
⑧ 布阿吉尔贝尔. 法国详情及补篇[M]. 伍纯武,译. 北京:商务印书馆,1981:3.

反映出当时新兴资产阶级的要求，具有进步的历史意义，而且为文化经济理论的建立和发展奠定了基础。

坎蒂隆（Cantillon）不仅最早提出了市场价格论，指出市场价格的变动与人们的想象和兴致有关，还对劳动者之间报酬的差距做了进一步论述，指出如裁缝、首饰匠等手工业者的劳动报酬较高的原因是"与他们在学艺期间所丧失的时间以及为精通技艺所需支付的费用和承担的风险成比例"[1]。虽然当时并没有确定文化劳动者的概念，但从今天看来，这种将手工业者与其他工作者的劳动进行区分的思想是较为先进的，劳动者报酬的制定不再完全依赖生产产品的产量，为文化经济从业者报酬的制定与衡量标准提供了新的思路。除此之外，坎蒂隆对文化经济学的理论贡献还体现在他建立了趣味、爱好、时尚和生活方式与生产资料的配置、市场价格以及国家人口数量的增减之间的联系，体现出了朴素的精神经济思想，但其局限性在于只讨论了君主的或少数土地所有者的精神因素的影响，而将普通民众视作土地的附庸。

亚当·斯密是古典经济学的杰出代表，他在《国富论》中论述了由于职业性质不同而产生的劳动者报酬不均等现象，他指出，"学习精巧艺术和自由职业需要的时间和费用更多，因此画家、雕刻家、律师和医生的货币报酬要高得多，事实确实如此。"[2]萨伊从文化生产的角度进行了研究，得出了生产为产品创造需求的理论，为文化产品创新提供了理论参考。

德国经济学家弗里特雷希·李斯特在《政治经济学的国民体系》中提出应该建立一个生产力理论，并提出了精神生产力概念，明确人力、制度等文化与精神要素与一般物质、牲畜等劳动要素不同。

边际效用学派将精神因素引入经济学研究，对人的消费偏好和消费决策过程做了解释和分析。边沁较早使用"效用"这个词来描绘商品"提供利益、优势、快乐、好处或幸福"的内在属性[3]，但遗憾的是，边际效用学派并没有在此方向做进一步研究。

19 世纪末期开始，许多学者用社会学的理论来解释价值。凡勃仑（Veblen）对庸俗经济学进行了"批判"，从制度经济学的角度提出了有闲阶级对精神生活的消费需求不同于传统经济学供需理论的消费倾向，他指出消费者对一种商品的需求程度会随着标价升高而加深。罗伯特·吉芬（Robert Giffen）在凯恩斯的供给需求定律基础上提出了"吉芬商品"这一特殊的供需商品，在一定幅度内，吉芬商品的需求量随着价格的上升而上涨，这与传统的价格需求关系相悖。马歇尔在吉芬的研究基础上，提出了人的需求层次理论，明确将自尊与爱置于人类需求的最高层级，物质需求是人类需求的最低层级，为精神经济理论中的精神文化需求奠定了理论基础。约翰·R.康芒斯（John R. Commons）的研究进一步推进了价值中精神满足的重要性。

熊彼特在《经济发展理论》中提出了创新理论，指出创新包括引进新产品、引用新技

---

[1] 坎蒂隆. 商业性质概论[M]. 余永定，徐寿冠，译. 北京：商务印书馆，1986：10.
[2] 斯密. 国富论[M]. 胡长明，译. 重庆：重庆出版社，2015：43.
[3] 边沁. 道德与立法原理导论[M]. 时殷弘，译. 北京：商务印书馆，2002：57.

术和新的生产方法，开辟新市场、原材料的新供应来源、新型生产组织等。由此可见，创新的概念中显然包含创意、新材料、新技术、新业态和新商业模式等形式。

2. 文化经济学的形成时期（20世纪30—70年代）

20世纪30至40年代，法兰克福学派的霍克海默和阿尔多诺以否定的态度讨论了"文化工业"问题。20世纪是文化产业备受争议的时期，也是其迅速形成和发展的阶段，从宏观的政治、经济、文化环境到微观的文化企业生产、经营、销售等层面，呈现出文化资源转化效率提高、文化生产力提升、文化业态激增的良好发展态势。伴随经济和文化的迅速发展，特别是当"文化工业"与各国发展战略紧密结合时，"文化产业"逐渐成为各国竞相发展的重要产业，联合国教科文组织、欧洲委员会和很多国家也开始使用复数形式的"文化产业"，文化经济的一些理论和概念逐渐受到学者的重视，但在很长一段时间内，学者的研究基本停留在对视觉与文字表现艺术的经济问题研究之中，并未形成一个专门的学科研究领域。

西奥多·W.舒尔茨和加里·S.贝克尔在20世纪60年代提出了人力资本理论，指出人力资本是体现在劳动者身上的一种资本类型，即劳动者的知识程度、技术水平、工作能力以及健康状况等方面的价值的总和，该理论为后来研究创意的人力资本提供了借鉴。

1966年，美国经济学家威廉·鲍莫尔（William J. Baumol）和威廉·鲍温（William Bowen）发表了《表演艺术：经济的困境》，提出了成本病理论，指现场演出的消费品是劳动力本身，随时间发展其相对成本呈增长现象，说明了这一艺术形式越来越依赖国家的补贴。在此之后，美国的文化经济学迅速发展，众多经济学家开始研究这一领域。

3. 文化经济学迅速发展时期（20世纪70年代之后）

继凡勃仑、康芒斯之后，罗纳德·科斯、诺斯等近代新制度经济学派学者进一步从文化的制度层面分析制度变迁、制度创新等对经济增长的贡献。诺斯对制度变迁的分析中包括了习惯、准则和规范等意识形态因素。

法国的符号学、结构主义理论以语言、符号、文本为视角的阐述为文化经济学的研究提供了理论来源。社会学家布尔迪厄提出了文化资本的概念，他提出资本是一种社会关系①，艺术品是一种区分关系的客观化存在。对文化产品的占有和配置能力体现出文化产品的文化资本性，文化资本又根据社会阶级和必需工具的稀缺性分为区分的利益和合法性的利益②，在讨论文化经济时应当考虑到文化的资本特征。

英国学派着重于"文化与社会"之间关系的研究，意大利学派阐释了人们对后现代社会与文化的认知与理解。1976年布劳格（Mark Blaug）撰写了文化艺术经济学读本，系统研究了文化需求与供给、艺术市场、劳动力市场等领域的问题，但忽视了技术变革对文化经济的影响。索罗斯比（David Throsby）和威瑟斯（Clen Withers）合写了《表演艺术经济学》。露丝深化了版权经济学和文化经济学学科的建设，出版了《文化经济学手册》与《文

---

① 布尔迪厄. 区分：判断力的社会批判[M]. 刘晖，译. 北京：商务印书馆，2015：188.
② 同①355.

化经济学》，具有较大贡献。在研究内容上，西方的文化经济学基本形成了电影经济、表演经济、博物馆经济、数字产业等方面的基础框架。在研究方向上，形成了文化与经济、艺术与社会发展、创意与经济、数字与产业之间的关系研究等多个方向。

学者路易·多诺指出，20世纪80年代后期，文化产业从理论争论全面走向实践，成为地方经济发展、就业与社会发展中的重要方面。西方学界对文化经济的理论探讨愈发深入，包括大众文化、文化消费、文化市场、产业结构、文化场景、创意经济等多个研究方向。英国社会学家德瑞克·韦恩（Derek Wynne）将文化产业划分为纯艺术文化与消费社会的流行文化两个主要内容，为文化消费的研究奠定了基础。阿莱西娅·左罗妮从文化市场的主要参与者包括需求方（观众、收藏者和私营企业）以及供给方（艺术家、艺术品经销商、拍卖行和展览会）的角度，运用经济学理论构建了文化艺术经济学的系统理论和分析框架[1]。詹姆斯·海尔布伦和查尔斯·格雷从微观经济学、公共政策以及政治经济学的角度分析了美国的艺术文化经济。美国学者丹尼尔·贝尔和麦奎根（Jim McGuigan）以经济学的研究思路继续展开对文化经济学的研究，指出文化商品化的过程是文化遵循交换法则进行交易的过程。

二、文化经济学形成与发展的政策实践背景

文化经济学作为一门学科，首先要解决意识形态问题。劳动作为商品可以进行价值衡量，文化作为精神产品可以商品化，重点要解决文化商品的双重属性等众多问题。"精神经济学"理论尝试对财富、劳动、精神价值、精神生产和精神产品进行的论述，对后来文化经济思想的发展产生了重要的影响。

对于精神劳动是否属于生产性劳动，曾经是政治经济学的一个难题。李嘉图首次发现了这个问题，从而指出了劳动价值论的局限性。苏联学者对此有过一些探索，这也是对传统政治经济学的一个重要突破。"精神经济学"所提出的"李嘉图陷阱"，实际上揭示了精神文化领域的经济活动有着与物质经济活动迥异的规律，用物质经济学的原理来生搬硬套精神经济活动，必然会坠入理论的陷阱。

因此，文化经济学不是一般意义上的部门经济学或产业经济学，它建立在与传统经济学不同的经济学基础之上，是对"精神经济学"理论下的财富观和逻辑规律的应用。

国际经验表明，当一个国家的人均GDP达到3000美元时，该国的文化产业和文化消费会迅速发展；当人均GDP达到5000美元时，文化产业和文化消费会出现井喷式增长。根据著名经济学家麦迪森于1993年完成的研究，人均GDP（以1990年盖-凯美元计算）接近10 000美元时是一国经济转型、迈进精神经济时代的拐点，其经济增长会进入更快速的增长阶段。这一拐点的发生，美国为1936年，日本为20世纪70年代初，韩国为20世纪90年代初。2005—2010年，中国迅速度过昂起阶段，进入经济快速发展的后昂起阶段[2]。

---

[1] 左罗妮. 当代艺术经济学：市场、策略与参与[M]. 管理, 译. 大连：东北财经大学出版社，2016.
[2] 李向民. 新时代：加速崛起的精神经济时代[J]. 山东大学学报（哲学社会科学版），2020（1）：40-46.

2020 年，我国人均 GDP 连续两年超过 10 000 美元，人们的物质生活水平发生了质的飞跃，转而追求更美好的生活。而美好生活需要的本质是文化和精神需要。在此时期，扩大文化消费，发展文化经济就成为我国新时代经济发展的必然要求和重要任务。

1998 年，我国文化部成立文化产业司，这标志着我国文化产业进入自主发展的新的历史阶段。2000 年 10 月，党的十五届五中全会通过的《中共中央关于制定国民经济和社会发展第十个五年计划的建议》，第一次正式使用了"文化产业"这个概念。党的十六大报告明确提出了发展文化产业的战略构想；十七届六中全会通过《中共中央关于深化文化体制改革、推动社会主义文化大发展大繁荣若干重大问题的决定》，标志着文化发展上升到国家战略层面。2004 年，国家统计局会同中央宣传部等部门研究制定《文化及相关产业分类》，开始建立符合我国国情和文化产业发展实际的统计制度，国家统计局于 2011 年 11 月成立了社会科技和文化产业统计司，并于 2012 年 7 月重新修订了《文化及相关产业分类》，到 2018 年再次修订使用至今，体现出国家将文化产业发展为国民经济支柱型产业的决心。

在 2020 年新冠疫情导致的世界经济疲软、国际政治环境日益复杂的态势下，各行各业的发展面临巨大困难，文化经济成为经济发展的亮点，带动相关产业的发展。国际国内"双循环"是我国经济持续发展的重要路线和动力，也是推动经济健康发展的迫切要求和基本保证。扩大文化消费，加快文化经济的发展，不仅可以推动中国经济转型升级，而且能调整产业机构，为扩大内需提供有力支撑。

党的十九届五中全会通过的《中共中央关于制定国民经济和社会发展第十四个五年规划和二〇三五年远景目标的建议》首次把文化建设单列一部分加以论述，充分反映了习近平新时代中国特色社会主义思想体系中的文化经济思想：文化自信是最根本的自信，"要把文化建设放在全局工作的突出位置"。文化经济作为文化产业和文化事业发展的学科理论基础，是国家文化建设的理论指导，是关系国家发展全局的重要理论支撑。

第三节 文化经济学的研究方法

虽然对文化经济问题的研究已经有了许多成果，但作为一个学科体系，文化经济学还不成熟。不同的学科视角使得文化经济学的研究存在不同的理论构建和研究方法。文化经济学的研究涉及艺术学、经济学、社会学、管理学等诸多学科，文化经济的相关领域包括文化资源、文化政策、文化贸易等，故文化经济学是一个众多学科交叉融合的独特的学科体系，因此也决定了文化经济学的研究不能仅采取单一学科的研究方法，而是要结合相关学科的研究方法。但坚持马克思主义的观点和方法，运用唯物辩证法研究文化经济问题是建构文化经济学的根本出路。

文化经济学是一个归纳与演绎系统和公理体系，其假设前提是追求社会效益和经济效益共同最大化的具有社会责任感的经济人，利用实地调查、文献分析、归纳法、逻辑推演、实证研究等方法研究文化商品、定价、劳动者、供给与弹性、市场、业态、政策等问题，定量与定性、实证与规范相结合，从整体与部分、外部与内部、现象与本质的角度去分析和研究问题。

一、规范研究

文化经济学研究的基本环节是从文化产品、文化价值、文化消费、文化经济政策、文化业态、文化经济增长等方向出发，实证研究、判定文化产品在生产和消费中的规律，研究文化产品的价值生成和文化经济的增长机制。在此基础上，研究如何优化文化资源配置，提高文化企业经营管理水平，畅通文化市场流通运行的要求，创新文化业态，促进文化经济增长，完善文化政策保障等命题。

二、案例分析

文化经济学是一门实践性较强的学科，需要联系当下文化与经济发展，将理论结合具体案例研究，深入分析其发生原因和运行规律。文化经济案例包括文化市场中典型的企业和个人行为、较有代表性的文化事件、新型的文化业态和科技应用等客观材料。文化经济案例分析具有较强的理论补充和实践应用意义，有助于从生产服务实践中归纳和提炼文化经济理论，同时运用所总结出的文化经济理论去解读案例的运行特点和成败原因，从而促进文化经济学研究理论的结论真理性和实践指导性。

三、定性与定量分析相结合

文化经济活动涉及文化与经济两个方面，是质与量的统一，是社会效益与经济效益的结合。从方法论的角度，研究文化经济学一定要运用经济学的理论研究方法，包括产业经济学、劳动经济学、计量经济学、发展经济学、制度经济学等，都可为文化经济学的研究提供理论基础，并结合文化艺术的特质才能回答该学科的一系列问题。定性分析是研究的基础和前提，研究文化经济学需要对文化产品的生产和价值构成、文化消费的购买行为、文化业态的创新发展、文化贸易与文化保护等进行大量的定性分析。精神内容作为文化经济生产的对象，在市场经济发展中逐步体现出其价值内涵和溢出效应，带动其他产业的转型发展。因此，文化经济学具有较明显的人文社会科学的特征。定量分析是补充和深入，为提高文化经济学理论的精准性和逻辑性进行论证，在文化经济的统计与计量、文化消费与产品定价等问题的论述中，存在定量分析的方法。

第四节　文化经济学的研究框架

本书主要从微观和宏观角度对文化经济学研究框架进行阐述。

第一，文化企事业的生产和管理。如文化企业和文化事业单位的生产管理、劳动力报酬、内容创意、市场研究等。这类主题着重从文化经济的生产主体入手，研究文化企业管理和创新、文化事业运营经验。

这一部分的讨论内容和研究方法牵扯到经济学和艺术学理论，但在多大程度上涉及经济理论，则取决于被研究问题的性质，具体内容会体现出文化经济和传统经济的不同之处。文化事业方面的内容与经济理论具有轻微程度的关系，偏重于艺术理论的研究，文化产业的研究更偏重于经济理论的分析。

第二，对文化经济领域的问题进行集中研究、论述。其研究对象关系到文化内容这一特定领域，考察文化资源、文化业态、成本、利润、价值转化的问题等。对文化产业政策、文化事业资助等问题也有一定涉及。

由于研究对象的性质的差异，文化经济学比传统经济学的研究更有针对性，纯技术分析相对较少，理论的成分更多。对于文化经济问题的全面研究，不能局限于对文化经济生产和文化资源的分布等纯技术论述，而应涉及它与整个社会经济的联系以及相关文化和经济政策。文化经济研究往往牵涉财政税收政策、国际文化贸易及文化安全问题，还包括文化经济与整体经济之间的关系。

第三，文化经济理论的研究和构建。文化产品的价值构成，文化商品的定价，文化市场的构成，文化经济增长动力等，这些问题主要以精神经济理论和经济学理论为基础，形成文化经济学的研究框架和理论模型，说明质与量、部分与整体的关系。

这部分内容在理论研究及意识形态上占有更大的比重，是文化经济学学科的基础和核心，也是该领域研究和探讨的重点。由于该学科建立得较迟，其研究方法和基础理论借助经济学、艺术学和社会学等学科，并结合自身特色和研究特点形成理论系统。随着学科的发展和研究的深入，理论体系的构建仍在不断完善中。

以上三个方面的研究并没有明确的界限，只是研究角度有粗略的区别。我们从中可以看出，微观部分的研究含有部分纯技术的内容，而中观和宏观部分的研究则更偏重于对理论和意识形态的研究。本书内容主要包括学界主流的理论和研究方法，是"文化经济学概论"课程的基本内容，也是文化经济理论最基础和最重要的部分。

本书以精神经济理论为核心，那么全书结构框架的设计也应以此为基础。要对对象进行深入的研究分析，就必须先对精神经济的基本问题进行探讨，从财富的定义开始，本书探讨了文化产品的价值、文化市场、文化消费、文化业态、经济动力等生产环节，共分为十个章节。

第一章提出文化经济学的前提假设，指明本书的研究对象和研究方法。第二章是本书的理论基础，阐述文化产品的价值构成和文化产品生产的一般原理，确定精神产品概念。第三章对创意劳动和创意劳动报酬的特点和原理进行阐述。第四章对文化业态的形成和演化动力，以及科技推动下的文化业态发展趋势进行预判。第五章对当代文化经济系统的基础即文化市场进行了讨论，重新定义文化商品的价格和价值关系，研究了文化市场形态结构问题。第六章讨论文化消费的构成和因素，从文化市场的需求方提出未来文化经济的发展趋势和主要策略。第七章介绍文化经济的统计分类与计量问题,从统计分类的方法、基础、运用和模型等角度进行阐述。第八章讨论文化经济增长的动力和机制问题,探索其动力来源和增长规律。第九章从国际文化贸易的角度探讨中国对外文化贸易和文化安全问题。第十章研究文化产业化之后引发的产业文化化及文化赋能高质量发展。第十一章研究国家的文化产业政策的要点及制订原则。

本书力图对文化经济学的学科框架及基础理论进行构建,旨在阐明"在关键问题上是如何取得进展的及未来的发展趋势如何",但思想理论不免有一些不完善的地方,还有大量的问题尚未得到解决。

本章小结

- 文化经济学是经济学在文化领域的延伸和发展,其理论核心是精神经济理论。从本质上说,文化经济学就是研究文化生产再生产规律的经济科学。它研究文化的生产、交换、分配和消费各领域的运行机制及其发展规律。
- 文化经济学的主要研究内容包括:文化商品、文化资源和文化产业、文化生产和劳动报酬、文化需求和供给、文化市场、文化商品价格、文化经济效益与经济核算、文化消费、文化投资、文化经济政策、文化经济管理体制等。
- 文化经济并非封闭而独立的,它涵盖了文化、经济和社会等各个方面,与科技、旅游和金融等产业相互融合促进。其研究对象主要包括:对文化产品和财富的认知问题,文化经济中的生产、文化资源配置问题和文化生产效率的讨论,文化经济中的交易和市场问题,文化消费和文化产品定价问题,文化经济的产业化发展以及产业的文化化和高质量发展问题。

综合练习

一、本章基本概念

文化经济、文化经济学的研究内容、文化经济学的研究对象。

二、本章基本思考题

1. 如何理解文化经济?
2. 文化经济学的研究对象是什么?
3. 简述中西方文化经济理论的发展脉络。
4. 简述文化经济学研究的现实意义和理论价值。

第二章

文化产品的价值构成与生产

学习目标

通过对本章的学习，学生应了解或掌握如下内容：
1. 了解人类产品的价值构成概念；
2. 掌握纯精神产品、准精神产品和泛精神产品的概念；
3. 理解文化产品的价值构成与价值属性；
4. 掌握文化生产的一般原理。

导言

要认知文化产品的价值，首先需要重新认知财富。我们所处的时代，有关财富的认知已经和传统的认知出现明显的差异。比如动辄拍卖成交价破亿元的当代艺术家单幅作品，比如基础款运动鞋被明星"带火"后，价格成百倍地暴涨，再比如售价接近3万的某品牌透明充气马甲作为冬季款却毫无保暖功能，这一桩桩看似是新闻事件，其实在不断地向人们传递强烈的信号，财富本身已经出现了很大的变化。

第一节 财富的认知

一、传统的财富认知

财富，是指一切有价值的东西。《史记·太史公自序》："布衣匹夫之人，不害于政，不妨百姓，取与以时而息财富，智者有采焉。"在西方，最早给财富下定义的色诺芬认为，对占有者有用的好东西，如马、羊、土地等，就是财富。之后，亚里士多德更为明确地指出："真正的财富就是由……使用价值构成的。"他还说，财富是"属于家庭和国家的经过加工的丰富的物质"。古典经济学家威廉·配第认为，土地是财富之母，劳动是财富之

父及其能动的要素。马克思在《资本论》中说，社会财富是一定生产关系下的劳动产品，"包括一切以物的形式存在的物质财富和精神财富，既包括肉，也包括书籍"。尽管前人已经观察到财富中有使用价值的存在，是人类劳动的产品，包括物质和精神两个层面，但是在进一步认知的时候，人们总是会弱化或忽略对精神层面的分析。按照传统经济学的理解，财富就是能够满足人们物质需求的产品。

边际效用学派将精神（心理）因素引进经济学，对人的消费偏好和消费决策过程做了解释和分析，但是仍然没有正面阐述财富的本质。事实上，精神作为一种重要现象，对人类社会生活所有领域都有巨大的影响。不能因为财富的载体或形式是物质的，就忽视或否认精神因素的重要作用。

案例/专栏 2-1

拍卖会上艺术品的价值

2020年全球艺术品市场拍卖的10件最贵作品分别是弗朗西斯·培根的《启发自艾斯奇勒斯〈奥瑞斯提亚〉之三联作》、明代吴彬的《十面灵璧图卷》、波普大师李奇登斯坦的《裸体与欢愉画》、元代画家任仁发的《五王醉归图》、塞·托姆布雷的《无题（博塞纳）》、常玉的《绿色背景四裸女》、马克·罗斯科的《无题》、大卫·霍克尼的《大水花》、布莱斯·马登的《补充双连环画》、巴奈特·纽曼的《Onement V》，其中拍卖成交价最高达8445万美元，最低也超过3000万美元，有4件拍品价格产生于亚洲市场。更值得人们关注的是，10件拍品中有5件为近现代至当代艺术家的作品。

上述10件艺术品的最低拍卖价超过2亿元人民币，在全球经济因新冠肺炎疫情影响普遍下滑的2020年，艺术市场这波强劲的表现着实引人注目，它再次将人们引向对财富认知的探讨。以开拍仅十分钟就到达3330万美元、成交价排名第五的中国近现代画家常玉的《绿色背景四裸女》为例，如何理解呢？

如果用传统对财富的认知去分析它，比如从生产创作这幅画作的物质材料成本和人的劳动成本来推算这幅画的价值，进而理解这一价格，好像有些困难。那么还有什么价格构成的因素暂时被忽视了？仅仅是供需关系吗？20世纪50年代以后，常玉的人生与艺术已臻截然不同的阶段，裸女群像更是他突破自我的关键。《绿色背景四裸女》珍稀绝罕，是常玉毕生唯一以相近构图创作三次始告诞生的巨作，亦是三幅当中尺幅最大者，意义非凡；画面呈现四位裸女，呼应中国"四大美人"概念，其赤裸身体徜徉于抽象绿色背景，反映战后万物苏生的社会面貌；裸女自由的身体语言，宣示战后女性的解放；画面鸟瞰裸女复迭起伏的身体曲线，亦可见中国山水结构之妙。有关画家和画作本身的特质是不是对作品价格产生了较大影响，或者说是构成作品价值的重要因素？

上述艺术品案例提供了一个非常重要的线索，即有关财富和价值的传统理论不能完全有效地解释艺术品的价值问题，需要理论创新。不只艺术品，我们还可以找到很多产品，比如清朝内务府造办处做给皇族的饰品和朝服等，现在每一件都是文物，但在当时确实只是实用品。明、清景德镇御窑是给皇家生产生活用瓷的地方，但我们今天在研究文化产业史的时候，这些由御窑生产的瓷器显然是要研究的重要内容，也代表着当时产业化运作水平最高的一个行业。可能有人会认为，这些物品都是皇家定制的珍品，所以才日益显得贵重。那么我们再看普通物品，明代家具流传到今天，哪怕只是一张椅子或一张罗汉床都会非常珍贵，而在当时只是常用的家具。又如博物馆里原始人的刮削器，只是粗陋的石器，为什么却能够登堂入室，成为重要文物？这就引导我们思考另一个问题：什么是财富，财富的构成究竟是怎样的？

二、财富认知的转变

财富是人们普遍认可具有价值的存在，本书所讨论的财富则是从经济学的视角来看，特指具有经济价值的存在，而非泛化意义层面上的财富，如"宝贵的精神财富"。即便如此，财富仍然是一个相对抽象的概念。于是，为了进一步认知它，就要从财富的形成开始说起。具有经济价值的存在是怎样形成的？从物理层面上说，具有经济价值的存在可以是天然的，也可以是人造的，但是无论哪种情况，都具备满足人类特定需求的功能。且即便在物理层面是天然的，也一定是被人类所发现，存在的状态与功能是被人的活动所确认与定义的，比如黄金，尽管其物理存在是天然的，但是需要被人类发现，而且要通过大量的观察与实践认知到这类金属非常稀少，并且在后来的人类社会活动中，被赋予货币的功能。与之相对应地，那些人造的具有经济价值的存在，即人类生产的产品。

因此，如何理解财富，其基础在于如何理解产品的价值。人们往往能从当下的艺术品市场价格或奢侈品定价中隐约感知到这样的信息：如果我们仍然认可价格从长期来看能够反映价值这一基本前提，部分人类产品的价值明显与构成它的物质材料的多少、大小、名贵程度无关，也和劳动时间关系不大。就像前文案例中所提及的昂贵艺术品，如常玉的那幅画或根本不保暖的冬装透明充气马甲，如果要从生产的物质成本来分析其价值，就是徒劳。对于财富，对于价值，需要重新认知。

从本质上说，任何一件人类产品都是智慧对物质自然的征服，是精神与物质的交融。威廉·配第有关财富的论述更准确的表达应是：物质是财富之母，精神是财富之父。人类所创造的任何财富或产品都具有精神和物质的双重禀赋，财富或产品是由精神内容和物质载体两大部分构成的。物质载体是产品的自然形态，形态具备一定的物理或化学属性，可以从元素、原子、分子等单位分析，它是支撑人类精神的自然基础和物质载体。精神内容是附着在物质之中的人类精神力量，包括动机、控制力、技术、设计、审美、品牌等。

英国古典政治经济学家李嘉图曾说过，劳动价值论无法解释古董、罕见艺术品的价值原理。马克思在《资本论》第三卷中说，"撇开真正的艺术作品不说（按问题的性质来说，这种艺术品的考察不属于我们讨论的问题之内）"并进一步指出"那些本身没有任何价值，即不是劳动产品的东西（如土地）或者至少不能由劳动再生产的东西（如古董、某些作家的艺术品等）的价格，可以由一系列非常偶然的情况来决定。要出售一件东西，唯一需要的是它可以被独占并可以让渡"。对于传统政治经济学忽略艺术品价值问题的原因，《资本论》研究专家、复旦大学洪远朋教授曾说："政治经济学所研究的商品是能够不断再生产的商品所反映的生产关系。所以，这些不能再生产的物品及其交换，严格来说，不属于政治经济学的范围。"其实，更进一步看，原因在于传统经济学过多地重视物质财富和体力劳动，无法跳出既有的理论框架，在古典经济学家所处的时代，经济活动的社会意义还主要是如何增加物质资料的供给，其目标还在于满足人们的基本物质生活需要，因此以体力劳动创造价值成为物质经济的基本定律。但这一定律在当时就有了解释范围的局限性，对今天的很多价值判断无法进行有效分析。

让我们回到有关艺术品价值的探讨。艺术家在创作的过程中明显倾注了个人的动机和控制力，如对作品题材、作品呈现方式的选择，对构图、色彩、造型等的具体设计，作品要表达什么思想、情感、情绪或观念。上述目的或动机一旦被明确，艺术家就会自发运用其积累的艺术创作技法技能对物质自然（如颜料、画笔、纸张等）进行使用，最终会完成"合目的"的物质改造这一过程，完成作品。在艺术品被创造的过程中，物质材料必不可少，但更为重要的是艺术家的创作动机、控制力、设计、审美以及其赋予作品的个人声誉、名声等，这些都是精神内容。艺术品是物质载体与艺术家精神内容的结合，其价值由这两方面共同构成。当我们把关注对象的范围扩大，会发现人类所有的产品都无一例外地包含着物质载体和精神内容两个方面。因此，由产品所构成的人类财富本质上也是由物质载体和精神内容共同组成的。财富实际上是吸纳并"折射"了人类精神的客观存在。人类财富的形成是主观与客观的有机结合，包括两部分：一是物质资源，包含自然和体力劳动的凝结；二是精神资源，包含"合目的"的控制力、技术、设计、品牌和其他精神因素。可以这样说，财富是人类精神的对象化。

案例/专栏 2-2

未被探明的煤矿是不是人类社会的财富

前文陈述了特殊的产品如艺术品的情况，传统的物质产品被视为人类社会财富的一部分，基本上不会有异议。下面我们来进一步思考一种相对极端的情况。日常生活中，我们常会发现，对全球财富整体情况的描述常常包括主要能源的储量信息。例如，煤炭资源，根据英国石油公司（BP）统计数据，从资源储量上看，2015—2019 年，全球煤炭储量增长呈明显放缓态势。2019 年，全球煤炭已探明储量为 10 696.36 亿吨。美国作为世界发达国家之一，其煤炭储量居世界第一位，占比达 23.3%，其次为俄罗斯，占比达 15.2%，澳大利亚煤炭已探明储量占全球比重达 13.9%，我国煤炭已探明储量占比达 13.2%，排名全球第四。已探明的煤炭资源储量是世界财富的组成部分之一。那么没有探明的煤炭资源呢？没有探明的煤炭资源虽然仍可能存在，但是没有被人类发现，即没有经过人的精神的对象化，缺失了物质资源与精神资源的有机结合，因此无法被纳入人类社会财富的范畴。

财富的价值主要不在于它的物质构成，而在于它能够满足人们的需求。在物质资料极大丰富以后，物质产品的边际效用迅速下降，真正决定并构成市场有效需求的不再是最基本的生理需求，而是人类特有的精神需求。

奥地利学派创始人卡尔·门格尔对财富与人的欲望之间的关系有较为深刻的见解。他讨论了欲望的提升及其经济学意义，认为各种欲望的满足对于人类具有不同的意义，如满足衣食住欲望的意义远远大于满足那些享乐或舒适等欲望的意义。门格尔还指出，同一欲望的不同满足程度对于人类也有不同的意义。例如，食物满足虽然在各种欲望满足中具有最高意义，但实际上，有其中一部分就可保持生命，另外一部分具备保持健康的意义。超过这些量的消费，只有越来越微弱的享乐意义。总之，随着同一欲望不断被满足，欲望的程度以及满足该欲望的财货的重要性也在递减。基于这种情况，当基本需求得到满足后，更高层次的需求将显得更为重要。

马斯洛在《动机与个性》和《通向一种关于存在的心理学》这两本书中对其需求等级理论做了系统的阐述。人的需求大致可分为五个等级，从低到高分别是生理需求、安全与保障需求、爱与归属需求、自尊和他人的尊重需求、个人实现与发展的需求。当低层级的需求被满足时，人类的需求会自然地向高层级跃迁，但并不是说只有在低层级需求完全被满足时才会出现高层级的需求。从第三层级开始，人类的需求就更多地偏向精神层面，如最高等级个人实现和发展的需求主要体现为道德感、创造力、主动性、解决问题的能力、包容、无偏见、对事物的接受能力，这与中国先哲或民谚总结的基本一致。管子云，"仓廪实而知礼节，衣食足而知荣辱"；中国明、清时代，徽商对书画艺术的热心赞助以及江南一带流传的"堂前无字画，不是旧人家"，这些都反映了物质需求得到基本满足后，人们对精神需求的追求。个体的需求是如此，由个体组成的社会亦是如此。社会发展的内生动力，本质上是有效满足社会群体的需求。当生产力发展到一定水平，物质层面的需求比较容易被满足时，群体的需求开始整体向精神层面迁移，这成为推动市场扩展、经济持续增长的动力。

第二节　产品的价值构成与分类[①]

一、产品价值构成模型

任何产品都是人类劳动的现实产物，其必然包括两个基本要素：一是精神内容，二是物质载体（或形式）。精神内容是产品中凝结的思想、情感和技巧。它代表着人类文化的元素形式，是千百年来社会发展的精神积淀，是一个自我封闭的目的手段系统，其中潜藏

[①] 李向民. 精神经济[M]. 北京：新华出版社，1999.

着人类完善自身的快感和冥冥之中摆脱物质束缚的苦苦追求。物质载体（或形式）是指产品中能够被人们的感官所直接感知的内容，是精神内容所赖以附着的外在载体和信号系统，是被人类精神改造或控制了的自然物质力量。

以非常普通的产品桌子为例，它的精神内容大致包括：① 它的功能设计；② 它的外观设计（包括造型、色彩等方面的符合审美与人体工学的考虑）；③ 它的工艺特点；④ 它的品牌（如有）。而桌子的物质载体（或形式）则主要指制作它的物质原料。精神内容是产品的本质，物质载体（或形式）是产品的外在表现。在生产过程中，人们总是将自己的智慧投射于客观物质存在上，使内在精神活动转化为可被感知的对象形式，并在对象形式中被物化和固定，从而使过程和结果体现出一定的合目的性。通过生产活动而实现的主体意识对象化过程，在现实中表现为两个具有不同性质的过程的辩证统一。一方面，人们释放了内在精神能量，从而外在体现了人类文化；另一方面，文化成果不可能脱离一切实体，它总会寓于实体之中，从而使它们变为自己的表现形式，亦即使物质客体由于受到精神内容的"感化"而成为人类产品的组成部分。如音乐会现场听到的一首歌曲，即便它没有如钢笔、桌椅那样一眼可以辨识的物理形态，它也是在声波的物质媒介中存在的、经过音乐家艺术审美加工的音符与节奏的组合。从这一层面理解，精神内容和物质载体（或形式）是不可分离的。没有精神内容的"物质形式"是自然存在物，没有物质形式的"精神内容"是滞留在人脑中的抽象意识。从严格的意义上说，精神内容和物质载体（或形式），要么以人类产品的形式同时存在，要么就同时不存在。因为只要你感知到了这是一种物质形式，你的精神已经发生了作用——对客观物质进行了认知，这就已经具有了人的"精神内容"。

二、基于价值构成的产品分类

如上文所述，所有的人类产品无一例外是由物质载体（形式）和精神内容构成的，二者都可以满足人们特定的需求。根据两者在产品价值中是否占据主要地位，可进一步将产品细分为物质产品和精神产品两大类。

（一）物质产品

人类社会发展至今，我们已对产品的生产和消费司空见惯：衬衫、鞋袜、米饭、面包、牛奶、矿泉水、公寓、家电、桌椅、自行车、轮船、公交车……在衣食住行里随处可见。我们不仅关注产品的性能、质量，也关注其价格、效用。在聚焦探讨文化产品的价值构成与分析之前，我们一般不会格外留意从物质和精神两个层面进一步细分人类产品。事实上，正如前文所述，抽象地看，所有的人类产品都是由物质载体（形式）和精神内容共同构成的。有些产品在本质上主要依靠物质材料满足相应的需求，如食品主要依靠碳水化合物、蛋白质等成分满足人们的饱腹和获取热量与营养的需求。再如，公寓是经历了人的精神对象化后的过程，通过建筑设计，构成了稳定的空间，具有防寒保暖、遮风避雨的作用，能够为人们提供相对安静、私密的环境进行睡眠、进餐、学习等个人或小群体活动。在这种情况下，物质载体（形式）发挥主要效能，构成了产品的价值核心；精神内容虽然也存在，但并不主要依靠它来满足人们的需求，它也不是产品价值的核心。以上就是以是否为价值核心来对物质产品和精神产品进行区分的原理。总之，物质产品是由物质载体（形式）和精神内容共同构成的，其价值核心为物质载体（形式）。

（二）精神产品

与物质产品相对的是精神产品，尽管它和物质产品一样，由精神内容与物质载体（形式）共同构成，但其价值核心与物质产品有本质上的不同。我们在日常生活中所接触、消费的文化产品就属于精神产品。为了更好地理解精神产品的价值核心，可以从精神内容和物质载体（形式）的定义中进一步理解在发生学意义上的原因。纯脑力劳动——人的记忆、想象和推理等精神活动创造产品的精神内容，纯体力劳动——人的肌肉、筋骨活动创造产品的物质载体（形式）。但纯脑力劳动和纯体力劳动都只是理论上的合理抽象，它们并不存在于现实生活中，两者互为前提、互相结合，任何一种具体劳动都是纯体力劳动和纯脑力劳动的有机组合。由于在生产中，脑力耗费和体力耗费这两个本质不同的过程并存于一个统一的行动之中，反映在成果上，这两个过程各自的成果也就相应地统一于一个产品整体之中。换句话说，从纯脑力劳动和纯体力劳动的辩证统一这个角度来看，精神内容和物质载体（形式）也是辩证统一的。

为了便于进一步解释精神产品，我们先做下述界定。首先，我们将人类产品中的所有精神内容集合称为"泛精神产品"。日常所见的文化产品的价值核心是精神内容，我们将文化产品称为"准精神产品"，将准精神产品中的精神内容称为"纯精神产品"。泛精神产品和纯精神产品都是概念意义上的存在，严格说来，在现实中找不到具体的任一产品形态。正如现实中可以购买和品尝苹果、香蕉、西瓜、橙子，却购买不到"水果"。

泛精神产品比准精神产品、纯精神产品更难以理解，它是抽象和具体、理论和现实的矛盾体。泛精神产品深蕴在可感物质形式的内部，而准精神产品即文化产品却是我们在现实生活中经常感知的、消费的。这一对看似矛盾的概念，其内在联系是怎样的，它们是如何共同说明精神产品的经济学本质的？人们在谈及与物质产品相对的精神产品时，一般都很自然地把对象限定在准精神产品中，而在进一步探讨后，却往往不自觉地把研究范围扩展到泛精神产品领域。首先，传统上人们在研究文化产品时忽略了对其外在物质形式的考察，或者说只是把对物质形式的研究作为一个附带的或次要的项目，如人们在谈到中国画艺术时虽然也免不了关注笔墨纸砚的作用，但也仅此而已。而在谈到某一科学理论时，则更少有人涉及理论的具体表现形式。其次，人们研究精神产品的精神内容时，常常在无意识中牵涉其他产品的精神内容。在美学中，不仅有诗歌、音乐、雕塑的艺术美，而且也承认一般人类产品的审美价值。而对于技术成果，则更不只限于对模型、样品的技术鉴定，更加重视它们的使用价值，重视一般产品中的技术问题实际上是公开地将泛精神产品纳入研究领域。准精神产品和泛精神产品作为研究对象上的相互渗透，还突出地表现在考古学研究上,人们对各种历史遗迹和遗物进行研究,阐明古代的社会阶级状况和物质文化面貌,从而把当时的每一件产品——不管是石器还是青铜器,抑或是建筑物——当作人类文化的表现形式,当作精神产品来考察。这并不是由于研究者一时的疏忽,而是人们自然流露出的对精神产品本质的一种直觉,准精神产品的定义并不能很准确地说明这种本质,只有泛精神产品这一概念能够反映精神产品的真实属性。准精神产品和泛精神产品的内在联系如图 2-1 所示。

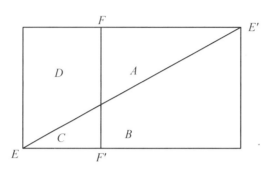

图 2-1　财富的结构:精神经济产品模型(李氏模型)①

图 2-1 中,整个方框代表人类的全部社会产品。根据不同的方法对这个作为总体对象的产品进行划分,EE'线以上代表产品的精神内容(AD),以下部分代表产品的物质形式(BC);FF'线以左代表人们通常所说的精神产品(即准精神产品)(CD),以右代表物质产品(AB)。在文化经济学中,需要分别从泛精神产品和准精神产品两个角度对文化产品进行分析。当我们研究人类文化经济活动的本质特征和规律时,必须舍弃掉一切具体的、偶然的物质形态,就会将研究对象限定在 D 范围内。这种抽象研究阶段处于研究进程的中间,在其前、后两个阶段,必须转而将研究对象限定在准精神产品上,因为泛精神产品是无形的、抽象的;而准精神产品却是实实在在的、具有特定物质外壳的客体。

所以,文化经济学研究就必须回归到对准精神产品的认知上,同时也不能仅限于研究准精神产品的各种具体形式而不上升到对泛精神产品的实质性考察。对这两种产品的含义的有意识转换实际上是具体—抽象—具体的研究叙述方法在文化经济学中的应用。在文化经济学中能否很好地运用马克思主义科学抽象法的关键,也正在于能否在研究进程中及时变换使用精神产品的两层含义。泛精神产品以准精神产品的精神内容为最高形态,进而将准精神产品的精神内容与物质形式的总和,作为自己渗入社会现实生活的突破口和主要通道,从而使人们能够从准精神产品实体出发,并逐渐摒弃其物质外在,窥探到泛精神产品的本质。准精神产品与泛精神产品的交集,即准精神产品的精神内容——纯精神产品。

之所要动态地从方法上来说明精神产品的概念,是因为要认识它,人们只有借助于准精神产品所依附的硬壳,然后打破这层物质外壳,找出深居其中的精神内容,即纯精神产品。它就像一道普照的光,辐射泛精神产品的全部区域,影响到包括物质产品在内的人类

---

① 这是李向民于 1986 年首次提出并为学术界所广泛引用的精神经济学财富模型。

全部产品的生产与再生产，从而使文化经济学研究具有更加宏伟的社会意义。

进一步说，在文化产业的具体实践中，从纯精神产品到准精神产品、泛精神产品的转化过程，是一个动态的价值创造过程，体现了文化产业化和产业文化化的过程，也体现了文化产业与传统工业的内在联系。在这一动态过程中，文化产业实现了直接的价值创造和间接的价值创造。例如，作为"纯精神产品"的设计创意转化为"准精神产品"的设计图稿，并以版权受让的形式进行市场交换，这是文化的产业化过程，创造的是直接的经济价值。而受让的版权被传统的家具制造业使用，进而生产制造出成千上万的新品家具并销售，创造了更大的家具制造业的经济价值，这是文化产业间接的价值创造过程。因此，虽然家具制造业创造的家具的经济价值可能要远远大于文化产业直接创造的设计版权的经济价值，但是，如果没有文化产业完成的纯精神产品转化为准精神产品的直接经济价值创造过程，家具制造业就成了无米之炊，是无法生产和实现其经济价值的。因此，我们应当从整个产业文化和精神产品价值创造的全过程，去理解文化产业在社会财富创造中的重要意义。

第三节　文化产品的价值构成、价值属性及文化生产

在社会发展的历史长河中，商品经济占据非常重要的地位。但是由于长期以来，人们的生产活动都以物质资料的生产为主要内容，物质资料生产的发展在很大程度上成了社会进步的主要甚至唯一的标志，因而经济也主要是以物质资料的全面商品化为特征。在这种背景下，文化产品的价值分析问题就在无意之中被人们忽视了。但是历史事实表明，文化产品的商品化是商品经济进入发达阶段不可缺少的条件，任何否定文化产品商品化的做法都会限制文化产品的生产与再生产。对于中国，特别是我们正在探索实践以中国式现代化全面推进中华民族伟大复兴，着力推进文化自信自强，铸就社会主义文化新辉煌，在这样的背景下，客观理解文化产品价值构成、属性以及文化生产就显得更为迫切和必要。

文化产品商品化有着悠久的历史。在原始社会时期，工艺品和其他的物质产品一样存在于流通领域。夏商周三代时期，代表着君权王权的名贵礼器——青铜器，也是可以交易的。据《史记·货殖列传》中记载，春秋时，"中山地薄人众，犹有沙丘纣淫地余民，民俗儇急，仰利机而食。丈夫相聚游戏，悲歌慷慨，起则相椎剽，休则掘冢作巧奸冶，多美物，为倡优。女子则鼓鸣瑟，跕屣，游媚贵富，入后宫，遍诸侯"。这充分说明，物质产品商品化的同时，我国古代艺术品和艺术劳务的商品化也没有"缺席"。

在进一步分析文化产品价值之前，必须要强调以下基本事实。

一是文化产品是人类劳动的成果，与其他任何产品一样，凝结了人类的脑力劳动和体力劳动。从本质上看，从事精神文化生产或物质生产只是在社会分工下所决定的具体劳动上有所差异。无论这样的差异有多大，参加生产劳动的人都不可避免地要耗费一定的体力和脑力。对于精神文化生产来说，生产者掌握大量的实践和思想素材，通过想象、推理形成新的思想内容，辅以一定的劳动，使抽象的观念存在与各种物质材料有机结合，形成新

的、独立的、对象化了的产品。精神劳动是人类劳动的具体形式之一，也是社会总劳动的一个重要组成部分。劳动者通过精神劳动而创造出的准精神产品也具有社会性，具有价值并作为商品参与社会的商品流通。

二是不仅精神文化生产在本质上依附于物质生产，而且文化产品从形式上也依赖于物质的形式。文化产品的生产需要大量的物质资料，这些物质资料都要由物质生产部门提供。而物质产品随着物质生产的发展、分工的扩大以及生产经营者的经济独立而变为商品，对某个物质生产者来说，不管是精神生产者还是其他物质生产者，若要取得其劳动成果，都必须同样地向他提供等价值的商品或服务。这种商品交换关系一旦在生产领域得到巩固，就迅速改变了社会的经济活动方式，进一步影响到消费关系。从消费者的角度来看，他们的主要经济活动是通过支出自己的货币购买和消费各种商品和劳务，他们只承认商品交换，难以接受以非商品形式出现的精神产品，在经济行为上则拒绝赏赐、赠予和无偿调拨。生产和消费的既有社会方式都客观地决定了流通的形式，要求文化产品能够得到公正和认真的估价，参与社会正常的商品经济活动。

三是文化生产本身的发展在客观上要求文化产品商品化，以实现经济价值。文化产品如果不能按照价值规律参与社会商品流通，那么就会受制于物质资料，在社会关系上就表现为文化生产者对物质资料占有者的依附，这将限制文化生产过程和生产者个人潜力的充分发挥。如果文化生产者不建立起自己的经济基础，就难以从根本上促进文化生产的发展。文化产品商品化能够给文化生产带来经济的独立，使文化生产者在生产过程中最终摆脱物质资料的束缚，充分展现自己的才能。商品化的意义不仅在于保证文化生产活动的存在，更重要的是给文化产品的扩大再生产提供强大的经济基础。

四是文化产品商品化是商品经济社会中人类本质力量对象化的必然要求。在商品经济社会中，人类本质力量的对象化有了新发展，它已不仅仅发生在人和自然客体之间，也存在于人与人的社会关系中。在存在着发达的社会分工和商品交换的社会里，产品在使用价值上与生产者发生了异化，生产者并不享受产品而享受产品的恰恰又不是它的生产者，人的本质力量不仅表现为根据自己的意愿去加工物质客体，而且社会地表现在获取别人实践成果的能力上。获取劳动成果的能力已经成为衡量一个人的社会价值和本质力量的重要尺度。作为社会总劳动的组成部分之一精神劳动，以及现实地独立于物质资料生产之外的精神生产活动，它不能与自己的对立面——物质生产决裂，它们始终存在着千丝万缕的联系，而这种联系在商品经济社会中正是以商品交换的方式存在的，这种交换的实现最终也决定了人类本质力量对象化过程的顺利完成。

文化产品的商品化有非常充分的社会历史动力，但这个历史过程并不顺畅，在国内外都是这样，没有如物质产品商品化那样得到迅速的深化和泛化。阻碍文化产品商品化的原因有多方面，最主要的是人为主观原因：人们对文化产品的价值构成和计算不了解也不理解，这造成了文化产品定价上的一系列技术性困难。在价值计算方面的困惑反映了人们对产品价值本质认识的模糊，这里就涉及一系列问题：文化产品的价值属性是怎样的？文化产品的价值与交换价值、价格之间的相互关系是什么？

一、文化产品的价值构成

前文已详细阐述了文化产品的内涵,根据精神经济产品模型(李氏模型)可知,文化产品的价值主要由精神内容注入和物质载体承载两方面共同构成,其中精神内容是核心。

(一)精神内容注入

文化产品中的精神内容大致包括文化资源、创意与设计以及合目的的控制力等。第一,文化资源是人类从历史中积淀并继承的,可以以具体的文化元素或文化符号呈现的,反映人们文化生活的且可以产生直接或间接经济利益的精神内容。举例来说,中国四大古典名著小说是文化资源,非物质文化遗产是文化资源,具有一定影响力的品牌也是文化资源。第二,创意与设计是在创造和生产具体的文化产品时由文化生产者自发完成的脑力劳动,往往具有创新性、科学性或审美性,如剧作家的作品创作、演员的表演诠释、科学家的理论创新等。第三是合目的的控制力。简单来说,它是贯穿文化生产过程的管理能力。以上构成了文化产品的精神内容,不难发现,每一种精神内容也都凝结着人的劳动。

(二)物质载体承载

除了精神内容,文化产品价值构成还离不开物质载体承载。某些文化产品的物质载体比较容易被观察,如纸质书籍的物质载体包括成书的纸张、油墨、装订钉或胶等。而另外一些文化产品的物质载体则不易被观察,如电子书(包括有声读物)是以数据存储于计算机或U盘等"容器"内,通过阅读终端以光波的形式或声波的形式传导到消费者的感官系统。再比如现场音乐会,其物质载体是通过乐器、人的声带以及音响系统共同产生与传递的声波。当然,音乐会的现场也会有"服化道"衬托的精彩的舞台表演效果,这些又以光波的形式传递给消费者。总而言之,文化产品的物质载体是必然存在的且总能被人的感官所感知,不存在仅有精神内容而无物质载体的文化产品。但必须要强调的是,文化产品中的物质载体并非产品的价值核心,这一点使文化产品与物质产品泾渭分明。

也正是由于这样的产品价值构成,文化产品的形态较容易改变。当保持文化产品的精神内容即纯精神产品不变的时候,可以通过与不同的物质载体结合,形成新的文化产品。例如,将电影院中播放的电影以数据的形式存储于光碟中,这就形成了音像制品;也可以将其通过数据化形式在网站中存储和播映,这就形成了人们在视频网站所消费的电影视频内容。不同的产品形态从某种意义上说恰好能反映科技赋予产业的可能,包括生产,也包括销售运营。科技丰富了可供使用的物质载体,提供了文化生产的新方式与新手段,促成了新的业态产生。在本书后续的章节中,将对这部分展开详细阐述,这里暂不赘述。

二、文化产品的价值属性

商品的本质特征在于它的价值,文化产品商品化的发展必然要求人们更加深入地了解文化产品的价值属性。马克思主义政治经济学认为,商品是用于交换的人类劳动产品,能够靠自己的属性来满足人的某种需要,物的有用性使物具有使用价值。价值由物化在商品中的社会必要劳动时间——即在社会平均劳动熟练程度下和劳动强度下,生产某种商品所需要的劳动时间——决定,由生产过程中活劳动创造的新价值和原有物化劳动转移到新产品中的价值构成。单位商品的价值量与凝结在文化商品中的社会必要劳动时间成正比,与劳动生产率成反比。商品具有使用价值和价值两个因素。具体劳动创造使用价值,抽象劳动创造价值。劳动力这种特殊商品在使用过程中会创造出超过自身价值的剩余价值,即劳动价值。商品是使用价值和价值的统一体,商品的使用价值是商品价值的物质承担者,商品的价值是商品交换价值或价格的基础①。

文化产品的价值属性是指文化产品具有内储存和可释放能量的性质。前者是文化产品在经济学意义上的价值,后者是文化产品的使用价值和创新价值。也就是说,要认识文化产品的价值属性,必须从价值、使用价值和创新价值三个方面进行考查。

所谓文化产品的价值,是指文化产品凝结的一般人类劳动。文化产品是人类劳动的产物,它并不仅仅是用于满足生产者自己的精神需要,它也需要通过交换而自然地流向非生产者,进而实现其本身的真正意义。这种意义只有通过交换才能得到完全的实现,即凝结在文化产品中的劳动只有通过交换才能得到社会的承认,生产者才因此在经济社会中取得一定的经济权力(货币),从而确立自身在社会中的真正地位。在此过程中,生产者与其产品的关系外化为他与其他生产者的关系,因而文化产品的价值表现为文化产品的社会属性。

文化产品的使用价值是指文化产品能够满足人们某方面精神需要的属性。它包括认知价值、审美价值和伦理价值三方面,各种文化产品的使用价值中,这三方面的组合方式和构成比例都不同。科学理论的认知价值比较大,艺术作品的审美价值比较大,宗教的伦理价值最为突出。而且在一般情况下,这三方面使用价值又是相互融合、相互制约的,它们的关系归根结底是真、善、美的关系,前人对此有不少卓越的见解,在此不再赘述。

文化产品的创新价值是指它能够推动人类思想发展的属性,是文化产品的精神属性,也是文化产品特有的价值范畴。由于文化生产具有创新性,因此从某种意义上说,每一种文化产品都是人类思想认识发展中的里程碑。当然,各种文化产品的创新程度是不一样的,对后世的影响也不同。创新价值反映了文化产品在思想发展史上的地位,它既不同于价值,也不同于使用价值。

人们常常把创新价值与认知价值混淆起来,其实二者的区别是相当大的。认知价值是使用价值的一部分,它说明了文化产品能够满足人们现实需要的认知世界的能力,而创新价值则表示文化产品作为推动下一级精神生产的推动力的大小。艺术品的创新价值表现在艺术家的艺术技巧创新上,这种新的技法和创作思想越是在后世得到广泛而持久的应用,其创新价值越大。文化产品的创新价值和使用价值有时并不一致。有的文化产品基本没有创新价值,但依然具有使用价值。

---

① 马克思. 资本论:第1卷[M]. 中共中央编译局,译. 北京:人民出版社,2004:47-54.

文化产品包含的三方面价值都是由劳动决定的，具体的脑力劳动决定了文化产品的使用价值，抽象的脑力劳动创造文化产品的创新价值，抽象的一般人类劳动创造文化产品的价值。具体的脑力劳动、抽象的脑力劳动和抽象的一般人类劳动实际上是同一次精神生产劳动在不同理论抽象层次上的不同表现，并不是各自独立的几次劳动。使用价值处于文化产品价值结构的最低层，文化产品的生产者通过不同的方式运用自己的脑力生产出形形色色的精神产品。例如，艺术家用旋律、语言、文字、色彩、线条等形象地反映各方面社会生活，生产出艺术品；科学家通过多次实验、反复论证，揭示出客观世界的内在规律，生产出科学理论，出版专著。再高一层次，由于文化产品总是脑力劳动的产物，是人类智慧的结晶，在人类思想认识史上会留下深浅不一的印记，正是这些印记连成了人类自身发展的精神轨迹。从这个意义上说，精神生产活动的具体形式都是外在的，这些活动都可以归结为人类整体认识活动的一个无差别的组成部分，而这种劳动凝结在文化产品中就成为它的创新价值。

上文提到的人们似乎很难正确确定文化产品价值的根本原因就在于混同了价值、使用价值和创新价值这三个不同的概念，从而把本来既定的价值和使用价值、创新价值这两个不定量混淆起来，造成了在计算价值量、确定价格等问题上的错误认识。

理解了文化产品的价值构成与价值属性后，还要对文化生产劳动做进一步的抽象研究。文化生产劳动本质上是精神生产，是社会总劳动的一个部分，它和物质生产劳动一样，生产出能满足人们某方面需要的产品，也需要劳动者做出一定的生理耗费。正因如此，精神产品和物质产品之间存在"可通约性"，这一点在文化产品商品化以后变得日益重要。文化产品要能和其他产品互相交换，首先要求社会承认其价值，而价值实体正是抽象掉一切具体形式差别的人类生理耗费。

但同时也要注意文化产品的价值存在其特殊性。与重复性劳动所产生的价值不同，文化产品中蕴含着生产者"独一无二"和"前所未有"的创意，从而创造出"创新价值"。灵光一现创作的诗歌与毕一生心血完成的小说都可能成为传世之作，因此无法使用"社会必要劳动时间"对文化产品的价值进行衡量。原因有二：一是任何属于非重复性的文化产品的生产创作都不仅是某个人或少数人的能力的耗费，同时也凝结着他人或前人的劳动，而社会必要劳动时间是在现有的社会正常的生产条件下，在社会平均的劳动熟练程度和劳动强度下制造某种使用价值所需要的劳动时间。科技创新、创意生产等创造性的劳动，并不是现阶段、现有的社会生产条件下，而是跨期的、凝结着前人的、不同生产条件下的复杂劳动。二是科技创新、创意生产等精神劳动是异质的、差异化的劳动，文化生产具有创新性，只能讨论生产者的个别劳动时间，而无法用平均的劳动熟练程度和劳动强度为参照进行比较。所以用"社会必要劳动时间"这一尺度无法准确地描述文化产品的价值。

以上是根据马克思主义劳动价值论对文化产品的价值属性及创造价值的劳动进行的分析，这对于研究精神产品的价格问题具有重要意义。很显然，文化产品定价的基础是它的价值，而不是使用价值或创新价值。我国现行的稿费制度、专利许可证贸易和有偿技术转让制度等正是在不自觉地遵循了这个原则，并考虑有关具体情况后建立的。一方面，这些计价办法较多地考虑了文化产品与其他产品的交换关系，注意到了文化产品价格与一般商品价格的协调。另一方面，把文化产品价格分为两大部分反映了价格上的累积。有关文化商品的价格问题将在第五章中进一步探讨分析。

综上所述，文化产品的价值核心在于精神内容，换言之，即纯精神产品，而非物质载体。对文化产品的理解可以从价值、使用价值和创新价值三个层面进行。

三、文化生产原理

基于对文化产品的价值构成和属性的理解，我们可进一步归纳与总结文化生产的一般原理。文化生产本质上是人的精神的对象化活动，是人能动的通过创意、设计设定具体的目的和实现的路径，以合目的的控制力将文化元素和符号与具体的物质载体（形式）结合在一起，最终形成文化产品的复杂过程。文化生产的结果即文化产品，它是精神内容和物质载体的有机结合，其价值属性包括价值、使用价值与创新价值三个方面。价值构成中，以精神内容为核心。

由此，可进一步推导出文化生产函数，即 $Q=F(X, Y)$，其中，X 代表精神内容，精神内容主要包括文化元素或文化符号、创意与设计以及合目的的控制力。在每一次文化生产中，生产者调用的精神内容各有不同；Y 代表物质载体，同样地，在不同情况下，生产者所使用的物质载体也各有不同。

本章小结

▶ 从精神经济理论分析，一切社会劳动产品都由两个基本要素构成：一是精神内容，二是物质载体。精神内容是产品中凝结的文化资源、创意和设计、合目的的控制力等。物质载体是指产品中能够被人们的感官所直接感知的，精神内容所赖以附着的外在物质载体和信号系统。

▶ 纯精神产品是脑力劳动创造的精神内容，纯精神产品必须与特定的物质载体相结合才能呈现与表达，成为准精神产品。准精神产品中的精神内容也就是纯精神产品，可以被转化到物质材料中去，形成特定的产品形式，并可以进行大批量生产。这些被生产、复制出来的产品可能是文化产品，也可能是一般的物质产品，这种包含在所有产品中的精神内容，我们称之为"泛精神产品"。

▶ 同一精神内容在价值创造的运动中可以呈现出纯精神产品、准精神产品和泛精神产品的不同产品形式。精神内容的产业化是指纯精神产品被创造并被转化成准精神产品，并通过市场进行交换和销售的过程。精神内容从准精神产品向泛精神产品转化，被注入社会经济的其他产业系统产品生产中，并通过这些产业被大量复制、生产和销售，是产业的泛精神化过程，即产业文化化的发展过程。

▶ 文化产品的价值构成包括精神内容和物质载体，其价值核心在于精神内容。文化产品的价值属性是指文化产品具有内储存和可释放能量的性质。前者是文化产品在经济学意义上的价值，后者是文化产品的使用价值和创新价值。也就是说，要认识文化产品的价值属性，必须从价值、使用价值和创新价值三个方面进行考查。

▶ 文化生产本质上是人的精神的对象化活动，是人能动的通过创意、设计设定具体的目的和实现的路径，以合目的的控制力将文化元素和符号与具体的物质载体（形式）结合在一起，最终形成文化产品的复杂过程。文化生产的结果即文化产品，它是精神内容和物质载体的有机结合。

综合练习

一、本章基本概念

准精神产品、纯精神产品、泛精神产品、文化生产、创新价值。

二、本章基本思考题

1．如何理解财富？
2．如何理解文化产品的价值构成和价值属性？
3．文化生产的原理是什么？

第三章

创意劳动与创意劳动报酬

学习目标

通过对本章的学习,学生应了解或掌握如下内容:
1. 了解劳动与创意劳动的基本概念;
2. 了解创意劳动对文化业态的影响;
3. 掌握创意人才的新趋势;
4. 理解创意人才报酬的构成;
5. 理解创意人才报酬的特点。

导言

在文化经济学中,需要充分认识到知识、创意等精神要素投入在社会生产实践中的重要作用。创意人才是创意劳动中最基本的要素,也是推动文化产业发展的根本动力。在文化经济学中,创意人才的劳动报酬不同于普通劳动价值量的计算,其既有普通劳动评价的一般特征,也有自身的独立性。本章将对劳动与创意劳动的概念、特征进行深入分析,并介绍创意劳动对文化产业的影响、创意人才的新趋势,对创意人才报酬的支付方式及特点重点加以阐述。

第一节 创 意 劳 动

劳动创造价值,是社会财富积累的源泉,是社会发展的动力所在。因此,对文化经济的认识离不开对劳动、创意劳动概念的解读。创意劳动既具有一般劳动的普遍性,也具有自身独立的特殊性。在精神经济时代,创意劳动成为价值创造和社会进步的重要引擎。

一、劳动与创意劳动

（一）劳动与劳动二重性

劳动力的使用就是劳动本身。劳动力的买者消费劳动力就是让劳动力的卖者为其提供劳动。劳动是人的本质，也是人类生存和发展的需要，整个世界的历史就是通过人的劳动而诞生的过程。劳动是人类社会生存和发展的基础，是人类生活须臾不可分离的活动。

劳动划分为体力劳动和脑力劳动。体力劳动主要是人的体力支出，是对人体各物质力量的运用。而脑力劳动主要是人的精神力量发挥作用，更多地取决于知识结构、认知水平、主观意志等。脑力劳动往往是一种复杂劳动，脑力劳动者必须受过长期的教育，掌握丰富的知识，且随着生产力和科技的发展，这种知识还需要不断地更新。

劳动二重性指的是生产商品的具体劳动和抽象劳动。具体劳动生产商品的使用价值，抽象劳动生产商品的价值。具体劳动作为使用价值的创造者，伴随着生产力的提高和人们需求的变化，具体劳动的方式也是不断变化的。随着科技进步，具体劳动也将日益复杂化和多样化。旧的落后的具体劳动形式被淘汰，新的先进的具体劳动形式不断涌现。抽象劳动则是指一般的无差别的人类劳动，实质上是商品生产者之间相互交换劳动的经济关系。

（二）创意劳动的概念与本质

创意劳动是在已有知识的基础上，运用创造性思维，形成事物间全新结合方式的活动，是艺术化思维加理性化执行的创造性活动。[1]在创意劳动中，人与人的关系是一种商品化的关系，是在创意产品的生产、流通、交换和消费的环节中结成的人与人之间的交换关系，以创意产品价值的凝聚、流动和分配，作为推动创意劳动、创意产业和创意经济发展的直接动力。科技创新、创意生产等创意劳动并不是在现有的社会生产条件下，而是跨期的、凝结着前人的、不同生产条件下的复杂劳动。创意劳动是异质的、差异化的劳动，其创新性表明创意劳动中所凝结的个别劳动时间无法通过传统算法得出社会必要劳动时间。

创意劳动是发现问题并用新方法解决问题的劳动。创意劳动更接近于马克思指出的，劳动者在劳动过程中是支配者和主导者，而不是"用一定方法刻板训练出来的自然力"。

创意劳动是以创造性思维活动为主导的脑力劳动。创造性思维区别于数学、逻辑分析、计算机仿真等一般信息处理方式，是人脑所特有的复杂脑力劳动。

创意劳动是艺术化思维加理性化执行的创造性劳动。艺术化思维强调创意劳动是一种生产美的劳动，强调了创意劳动的新颖性和独特性，它决定了创意劳动的内核，而创意劳动的理性化要求决定了创意劳动走向现实并且能够继续生存和发展。

二、创意劳动的特征

创意劳动是劳动者重新在劳动产品中注入劳动自我意志的对象化活动。马克思在

---

[1] 概念界定参考李喆. 马克思理论体系中的创意劳动概念解析[J]. 经济学家, 2009（3）: 74.

《1844年经济学哲学手稿》中对异化劳动进行过深刻的批判和实质的揭示，只有在不与劳动发生关系的时候，劳动者才能够进行自我实现的活动。而创意劳动本身就是劳动者的一种创造性劳动，是一种构思和形成创意的活动。

创意劳动与所有的一般生产劳动有着重大的本质区别，这些区别突出表现在人类产品的泛精神化、生产个性化、名声主义和精神资本主体化等方面。随着创意劳动在文化经济生产中的深入推进和广泛运用，不仅消费生活文化大大改变，企业经营和市场也发生巨大的变化。

（一）产品泛精神化

由于高新技术的发展，精神内容在产品价值构成中所占的比重也越来越大，出现了大量的富有美感和科技含量的智能化产品。数字技术、网络技术、人工智能、新型复合材料、生物工程技术、设计艺术成为人们生活的必需品。与此相适应，企业的技术开发投入迅速增加，其目的是提高企业的创新开发能力，而这一点已成为企业能否在激烈的市场竞争中抢占或保持市场份额的关键。与此同时，与人们实际生活密切相关的轻工业正在迅速强化产品设计的职能，有实力的企业不惜重金延聘高级设计人才，以保持和扩大市场开发的势头。以此为基础，企业的资本构成发生变化，厂房、机器设备等有形资本的比重相对减少，而专利、品牌等无形资本的比重不断上升。

这一切的结果是，产品的精神内容的价值比重迅速上升，而物质形式价值比重相应地下降。在新增社会财富中，精神性"软产品"所占比重越来越大，不仅像微软公司这样的新兴产业的大部分产品是知识密集的软产品，而且传统制造业产品的精神内涵也越来越丰富。汽车、飞机的设计、检验完全可以在计算机上进行模拟，普通工业品中的精神内容含量也越来越高，商标、品牌、设计费用等在产品价格构成中的份额也迅速增大。

在社会财富精神化的同时，人们的消费方式和生活方式也在逐步精神化。消费的主要对象是产品的精神内容中与人的心理、情感需求相适应的部分，因此当这部分精神内容被消费、提取以后，所附着的仍带有基本精神内容的物质载体就失去了价值。

随着社会生产力水平的不断提高，人们的需求等级和经济承受能力也在提高，对产品的精神内容有了更高的要求，全社会的经济精神化又向前迈了一步。正是由于这种变的积累，人类经济按照自身的逻辑必然发展为精神经济。

如果对人们日常生活中的其他消费行为做进一步分析，也能够发现其背后的特殊消费心理和精神需求，这在传统经济学中被称为"消费者偏好"。实际上，在精神经济时代，这一模糊概念获得了较为清晰的内涵，即消费者对人类产品的有关精神与心理满足的特殊需求。由生活方式的改变而影响生产模式、经济结构，人类经济在泛精神化方面正越走越远。

（二）生产个性化

工业社会的基本特征是机器化大生产，同一机器生产的所有产品没有任何差别。为了生产流水线的工作需要，所有原料都必须在质量、体积甚至形状上保持统一。西方国家之所以费力培育方形瓜果，完全是为了工业加工的需要。由于是机器化大生产，成批的产品按同一标准出厂。但由于当时人们对产品的精神内容的要求层次不高，只要产品的使用价值能够满足人们的需要，人们就会掏钱购买。

产品的精神内容的结构有一个重要特征，层次越低，需求共性越明显；层次越高，则需求个性越明显。随着人们需求层次的提高，大规模的千篇一律的机器化生产已越来越不适应现实状况。为了满足千差万别的需要，工业企业不得不超量生产，加剧了生产过剩的同时还要承担经济损失，最终导致：一方面，产品卖不出，需求不足，形成严峻的买方市场；另一方面，消费者"踏破铁鞋无觅处"，买不到想买的东西，购买力无法实现，形成不了有效需求。

在工业化之前，量体裁衣似乎是一件理所当然的事情，人的真实需求是第一位的，削足适履显然是一个笑话。但工业文明不再在乎人的个性差异，而把一切差别粗暴地统一在冷漠的生产标准之中。但事实上，没有一个人是"标准的"，因而从严格意义上讲，工业品对于每个人都是不合适的。集工业化大生产与消费个性化特点为一身的新的生产模式被称为"大规模定制"，正在为更多的厂商所采纳。这是一种混合技术，公司以典型的流水线生产方式制作产品，但同时又赋予产品以个人定制的特点。

随着经济的不断发展，消费者已不再处于消费饥渴状态并开始真实地感受到手中的货币本身就是一种权利，消费者可用它为自己喜欢的商品"投票"，也可以忽视其他商品的存在。于是，消费者的个性化需求开始逐步对生产过程本身产生影响，生产者则不得不对传统的生产模式进行反思和改造。

新的更具个性化的生产方式正在世界范围内蔓延。企业根据客户的要求，为不同需求专门组织生产。其特点是利用最先进的技术进行生产，速度快、库存低，只满足个别消费者的需求。这一做法迅速拉近了生产供给与消费需要的距离，尽管企业可能要损失一部分规模效益，却可以避免过量生产造成的巨大浪费。这一做法与传统的工业化大生产是完全不同的，其产生的根本原因是为了迎合不同消费者千差万别的需求。

（三）精神资本主体化

随着人类经济的发展，非物质因素对经济增长的贡献率不断提高，精神资源已成为最重要的稀缺品。英国大思想家培根有一句名言，"知识就是力量"，而在精神经济时代，知识和智慧不仅是一种个人力量，而且是一种能带来现实经济利益的最为稀缺的资源，是其他经济资源进行配置时不可或缺的核心资源。在这种环境下，人类文明进入一个新的阶段，知识的创造者和拥有者由于信息网络的出现使知识能在大范围内为人们所共享，产生出改变传统生产方式、提高经济效益的巨大力量，这种力量可以通过货币形式来计量。精神经济对传统产业的改造和新兴产业的崛起，以及新的企业与资产的超级拥有者群体的涌现，都凸显了精神资本的力量。

在精神经济时代，经济的主要资源是精神资本，经济增长的主要动力是精神生产，物质资源和体力劳动的耗费逐步退居次要地位，经济增长将完全围绕精神生产的成果来展开，精神生产力成为决定一个国家综合国力的首要指标。一个国家或地区如果没有足够的科技实力和人才，纵然有再多的土地、资源、人口和资金，经济也不会有什么活力。

由于人的天赋、知识和智慧能够直接创造社会财富并成为经济增长的重要动力，因而精神生产和精神生产力在经济中的作用和地位迅速提升。精神资源进一步资本化，形成最具增值率的精神资本。精神资本具有不可替代性、非磨损性、不可分性、无限增值性等特征，与其他生产要素有着本质的不同。精神资本不再是经济增长的附属要素，而是主导和核心要素，是生产力发展和创造财富的决定性因素。

精神生产作为经济发展的发动机和新的增长点，其自身也实现产业化并成为国民经济中的一个重要组成部分。由于经济发展更多地依赖精神资源，因此必须重视创新和精神资本的作用并加强对知识产权的保护。在精神经济时代，由于精神资本的作用日益重要，精神资本不仅决定了经济的发展，而且直接影响国家的综合国力。精神经济时代，社会对人才的尊重表现在对其精神产品及个人知识产权的承认。人们用过去物质经济时代的资源管理方式来对待智力资源和精神资本，但很显然的是，精神生产的主要资源并不是物质载体，而是知识和想象力，这些都具有极强的个人所有权，因而不可将思考的成果简单地看成是公司的一个附属产品，而应该承认其个人知识产权。在这个前提下，企业才能够以物质资源和资金所有者的身份同作为精神产品所有者的专业人才进行平等而有效的合作。企业的知识管理绝不是对员工精神财富的分享甚至剥夺，而是如何引导员工围绕企业目标和市场需求进行有效的创新。

（四）经济分散化

在精神经济时代，企业的生产、经营将日益脱离工业社会所不可缺少的集中化和组织化而变得分散化。

精神经济时代经济出现分散化趋势的原因大致有以下几点。

一是生产资料与劳动力的一体化。人类智慧是经济增长的主要动力，知识、技能、天赋等精神因素是不可转让、不可剥夺的第一生产资料，它们将和劳动力更加密切地结合在一起，创造出更辉煌的人类新文明和新经济。

二是计算机网络的发展。计算机网络消除了原来的时空限制，为经济的分散化提供了条件。

三是信息储存和传输方式的变化。芯片大大提高了人类储存信息和知识的能力，几张光盘可以替代一个传统的图书馆，国际互联网的发展使人们可以真正做到不出门而知天下事，这一切都增强了工作的独立性。

四是企业效益和产品价值主要由创新所形成的"精神价值"所决定。在精神经济时代，不存在任何可以以不变应万变的企业和产品。

五是市场和生产规模以小为优。在精神经济时代，由于市场完全围绕消费者的兴趣运行，产品的多样化变得更加重要。同时，产品生命周期的缩短也不允许企业进行大规模生产。

(五) 名声主义

名声是传统与现实的统一。对于一个企业或产品来说，形成好的名声需要以先进的技术为基础，加上大量的广告宣传和社会评价的积淀。当一个企业或产品成为有口皆碑的名牌时，就会成为消费者义无反顾的市场选择。

名声是数量与质量的统一。名声的基础是企业和消费者之间建立的一种沟通和依赖关系，这种关系和产品的质量、企业的服务有直接的联系。有了这种关系，企业和消费者才能互相谅解并达成现实的购销行为，企业才能取代其他竞争对手，率先完成"惊险的跳跃"，占领较大的市场份额。

名声是对一个企业的经济实力的综合反映。一个企业失去资金、设备、厂房甚至失去技术都不会一蹶不振，但如果失去好名声，将很难东山再起。

名声是技术和形象的统一。一个名牌产品的形成一般有两种途径。一是技术先导型。这种方法比较传统，"不患人之不己知，患其不能也"。比如可口可乐，先是有了一个特别的配方（技术秘诀），然后再包装宣传。二是形象先导型。这种方法是不久前出现的，比如耐克鞋，先是把品牌打响，再组织生产。但结果仍是殊途同归，实现技术和形象的统一。

名牌是一个国家或地区的经济实力与活力的重要标志。消费者的消费偏好与货币选票决定着企业的产品能否顺利实现销售，也决定着企业的生存与发展。因此，企业必须将其产品市场进行细分，将销售对象定位于特定的消费者群体。名牌的出现以消费者的依赖为依托并因而拥有巨大的市场占有份额和销售总量。名牌所带来的超过有形物质财富的巨大精神资产是所有企业高效生产和经济快速增长的巨大动力。

品牌只是一个概念，和某一具体物质产品并没有直接的对应关系。人们今天看到的劳斯莱斯汽车与一百年前的已没有任何共同之处。但在一百年前，劳斯莱斯汽车的理念就已经确立并形成独特的公众评价，成为身份和财富的象征。可以进一步说，物质产品是品牌的物质载体，品牌则是物质产品的重要精神内容。品牌是一个相对独立的经济存在并且在精神经济时代成为决定消费者购买行为的主要因素，一切物质生产活动都将围绕品牌来进行组织和开展。决定市场和经济效益的不是资金规模和物质资料，而主要是品牌及其背后的精神力量。

三、创意劳动对文化业态的影响

创意劳动对社会分工和就业产生深远影响，如艺术品经营、音乐表演、影视、会展、广告、游戏、手工艺、设计、网络服务等行业都发生了变革。加上受文化产业本身的衍生性的带动，形成大量的文化旅游、文化产品制造业等就业需求。文化产业的发展对社会经济增长方式和经济转型具有重要的推动作用，社会经济发展的总趋势是经济增长方式从依赖物质资源转变为依靠知识和创意投入。

（一）文化艺术产业

在精神经济时代，由于精神资源成了经济发展的主要动力，再加上各种新的大众传播媒体的出现和广泛应用，对知识产权的保护具有极其重要的意义，如果不能对其进行有效的保护，对于经济活动来说无异于釜底抽薪。

随着人们生活水平的进一步提高，精神消费的需求将显得更为重要，文化艺术产业将面临一个迅速商业化的新时期。由于艺术经纪的繁荣，艺术作为一个产业正在形成并将为社会创造大量前所未有的新的就业岗位，如艺术品拍卖商、艺术经纪人、大众传媒的艺术评论员、艺术品鉴定专家及保护专家等。

（二）名声产业

随着经济的精神化，起决定作用的已经不再是物质生产，而是如何借助物质载体更好地满足人们的精神需求。广告开支作为产品获得公众认知的必需成本正在迅速增加，广告支出在 GDP 中的比重不仅反映了企业的经营策略和发展前景，而且也成为衡量国民经济"健康"与否的可靠标志。广告投入不仅有力地推动了市场的拓展，带动了物质生产的发展，同时也形成了巨大的企业无形资产。

（三）设计业

设计业作为一个有直接经济效益的造型艺术产业，可以为人们提供更符合审美情趣和时代潮流的视觉感受，这在十分注重精神需求的精神经济时代有着特别的意义。设计业作为一个新兴产业，将在国民经济中发挥巨大的作用。其经济效益绝不仅局限于设计公司本身的直接收益，更大的利益在于对整个产品形象的提升，从而带动企业经营的更大发展。

（四）展览业

展览业通过举办展览有力地促进了国家和地区经济的发展和基础设施建设。大型世界性展览往往吸引了众多的客商和观众，也给主办方和主办地带来巨大的直接经济效益。

（五）文化旅游产业

由于传统产业面临着精神经济的改造，现有从业人员也需要按照无形资产管理的要求进行调整，使得普通劳动者的失业威胁增大。旅游业尽管是一个方兴未艾的新产业，但总的说来，仍是劳动密集型产业，对普通劳动者的包容度较高，加之它的经济关联度高，可以带动餐饮、交通运输、通信、手工艺品制作等传统行业的就业发展，因此旅游业对经济增长的一个极其重要的推动作用是创造新的就业机会，同时也为经济时代就业结构的调整提供一个缓冲和过渡地带。

（六）商务交往方式的变化

信息技术的广泛应用加快了信息传递和处理的速度，颠覆了传统的贸易方式。电子商务对传统市场交易的深刻影响将彻底改变经济基本面貌和运行方式。

此外由于网上贸易不受时空限制和自然条件的影响，有利于企业更为迅速地在全球范围内展示其产品和需求，并通过国际互联网络尽快实现供需见面，从而增加贸易机会，减少交易成本。

（七）全新的企业经验管理方式

由于各类专业咨询公司和其他服务机构的兴起，企业能够全方位地调动各种经济资源并在统一的经营理念下进行有效组合。在这样的经济氛围中，企业的经营也将远远超出一般的生产经营和市场营销，而是全方位的对资源的有效组合。从产品经营到资本经营，再从有形资本经营发展为无形资本的经营。

因此，企业运作也呈现组合式特征。市场、商品、消费热点（卖点）都可能是组合而成的，配合、互补、合作将成为企业发展的大趋势。一个企业的发展不一定要"万事俱备"，完全可以通过组合、组装来获得，而且在这样重新部署和组合各类资源和资本、建立新的网络的过程中，也会创造更多的财富。

（八）经济增长动力的变化

在精神经济时代，经济增长不再主要依靠物质经济时代的土地、石油等已经十分稀缺的资源，人类的智慧成为最重要的资源，产品中的物质成分相对减少，精神附加值却成倍增长，知识是比原材料、资本、劳动力、汇率更重要的经济因素。在精神经济时代，创新对企业的重要性远胜过原料、厂房等有形物质资产和资金。

第二节 创 意 人 才

一、创意人才及其特征

创意人才指的是掌握较高水平的知识和创新能力，能运用自己的创作技能和手段，把特有的表达内容和信息转化为新的产品和服务，并能够推动该产品或服务的生产、流通和经营的人才。文化经济学家理查德·佛罗里达在《创意阶层的崛起》（*The Rise of the Creative Class*）一书中指出，创意人才是指那些"创造新观念、新技术和新的创造性内容"的人。并不是所有在创意产业工作的人都是创意人才，只有在文化产业中创造了新的观念、内容、技术的人才是文化产业的创意人才。

文化产业在人才结构方面，应该包含文化管理人才、文化专业人才、技术人才三大类。文化专业人才从事文化产品和创意的生产，如签约歌手、签约作家；文化管理人才是指从事文化产品投资、项目管理、行政、财务、物流、营销、文化法律、财务等职能的专业管理人才；技术人才是专业从事技术工作和从事技术性管理的人员。随着文化产业不断发展，国际文化产业竞争和全球化趋势越来越强，需要大量与之相适应的复合型人才。

（一）前瞻性

创意人才希望个人目标与组织目标很好地融合，有清晰的个人发展空间。在一个组织里,创意人才希望能够看到自己的将来。在充分考虑个人发展方向和产业发展趋势的前提下,创意人才要增强适应行业需求变化的转换能力,准确把握及预见事物中的新的变动因素,从而做出较为优化的决策,得到组织和市场的认可,实现自我价值。例如大画家黄宾虹,在自身作品没有得到广泛认可的时候,仍自信地说"我死后50年,我的画会热闹起来"。这不仅体现了他对自身艺术的自信,更体现了他丰富的学养和他从中西方学识中积淀出来的超前判断能力和前瞻能力。

(二)创新性

文化产业创意的目的是创造形象、创造市场、创造效益、创造未来。创新是创意人才的最重要的特征。创意人才从事的不是简单的重复性工作,而是在易变和不完全确定的系统中充分发挥个人的资质和灵感,应对各种可能发生的情况,推动技术的进步,不断使产品和服务得以更新。创意人才强调工作中的自我引导和自我管理,其自身在工作时常常会体现强烈的自主性,通过依靠自身拥有的专业知识,运用头脑进行创造性思维并不断形成新的知识成果。以成立于2012年的字节跳动为例,据路透社报道,2020年5月股权交易价格测算中,该公司估值超1000亿美元。字节系产品用户时长占比从4%(2017Q2)快速提升到13%(2020Q1),超越阿里系,仅次于腾讯系。字节跳动横跨资讯分发和短视频两大赛道,不仅打败了传统媒体,还打败了其他移动互联网媒体。回顾该公司的成长轨迹,可以发现,字节跳动公司基本在不同的阶段都有创新性产品出现。

(三)独立性

创意人才大多在某一领域内拥有突出才能和专业技术,他们不完全按照事物常理按部就班地做事。创意人才往往在专业领域具有远超平均水平的能力、禀赋,同时在交际、表达等其他方面表现得异于常人,甚至会存在"怪癖"。创意人才的精力集中运用在专业技能的发挥与创新创造上,他们对研究创作领域的坚持有时不完全为人理解甚至不被理解,但这并不影响他们的独立思考和创作。正因为独立性的保持,创意人才才能实现对专业价值的突破。一些大艺术家在学院派扎实的功夫中,凭借独特的理解走出了自己的艺术创造路径,在艺术上取得很高的成就的同时,又有着"大脾气"和执拗的坚持,让人又敬又畏。

(四)流动性

创意劳动不同于黏性较大的传统劳动方式,其工作的场所、时间往往不受限制,自由度更大。一方面,由于世界经济发展不平衡、资源配置不合理,地区间文化、经济发展差异较大,创意人才出于充分实现自身价值的目的,更倾向于"流量"更多的地区;另一方面,随着网络信息传播速度的加快,创意劳动人才所从事的项目往往周期不长,一般随着创意项目的迁移而迁移。

二、创意人才资源管理

创意人才资源管理除了具有一般人力资源管理的特点外,由于主要需求为稀缺型创意人才，因此创意人才资源管理具有其特殊性。核心人才往往是现代管理之父彼得·德鲁克所谓的"知识型员工"（knowledge worker），其特点是创新性强、自主性强、优越感强、成就感强、复杂性高、流动性大。德鲁克甚至认为，"知识型员工不能被有效管理，除非他们比组织内的任何其他人更知道他们的特殊性，否则他们根本没用。"可见，知识型人才犹如一把双刃剑，其使用效果取决于管理者的智慧。

随着精神经济时代的到来，由于精神资源成为最重要的生产要素，社会对人才的教育背景和工作经历有了更高的要求。人才的短缺已严重制约经济的发展并成为各国面临的新难题。

对人才资源的占有和有效利用是经济成功的关键。日本政府已决定实施研究人员任期制度，不搞研究终身制，促进科研人才流动；在任期内达不到预期目标者将被淘汰出局，使国立科研机构成为最优秀科研人员汇集的场所；不拘一格地选拔人才，果断提拔年轻人负责研究项目，为他们提供更多的发展机会；提高科研人员的待遇，吸引更多的人才。此外，日本还通过多种途径培养优秀科研人才：一是加强同外部科研和教学人才的交流，吸收不同思维和研究方式；二是实施大学教授、校长和国立研究所所长及科研人员的跨部门、跨领域的轮换制度；三是打破行业、国界的限制，积极录用民间企业和外国的优秀科研人员，为日本科研队伍输送新鲜血液；四是加强科研成果的交流，避免重复研究，提高科研经费的利用率。

由于体制、经济条件和物质基础等多方面原因，我国现有科研人员的作用并没有得到充分发挥，或者说人才资源在质量和结构上还不太适应经济发展和国际竞争的需要。尽管我国有着世界上最庞大的人才资源库，但如果不能加以有效利用，不仅会造成国家教育科研经费的极大浪费，而且将严重威胁我国的科技竞争力。

三、创意劳动力发展新趋势

英国经济学家威廉·配第在其名著《政治算术》中曾指出，"工业的收益比农业多，而商业的收益又比工业多"。他断定，由于人们会向赚钱更多的产业转移，产业结构会发生变化。科林·克拉克在《经济进步条件》一书中将产业分为第一、第二、第三产业，他研究了美国、英国、加拿大、印度和日本等国的资料，证明随着经济的发展和人均收入水平的提高，"第一产业中劳动人口的比重下降，第二、第三产业中劳动人口的比重上升。并且，第三产业的扩大比第二产业更迅速，第二产业的比重达到某一程度后会逐渐下降。"他把这一规律命名为"配第法则"。

事实上随着经济的不断发展和结构的变化，脑力劳动的作用在不断增大，而且在逐步取代体力劳动成为劳动的主体。伴随着物质生产的发展，这种情况早就开始出现。随着精神经济时代的到来，经济增长方式和产业结构都发生了重大变化，劳动力向精神经济产业转移，劳动力的供需也发生了新的变化。一方面，工人被从就业岗位上"排挤"出来，另一方面又不断创造新的就业机会。精神经济的出现并不意味着减少对劳动的需求，而是就业结构的调整。西方国家出现的就业矛盾也不是过剩性的,而是结构性的,是劳动力向精神经济产业转移过程中出现的阶段性问题。

由于原有劳动者从专业结构和技能水平方面都无法直接适应新的时代需求,在此情况下,劳动关系有了深刻的变化,结构性失业已成为世界各国共同面临的社会问题。与此同时,劳动的形态和投入量也有所变化,体力劳动大量减少,脑力劳动大量增加。这是工业社会向信息社会转变过程中的必然现象,其实质体现了人类文明方式的变迁,即从雇佣劳动为基础的工业文明转向更加公正、人道的,以有效社会就业为主要表现形式的新的社会文明形态。因此更进一步说,精神经济时代的劳动危机是雇佣劳动的危机,是对依靠有形物质资源和资金实行雇佣劳动的挑战,是精神经济时代经济分散化、精神资源主体化等基本特征的反映。它承认人力资源和精神资本的主体性,以及精神资源和人力资源与物质资本、货币资本相对等的经济地位,劳动者与资本家的关系也不再是雇佣关系,而是智慧与资本、精神与物质的合作。

从更深的意义上说,智慧、精神是比资本、物质更重要、更稀缺的生产要素,它们给企业带来了大部分的利润并形成巨大的无形资产,是财富的主要源泉。精神经济产业对劳动的要求发生了多方面的变化。一是劳动的精神含量越来越高,超过了体力含量;二是劳动不再是人使用物质手段作用于物质对象的过程,而是以精神劳动为主并相对超脱于直接物质生产,是对其进行监控;三是从密集型转向分散型,从集体劳动转向自由劳动。在这种情况下,对劳动及劳动就业的判断就需要有一套新的评价体系。

由此,可以知道既往的劳动力流动方向是由第一产业向第二、第三产业流动或第一、第二产业向第三产业流动。随着业态转型升级,各级产业对创意人才产生了更广泛的需求。不仅第三产业需要大量的创意劳动力,第一产业如创意农业、创意畜牧业等对创意劳动力的需求愈加强烈,对发展新农村建设和实现乡村振兴产生更深远的作用。第二产业对创意劳动力的需求也十分迫切,如实业领域的智能制造、智能办公等都将创新因素视为发展的关键。创意人才不仅在第三产业中绽放智慧光彩,更普遍地"反哺"到第一、第二产业中,以创意为内核的劳动力已成为社会各领域发展的普遍需要。文化经济学家理查德·佛罗里达在《创意阶层的崛起》认为,美国社会分化成四个主要的职业群体:农业阶层、工业阶层、服务业阶层和创意阶层。暂且不论这种将创意阶层独立出来的分类是否能完全成立,但它恰可以更明确地将创意劳动力的智慧因素抽象出来,同样可以得出创意劳动力"反哺"农业阶层、工业阶层、服务业阶层的客观存在。创意阶层或许不与其他阶层相并列更不独立,而是广泛、普遍地存在于各个阶层之中,不可割裂。

第三节 创意劳动报酬

不同于一般劳动报酬的评价和计量,创意劳动者的社会必要劳动时间往往难以确定。

同时，由于科技进步和信息传播加速等因素，业态发展迅速，迭代周期变短，使得创意劳动报酬难以有普遍意义上的衡量体系和评价标准。

一、价值创造与价值分配的关系

价值创造与价值分配是商品经济条件下人类社会基本的经济活动，是社会生产和再生产的主要环节。价值创造研究的是生产领域中的价值是由什么创造的，即价值的源泉。价值分配研究的是价值被创造出来以后，其在各个要素所有者之间按照什么原则进行分配。因此，价值创造和价值分配是两个不同的概念，不能将二者混为一谈。既不能把价值创造看作价值分配的依据，也不能把价值分配等同于价值创造。

马克思的劳动价值理论揭示了劳动是价值的唯一源泉，其他生产要素都不创造价值，但这并不等于由劳动创造的价值就应由劳动者自己完全占有。实际上，在任何社会中都不可能由创造价值者完全占有价值。这是因为，价值分配并不以价值创造为直接依据，而是随着经济关系性质的变化进行调整的。这种分配原则的变化和调整与价值创造并无直接的关系。在市场经济条件下，一个通行的原则是按要素分配，这是生产要素所有者所有权的实现。所以，按要素分配实质上是按要素所有权分配。按要素分配所依据的不是劳动价值理论，而是市场经济的分配原则。

价值分配原则的变化并不否定价值创造的理论。按要素分配意味着各种生产要素的所有者都有权从创造的价值中分到一份利益，但并不能由此推论价值就是由各个要素共同创造的。

二、创意劳动报酬及其表现形式

在《资本论》中，马克思简单地介绍了两种占统治地位的工资形式：计时工资和计件工资。所谓计时工资，就是按照劳动时间的长短来支付工资，"直接表现劳动力的日价值、周价值等的转化形式"。计时工资的适用范围较广，尤其适于工作连续性强、难以统计劳动成果的部门和工种；而所谓的计件工资其实是计时工资的一种转化形式，是在计时工资的基础上形成的。计件工资和计时工资没有本质区别，两者都是依据劳动时间来计算劳动力价值。只不过计时工资是根据劳动的直接持续时间来计算，而计件工资是根据一定劳动时间内所生产的产品数量来计算。

显然，简单的工资形式已无法对创意劳动进行有效的评价，创意劳动的价值量难以通过劳动时间长短或劳动产品数量获得直接明确。创意劳动往往需要投入大量连续的工作时间且仍然难以在劳动成果或有效数量上有过多的保证。因为创意劳动本身不是稳定或机械的，是难以严格按照工作计划日程完成的。创意劳动只能有预期理想的计划，而不能事先设定结果。因此，创意劳动的工资形式也有别于一般的劳动所得，即创意劳动报酬具有特殊性。创意劳动报酬的评价主要取决于创意劳动成果的价值量，由于投入了智慧和精神要素，创意劳动成果具有稀缺性，创意劳动人才理应获得更高的劳动报酬。然而在社会实际中，创意劳动成果得到社会认可和落地需要一段时间，这段有效需求与创意劳动成果实现信息匹配和完成交易的滞后时间具有很大的偶然性。

报酬主要表现为薪资，而薪资是激励员工的基本条件。虽然创意人才更加注重工作本身的内容，但对他们来说，报酬的多少反映了对他们自身价值的认可程度的高低，他们更注重报酬的公平性。因此，通过提高薪资水平来吸引文化创意人才是一项重要的激励措施。[①] 例如，实行宽带薪酬制度，即对许多个薪酬等级和薪酬变动的范围进行重新组合，形成相对较少的薪酬等级以及相对较宽的薪酬变动范围。文化创意人才对权力、地位的蔑视，对创意能力的推崇，使传统的薪酬与晋升制度失去效果，而宽带薪酬制度能满足文化创意人才对成就感的需求。另外还可以建立项目资金制度和股票期权制度以达到吸引文化创意人才的目的。

创意劳动报酬按时间可划分为即时的、延时的。在创意劳动成果没有得到有效需求对接前，创意劳动人才所获得的报酬往往较少，甚至需要依靠兼职等方式弥补生活需要，但这往往是对初期从事创意劳动的人才而言的，事实上，创意人才通过学历、学术成果、创意成果等背书，可以凭借在行业内部的名声等对预期创意劳动成果做出评价和要约。而那些经过专业培训、从专业院校毕业、资历尚浅的学生或学徒远远多于能够自食其力的专业艺术人才。大量的艺术家收入并不丰厚，其中许多都会为了生计而放弃艺术追求。那些坚持不懈的人会不断锤炼自己的技能，努力让自己成为被人认可、能力超群的专业人士或相关受益人，最终会获得有时滞的丰厚收入。

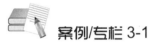

案例/专栏 3-1

50 年后被理解的"黑宾虹"

1931 年，黄宾虹与海上名人在《申报》刊登了海上名人合作折扇的润格，每页定价 1～5 元，在 1935 年才调整（之后在 1945 年又有所调整），那时的物价与定价时早已不可同日而语。在 1926 年至 1945 年的近 20 年，黄宾虹几乎没有调整过书画润格，可见黄宾虹超前的绘画风格在当时并不被人看好，需求并不旺盛。

黄宾虹的画一度因为"太黑"而不被人接受。面对市场的冷落，黄宾虹倒也不以为然："我死后 50 年，我的画会'热闹'起来。"黄宾虹所言非虚，豪言壮语的背后是他的艺术自信。五年前、十年前、二十年前收藏黄宾虹画作的人，如今都"发"了。黄宾虹逝世于 1955 年，在六十余年后的今天，他的作品逐渐被人所推崇，当年一元钱一张的画，现在以百万元、千万元计。

如今，黄宾虹已被越来越多的人认识，他的作品受到海内外买家的热烈追捧，价格扶

[①] 贺晔. 中国文化创意人才激励研究[D]. 长沙：湖南大学，2013.

摇直上。从目前的势头看，黄宾虹的作品可谓很热门，尽管存世的很多，但收藏家对其作品的收藏热情有增无减，特别是"黑宾虹"一类作品，备受收藏家欢迎。

在中国嘉德 2017 春拍"大观——中国书画珍品之夜·近现代"中，黄宾虹绝笔《黄山汤口》以 3 亿元落槌，加上佣金，以 3.45 亿元成交，刷新了春拍记录。

创意劳动报酬还可以划分为物质的、精神的。创意劳动人才的核心是其自身的知识、创意、智慧，因此其从事创意劳动除了实现对生活保障的满足外，更大程度是对实现自身价值的满足。创意人才开始从事劳动并不完全由于经济回报的刺激，更多是由于自身强烈的创意驱动，即使获得有限的物质报酬，也不会影响他们对创新创意的追求。然而，随着创意劳动的不断开展和创意劳动成果的转化，在实现自身精神价值、获得精神报酬的基础上，他们最终往往又会获得比此前更高的物质报酬。

案例/专栏 3-2

央视春晚明星的劳动报酬

明星参加央视春晚演出是有一定经济报酬的，如果按照平时商演的出场费计算，举办阵容如此强大的晚会所需要付出的巨额佣金，恐怕即使是央视，也难以负担。相较于参加普通商演或综艺节目，明星参加春晚则要付出更多的时间和精力，从创作到彩排，需要大量的沟通成本，必须腾出大量档期。而实际上，央视不可能按明星的市场商演费用来支付报酬，更多的只能是象征意义上的物质报酬。

明星对央视春晚如此"情有独钟"，显然不是冲着微薄的物质报酬，而是因为央视春晚舞台是国内最顶级的舞台，能够被央视春晚认可对明星而言是巨大的荣耀，对提高明星人气和商演的收入也有一定帮助。

从创意劳动报酬的角度来看，明星上央视春晚的物质劳动报酬远远小于精神劳动报酬，而成功登上春晚后获得的名气和在此后带来的经济回报也远远大于春晚本身能够支付的物质劳动报酬。

【思考】
你如何看待明星低酬金上央视春晚这一现象，分析并列出具体原因。

三、创意劳动报酬的特点

（一）行业差别大

不同行业的创意人才报酬相差悬殊，现在网络科技发达，信息传播效率极高，影视、动漫、音乐等娱乐文化产业收入增长迅速。随着物质生活水平的提高，人们在精神生活方面也不断提出新要求，为满足人民群众日益增长的精神需要，文化艺术产业不断开拓新思路，各类影视作品和音乐作品被搬上舞台，吸引了大量观众，带来了巨大的经济效益。而科技含量较少的创意劳动的从事者，如青年艺术家、手工艺传承者、实体书店店主，获得的报酬往往很少，甚至有不少行业需要争取政府和社会的福利性补贴与支持才能生存。"福布斯中国名人榜"每年选取在各自领域具有优异表现的演员、模特、歌手、主持人、作家、导演、编剧、运动员、网络红人等中国大陆与港澳台地区名人（不包括商业名人）作为候选人，通过商业价值、作品影响力等多个维度对各个候选人进行综合排名，最终评选出榜单。2020年和2021年易烊千玺均位于榜首。从这两年的榜单中我们不难发现，在众多行业中，位列前端的仍然是影视、音乐界的明星，而其他文化产业门类则鲜有人员上榜。

（二）收入差距大

在相同行业内，处于头部的创意人才或艺术家毕竟只占很少一部分，大多数创意人才的劳动报酬在经济发达的当下可谓捉襟见肘。信息技术的高速发展带动了文化创意产业的繁荣，特别是影视业的发展。2018年年底，影视行业纳税人自查申报税款117.47亿元，这一数据相当惊人。同样作为演员，现在影视业的"顶流"明星的片酬动辄上千万甚至上亿元，他们集中了社会主要的流量，拥有大量的资源和丰厚的待遇；很多老"戏骨"的片酬只达到"顶流"明星片酬的零头儿；一般演员接到一部戏只能拿到很少的片酬，一旦没戏可拍，连生活需要都无法保证；跑龙套的群众演员则必须靠其他兼职来维持生计，其他行业也大多如此。

（三）定价差异大

在相同行业内，创意人才创作的同一件劳动产品的定价有时也取决于不同需求者的判断，在不同时间、空间，不同出价者给出的价格，差异会很大。对于创意劳动常常难以做出精准的预期判断，甚至有很多创意产品和项目在完成后需要经历相当长的时间才能为市场所认识和接受。创意劳动成果不适用普遍意义上对传统劳动价值量的衡量标准，这为创意人才劳动报酬的对等实现造成困难。很多创意劳动成果在市场中属于稀缺甚至唯一产品，其不具备从社会必要劳动时间判断劳动报酬多少的基础。因此，不同客户群体及不同地区对同样一件创意劳动成果的评价可能大不相同。例如，很多不被投资人看好的电影最后却成了叫好又叫座儿的范例。

综上可知，创意劳动报酬在社会整体的劳动报酬水平中并不高，很多创意劳动人才因不能单纯依靠创意劳动满足生活需要而选择兼职，可见创意劳动人才报酬平均水平低于很多行业。而在社会实际中，我们往往更加关注头部创意人才的成果及其呈现出的超高的劳动报酬。曼昆在解释超级明星现象时提到了类似的问题："好木匠赚的钱比一般木匠多，好的管道工赚的钱比一般管道工多。人们的能力与努力程度不同，这些差别都会引起收入差别。但最好的木匠和管道工没有像演员和运动员中常见的那样赚到几百万美元，用什么来解释这种差别呢？"[①]

[①] 曼昆. 经济学原理（下册）[M]. 北京：三联书店；北京大学出版社，1999：30.

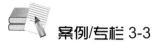

案例/专栏 3-3

头部创意人才何以获得更高报酬

头部创意人才获得更高报酬表现为头部创意人才获得的报酬高于或远高于其他创意人才，同时高于或远高于其他行业的平均报酬。从价格学角度可以知道，价格是由市场供求作用产生的，为什么市场愿意以较高的价格购买商品呢？文化经济领域商品相对普通商品的价格决定，弹性最大的便是劳动力成本的价格，即创意人才报酬。

同样以明星报酬为例，在"2020福布斯世界名人榜"中，凯莉·詹娜以5.9亿美元的年收入位列榜首，坎耶·维斯特以1.7亿美元的年收入排名第二，罗杰·费德勒以1.063亿美元的年收入排名第三（见表3-1）。①

表3-1 2020福布斯世界名人榜收入

排 名	姓 名	收入/美元	分 类
1	凯莉·詹娜	5.9亿	名人
2	坎耶·维斯特	1.7亿	音乐人
3	罗杰·费德勒	1.063亿	运动员
4	克里斯蒂亚诺·罗纳尔多	1.05亿	运动员
5	莱奥内尔·梅西	1.04亿	运动员
6	泰勒·派瑞	9700万	名人
7	内马尔	9550万	运动员
8	霍华德·斯特恩	9000万	名人
9	勒布朗·詹姆斯	8820万	运动员
10	道恩·强森	8750万	演员

近年，我国影视、音乐产业发展蓬勃，从业人员中的"顶流"与一线明星都被曝出天价片酬，某女星被曝出日薪208万元，令人咋舌，更有"分薪"10万元、20万元等惊人数字层出不穷。由此，值得我们探索的是，市场机制下，头部创意人才获得更高报酬的原因。

（1）学习成本高。伴随传统制造业的饱和及过剩情况的出现，科学技术和信息技术的发展，地区、行业信息不对称的空间被压缩，社会劳动生产出现了新的时代要求。传统劳动受时间、空间和从业人员自身能力水平的限制，难以进行创新来适应时代要求，为社会创造的经济效益降低，因此以精神、知识、智慧、科技为内核的劳动力开始凸显出不可替代的作用。在信息迭代的精神经济时代，创意人才为了能够不断创新，通常会进行知识的大量积累和综合素质的全面培养，并为此投入大量的金钱、时间和精力，他们不仅要掌握

---

① 数据来自美国财经杂志 *Forbes*。

专业内的知识，更要及时地去更新知识、再学习，以适应不断发展、变化的精神经济时代。

（2）产出收益风险高。在纯精神产品的研发阶段，往往需要较大的投入成本和较长的时间，但是还没有最终实现经济价值的转化，即大规模生产，因此面临较大的市场风险，无法用经济的产出多少来衡量其中的效益高低。但是，一旦创意产品的市场占有率超过门槛值或者企业把握住了市场定位，抓住了机遇，完成大规模的传播和销售，满足了大量的市场需求，使得创造出的精神产品内容能够实现产业经济价值，带来持续增长的经济收入，那么就可能获得超额利润，也就说明了文化产品产出收益的高风险决定了创意劳动报酬高。

（3）机会成本高。多数创意人才因难以获得较高收入而选择兼职的方式以获得生活保障，即创意人才在物质报酬不能够满足经济需要的情况下，仍然选择投入大量时间和金钱从事创意劳动和创作。创意人才本可以选择物质报酬更高的行业作为专门职业，可以更有效地获得财富。而创意劳动需要投入的成本巨大，从内容生产到最后的成果转化步履艰难，往往长期沉没而难以变现。很多富有才情和创新能力的青年艺术家和科学工作者在生存现实面前不得不放弃多年的创作经验和知识积累，选择进入职场从事与本专业无关的普通社会职业。当然，创意人才不仅能获得物质劳动报酬，也能够实现自身理想，将强烈的创作热情和表现欲望在创意劳动中释放，也有被市场认可、资本接受的创意成果，其物质回报往往也很高。但也要知道，这是创意人才众多成果中显性的变现，其背后是高昂的机会成本。

（4）劳动密集度高。导致劳动报酬差异明显的主要原因是工作性质的不同。传统劳动工作者有着固定的工作场所和相对额定的工作时长。创意人才在其所从事的行业中投入的时间相较其他传统劳动工作的时间长。由于创意劳动有别于传统劳动，进行创意劳动时不受工作场所和时间的限制，即创意人才可以在任何能够进行创意活动的地方工作，工作时间也更为灵活，因此创意人才进行创意劳动时的自由度更大。同时，创意人才往往愿意花费更多的时间和精力从事创意劳动，而后随着创意劳动产品投入市场，在受众中传播和销售，从而获得较高的经济收益。

（5）价值增值偶然性高。价值增值的内容非常广泛，不仅限于看得见的盈利，也指通过经营和管理活动把低投入转换成高产出，一般以货币为衡量单位。文化产品的价格是由其价值决定的并受供求关系的制约，不同时期，人们对于同一件创意产品常常是很难达成一致意见的。例如，从2011年开始，视频网站收购影视剧的价格连连创下纪录，多家争抢一部当红热播剧的现象屡见不鲜，但到了2012年，出于"消化"2011年购剧成本的迫切需要以及部分视频网站的联合效应，网购剧价格开始大幅回落，高价位的影视剧已经"有价无市"，由此可见，文化产品的价值增值偶然性非常高。

【思考】
1. 请举例说明还有其他原因吗？
2. 请了解"鲍莫尔成本病"并说明你的观点。

四、创意劳动产品的要素投入与价值实现

文化产业成为新的经济增长点和支柱是社会经济发展到一定阶段的必然趋势。原因有两个：一是随着经济发展和物质生活水平的提高，人们的精神需求不断增长；二是技术进步提供了更多的技术条件和手段，使得精神内容和物质载体结合的方式日益多样化，技术条件也使精神内容的传播速度加快，传播的范围扩大，纯精神产品可以被更多样化地以产业化、规模化方式加以生产和供应。

市场供求两方面的因素促使文化产业的版图不断扩大，文化产业在社会经济中的地位不断提高，并对社会分工与就业产生重大影响。文化产业是精神内容的研发、生产复制、传播扩散过程，我们可以通过对这三个过程的分析，了解每一阶段文化产业经济价值的创造、转化并最终作用于整体经济系统的方式和途径。

（一）产业基础资源的价值形成：精神内容的创造

文化产业的第一阶段是精神内容的创造过程，这是文化产业的产品研发阶段。原创的纯精神内容与特定物质材料结合形成的准精神产品是文化产业的研发成果，如影视剧拍摄的母带、设计方案和专利、戏剧剧本和首次排演的作品等都是典型的文化产业研发生产阶段形成的成果。

这一阶段的研发成果形成原创产品往往需要大量的人力、资金、物质资源和文化资源的投入，其开发的成本可能非常高。例如，电影《阿凡达》从构思到最终制作完成，历时13年，耗资5亿美元。即使一幅画作，也要耗费画家大量的时间与精力，画家为达到一定的艺术水平，也要投入长期的训练以提升自己的技巧，这一投入可折算为画作中所包含的画家的人力资本。

这一阶段研发生产活动所集聚的资源形成了文化产业的创新能力，它是文化产业竞争力的决定因素。在这些研发活动中积累起来的人力资本和研发管理能力是构成文化产业创新能力的两个关键要素。这两者都是不可见的非物质生产力，在宏观层面，这些能力的积累形成了国家的文化无形资本，是国家文化创新力的重要表征。因此，由于创新能力不是短期内一蹴而就的并且是无形的，文化产业的宏观管理应当着眼于长期的产业创新能力的培育和扶持。

在纯精神产品的研发阶段，虽然投入很大，但是还没有最终实现经济价值的转化，既然产出的价值还没有实现大规模生产，也就无法用经济的产出多少来衡量。例如，设计创意、还没有发行或播出的影视剧、尚未上演的演出、还没公开发行的游戏等。因此，在此阶段很难用我们习惯使用的 GDP、增加值、销售收入和利税指标来进行衡量，往往会被很多只关心短期产出经济效益规模的政府部门所忽视。

（二）产业经济价值的实现：精神产品的产业化和商品化

第一阶段研发生产的结果被投入生产中，进行批量生产，原创内容得以广泛传播并不

断地复制。在这一过程中,精神内容的复制成本比较低并且不会产生损失。

传统企业的生产遵循"随着生产规模的扩大,投入的物质资源增加,而物质材料的边际成本呈现递增"的规律。精神内容与物质载体结合形成有形的创意产品时,其复制的成本却很低,即文化产品在第一阶段的研发费用虽然很高,但是一旦投入大规模的生产,其可变成本极低。例如,在光盘的生产过程中,每张光盘的制造成本是9分钱,高档软件的包装成本也十分低。因而,如果市场需求足够大,厂商在收回软件的研发成本后,几乎每销售一张光盘都是净赚。所以,文化产业的生产通常在初次生产时需要较大的投入和较长的时间并且面临较大的市场风险,但是一旦创意产品的市场占有率超过门槛值或者企业把握住了市场的机会,那么就可能获得超额利润。

这一阶段是研发产能的产业经济价值实现阶段,是精神产品的产业化和商品化阶段。但是研发要实现经济价值的转化需要两个方面的条件:第一,必须建立在研发成果的转化能够满足大量的市场需求的基础上,这就需要在研发阶段把握市场需求,创造出适合市场需求的精神内容以及精神内容和特定物质材料结合的形式,以形成研发产出,即一定形态的准精神产品。因此,研发能力依然是决定第二阶段成败的关键因素之一。第二,使生产复制出的文化产品能够快速地在竞争市场上销售,并使被复制的精神内容在被消费者欣赏的过程中建立口碑,不断扩大销售,获得持续增长的经济收入。可见,第二阶段的决定因素不是生产和复制的技术,而是传播和营销精神内容的能力。

综上所述,即使在第二阶段,从宏观文化产业管理的长期战略考虑,依然需要关注和着力培育的并不是物质方面的生产能力,而是第一阶段的研发能力以及能够促进营销、传播等相关要素的宏观环境、制度和物质支撑条件。

(三)产业经济价值的网络效应:精神产品的价值衍生

文化产业所创造的精神内容如果能够在第二阶段实现产业经济价值,完成大规模销售并建立起品牌,就具备了进入文化产业价值生产的第三阶段的可能性。第三阶段是通过品牌授权体系,实现文化产业经济价值的网络效应。产业经济价值的网络效应即精神内容从文化产业向其他相关产业的移植、复制,形成更大规模的衍生产品,创造更大的经济价值。

在第三阶段,从文化产业宏观管理的角度来说,就是要建立起能够促进这一价值转化的渠道,以及能够保护经济价值实现和经济价值正当分配的各项法律与政策措施。很多精神内容向其他相关行业的价值转移是依靠版权许可实现的,如果没有针对版权保护的法律与措施,那么这一价值转化过程就无法实现。

本章小结

> 劳动力的使用就是劳动本身。劳动划分为体力劳动和脑力劳动。劳动二重性指的是生产商品的具体劳动和抽象劳动。具体劳动创造使用价值,抽象劳动创造价值。

- 创意劳动是在已有知识的基础上，运用创造性思维，形成事物间全新结合方式的活动，是艺术化思维加理性化执行的创造性活动。
- 创意劳动与所有的一般生产劳动有着重大的本质区别，这些区别突出表现在人类产品的泛精神化、生产个性化、名声主义和精神资本主体化等方面。
- 创意劳动对文化业态产生深远影响。根据文化产业的分类，文化产业包括艺术品经营、音乐表演、影视、会展、广告、游戏、手工艺、设计、网络服务等大约十多个行业。加上受文化产业本身的衍生性的带动，形成大量的文化旅游、文化产品制造业等就业需求。文化产业的发展对社会经济增长方式和经济转型具有重要的推动作用，社会经济发展的总趋势是经济增长方式从依赖物质资源转变为依靠知识和创意投入。
- 文化经济创意人才资源的特征：前瞻性、创新性、独特性、流动性。
- 随着精神经济时代的到来，经济增长方式和产业结构都发生了重大变化，劳动力向精神经济产业转移，劳动力的供需也发生了新的变化。
- 价值创造与价值分配是商品经济条件下人类社会基本的经济活动，是社会生产和再生产的主要环节。价值创造研究的是生产领域中的价值是由什么创造的，即价值的源泉是什么。价值分配研究的是价值被创造出来以后，其在各个要素所有者之间按照什么原则进行分配。
- 创意劳动报酬可划分为即时的与延时的、精神的与物质的。计时工资，就是按照劳动时间的长短来支付工资，适用范围较广，尤其适于工作连续性强、难以统计劳动成果的部门和工种；而计件工资是计时工资的一种转化形式，是在计时工资的基础上形成的。创意劳动报酬具有行业差别大、收入差距大、定价差异大等特点。
- 创意人才获得更高报酬的原因有学习成本高、机会成本高、产出收益风险高、劳动密集度高、价值增值偶然性高等。
- 创意劳动产品的价值实现主要分为三个过程：① 产业基础资源的价值形成：精神内容的创造；② 产业经济价值的实现：精神产品的产业化和商品化；③ 产业经济价值的网络效应：精神产品的价值衍生。

综合练习

一、本章基本概念

劳动二重性、创意劳动、名声主义、品牌、创意人才、价值创造、价值分配。

二、本章基本思考题

1. 简述创意劳动的概念与本质。

2．创意劳动的特征有哪些？
3．简述创意劳动对文化业态的影响。
4．创意人才的特征有哪些？
5．简述创意人才的新趋势。
6．简述创意人才报酬的构成。
7．简述创意人才报酬的特点。
8．简述创意劳动产品的价值实现过程。

第四章 文化业态

 学习目标

通过对本章的学习,学生应了解或掌握如下内容:
1. 了解文化业态的基本概念;
2. 理解文化业态的形成与演化动力;
3. 理解信息技术推动下的数字文化产业发展;
4. 掌握文化科技融合下的新型文化业态;
5. 了解文化业态的发展趋势。

 导言

文化业态是文化经济学的重要内容,随着科技、社会发展,文化产业以其独特的形式、内容和运行规律在发生着变化。尤其在信息技术等要素的推动下,诞生了以数字化为代表的新型文化业态。2016年,数字创意产业首次被纳入国家战略性新兴产业,国家多个部门陆续出台了许多促进数字文化产业发展的政策措施。本章将重点对文化业态的相关概念、形成与演化动力、以数字技术为代表的新型文化业态及其发展趋势等进行阐述。

第一节 文化业态的概念、特征及分类

随着经济社会外部环境的变化,科技尤其是信息技术的快速发展,文化业态范围拓展、新型文化业态涌现、文化科技创新、文化产业转型升级、文化产业技术标准研发制定、传统文化产业改造提升。传统文化产业理论对新型文化业态演化的解析力下降,迫切需要提出新的理论来回答文化业态理论与实践问题。本节重点梳理文化业态的概念、特征及分类。

一、文化业态的概念

（一）业态的定义

"业态"一词最早出现于20世纪60年代的日本，最初是用来辅助研究零售业的发展，也被称为"零售业态"，主要指零售业的经营形态或经营形式，同时可看作零售业长期演化和革命性变革的结果。它是形态和效能的统一，形态即形状，它是达成效能的手段[①]。1980年，"零售业态"一词传入我国，伴随着经济、实践的发展，国内学者根据自身研究视角和观点对"零售业态"的概念展开界定。

当前，普遍认为（某项）产业的产业组织或产业活动单位的生产经营活动的组织形式和运作形态中，组织经营形式和内容存在方式是产业的实现形式或存在形式，产业是指从事相同性质经济活动的所有单位的集合；而各生产单位的具体运作内容、机制和形式的总和或概括就是产业的业态[②]。产业业态并非仅仅强调形式和形态，也包含形式和与之关联的内容、机制。业态是产业中具有共同特征的经营形态，构成因素、形成机制、演化动力和发展方向等是区分不同业态的主要依据[③]。

（二）文化业态的定义

自业态的概念被提出后，广泛出现"产业业态""行业业态"等概念，文化业态作为业态的一种，成为学术界聚焦的课题。从总体看，文化业态是指文化产品的表现形态及其生产经营方式；从空间角度看，它是对文化产品表现形态及生产经营方式范围的界定；从时间角度看，它是对文化产业、文化事业所处的发展阶段和未来演化趋势的揭示。

文化业态有狭义和广义之分。狭义的文化业态与商业模式密切相关，如文化产品生产与流通、文化旅游、文化地产等商业模式；广义的文化业态还包括经营管理模式，主要是文化行业的组织类型和结构，表现为文化产业的业种、业状和业势。

二、文化业态的特征

区别于其他产业，文化业态有其自身的特性。

（1）文化业态的物质载体与技术相关联。文化业态是对内容的物化，需要物质载体的承载。在工业革命之前，文化业态的演进相对比较缓慢，以文学、戏剧、歌舞、书画为基本业态的文化长时期占据主导地位，物质载体主要是纸张。工业革命后，电影、唱片、电视等逐步取代传统文化业态，催生了文化产业的第一次变革。当人类社会进入后工业时代，网络与计算机技术的迅猛发展又进一步加速了文化业态与摩尔定律同步加快迭代，如在新闻出版领域，5G加速了阅读方式从线下纸质版的书转换到线上移动端，这既减少了人们在通勤路上的繁杂物品，也使其能够读到最新的新闻信息。

[①] 安土敏. 日本超级市场探原[M]. 北京：中国人民大学出版社，1992：37-38.
[②] 伍业锋. 产业业态：始自零售业态的理论演进[J]. 产经评论，2013，4（3）：27-38.
[③] 徐运保，曾贵. 大数据战略下我国创意产业业态创新路径探索——基于新经济内涵嬗变视角[J]. 理论探讨，2018（6）：108-114.

（2）文化业态处于不断演进的过程中。文化业态演进具有文化产业自身的运行规律，文化产业运作中具有双重价值规律：一是商品价值规律，产业化以市场为基本取向，生产由市场调节是产业化的基本内容，这也是价值规律作用于文化产业的基本形式，但是，由于价值规律作用的自发性，市场机制本身不可避免地带有盲目性和局限性。二是社会价值规律，文化生产的社会价值规律是文化的社会属性反作用于文化活动所形成的规定性，是社会价值规律在文化领域的具体化。由于文化产品具有特殊的社会属性、特殊的生产过程和特殊的作用方式，社会价值规律在文化生产领域表现得更为直接、更为深刻[1]。文化产业目前正处在高速成长阶段，其要素构成、产业范围、组织结构和经营模式、内容和机制等持续演化升级。与此同时，文化业态也在不断地积累与创新。文化业态的发展过程是一个动态的、创新的演化过程。

（3）文化业态发展推动了行业的变迁和分化。主要表现为文化的产业化和产业的文化化。精神经济学认为，文化产业化就是将创意劳动形成的纯精神产品，与大量的物质载体相结合，规模化生产准精神产品的过程。这一过程，往往受到技术、市场等诸多因素的影响，其结果将提高准精神产品在国民财富的比重。如电影产业、演艺产业、游戏产业等文化业态的形成都是从文化内容与科技手段、传统产业的融合衍生发展而来的，是从创意内核到文化产业的转化过程。产业的文化化是传统经济寻求与精神经济融合共生，如文化旅游、艺术家联名服饰、创意农业等传统产业的文化升级均是以传统产业为基础核心，融合文化精神内涵实现文化产业的升级的，是从物质转化到精神的过程。两种不同的文化产业形成路径发展为以文化精神为内核和以传统生产为内核的不同的文化业态[2]。文化产业的衍生业态，是指行业内部、各行业之间交叉渗透形成的业态以及与其他产业融合产生了新业态。随着高新技术的发展，融合性文化业态所包含的内容更加复杂，表现形式也更加多样化。

三、文化业态的分类

文化业态本身是一个集合概念，很难用统一的标准将其严格分类。

（一）从业态功能和效用角度划分

从业态功能和效用角度看，文化业态可划分为传媒类、娱乐休闲类、版权类、创意类、生产类五大类，每一类的业态功能不同，其行业门类也不一样（见表4-1）。

表4-1　从业态功能和效用角度划分的文化业态类型[3]

业态类型	业态功能	行业门类
传媒类	文化、知识、信息传播	新闻信息、出版发行、广播电视节目传输、广告等

---

[1] 张曾芳，张龙平. 论文化产业及其运作规律[J]. 中国社会科学，2002（2）：98-106.
[2] 李向民，杨昆. 新时代的文化生态与文化业态[J]. 深圳大学学报（人文社会科学版），2021（2）：39-48.
[3] 吕庆华，任磊. 文化业态演化机理及其趋势[J]. 理论探索，2012. 根据当前文化及相关产业分类对其中类型进行微调。

续表

业态类型	业态功能	行业门类
娱乐休闲类	提供娱乐休闲产品与服务，改善精神文化生活	数字内容、文化娱乐休闲、景区游览等
版权类	版权保护与创新	广播影视节目制作、音像出租、版权服务等
创意类	个人创造、技能及才华的利用，文化智能资源开发	创作表演、工艺美术品制造、创意设计等
生产类	文化相关设备制造	文化装备生产、文化消费终端生产、信息服务终端制造及销售等

（二）从文化资源类型与技术融入水平角度划分

从文化资源类型与技术融入水平这两个维度，文化业态可划分为四个象限的内容（见图4-1），高技术融入水平与历史文化资源融合创新而形成工艺品业、美术业、出版业等；高技术融入水平与文化智能资源融合创新而形成新闻信息业、创意产业、广告业等；低技术融入水平与历史文化资源结合而形成文物保护业、文化旅游业、文化艺术业等；低技术融入水平与文化智能资源结合而形成文化娱乐业、园林业等。

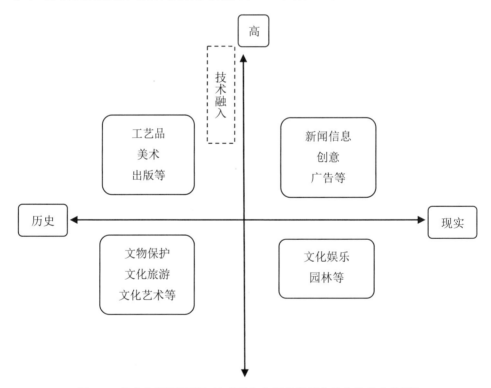

图4-1 从文化资源类型与技术融入水平角度划分的文化业态类型[①]

---

① 吕庆华，任磊. 文化业态演化机理及其趋势[J]. 理论探索，2012（3）：93-97.

随着外部环境的不断演化，文化产业与新一代信息技术相互融合，文化产业的升级及其与其他产业的交叉融合，呈现出范围日益延展、内涵日趋丰富、业态不断创新的趋势：新型文化业态将出现，传统文化业态面临存亡，文化业态类型的划分标准随之改变，划分维度更加多元，划分难度加大。

第二节　文化业态的演化机理

文化业态演化是指文化业态发展变化的动态累积过程，主要包括新业态的产生和业态演化的形式、内容、规律与速度。随着社会经济环境的变化，文化产业不断革新，不断涌现出新的形式和内容，文化业态也产生出新的形态。

一、文化业态的演化类型

文化业态演化主要包括基于数量与质量的文化业态演化和基于产业关联的文化业态演化（见图4-2）。

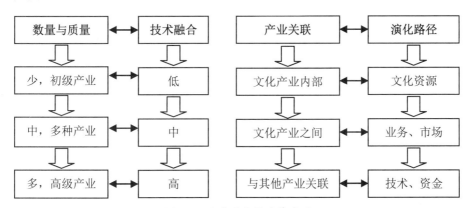

图 4-2　文化业态的演化类型

（一）基于产业关联的文化业态演化

文化业态的演化始于产业内部的衍生整合，逐步扩展到行业之间的交叉渗透，再拓展到与其他产业的多维关联。产业关联文化业态遵循以文化资源为主，向以业务、市场为主，再到以技术、资金为主的演化路径。文化业态演化经历了横向拓展、纵向深化以及自我更新的过程。

（二）基于数量与质量的文化业态演化

与文化产业从初级到中级、再到高级的发展阶段相对应，文化业态的发展经历了数量从少到多、质量从粗糙到精细的过程。从技术融合角度看，文化产业与高新技术的融合越来越密切,科技进步改变了文化产业的生产和传播方式,文化业态从技术含量低的传统文化业态发展到具有高新技术含量的新兴文化业态。

二、文化业态演化的影响因素

关于文化业态演化的理论主要有环境理论、制度创新理论与技术创新理论等。环境理论认为,经济、法律、技术、政治等环境要素的变化是推动文化业态演化的主要动力,由此阐述了文化组织、文化业态在不同地域、不同环境下产生的差异性。制度创新理论认为,新型文化业态的出现是文化体制改革、文化企业制度革新及相关法律政策的创新共同作用的结果,其中,文化体制改革是文化产业多元、繁荣发展的核心动力。技术创新理论指出,科技与文化的融合推动了传统文化产业的转型升级,由此诞生出新的文化业态。随着当前经营管理模式变革、人才创新等的大力推动,科技愈发成为文化业态创新发展的动力。

(一)科技革命与技术进步

以电子和信息技术普及应用开启的第五次科技革命对当今文化产业业态产生了革命性影响①。首先,新一代信息技术和数字技术引发了文化业态的革新,科技革命成为文化业态演化发展的根本动力;其次,文化各行业通过移动互联网技术促进了彼此的融合,开启了社会媒体、社会化营销、社会化电商(C2B)等融合创新形式的新时代,网络技术成为文化业态融合创新发展的"润滑剂";最后,文化与科技持续性融合促进文化产品和服务裂变式增长。科技创新不断丰富着文化的内涵,是社会文化形态演进发展的催化剂,更是新兴文化业态形成发展的核心动力②。在新兴产业的推动下,新技术在改造传统产业和自身产业化的过程中也不断地与文化生活相结合,催生出大量的文化新业态(见图4-3)。

图4-3 技术推动下文化新业态演变路径③

在文化产业发展早期,一个普遍的现象是,内容生产是文化主导型企业的核心优势,技术是科技带动型企业的核心优势。如中国电影集团公司依靠其每年100多部的发行能力多次跻身"全国文化企业30强"。然而,随着竞争愈演愈烈,越来越多的企业开始全网布局、多领域扩张,以实现规模化、专业化、集约化发展,以此应对竞争。在这样的情况下,文化企业和科技企业开始彼此吸收所长,科技被广泛应用到文化企业中,同时,科技企业也引入了文化内容。"文化""科技""金融"开始不断向对方领域延伸,由此诞生了"文化+科技+金融""科技+内容+金融"等新兴模式,进一步演化出既提供产品又提供专利技术、既提供平台又提供内容和服务的大量新兴业态,体现出交叉融合的性质。以水

---

① 李凤亮,等. 文化科技创新发展报告[M]. 北京:社会科学文献出版社,2019:1-13.
② 勒庞. 乌合之众[M]. 冯克利,译. 北京:中央编译出版社,2005:20-25.
③ 李凤亮,宗祖盼. 文化与科技融合创新:模式与类型[J]. 山东大学学报(哲学社会科学版),2016(1):34-42.

晶石数字科技有限公司为例，该公司深耕计算机图像（computer graphics，CG）领域，凭借运用数字视觉技术和创意展示的丰富经验和超高能力，不仅承接了北京奥运会、伦敦奥运会、上海世博会、深圳大运会等的文化创意业务，同时也开发出了富有中国文化底蕴的特色产品，如北京奥运会开幕式的"卷轴"、动态版《清明上河图》等。科技是此类企业的核心优势，由此产生了许多新的产品和服务，丰富了文化业态，推动了文化业态的演化发展。

（二）文化及产业政策引导

产业政策是一个政策体系，是政府为了达到产业管理的既定战略目标所采取的各种干预性措施的总和。文化产业政策除了一般的产业构成要素外，对具有较强意识形态的属性、具有传承意义的文化资源等，需要配套相关领域的政策。文化产业政策一方面通过税收优惠、财政扶持、重点项目和平台建设等产业政策重点扶持新形式的文化产业和文化业态发展；另一方面通过文化体制改革，如企业上市、兼并重组、外资引入，促进了文化产业的多元发展；同时，文化科技政策是文化产业政策的重要组成部分，通过文化科技政策，可促进文化科技创新、文化科技成果转化、文化科技融合业态的形成、文化科技人才的培育。具体的文化产业政策内容将在本书第十一章中阐述。

（三）人才及创意

文化产业的本质是以人类智慧创造社会财富，是基于人的内生创意而发展的现代服务业，人才是推动文化产业发展、文化业态演化的核心资源和重要力量。首先，文化企业的核心产品是精神内容，这种精神内容的体现为创意、版权、构思等，它们都是人的创造性产物，是人力资本的物化。其次，文化产品需要通过不断创新，不断在产品中注入新的精神内容（创意），企业通过高端创意人才和创意经营管理人才的支撑实现了文化产品的不断推陈出新。最后，文化产业在人才结构方面应该包含管理人才，如从事文化产品投资、项目管理、行政、财务等职能的专业管理人才；文化专业人才，从事文化产品和创意的生产，如签约歌手、签约作家等；技术人才，如专业从事技术工作和技术管理的人员。其中，最重要的人才则是稀缺型的创意人才。

每一种文化新业态的产生都离不开人的参与，每一件文化产品都凝聚着人们的创造才能和创造力量。人才的繁荣和人力资本的力量直接影响新型文化业态的发展与走向。人才充裕的创意企业能够实现快速学习和创新，进而影响产品的设计、生产、流通和消费，提升业态的演进速度并使业态朝着更有潜力的方向发展，这个过程不仅重新赋予文化产品与时俱进的内涵、新颖的形式和时尚价值，更实现了文化资源向文化生产力的转化，促进了文化人文价值、社会价值和经济价值的有机统一[①]。

（四）产业升级与要素集聚

竞争与融合是文化产业升级的两股力量。首先，激烈的市场竞争，包括同业间竞争和

[①] 孙军正，王乐平. 文化与人才突破[M]. 北京：中国财富出版社，2014：10-35.

异业间竞争,激发了文化企业的变革与创新,由此推动了文化业态的演化。传统业态企业是初创期文化业态内的主要竞争对手,而进入成熟期,业态内的不同企业便成为了新的主要竞争对手。其次,文化业态间的融合包括同业间融合和异业间融合,在产业技术推广应用下,文化业态融合呈现出内涵更加复杂、表现形式更加多样的态势。一是通过同业间的融合提升了传统文化业态,如经纪租赁;二是通过异业间的融合产生出新兴业态,如文化地产、数字电视、网络电影、电子图书等。最后,竞争与融合推动了文化企业的创新发展,进一步推动了文化业态的演化发展。与此同时,文化业态的演化又反作用于文化产业,进一步优化产业结构,提升产业素质①。

从行业集聚到要素集聚的转变越来越引起文化产业的重视。近年来,我国各地的区域经济发展、产业结构调整、产业升级形成文化产业集聚区的发展浪潮,然而,无论创意产业园区是通过旧工厂、旧建筑的改造打造新场景,还是通过招商引资形成新的集聚空间,都无法打破物理空间的限制,仍然是"族群效应"的一种。为了打破这个限制,上述传统的产业集聚被产业要素集聚取代,产业要素积聚实现了从"空间的生产"到"空间再生产"②的转变,推动这一生产关系再生产的核心因素就是互联网。首先,互联网打破了地域边界后,内容、技术、资金等生产要素的流通和汇聚变得快捷、方便,企业拥有了灵活多样的生产要素选择方案,以此为更多业态的优化重组以及融合发展提供了基础;其次,互联网消费,如信息交互、知识分享等成为再生产动力。例如,各类可穿戴设备的研发及 Android、IOS 等操作系统的更新,正是通过一种新的要素集聚参与到已有产品改进和新产品研发之中得以实现,这种全新的要素即用户资源与用户体验反馈(通过微博、微信、论坛渠道汇集)。

(五)商业模式创新

商业模式③创新作为一种新的创新形态,其对文化产业业态的影响的重要性不亚于技术创新。当经过了技术革命的爆发期,在一定的时期内,技术无法继续助力企业突破瓶颈,此时,商业模式成了决定企业成败的最重要的因素。早在 2003 年,移动媒体领域依托无线数字信号传输技术,产生了移动电视,而华视传媒三年内实现在纳斯达克上市并不是通过移动电视技术,而是其创新的运营模式——广告代理模式,该模式通过锁定公交移动电视后期发力,优于传统的"媒体自营"模式。

传统文化行业经营受到过去体制机制上的阻碍,被分割成三种相互独立的模式:一是通过销售文化产品获利,如实体图书和音像制品店等;二是通过提供文化内容和服务收费,如付费电视和广告设计;三是通过建立资讯信息平台来吸引广告投放,如传统报业和早期门户网站等。如今,文化企业通过对平台、技术、产品、内容等核心要素的不断排列组合,加速了产业间的渗透,改变了过去单一的盈利模式,创造出多种商业模式,由此也产生了

---

① 勒庞. 乌合之众[M]. 冯克利,译. 北京:中央编译出版社,2005:20-25.
② 孙全胜. 列斐伏尔"空间生产"的理论形态研究[M]. 北京:中国社会科学出版社,2017:15-20.
③ 企业与企业之间、企业的部门之间乃至企业与顾客之间、与渠道之间都存在各种各样的交易关系和连结方式,我们称之为商业模式。简单地说,就是企业通过什么途径和方法来赚钱。

许多新的文化业态,如苹果公司的"应用平台+产品"模式、腾讯的"用户平台+内容"模式、华强的"硬件技术+文化内容"模式等。今后,随着市场的竞争加剧,"内容+技术+应用软件+网站+硬件"的服务企业一体化模式趋势将日益显著。

(六)消费结构、方式和心理变化

在买方市场中,文化业态的演化主要受消费者的消费结构、消费方式以及消费心理的变化等影响。

从消费结构看,一是35岁以下的群体具有主动性与创造性,注重数字体验,喜欢"短平快"的内容消费,是网络创作、阅读和互动、体验消费的主体。二是越来越多的人跨越式逼近文化消费"马斯洛金字塔"的顶端,甚至出现在低层次的生理需求尚未满足的情况下优先增加服务性、享乐性等文化消费支出这一"倒置"现象,此现象在新生代外出务工群体中表现得尤为突出。三是户外消费时间增多,在时间结构上有利于发展移动互联网生活、艺术演出互动体验、文化主题景区旅游和娱乐休闲等产业。

从消费方式看,80后、90后的主流生活形态呈现出时间和空间的无边界,成为驱动文化产业发展的新动力[①]。网络技术绑定如键盘输入、触控、操作系统等培养了消费者的消费习惯,同时也加强了消费者对技术的依赖,这种技术绑定确保了文化新业态客户群的黏性与可持续性。

从消费心理来看,消费者对新的文化业态,尤其是在互联网技术推动下产生的新业态,几乎抱有"全拥抱"式的接受态度:乐于支付游戏币、比特币等虚拟货币消费,接受App、音乐、影视等会员付费,离不开网络购物、网络交易等,这些消费心理成为新的文化业态发展的有力支持,如当前网络游戏、视频音乐、网络直播等快速发展。另外,随着品牌意识日益深入人心,对于知名度、美誉度高的文化品牌,消费者通常抱有强烈的认同感和忠诚度,由此基于庞大的粉丝客户资源,文化航母型业态[②]更容易产生。消费者对知名度高的文化品牌会有强烈的认同感,伴随品牌忠诚度和品牌联想度的提高,基于庞大客户资源的文化航母型业态应运而生。

三、文化业态演化的机制

综上所述,推动文化业态形成与演化的动力主要有:产业升级与要素集聚;科技革命与技术进步;商业模式创新;消费结构、方式和心理变化;人才及创意;文化及产业政策引导。其中,科技革命与技术进步推动了业态变迁中的经济含义和生产关系的调整。

文化与科技的融合改进了文化生产工具,变革了文化生产方式,如新媒体技术代替了传统媒体技术,改变了传统的纸张印刷,以手机等移动终端为载体,产出数字内容,形成新的文化业态。文化科技融合提高了文化传播速度,扩大了文化传播范围,尤其是在当前

[①] 陈少峰,陈晓燕. 基于数字文化产业发展趋势的商业模式构建[J]. 北京联合大学学报(人文社会科学版),2013(2):64-69.
[②] 将在本章后续论述中进行说明。

5G 网络技术的推动下，文化内容的传播速度及范围快速发展。文化创意与科技融合改变了人们的文化生活方式，创造了大众文化新需求，当前的"虚拟偶像"发展正是借助数字技术与文化创意的融合创造了新的 IP 和新的消费。在科技与文化融合的推动下，文化业态实现了技术理论—产品—商品—生产方式—文化传播方式—社会生活方式—大众文化消费需求—新产业与新业态—产业扩散与辐射的发展链条。

借助生命周期理论，首先，文化和科技在文化产业内部初步融合，业态初步产生，进入业态初创期；随后，在文化产业之间，文化和科技进一步融合，新业态发展进入成长、成熟期；最后，通过与其他产业相关联，文化和科技高度融合，原先的业态逐渐衰退，新型文化业态由此诞生（见图 4-4）。

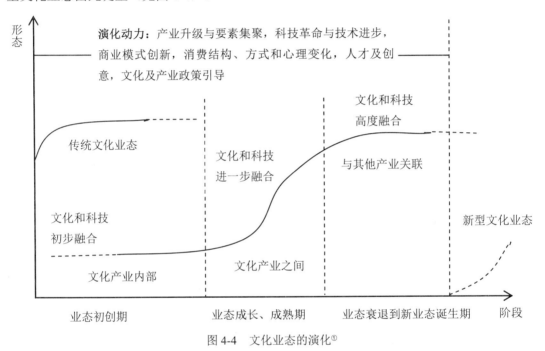

图 4-4 文化业态的演化①

四、文化业态演化的表现形式

（一）个体文化业态演化

个体文化业态演化是文化业态在特定时间、空间内的发展变化过程，一般指文化业态生命周期的演化。根据产品生命周期理论②，结合文化产业发展特点，文化业态生命周期

---

① 根据上述演化动力的阐述，结合吕庆华等提出的创意农业业态演化过程模式绘制此图。
林炳坤，吕庆华. 创意农业业态演化机理及其趋势研究[J]. 技术经济与管理研究，2020（4）：117-122.
② 产品生命周期理论是美国哈佛大学教授雷蒙德·弗农（Raymond Vernon）于 1966 年在其《产品周期中的国际投资与国际贸易》一文中首次提出的。产品生命周期（product life cycle, PLC）是产品的市场寿命，即一种新产品从开始进入市场到被市场淘汰的整个过程。弗农认为，产品生命是指产品在市场上的营销生命，产品生命和人的生命一样，要经历形成、成长、成熟、衰退的周期。就产品而言，也就是要经历一个开发、引进、成长、成熟、衰退的阶段。

包括初创期、成长期、成熟期和衰退期四个阶段。文化业态生命周期相对完整，其在不同时间、不同空间的特征均能在生命周期中得到较好的体现。

个体文化业态演化的内容包括演化速度、模式及动因。其中，演化速度包括文化业态生命周期的长短以及生命周期内文化业态演化各阶段的时间跨度变化。通常来说，文化业态演化从初创期到成熟期，随着科技进步和环境的变化，其演化时间缩短。演化模式主要包括螺旋式（正常的一轮接一轮的演化）和突变式（超越某个阶段直接进入下一个阶段）两类。

（二）文化业态集体演化

文化业态集体演化是指从文化行业角度去分析整个文化产业的发展模式、生命周期和各业态之间的相互作用。文化业态演化的方式、速度及动因是文化业态集体演化的主要内容。文化业态集体演化速度主要指整个文化行业生命周期的长短和发展状况，如文化产业发展繁荣或停滞不前，以及其在整个国民经济结构中的地位变迁。文化业态集体演化方式指业态结构、地位、作用的变化，演化的重点以及未来主导业态与从属业态的关系等。

随着文化新业态的涌现，传统文化业态逐渐式微，市场份额下降，如当前纸质媒体发展遭遇瓶颈，新型文化业态必将在时代发展潮流中占据主导地位。传统文化业态必须通过变革创新来提高竞争力，促进自身的转型升级。

第三节　文化科技融合与新型文化业态

文化在国民经济与社会发展中的重要性日益提升。坚定不移地推进文化科技进步和文化创新，是加快文化发展的强大动力之一。坚定不移地推进文化与科技的融合，是更加自觉、更加主动、更加自信地推动社会主义现代化强国建设的客观要求，是实现新阶段文化发展目标的必由之路，是文化科技工作的核心①。

近 40 年来，我国文化与科技融合在总体上呈现由缓慢上升至快速攀升的态势，其发展既得益于文化繁荣发展，又源于科技支撑引领。尤其是新一代信息技术和数字技术引发了数字文化产业大发展，信息技术、数字技术推动了新型文化业态的产生和发展。

一、文化与科技融合

文化与科技融合是当代文化产业的发展趋势，丰富的文化资源成为科技发展重要的内容支撑，科技进步也有助于推动文化业态和内容更新，有助于推动传统文化资源的创造性转化和创新性发展。进入 21 世纪之前，人们通常是按行业科技来理解文化与科技的融合，

---

① 蒋伟. 中国文化科技发展与融合 40 年. 中国文化发展（1978—2018）[M]. 北京：社会科学文献出版社，2018：272-303.

如艺术科技、电影科技、广播电视科技等。进入21世纪后,科技已经全面融入文化创作、生产、传播、服务、消费以及文化服务与模式创新、文化内容与形式创新、文化产业升级与业态创新、文化市场监管与服务创新等全链条中。

1. 文化与科技融合的含义

文化与科技融合是指在遵循文化和科技各自特点与规律的基础上,对文化和科技可以融合的各个层面的元素进行最大程度的互补、渗透,形成新的文化业态。文化与科技融合是文化与科技两大产业的融合,用现代的科技改变传统文化,将富有底蕴的文化植入科技,二者融合后让文化产业更有外在表现的活力,让科技产业更富有内涵的灵气①。

2. 文化科技

文化与科技深入融合后,在科技中衍生出一类专门的科技,称为"文化科技"。文化科技是将现代科学技术的理论和方法应用于文化创新发展的一门综合性学科或专门领域,一般特指能够直接服务、参与、支撑文化内容表现和再现的相关科学技术。它面向文化创作、生产、传播、服务、消费及再生产的各个环节,着力为文化发展提供精致、准确、高品质的支撑。

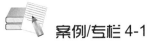

案例/专栏 4-1

文化与科技融合的代表性技术简述②

近40年来,需求牵引与学术牵引是我国文化科技发展的特征,特别是进入21世纪以来,应用驱动已经成为文化科技进步最主要的动力。围绕文化共性技术、文化产品生产技术、文化服务技术、文化传播技术、文化资源(开发、存储、保护)技术、传承文化的材料技术,一批高新技术得到持续快速的发展和工程化、产业化的推广应用。

1. 文化共性技术

文化共性技术主要包括语言文字技术、声音技术、图形图像技术、文化内容监管技术、版权保护技术、检索技术、标准化技术等。

2. 文化产品生产技术

文化产品生产技术主要包括图书、报纸、期刊的生产,音像制品与电子出版物的生产,电影制作与放映,广播电视节目生产,动漫游戏产品设计与制作,美术工艺作品创作与生产,表演艺术剧目生产,娱乐产品开发等技术。

3. 文化服务技术

文化服务技术主要包括重大文化服务工程支撑技术、公共文化服务平台开发技术、支

---

① 于泽. 文化科技融合的内涵、目标、互动关系探究[J]. 科技管理研究, 2017 (1): 66-68.
② 李凤亮, 宗祖盼. 文化与科技融合创新:模式与类型[J]. 山东大学学报(哲学社会科学版), 2016 (1): 34-42.

撑文化演出服务的舞台相关技术、广播电视服务技术、电影院线服务技术、新闻出版内容服务技术、展览展示设计与支撑技术、广告服务相关技术等。

4. 文化传播技术

文化传播技术主要包括文化传播的安全与监测技术、演出场所/渠道管理技术、广播电视传输技术、电影发行技术、出版物发行技术等。

5. 文化资源开发、存储、保护技术

文化资源开发、存储、保护技术主要包括文化资源科技支撑平台，文化内容再利用技术，公共文化设施建构，文化资源存储技术，文化资源媒体资产管理技术，文献修复与保护的关键技术，对不可移动文物、文化遗址、文化街区、历史文化名城、世界文化遗产等开发性破坏、保护性破坏、建设性破坏的保护技术等。

6. 传承文化的材料技术

传承文化的材料技术主要包括文化载体和介质制备技术、艺术专用材料制备技术、影视场景和舞台专用材料制备工艺、印刷新材料制备技术、文物保护专用材料开发与制备技术。

二、信息技术进步新浪潮下的文化业态发展

（一）基于信息技术的新型文化业态

进入 21 世纪，科学技术发展迎来了新一轮更迭期，以互联网为代表的信息技术深刻变革着人们的日常生活。我国网民由 1997 年的 62 万人激增至 2018 年的 8.3 亿人，年均增长 40.9%。其中，网民通过手机接入互联网的比例高达 98.6%。2018 年，我国数字经济规模达 31.3 万亿元，占 GDP 的比重达 34.8%。与此同时，数字经济在文化领域不断渗透发展，数字技术已经成为文化发展中一种新的经济生产要素，通过强调促进科技文化创新链与产业链有效对接，提高不同内容形式之间的融合程度与转换效率，进而催生新型文化业态。

新型文化业态是文化业态演化的逻辑起点，但新业态的生成离不开原有业态。近年来，随着高新技术尤其是新一代信息技术的发展以及消费者消费需求的提升，各类文化业态之间相互交错、相互影响，我国文化产业进入新的发展阶段，文化业态呈现多样化、专业化、优化升级的态势。基于文化业态演化动力及规律，新型文化业态应运而生。

新型文化业态最初是以新兴文化业态的概念出现的。2012 年，党的十八大报告提出要促进文化和科技融合，发展新型文化业态，正式将新兴文化业态的提法转换成新型文化业态。

新型文化业态是与传统文化业态相对的概念，指伴随现代科学技术，尤其是在信息技术、数字技术的推动下，产生的代表业态内在要素的构成、结构和表现方式的内容形式、交易方式、产业组织与市场空间、用户主体和使用习惯。

1. 交叉跨界型业态

企业经营边界模糊导致了产业融合，出现了文化业态化产业融合。如腾讯、百度、新

浪等从事互联网服务的企业，通过内容生产增加附加值和核心竞争力，从原先的技术平台制造商、运营商和服务商转变为包括内容制作、提供和集成在内的综合性文化科技型企业，形成了庞大的产业链。由此可以看出，文化产业具有超强的渗透性，它能够打破传统产业的原有界限，实现不同产业之间的交叉、渗透甚至重组，一批具有生命力的文化产业业态，如"创意农业""工业旅游"等就是在这样的基础上发展起来的。

文化业态演化促使不同行业之间协同创新，催生了文化跨行业协同。文化业态不断细分，行业间竞争加剧，文化企业主要通过优势资源集聚、深度合作、释放创新要素等途径来提高其竞争力，如当前影视与游戏产业的合作诞生了《最终幻想》《古墓丽影》《生化危机》等一大批成功的案例。

互联网打破了空间界域限制，为文化产业跨地域合作提供了平台。现代文明开始出现时，中国瓷器凭借"海上丝绸之路"成为第一个全球性文化产品①。电子通信时代，手机等即时通信工具打破了地域疆界并逐渐普及。进入互联网时代，空间阻隔被彻底消融，催生出大量具有交叉融合性质的文化产业业态。例如，网上设计公司采取外包的模式将传统的设计业务搬到互联网上，实现了全民创意；动漫产品从制作到推广全部在网上展开，做到了足不出户。

2. 文化航母型业态

在国家综合实力中，文化软实力的地位日益凸显，越来越多的传统文化产业转型升级，文化要素和用户流量成为衡量文化企业生命力的重要依据。今后的文化内容企业有可能出现两极分化的情况：大的企业做得越来越大，小的企业将会面临着很多成长的瓶颈。为了应对国际市场竞争，打造具有国际影响力的文化品牌，文化产业发展只有打造出多渠道、全产业链的"大融合""航母级"文化企业，才更有能力参与国际市场竞争，推出有影响力的文化品牌。

目前，我国的文化航母型业态有三种：一是基于企业经营链条变长而形成的集团式航母型业态。如保利集团 1993 年从事军事装备进口业务，经过 20 多年发展形成军民品国际贸易和房地产开发两大主业，同时大力培育和发展文化产业。其旗下保利文化集团股份有限公司在演出与剧院管理业务、艺术品经营与拍卖、影业投资与电影院线管理等多个领域拓宽产业链，并积极尝试与 IT 网络、手机新媒体等新业态的对接，实现五度蝉联"全国文化企业 30 强"。二是依托地域覆盖连锁经营打造的专业化航母型业态。如华强集团的"方特欢乐世界""方特梦幻王国"两个主题公园已经在郑州、青岛、南京、芜湖等十余个城市投入运营，并进军中东和非洲，形成强大的品牌竞争力，被誉为"中国迪士尼"。三是通过并购建构多品牌集群建立的"航母+联合舰队"航母型业态。如腾讯注资 4.48 亿美元入股搜狗实现了双赢的战略合作形式；百度收购糯米网、91 无线等，向移动互联网业务挺进；优酷与土豆以 100% 换股方式合并形成优酷土豆股份有限公司（现更名为"合一集团"）。

---

① 陈少峰，陈晓燕. 基于数字文化产业发展趋势的商业模式构建[J]. 北京联合大学学报（人文社会科学版），2013（2）：64-69.

（二）新型文化业态的特征

1. 互动化

创作者与消费者即时互动，消费者通过平台向创作者反馈需求，创作者结合需求创作出更加符合消费者需求的产品。

案例/专栏 4-2

奈飞公司（Netflix）大数据互动化打造内容——《纸牌屋》[①]

奈飞公司《纸牌屋》的成功也让基于大数据分析"订制电视剧模式"打开了想象空间。奈飞公司基于AWS（亚马逊网络服务）的Hadoop架构的大数据平台包含了3000万用户的收视选择、400万条评论、300万次主题搜索。

《纸牌屋》项目中，拍什么、谁来拍、谁来演、怎么播，都由数千万观众的客观喜好统计决定。从受众洞察、受众定位、受众接触到受众转化，每一步都由精准、细致、高效、经济的数据引导，从而实现大众创造的C2B，即由用户需求决定生产。

《纸牌屋》的成功使影视制作公司能够通过大数据分析精确地锁定目标受众，生产、推送投其所好的产品并且记录观赏者反应的轨迹，以进一步分析、捕捉作品的未来走向和消费趋向，科技推理与艺术创作形成了有效的结合，提高了文化产品的大众消费能力。

2. 分享化

互联网环境下，文化产品重分享和影响力。如脸书公司（Facebook，现更名为Meta）从社交到分享化，再走向沟通数据化。脸书将社交关系数据化，其基于大数据的潜在用途非比寻常。曾经的社交图谱是一种表明"我认识你"的网络图谱，反映了用户通过各种途径认识的人。如今的脸书是一个应用家族，它已不只是一个社交网站，更准确的定义是一个基于分享与沟通的社交企业集团。

3. 多元化

发行渠道多元，全网络平台大数据配置资源。如内容发行渠道从过去的微信、微博逐渐发展到现在的抖音、快手等，渠道更加多元。过去更多是对内容发表的频次、增长率进行大数据分析，而抖音可以根据发布的内容提取关键词，梳理出热点，通过全网络进行大数据资源的配置。

4. 个性化

消费者根据偏好选择个性化内容，形成大数据画像。如内容付费，爱奇艺、腾讯视频、优酷视频等平台的用户，通过注册会员、支付会员费，可以观看相应平台的独家视频内容。用户可根据自身需要及爱好选择购买不同平台的内容或平台上的某一内容，实现了个性化

[①] 李挺伟. 文化业态发展格局与势[EB/OL]. （2018-08-05）[2022-04-19]. http://mp.weixin.qq.com/s/FLV-Qfk2H2eMGxe45dThJA.

发展趋势。平台也可根据用户的付费选择、观看习惯进行大数据画像，更精准地进行内容推送。

5. 生态化

基于优质 IP 和内容，跨领域、跨平台布局。通过 IP 授权，内容可以通过动漫、音乐、戏剧、游戏、影视等多种形式进行开发，也可通过相关平台进行布局，形成新的生态。

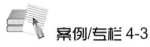

案例/专栏 4-3

从泛娱乐到新文创[①]

超级 IP：一部小说诞生后，其 IP（知识产权）价值被立体挖掘，不仅仅是文字部分可以卖钱，还能产生各种衍生品，如影视、游戏、动漫等，一条网络文学立体化产业链正在生成，网络文学进入了全方位的运营和开发时代，粉丝经济成为网络文学的新模式。

数据驱动：进入大数据时代的文学创作可以通过数据为将来的影视、游戏改编指明方向。符合原著的改编将为作品带来更可观的收益，而由内容供应方向产业链下游输送粉丝成为 IP 改编成功的保障。

新文创：即通过广泛的主体连接，推动文化价值和产业价值的互相赋能，从而实现高效的数字文化生产与 IP 构建的新型生态。

（三）数字文化产业的崛起

数码（数字）文化产业是数字技术与内容产业的结合，从形式上看，它是将图像、文字、声音、影像等以数字技术加以整合形成的增值产品和服务[②]，究其本质，则是文化、科技和经济相融合的产物。对内容、技术、人才资源进行整合形成的全新的产业化运作方式是对文化资本、经济资本、知识资本等有形的和无形的要素的整合所产生的价值创作模式。数码（数字）文化产业作为一个完整的产业链，包括创意、内容制作、技术支持、市场推广、市场交易、内容复制与传输等各个方面，不仅刷新了传统的文化产业内容，而且实现了新的产业运营模式，促进了虚拟世界与现实世界的互动。仅从内容的提供方式划分，数码（数字）文化产业至少包含了游戏产业、电脑动画、数码学习、数码影音、网络服务提供商、数码出版、数码内容复制与交易、电子竞技、主题公园、数码文化博览会等派生行业，以及文化产业的金融、财务、推广、物流、经济、法律服务等其他服务业。

20 世纪 90 年代中后期，数字文化产业高速发展，世界各国和地区都对数字文化产业给予高度重视，制定了相关发展规划和政策，如欧盟推动 E-content 计划，美国推动"信息高速路计划"，日本推动 E-Japan 项目，韩国推动"文化立国"。进入 21 世纪，席卷全

[①] 李挺伟. 文化业态发展格局与势[EB/OL]. (2018-08-05) [2022-04-19]. http://mp.weixin.qq.com/s/FLV-Qfk2H2eMGxe45dThJA.
[②] 李向民，王晨. 文化产业：变革中的文化[M]. 北京：经济科学出版社，2005：35-50.

球的数字文化产业已成为西方发达国家的主导产业之一,一些发达国家的数字文化产业的产值甚至超过了汽车、钢铁等传统产业①。

案例/专栏 4-4

国外数字文化产业发展②

美国:数字文化产业全面领跑

美国的数字文化产业包括了数字电影、数字音乐、数字出版、软件等,其中,数字动漫、数字游戏、数字音乐等最具活力。通过以市场为主、以政府为辅的方式,美国数字文化产业全面领跑。美国网络游戏业连续多年超过好莱坞电影业,成为全美最大娱乐产业;美国动画片则一直在全球处于霸主地位,依托数字内容技术和数字传播渠道发展,美国动画电影票房不断刷新历史记录;在线音乐的发展使得美国音乐重新崛起。以数字动漫产业为例,得益于强大的电影产业,美国的动漫产业在全球一直处于领先地位。美国的数字动漫产业主要由产业链完整的集团主导,以迪士尼和孩之宝为代表。美国动漫数字技术走在世界前列,1991年,迪士尼与苹果公司旗下的皮克斯签订了制作电脑动画长片的协议,迈出了美国动漫产业具有历史意义的一步。当前,赋予电脑动画人情感的系统工具 EMO 以及动画事业生产管理系统 NILE 等新技术,不断提升了动漫作品的质量。

英国:数字创意产业成为经济引擎

英国是世界重要的创意文化产业大国,其每年的版权输出量位居全球前三。据英国文化、媒体和体育部 2014 年创意经济统计数据显示,创意产业每年为英国经济带来 714 亿英镑收益,相当于每小时就有 800 万英镑入账,成为英国增速最快的产业。英国文化创意产业九大行业中均与数字文化产业发展相关。如以数字技术特效制作的电影《哈利·波特》,首集在全球缔造 5 亿多美元票房,一系列电玩游戏软件的销售也达数百万套。

日本:数字文化产业特色突出

日本的数字内容在全球处于领先位置。日本将音乐、影像、游戏和信息出版作为重要内容,专门成立数字内容协会(DCAJ),负责数字内容制作、流通和发行。在国家大力促进、行业协会不断推动的背景下,日本数字文化产业成绩显著。以动漫产业为例,日本素有"动漫王国"的美誉,是全球最大的动漫输出国,其动漫产品的产量占世界产量的近60%。日本一直在移动内容方面保持领先地位,2013年,日本移动消费首次超过美国,成为全球第一移动应用消费大国,超韩国 3 倍。在智能手机出现之前,日本用户主要依靠功能先进的手机实现数字内容消费,早在 1999 年,日本运营商 NTT DoCoMo 就已经推出了移动互联网服务,比首台 iPhone 早了 8 年。此外,在其他国家移动广告还处于萌芽状态的

---

① 熊澄宇,张铮,孔少华. 世界数字文化产业发展现状与趋势[M]. 北京:清华大学出版社,2016:20-58.
② 同①.

时候，日本的移动广告早已形成气候。

（四）我国数字文化产业的创新性发展

在互联网信息技术快速迭代升级的推动下，在人民群众消费升级、对精神文化产品需求日益增加的拉动下，我国数字文化产业迎来了大发展。2016年，数字创意产业首次被纳入国家战略性新兴产业，产值规模约为美国的1/4，与日本、韩国相当。数字文化产业体量迅速增长，增长速度远高于国民经济整体增长速度，成为我国经济发展的重要引擎。2017年，我国数字文化产业增加值为1.03万亿～1.19万亿元，总产值为2.85万亿～3.26万亿元。2019年，我国数字经济增加值规模达到35.8万亿元，占GDP比重达到36.2%，名义增速高于GDP名义增速7.85个百分点。数字经济快速增长的背景下，数字文化产业高歌猛进。

我国文化与数字技术的结合始终在跟进，数字文化产业催生了一些新业态。首先，从数字文化领军企业的业务变化来看，新文创成为行业新引领，数字文化产业向更多经济领域、更多文化资源拓展；技术在数字文化产业发展中的作用越来越重要；海外市场拓展已经从企业的被动选择变为发展战略；文化旅游成为数字文化产业向产业互联网延伸的重要起点。其次，从"独角兽"和初创企业来看，我国数字文化产业在全球具有一定的比较优势；我国头部初创数字文化企业仍以面向消费者的业务为主；投资市场关注以电竞为代表的数字文化和相关产业的融合。最后，从细分业态看数字文化新业态，数字文化内容产业总体仍保持增长态势，其中游戏、新闻、短视频和文学是最重要的四个领域；网络游戏行业集中度增加、游戏品质提升、"出海"意愿增加；网络视频和网络音乐更加重视原创和自制节目；网络新闻、短视频和网络直播更多地借助专业机构和数字工具产生优质内容；网络文学和动漫的"创意之源"地位更加稳固。

随着5G时代到来，超带宽带来的高速度和低时延将使整个世界更加快速而广泛地连接起来，为各种新技术（如VR、AR）的应用打开大门。未来十到十五年，与产业互联网的融合将成为推动数字文化产业发展的重要机遇，大数据的存储、计算与人工智能技术，产业互联网的发展及其与消费互联网的融通以及区块链相关技术等，都将影响数字文化产业的发展。

三、文化科技融合下的高新技术与新型文化业态

（一）文化科技融合的高新技术框架体系

"科学技术是第一生产力"。当前，科技创新已成为提升国家综合国力、提高全社会生产力的战略型支撑力量。以ABCD（人工智能Artificial Intelligence、区块链Blockchain、云计算Cloud Computing、大数据Big Data）等为代表的高新技术的快速发展，已成为文化产业发展的重要引擎，促进了新型文化业态的诞生，推动了文化产业的持续、健康发展。

文化科技领域中应用到的高新技术，核心支撑层将算力与数据做统一的汇聚，以结构化的形式呈现并保证数据的安全可靠；智能处理层依托人工智能技术，通过机器学习算法应用

在自然语言处理、语音图像识别等多个领域并构建系统性的关联网络，洞察数据之间的内在关联；应用前端层依托前端显示的前沿技术将结果多维立体化地呈现出来①（见图4-5）。

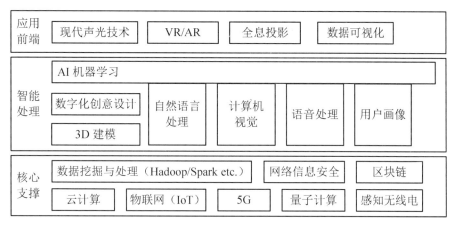

图4-5 文化科技融合的高新技术框架体系

在众多支撑文化科技业务的技术中，AI机器学习、区块链、AR/VR现实处理、5G、云计算等技术成为文化科技领域应用的热点高新技术，产生出丰硕的成果。

（二）AI机器学习与新型文化业态

1. 机器学习算法

机器学习即设计和分析一些让计算机可以自动"学习"的算法。作为人工智能的核心，机器学习随着大数据、算力、算法技术的发展也得到了极大的发展，赋能于多个文化场景中。传统的计算机程序仅仅执行命令，与之不同的是，人工智能具有提升自我、举一反三式学习的特性。按照学习方法的角度，机器学习算法主要分为监督学习算法和非监督学习算法两大类。

（1）监督学习算法。这类算法基于预先给定的输入和输出数据集（也称为标记好的训练数据集），将监督学习算法基于训练数据进行学习，调整相应参数以与训练数据匹配，最终预测新的数据的结果。例如，新闻类舆情正负向分类算法是基于人工标注出的百万级新闻舆情训练数据，通过机器学习，最终训练出的一个比较理想的分类算法。

（2）非监督学习算法。这种算法中没有已知结果的训练数据，而是基于原始数据本身找出内部关联。例如，某电商网站进行用户画像便是对用户的大量行为数据进行层次化分析，如哪些购买了知识类（图书、音像）产品、哪些购买了衣帽类产品、哪些购买了家用电器类产品等。在实际的应用过程中，由于没有训练数据，非监督学习算法对于数据处理的精准程度逊色于监督学习算法。由于不需要人工标注，在实际的应用过程中，非监督学习算法通常被用于对数据进行初步处理，供监督学习算法做进一步的精细化处理。

---

① 李凤亮. 文化科技创新发展报告（2019）[R]. 北京：社会科学文献出版社，2019.

近些年来，随着技术的进一步发展，计算机学习的能力进一步提升，出现了强化学习、迁移学习等前沿机器学习算法。

2. 机器学习在文化科技中的应用

AI 机器学习将机器学习的算法应用至语音处理、计算机视觉、自然语言处理以及用户画像等各个领域。

1）语音处理

语音处理技术主要包含语音识别、语音合成以及声纹检测等技术。不同于基于对语音特征的分析的传统语音处理技术，AI 时代下，机器学习通过引入神经网络等高级算法，支持复杂声学处理模型，极大地提升了语音分析的准确度。如 AI 机器学习可识别各民族的语言、各年龄阶段人群的发音以及不同地区的方言，结合自然语言处理（NLP）技术可以提供语音机器人服务，在文化领域中拥有广阔的应用空间。

2）计算机视觉（图像识别技术）

计算机视觉（图像识别技术）通过摄像机和计算机代替人眼，对目标进行识别、跟踪和测量，通过计算机处理，建立能够从图像或者多维数据中感知"信息"的人工智能系统。

AI 机器学习算法的引入显著提升了图像的识别精度。如光学字符识别技术（OCR）可将印在纸上的文字识别成电子格式；图片结构化技术可对图片中的人、车、物进行结构化信息提取，可用于人脸识别、工业视觉检测，还可用于以图搜图、车辆特征识别、物体/场景识别、人体属性识别等应用场景；视频结构化技术可将视频、图像中的人、物转换成结构化的可被计算机识别的对象，该技术在图形图像修复、图像视频创作、文物展示体验等文化领域拥有比较广泛的应用空间。

3）自然语言处理

自然语言处理将语言学、计算机科学、数学等融为一体，通过编码器实现"形式化描述—数学模型算法化—程序化—实用化"过程，是研究人与计算机之间用自然语言进行有效通信的理论和方法。具体而言，自然语言处理技术包括了语言翻译技术、情感识别技术、人工智能对话（多轮对话）技术、知识图谱技术等。

如果说语音处理技术类似于机器人的"耳朵"和"嘴"，计算机视觉技术类似于机器人的"眼睛"，那么 NLP 技术则类似于机器人的"大脑"。

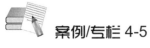

案例/专栏 4-5

智搜（Giiso）AI 写作机器人赋能融媒发展

传统媒体工作者往往要花费较大的精力在阅读、撰写、发布等处理新闻稿件环节中，难以保证新闻传播的准确性与时效性。

2019 年 8 月 29 日，深圳市智搜信息技术有限公司开发的 Giiso（智搜）AI 写作机器人，在"第十二届（2019）全国地市新媒体创新发展峰会"上惊艳亮相。智搜信息技术有限公司的首席科学家郑海涛博士表示"Giiso 写作机器人作为一款辅助内容创作的 AI 工具，颠覆传统写作模式，将文章生产模式进行工业化及智能化改造，助力传媒机构及内容生产者十倍级地提高创作效率。"

Giiso 写作机器人并不是一个实体机器人，而是一套软件系统，是专门写稿的"大脑"。它整合了自然语言处理中的语义识别以及知识图谱等技术，聚合全网信息，通过融合各领域知识对数据进行深度分析，可以实现对资讯内容的全自动智能化采编，提高了资讯的采集、加工、分析处理效率，应用在财经领域可支持新闻稿件的秒级撰写与发布，解放了媒体工作者处理日常新闻速递等烦冗复杂的工作，提升了媒体工作者的工作效率并保证了新闻的及时准确传播。

市场需求与技术进化不断驱动着 Giiso 写作机器人的一次次完善。郑海涛博士介绍，初级写作机器人通过设定关键词、采集时间和字数即可写作；热点写作机器人面向个人的写作平台，能写热点、报告、股评等内容。根据应用场景的不同，Giiso 写作机器人已经发展为面向个人的"热点写作机器人"，面向资讯内容生产机构的"Giiso 辑书"与面向公关营销领域的"Giiso 智书"等多个系列。

目前，Giiso 写作机器人系列产品已在媒体、金融、公关营销等领域进行前沿探索并实现商业落地，服务于深圳报业集团《晶报》《厦门日报》《济南时报》、上海证券交易所、太平洋保险、朗知传媒、宣亚国际、喵喵车事、富途牛牛等行业头部机构。

4）用户画像

用户画像是根据用户的社会属性、生活习惯和消费行为等各类数据，从中抽象出的一个用户标签化模型。AI 时代下的用户画像的构建包含了多维度用户数据的搜集、用户特征的挖掘、用户模型的构建以及数据可视化分析。

基于用户画像，可以针对文化受众群体进行分析，预测其偏好并进行精准传播。目前，用户画像在新闻推送、影视作品内容创作、文化衍生品营销等领域得到了广泛的应用。

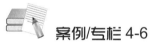

案例/专栏 4-6

以今日头条、抖音为代表的"千人千面"的内容分发产品成为主流[①]

如今正处于信息爆炸的时代，用户们希望用"更懒"的方式去获取信息，于是内容服务也变得闭环化。传统营销往往优先考虑产品的特点、定位，再去寻找潜在消费者，而借助人工智能，企业可以预先全面地了解到消费者的历史行为、实时动态、未来倾向，进而帮助品牌深层次地了解用户的所思所想和消费决策，最终通过个性化推送为品牌和消费者双方最大化价值。

抖音、今日头条作为现在热门的短视频娱乐、新闻资讯 App，拥有庞大的流量群体，

---

① 李凤亮. 文化科技创新发展报告（2019）[R]. 北京：社会科学文献出版社，2019.

用户年龄覆盖 70% 左右，日活跃用户破 5 亿。打开今日头条或者抖音，用户会发现 App 会持续推送他们感兴趣的文章或者短视频，这是他们自己对内容的互动行为来决定的。消费者用点赞、评论或转发等行为告诉抖音、今日头条"我是谁""我爱看什么内容"。消费者的行为被打上标签，每位消费者的头上有 N 个标签。根据标签，抖音、今日头条把对的内容推给有对应标签的人。

这背后的逻辑就是通过 AI 机器学习算法构建用户画像，综合整合用户阅读内容、阅读时间、视频点击习惯等信息构建用户标签，形成个性化的推荐算法，实现让用户总能看到他们想看的内容，极大地提升了用户体验，开创了内容分发生态的新玩法。

（三）区块链技术与新型文化业态

1. 区块链的技术核心

区块链是一个由计算机代码所构建的分布式数据库。它的技术核心是一种基础数据架构和一类网络协议的组合体。基础数据架构是用来存储信息的由"区块"构成的"链"表，每一个区块包含了特定时间段内全网发生的相关信息交易或者转移记录的合集。网络协议是指对等网络协议，依据该协议建立了无中心的网络通信拓扑结构与相应的共识机制。

2. 区块链技术在文化科技中的应用

随着用户逐渐养成为知识付费的习惯，版权保护在知识经济的发展中显得愈加重要。运用区块链技术对版权特别是线上版权进行有权登记和声明，可以帮助作者更好地保护自己的权益，同时为版权交易提供了权利认证保证，为版权保护和防止欺诈提供了技术层面的保障。

案例/专栏 4-7

百度超级链助力内容版权保护

2018 年 11 月 16 日，在第十三届中国传媒年会上，百度公司、中国人民大学和封面传媒举行合作签约仪式，三方共同成立"区块链媒体实验室"。该实验室基于百度区块链技术，进行内容版权保护研究、证据聚合和真相还原研究，通过区块链结合 AI 技术实现信源与真新闻内容生产。

2018 年 7 月 18 日，百度公司宣布上线基于区块链技术的原创图片服务平台"图腾"。这是一个覆盖了图片生产、版权存证、图片分发、交易变现、侵权监测、维权服务等全链路的版权服务平台，目的是更好地帮助图片原创作者释放价值并保护好自己的权益，后续将会拓展至包含文字、视频、音频等在内的更多的数字内容领域，让优质的原创内容可以得到更好的保护，让原创作者们可以更专注、更放心地生产内容并获得收益，构建全社会健康的文化传播生态。目前，图腾已应用在百度"熊掌号"、Veer 图库、百度百科——博物馆计划等场景中。

百度区块链应用布局依托于底层的超级链系统。超级链是百度自主研发的区块链网络系统，拥有100%自主产权，80篇专利保护，具备全球化网络部署和联盟化网络部署能力。百度超级链通过超级节点架构、链内DAG并行技术、可回归侧链技术和平行链管理等核心技术，及强大的网络吞吐力和高并发的通用智能合约处理能力，为区块链的广泛应用提供了切实有效的解决方案。

"区块链媒体实验室"将发挥百度区块链技术优势、人工智能及其他互联网技术积淀，高校的产学研能力与媒体的内容生产实力，最大程度地解决内容版权和信息领域的痛点，切实保护内容信息生产者的利益，从而推动行业良性发展。

（四）AR/VR现实处理技术与新型文化业态

1. AR/VR现实处理技术解析

增强现实（Augment Reality，AR）技术通过实时计算摄像机影像位置及角度利用相应图像、视频和3D模型的技术，在屏幕上把虚拟世界套在现实世界中并进行互动。

虚拟现实（Virtual Reality，VR）技术是一种可以创建和体验虚拟世界的计算机仿真技术，它利用计算机生成一种交互式的三维动态环境，让用户沉浸到该环境中。

此外，现实处理技术还包含融合AR、VR技术的混合现实（Mixed Reality，MR）技术，MR技术介于AR与VR之间，通过提供给用户虚拟的环境，给用户贴近真实的感受。

目前，以AR/VR为代表的现实处理技术已广泛应用在医疗、教育、军事、工业维修、网络视频通信、市政建设规划等领域。

2. AR/VR现实处理技术在文化科技中的应用

AR/VR现实处理技术在文化领域的应用很广泛。在出版领域，AR/VR现实处理技术与传统的出版技术结合，丰富了出版内容的呈现方式，提升了读者的阅读兴趣。在演出、体育赛事中，AR/VR现实处理技术实现了多角度切换、视角更广的现实场景，提高了观赏性。在文物保护、展览、展示领域中，AR/VR现实处理技术保存了原有文物的重要信息，实现对濒危文物的科学保存并"穿越"时空，将文物再现于观众眼前。在游戏领域中，AR/VR现实处理技术为玩家创建了更加真实的游戏世界，带给玩家身临其境的感受。

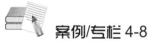

案例/专栏4-8

继长城、故宫、昆曲之后，腾讯携手敦煌莫高窟，科技携手文化旅游

以七十多年的研究为基础，敦煌研究院在石窟艺术、科技保护、石窟数字化、展览展示等方面取得了丰硕的成果。然而，敦煌研究院院长王旭东坦言，同样作为1987年入选《世界遗产名录》的单位，故宫一年的游客人数近1700万，而敦煌莫高窟不到其1/10。偏僻的地理位置限制了人们对敦煌莫高窟的到访、了解和认知，那里的文化瑰宝迫切需要插上科技与互联网的"翅膀"，以便飞出茫茫大漠，飞到年轻人的身边。

2017年12月29日，腾讯与敦煌研究院开启"数字丝路"计划，对敦煌及丝绸之路沿线文化遗产进行创新演绎。腾讯利用其最新科技文化生态，与敦煌研究院科研成果深入合作，腾讯"博物官"和"数字敦煌"等小程序先后上线。到达莫高窟的游客可通过AR导览更深入地了解莫高窟的历史、艺术和科技价值。那一幅幅精美的壁画不再只是"待"在景区里；一些无法到现场的用户也可以利用AR导览来深度体验敦煌文化，了解莫高窟背后的历史及艺术价值。此外，腾讯也推出了VR眼镜，让更多的人感受到"飞天之美"，通过网络动漫与网络游戏来演绎壁画里的英雄和故事。"AR/VR+文创"的新型传播路径为敦煌的数字化保护添砖加瓦。

事实上，在携手敦煌研究院之前，腾讯已相继展开了对昆曲、长城、故宫的保护计划。此前，腾讯已在其拥有亿万用户的游戏《王者荣耀》中，使用了大量传统文化里的经典角色，并陆续融入了京剧、昆曲等元素以及"长城守卫军"系列英雄，让年轻人以全新的方式接触和认识了传统文化。

从长城、故宫到昆曲和敦煌，在科技的加持下，传统文化正变得"年轻"起来，在传播的广度和深度方面将得到更大的突破。

（五）5G、云计算与新型文化业态

1. 5G、云计算技术简介

第五代移动通信技术5G是最新一代蜂窝移动通信技术，也是继4G系统之后的延伸，具有高数据速率、减少延迟、节省能源、降低成本、提高系统容量和大规模设备连接等优势。5G突破了传统互联网数据传输的地域和时空限制，将会推动超高清视频、虚拟现实、增强现实等拥有极致体验的数字内容在移动互联网中实现高速传输[①]。

云计算是一种通过网络统一组织和灵活调用各种信息与通信技术（ICT）的信息资源，实现大规模计算的信息处理方式。云计算的核心是可以将许多计算机资源协调在一起，使用户通过网络就可以获取到无限的资源，同时获取的资源不受时间和空间的限制。云计算是继互联网、计算机后在信息时代的又一种革新，是信息时代的一个大飞跃。

2. 5G、云计算在文化科技中的应用

5G、云计算等基础技术正在悄然改变着游戏产业的格局，甚至颠覆了现有游戏产品的形态与玩法。5G在网络游戏中的应用将会大幅提升游戏的沉浸式体验，促进分布式虚拟现实终端设备的推广与发展。云计算在网络游戏中的应用程度越来越深入，正在为游戏产业带来深刻的变革。基于云计算的云端游戏平台，将游戏运算整合在云端平台，降低高品质游戏产品对于设备的硬件要求，催生视频游戏形态，对现有游戏产业形态产生颠覆性影响。随着5G的正式商用，云计算技术对终端用户的支持作用将会进一步放大。在高传输速率的保障下，分布式虚拟现实设备才能真正实现大规模普及，从而实现产业化发展，带动游戏厂商跟进游戏研发，改变目前虚拟现实拥有终端设备却缺乏文化内容和传输速率低

---

① 李凤亮. 文化科技创新发展报告（2018）[R]. 北京：社会科学文献出版社，2018.

的尴尬境遇。

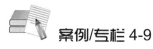
案例/专栏 4-9

基于互联网云计算的"Stadia"游戏平台

谷歌在 2019 年的游戏开发者大会（GDC）中发布了基于互联网云计算的"Stadia"游戏平台。

Stadia 平台基于高速互联网，将游戏的运算工作交由各地服务器，硬件将在云端运行，试图颠覆传统网络游戏下载、安装、更新的游戏模式。这意味着用户可以在 Chrome 上或其他支持 Google Stadia 的平台体验到 4K 60FPS 的高画质、高帧数的流畅游戏体验，谷歌表示未来将会提升到 8K 120FPS。

Stadia 支持云存档，可以跨设备游戏，适用于台式机、笔记本电脑、电视、平板电脑和手机，而且不存在"外挂"与作弊的可能性。人们可以将自己的游戏分享到 YouTube，以便其他人观看。如果玩家正在观看 YouTube 上的游戏视频，通过点击一个"开始游戏"的按钮可直接跳转到游戏中，最快只需五秒钟，甚至让用户直接和游戏主播一起无缝衔接玩游戏。

随着 5G 的正式商用，将会涌现出更多"Stadia"式的游戏平台，进而推动游戏产业的迭代发展，颠覆现有的游戏生态。基于高速互联网的云游戏平台，在进一步提升游戏沉浸式体验的同时，将会降低游戏运行对于游戏终端运算能力的要求，诸如索尼 PS4、微软 XBox One、任天堂 Switch 等游戏主机，可能会受到较大的冲击。

第四节　新型文化业态的发展趋势

党的二十大报告指出："健全现代文化产业体系和市场体系，实施重大文化产业项目带动战略。"面对国内外新的发展环境和局势，文化产业成为优化我国经济结构，实现人民群众对美好生活追求的重要载体[①]。我们需要认识到发展新型文化业态的重要性，找到制约其发展的瓶颈，顺应其发展大趋势，推动我国文化产业高质量发展迈上新台阶。

一、积极发展新型文化业态的重要性

培育发展新型文化业态不仅可以满足人们对于美好生活的新期待，而且是发展社会主义先进文化和构筑中国精神、中国价值、中国力量的有效途径，对于优化中国文化产业结

---

① 高宏存，纪芬叶. 区域突围、集群聚合与制度创新——"十四五"时期文化产业高质量发展的大视野[J]. 行政管理改革，2021（2）：16-27.

构、提升中国文化产业在国际上的竞争力和影响力具有重要意义[①]。

（一）发展新型文化业态是文化产业发展的新动能

文化产业内、外产业链在数字化、互联网等高新技术的支撑下，各环节融合发展，实现传统文化产业自身的迭代升级，塑造了新型文化业态和消费方式，提高了文化产业的规模化、集约化、专业化水平，为文化产业发展提供了新的动能。如在泛娱乐化背景下，互联网巨头公司纷纷布局新型文化业务领域，以腾讯为例，通过在网络游戏、网络动漫、网络音乐、影视以及电竞等文化领域积极布局，腾讯形成了强大的互联网"泛娱乐"体系。腾讯文学通过与原盛大文学整合成立的阅文集团，为资本参与腾讯在文化领域的布局提供了又一个新入口。当前市场对于网络文学企业上市的高度关注与热情，实则反映了对我国新型文化业态发展的强烈信心。

（二）发展新型文化业态为文化产品服务提供新供给

新时代文化产业蓬勃发展的大潮下，培育新型文化业态不仅能满足人民的精神文化需求，也是国家统筹推进社会、经济、政治、文化、生态"五位一体"总体布局的客观需要。新型文化业态为构建完备的文化产业体系、推进文化领域供给侧结构性改革、促进产业升级、优化经济结构提供了强劲的动力。因而，培育新型文化业态必然会成为我国文化产业发展的新方向，而且将在我国经济发展方式与结构的调整中凸显更大的效能。

（三）发展新型文化业态催生了文化消费新模式

中国特色社会主义进入新时代，人民的美好生活需要日益广泛，人们对物质文化生活，尤其是对精神文化产品的需求不断更新，要求不断提高，对文化产品内容和形式的需求更为多样。在新手段、新技术的推动下，通过培育新型文化业态将产生更加丰富多彩的文化娱乐产品，以满足人民多方面、多层次、多样化的文化需求，培育文化消费新模式，提升文化消费的满意度，满足人们对美好生活的向往。

二、面临的挑战与瓶颈

（一）技术与文化业态创新的协调

文化和科技的融合推动了文化生产的效能与价值。在数字经济的浪潮中，数字技术改变了文化产业的价值链和供需关系，加速了文化业态的迭代升级，加快了文化产品生产的步伐，缩短了文化产品的生产周期。通过"文化+"，科技产业的竞争力和价值追求不断提升，使科技有了更深刻的内涵。

然而，科技不能仅作为推动文化发展的工具，需要协调好数字技术与文化创新的关系。由于文化产品的特殊性，不能过分依赖数字技术而忽视文化创新的本质，要强化数字文化

[①] 薛贺香. 论中国新型文化业态的发展方向[J]. 区域经济评论. 2018（4）：81-88.

产品的精神内核,做好数字、文化领域的"双效统一"。

(二)原创内容的版权问题

内容版权问题是文化产业发展的共性问题。在数字文化产业获得飞速发展的同时,游戏、综艺、音乐等多个领域中的侵权现象也愈演愈烈,日益呈现出复杂化、多样化态势。由最初的服务器存储模式,过渡到P2P下载分享、客户端下载,发展到以盗链、云盘、移动聚合、OTT聚合为主要表现形式的下载模式。随着网络版权侵权参与主体的增多,侵权行为愈加分散,侵权主体呈现业余化趋势。

各类新型文化业态由于发展阶段和所处的法制环境不同,在版权问题方面的特点也有所不同。如在音乐领域,数字版权合作不断加深,"精品化"成为网络音乐发展的下一个关键词。在游戏领域,国产游戏的海外市场影响力与日俱增,内容生产更注重专业度与垂直度,国际化是网络游戏提高竞争力的关键策略。

(三)数字文化资源分布不均导致的"数字鸿沟"

正在进行的第三次消费升级和我国逾8亿的互联网用户,成为驱动文化产业向纵深发展的关键力量。数字技术在促进经济更快增长、扩大就业、改善服务方面取得了显著的数字红利。但是,凸显的"数字鸿沟"、消费分层正影响着数字红利的转换和数字革命成果的推广。

文化产业数字资源的分布不均导致"数字鸿沟"的主要表现为:一是城乡之间的发展差距增大。2020年,全国居民用于文化娱乐的人均消费支出为2032元,其中城镇居民人均文化教育娱乐消费支出2592元,比2015年增长8.8%,年均增长4.0%;农村居民人均文化教育娱乐消费支出1309元,比2015年增长35%,年均增长7.6%[①]。虽然农村居民的文化教育娱乐消费支出逐年递增且增幅较大,但相较于城镇居民的文化教育娱乐消费水平还有很大差距。二是代际间差异增大。2020年8月,一段"老人无健康码乘地铁受阻"的视频在网上热传,引发公众对于老年人遭遇"数字鸿沟"窘境的热议[②];同年11月24日,国务院办公厅印发《关于切实解决老年人运用智能技术困难实施方案的通知》,要求各部门聚焦涉及老年人的高频事项和服务场景,坚持传统服务方式与智能化服务创新并行,切实解决老年人在运用智能技术方面遇到的突出困难。三是地区间差异。同我国的地形梯级分布相似,我国不同地区使用数字技术的程度也呈梯级分布,表现为东部沿海城市数字化程度相对来说比较高,而中西部地区的数字化程度较低,无论是实际上网人数,还是上网人数所占人口比例,东部地区都大大超过中西部地区。

(四)业态发展的动态监管

人工智能、云计算、大数据等新技术的广泛渗透为用户安全、网络版权保护工作带来

---

① 数据来源于国家统计局。
② 老年人"数字化生活"现状调查[EB/OL].(2020-08-30) [2021-09-18]. http://www.xinhuanet.com/legal/2020-08/25/c_1126408145.htm.

了前所未有的挑战。互联网自制内容的不确定性、网络暴力、低俗等问题屡禁不止。数字经济催生的新型文化业态发展态势迅猛，但监管对象日趋复杂化和多样化，使得互联网监管多滞后于产业发展，构建"事前、事中、事后监管"的全链条动态监管体系是法制契约下数字文化产业的新命题。

三、发展趋势展望

（一）智能化

文化业态向数字化、智能化发展是未来的主要方向。由于生产空间、消费渠道、体验场景等因素的制约，传统文化产业受到全球数字化浪潮的冲击。加速传统文化产业数字化、智能化转型，适应经济新形势要求是"十四五"文化产业发展的重要方面。

在当前科技迅猛发展的大背景下，"智能+"技术颠覆、重构着众多传统领域，成为新一轮科技革命和产业变革的重要驱动力，从宏观到微观各领域的智能化新需求催生新技术、新产品、新产业、新业态、新模式。我们已经进入了移动互联网、大数据、物联网、AI、区块链等技术汇聚的"智能+"时代。"智能+"时代的智能化技术与文化产业在深度融合中推动了我国现行文化产业内部结构的调整升级，催生了文化产业新模式和新业态[①]。尤其是在AI技术与制度协同的驱动下，文化产业的智能化演化逻辑必然带来"智能+"时代文化产业的新型进阶跃迁模式。AI文化产业遵循算法的逻辑以及文化大数据和AI伦理的内在联动，将助推文化产业的创新与演进，进而在AI内容生产与制度创新的协同驱动下，加快利用新技术这一创新资源优势，形成制度创新红利，深度推动文化内容、文化数据、文化伦理全方位进阶，促进数字化、在线化、网络化、体验化、智能化的文化产业新业态与新模式的集聚[②]。

随着文化软实力成为各国竞争力的重要构成，以中国为代表的新兴发展中国家的文化产业很难依靠传统的全球价值链升级路径获得主导地位，我国要想在全球文化价值链中跃升到中高生态位，最佳的途径是抢跑智能化技术所带来的文化新业态和新模式，加强优质原创内容向"品牌赋权""技术赋能""服务赋值"与"产品赋形"等多维度拓展，驱动现代文化资源向文化资本、数据价值、品牌价值转变，将加快人工智能与文化产业的深度融合上升为国家战略成为新时期的重要选择；积极打造我国现代文化产业的国际竞争新优势，逐渐获得国际文化市场的话语权。

（二）IP化

内容的创意和创新与新型文化业态的发展密不可分。当前，新型文化业态的发展逐步从技术为王向内容为王转变，培育新型文化业态的关键在于如何更好地生产和经营内容，而内容的IP化则成为支撑新型文化业态持续发展的重要推动力。

---

① 解学芳，雷文宣."智能+"时代的现代文化产业体系：挑战与重塑[J]. 深圳大学学报（人文社会科学版），2021（4）：56-66.
② 解学芳，高嘉琪. AI技术与制度协同驱动文化产业演化机理及进阶模式[J]. 社会科学研究，2021（2）：104-114.

业界对原创内容以及创意和版权产业的重视不断提升。2015 年被称为我国的"IP 元年",之后,IP 呈现出快速发展的态势。一方面,众多优质 IP"引爆"网络,如《琅琊榜》《哪吒》《花千骨》等;另一方面,以 BAT(百度、阿里巴巴、腾讯)为代表的互联网巨头纷纷布局 IP 产业,加强内容与平台的融合。

文化内容的 IP 化将提高文化产品和文化服务的附加值。通过对 IP 内容的开发和利用,可以形成包含文学、电影、电视、游戏、音乐、表演、出版等在内的产业链,使 IP 成为具有特定品牌影响力、能够可持续挖掘的文化资源。以故宫为例,通过对"故宫"品牌进行开发,改变了过去"景点+门票"的单一业态,如今的故宫不但增加了印有故宫图形的手机壳、朝珠耳机等各具特色的文化创意衍生品,还开发上线了如"韩熙载夜宴图""皇帝的一天"等专有 App,既让传统文化在产品中得到开发和传播,同时也给相关制造业提供了新的内容和品牌。

(三)集群化

任何产业要不断发展壮大,面临的主要问题是如何推动产业组织的快速成长、产业结构的日趋合理。集群化发展正是产业持续发展和壮大的必然趋势。

我国鼓励大力发展文化创意、网络动漫、数字传输等新型文化业态并积极推动数字文化创意和创新设计在各领域的应用。以此为契机,在政府的主导下,一些城市已经开始了文化产业创意园或创意基地的建设,通过吸引相关企业、科研院所、中介机构等组织在园区内集聚,促进了行业间的相互渗透和融合,形成了一批特色鲜明的文化产业创意园区,培育出了更多的文化新产品、文化新服务及新型文化业态。

集群化发展是文化产业的发展方向,新型文化业态将通过机制创新,在产业结构、产业组织、产业模式、产业链等方面进行再造,实现文化产业新业态的价值重塑。将文化特色、高新技术、文化创意融为一体的文化产业创意园区为新型文化业态提供了便利的发展条件,是集群化发展的重要模式。以陕西西安曲江文化产业园为例,通过对大唐芙蓉城、大唐不夜城等历史文化的遗址开发,园区带动了集历史文化展示、国际文化交流、休闲居住、商贸服务于一体的文化产业集群的发展,将具有相关性和相似发展路径的新型文化业态集合为一个多元化的产业体系,构建了文化旅游、影视出版、会展、广告传媒、动漫设计等融合互动的文化产业创意集群,展现了地区文化内涵。

(四)移动化

移动信息化已经深入经济社会的各个层面和各个角落,虽然互联网是一个虚拟世界,但可以说这个虚拟世界已经近乎完整地展现了现实世界的各个方面。网络游戏、互联网聊天、微博、网购……随着移动互联网和电子商务的发展,虚拟世界离人们越来越近,虚拟世界与现实世界的边界越来越模糊。我国作为全球最大的移动通信市场,我国人民也进入移动信息时代。

文化大发展的过程离不开网络、离不开广大手机网民、离不开移动信息化。移动互联网技术在当今社会已经爆发出了巨大的能量,并且正在对整个现实世界产生巨大的影响。如湖北美术馆这几年的各类艺术活动通过全程信息化支撑,不仅给国外的艺术家带来全新的震撼,也让湖北美术馆通过专题手机报、手机彩铃、短信和二维码等技术手段进行的投票推广和宣传吸引了广大市民前去参观,更使其在中国美术界获得了赞誉。

(五)法制化

文化产品高水平有效供给、新型文化业态健康发展、文化产业高质量发展离不开专利保护、统计分析、金融支持、知识产权保护等方面的立法和司法保障。我国在"十四五"时期需要进一步完善文化产业的相关立法,继续完善和修订《专利法》《期货法》《公司法》等法律法规,特别是要制定和完善针对大数据、数字内容知识产权的法律法规,如充分发挥互联网法院的职责作用,研究制定大数据权属确定、产权使用和交易法规,制定"AI"作品权利归属法规,为技术要素驱动的新型文化业态、文化产业的发展提供法律保障。

近年来,我国的游戏产业呈现出快速发展的势头,成为经济发展的朝阳产业,同时又因为青少年沉迷、内容审查滞后等原因饱受非议。为使让人"又爱又恨"的游戏产业提供高水平的产品供给,形成良好的市场环境,需要尽快制定完善游戏产业的法律法规。

本章小结

- 从总体看,文化业态是指文化产品的表现形态及其生产经营方式;从空间角度看,它是对文化产品表现形态及生产经营方式、范围的界定;从时间角度看,它是对文化产业、文化事业所处的发展阶段和未来演化趋势的揭示。文化业态有狭义和广义之分。狭义的文化业态与商业模式密切相关,如文化产品生产与流通、文化旅游、文化地产等商业模式;广义的文化业态还包括经营管理模式,主要是文化行业的组织类型和结构,表现为文化产业的业种、业状和业势。

- 推动文化业态形成与演化的动力主要有:产业升级与要素集聚;科技革命与技术进步;商业模式创新;消费结构、方式和心理变化;人才及创意;文化及产业政策引导。

- 文化和科技融合是当代文化产业发展的趋势,推动了业态变迁中的经济含义和生产关系的调整。丰富的文化资源成为科技发展重要的内容支撑,科技进步也有助于推动文化业态和内容更新,有助于推动传统文化资源的创造性转化和创新性发展。

- 以 ABCD(人工智能 Artificial Intelligence、区块链 Blockchain、云计算 Cloud Computing、大数据 Big Data)等为代表的高新技术的快速发展,已成为文化产业发展的重要引擎,促进了新型文化业态的诞生,推动了文化产业的持续、健康发展。诞生了新文创、数字文旅、电竞、短视频、直播、网络文学、文化衍生品精准营销、线上版权登记和声明、VR 展示、云展会、云演出、沉浸式游戏等。

- 未来,我国文化业态将朝着智能化、IP 化、集群化、移动化、法制化方向发展。

第一，传统文化产业通过 AI 技术等高新科技手段改造升级，提升数字化、智能化水平。第二，当前，新型文化业态的发展逐步从技术为王向内容为王转变，内容的 IP 化成为支撑新型文化业态持续发展的重要推动力。第三，新型文化业态将通过机制创新，在产业结构、产业组织、产业模式、产业链等方面进行再造，实现文化产业新业态的价值重塑。第四，文化大发展过程离不开网络，离不开广大手机网民，离不开移动信息化。第五，文化产品高水平有效供给、新型文化业态健康发展、文化产业高质量发展离不开专利保护、统计分析、金融支持、知识产权保护等方面的立法和司法保障。

一、本章基本概念

业态、文化业态、新兴文化业态、新型文化业态、文化科技、文化科技融合、数码（数字）文化产业。

二、本章基本思考题

1. 简述文化业态的特征。
2. 简述文化业态的分类。
3. 简述文化业态演化的表现形式。
4. 简述文化业态演化的影响因素。
5. 简述文化业态的演化机制。
6. 简述文化业态的演化规律。
7. 文化科技融合的代表性技术有哪些？
8. 信息技术推动下的数字文化产业发展及其在主要国家的发展情况。
9. 举例说明当前文化科技领域的热点高新技术及其催生的新型文化业态。
10. 简述新型文化业态的机制特征。
11. 简述文化业态的发展趋势。

第五章

文化市场与文化商品价格

 学习目标

通过对本章的学习，学生应了解和掌握以下内容：
1. 了解文化市场的内涵和分类；
2. 掌握文化市场的形态和结构；
3. 掌握政府和文化市场的关系；
4. 掌握文化商品价值和价格的关系。

 导言

文化市场是通过交换体现文化商品价值的场所，它反映了社会与文化商品之间的供求关系，兼具经济属性和公共属性。文化市场的运动及其规律揭示了文化商品的运动形态，影响和规定了文化经济的运动形态和存在方式。文化商品的价格是交换价值的货币形式。研究文化商品价格的形成原因和机制，认识和了解文化商品价格变动的特殊规律是文化经济学的重要内容。

第一节 文化市场概述

一、文化市场的概念

市场是买卖双方相互作用并共同决定商品和劳务的价格和交易数量的机制。市场经济是一部复杂而精良的机器，它通过价格和市场体系对个人和企业的各种经济活动进行协调。它也是一部传递信息的机器，将数十亿的各不相同的个人的知识和活动汇集在一起。并没有人刻意地加以管理，但是市场却一直相当成功地运行着。亚当·斯密认为，当个人

在追求自己的私利时，市场这只"看不见的手"会带来最佳的经济后果。市场并非完美的，但它的确非常有效地解决了"生产什么""如何生产"和"为谁生产"这三个问题[①]。

文化市场是文化商品的买者和卖者相互作用并共同决定文化商品和劳务的价格和交易数量的机制，它反映了社会与文化商品之间的供求关系，是沟通文化生产与文化消费的中介，是联结文化生产者与文化消费者的桥梁与纽带。

市场体系是一个不可分割的有机统一体，包括各种相对独立的产品市场和生产要素市场。产品市场是指有形物质产品或劳务交换的场所，企业在这里出售其产品或劳务。生产要素市场就是将生产要素作为商品进行交换和配置所形成的市场，当交易双方的交易对象为资金、劳动力、产权、土地、技术、信息和生产资料等生产要素时，就出现了生产要素市场，简称要素市场。

文化市场体系也由文化产品市场和文化要素市场构成。文化产品市场是文化商品和服务交易的场所。按照所交易的文化商品的类型，文化产品市场可以分为图书市场、演出市场、电影市场、音乐市场、艺术品市场、游戏市场和短视频市场等。按照所交易的文化服务的内容，文化产品市场可以分为文化中介市场、文化咨询市场、文化广告创意策划市场和艺术设计市场等。文化要素市场是将资本、创意劳动力、创意版权、土地、信息、技术和文化生产资料等文化生产要素作为商品进行交换和配置所形成的市场。

文化市场兼具经济属性和社会属性。从市场的角度看，它是现代市场体系的一个重要组成部分，是市场经济在文化领域的延伸。从文化的角度看，文化商品具有社会效益，文化市场是公共文化活动的一部分，是文化建设的重要领域。

文化市场需同时具备以下三个条件：一是有能供人们消费并用于交换的劳动产品和活动；二是有组织活动的经营者和需求者；三是有适宜的交换条件。

二、文化市场的构成

文化市场由主体和客体构成。市场主体是指在市场上从事经济活动，享有权利并承担义务的个人和组织，是文化市场构成的基础。任何市场主体参与经济活动都带有明确的目的，均以满足社会需要、追求自身利益最大化为目标。文化市场的主体包括国家法人（政府）、投资者、从事和参与文化产品与服务买卖活动的经营者、文化创意劳动者和文化产品与服务的消费者。

自然人（个人）是一切市场构成中最小的也是最原始的单元。文化商品买卖最初就是在个人之间完成的。例如，艺术品在个人之间交易仍然是艺术品市场中最重要的交易形式之一。

法人是现代市场经济条件下文化市场主体构成的核心。其中，企业法人主要参与文化市场的交易活动，社团法人和财团法人主要参与文化市场的投资活动，如通过证券市场参

[①] 萨缪尔森，诺德豪斯. 经济学[M]. 17版. 萧琛, 译. 北京：人民邮电出版社，2004. 21-22.

与文化资本投资或者直接投资艺术品，通过艺术品增值而获得收益。

政府是文化市场中的派生主体，其在文化市场中的角色具有多重性，既在文化市场上出资参与竞争，又是文化市场的监督者。在国际文化市场上，政府以谈判主体的身份与他国政府之间签订文化开放和交往的协议，决定文化市场对外打开的幅度和文化商品出入的数量与结构，建立国际文化市场秩序。

中介组织是文化市场中的另一派生主体。根据哈佛商学院著名战略学家迈克尔·波特提出的"价值链分析法"，文化市场中的中介组织包括与文化生产基本活动相关的艺术品交易所等，以及与文化生产的支持活动相关的经纪公司、行业协会、基金会、完片担保公司、会计师事务所、律师事务所等。

市场客体是指用于市场交换的指向物。文化市场的客体即用于交换的文化产品和服务，直接形成了文化消费者通过购买满足文化需求的消费对象。文化市场的客体需要具备四个特征：一是能够满足人们的精神需要；二是互相交换的产品和劳务要具有不同的使用价值，能够满足交换双方的需要；三是具有稀缺性；四是互相交换的产品和劳务要有不同的效用和价值量的差别。

三、文化市场的历史形态

文化市场的历史形态是一个兼具时间特征和空间特征的概念，是指文化市场存在于不同历史阶段中的不同物理空间形态。从这个角度来解释，文化市场存在以下三种形态。

一是农耕文明时期的传统文化市场，是以手工业为主要生产方式和以手工文化产品为主要交易对象的初级文化市场。社会整体生产力比较落后，文化市场的物理空间具有临时性、分散性、流动性、混杂性等特点，如于固定节庆日期举行的传统庙会，糖人、剪纸、音乐百戏、诸般杂耍，间杂其中。

二是工业文明时期的现代文化市场，是以大规模机械复制为主要生产方式和以文化工业复制品为主要交易对象的高级文化市场。社会整体生产力的大规模提高与发展以及随着大规模工业文明的兴起而出现的大城市和庞大的市民阶级促使文化消费需求和消费能力都有了质的飞跃。大规模机械复制生产出来的文化产品，如电影、唱片、印刷品等，满足了人们的精神需求。资本与版权制度和版权市场的出现是现代文化市场的本质特征。

三是信息时代的后现代文化市场，是以数字技术和互联网为主要生产方式并以其产品为交易对象的虚拟文化市场。市场行为的交互性、文化产品形态的虚拟性、文化市场主体的隐匿性是其主要特征。在传统文化市场和现代文化市场中，文化产品的生产和消费都是单向的，文化市场是单纯的文化产品和服务的交易场所。但在信息时代，文化消费需求不再满足于被动接受，而更倾向于反向参与到文化产品的生产之中，高度发达的信息技术和网络传输系统使即时生产和即时消费在线共存成为可能。

从全球的角度来看，以上这三种文化市场形态同时并存，反映了世界文化市场体系中生产力发展的不平衡。

四、文化市场的分类

文化市场可以按照不同的标准进行分类,从不同方面反映商品供求关系的变化,预示着文化市场的发展前景,展示着文化资源的流向。

按文化商品种类,可以分为电影市场、电视剧市场、书画市场、戏剧市场、演出市场、文学市场、游戏市场、短视频市场等。

按文化市场的形态,可以分为有形文化市场和无形文化市场。有形文化市场是指拥有具体的物质形态的文化商品交易与服务的系统,以货币买卖实现文化商品和服务的交易,以满足文化消费的需求。有形文化市场有固定的物理空间,如书店、剧场、主题公园等。无形文化市场与有形文化市场不同,它没有固定的物理空间,具体分为两种:一种是交易无形财产权的版权市场;另一种是基于互联网的虚拟市场,交易的空间、产品和货币都是虚拟的,如网络游戏市场、电子音乐市场等。

按商品交换的范围和领域,可以分为乡村文化市场、城市文化市场、国内文化市场、国际文化市场等。

乡村文化市场和城市文化市场的区别不仅存在在空间上,核心区别是在文化产品的生产能力和文化需求的消费能力上,二者有着鲜明的差异性。城市生产提供现代社会中主要的文化商品,是文化生产和文化消费的聚集地。在城市和乡村的文化关系上,存在"文化霸权主义"。但需要注意的是,乡村文化是传统习俗的主要承载形态,是城市文化的重要"涵养地",能够反作用于城市文化,最终形成与城乡文化市场的双向运动和相互交融。

国内文化市场和国际文化市场也存在相对性。加入世界贸易组织后,遵循最惠国待遇和国民待遇原则,我国在文化市场开放方面有一系列承诺,包括逐步开放视听产品销售业、电信业、影院建设和扩大电影进口等,这就使得国内市场同时成为国际市场,其他国家的文化市场也成为我国国内文化市场的延伸。

 案例/专栏 5-1

不同类型的文化市场

(一)艺术博览会

艺术博览会(art fair)有两方面的功能:一是作为艺术交易场所的商业集市功能,二是作为艺术传播平台的艺术展示功能。艺术博览会最早起源于20世纪30年代在伦敦举办的哥罗维诺古董展,1967年于德国科隆举办的艺术博览会被认为是现代艺术博览会的原型。世界五大艺术博览会包括德国科隆艺术博览会、瑞士巴塞尔艺术博览会、法国巴黎艺术博览会、西班牙马德里艺术博览会和英国伦敦斐列兹艺术博览会。

相较于世界主流艺术博览会,我国的艺术博览会仍处于成长过程中,目前影响较大的有北京中国艺术博览会、上海艺术博览会、中国国际画廊博览会、"艺术北京"博览会等。

我国艺术博览会存在的问题包括艺术博览会的体制机制尚不成熟；由于一级市场不成熟，艺术家个人直接参展，造成博览会层次不高；国内参展主体实力较弱，包括美术院校、画院、美术家协会、非营利艺术家工作室等；艺术代理商队伍不足等。

（二）艺术园区

艺术园区是指占据一定的空间区域，供艺术家实现自身价值与理想，展示艺术创作成果的开放式空间。艺术园区在历史发展阶段的早期是由艺术家聚集而自发形成的，功能单一。随着时代的发展，艺术园区成为各地文化和旅游管理部门的重点扶持对象，逐渐从功能单一的艺术创作空间发展为集艺术创作、鉴赏、培训、展演，文化旅游，文化论坛和艺术品交易于一体的多功能空间，成为艺术家和广大艺术爱好者、文化消费者的聚集地。通过培育良好的艺术生态，艺术园区成为将艺术家的创造、理解或表演传达给适宜的观众的重要文化营销空间。

例如，北京798艺术区是由原国营798厂等电子工业老厂区所改造而来的"SOHO式艺术聚落"街区，原有建筑属于典型的现代主义包豪斯风格，规划有序，实用和简洁完美结合。798艺术区以极为低廉的租金吸引了三百多位中外艺术家聚集于此，引起了国内外媒体和大众的广泛关注，成为北京都市文化的地标之一。

再如，纽约苏荷（SoHo, South of Houston Street）街区位于美国纽约市曼哈顿岛的西南端，虽然占地不足0.44平方千米，但它已成为世界著名的文化街区。苏荷街区原是19世纪纽约的工厂与工业仓库区集中区。20世纪中叶，美国率先进入后工业时代，旧厂倒闭，商业萧条，仓库空间闲置。20世纪五六十年代，美国艺术新锐群起，各地艺术家以低廉的租金入住该区，眼光敏锐的画商在该区先后设立画廊，原在上城高级街区的不少"老字号"画廊也相继移来。不少世界现代艺术史中的大师级人物，如沃霍尔、李奇登斯坦、劳森柏格、约翰斯等都是那里的第一代居民。一些画商也在那里设立画廊，一些现在较出名的画廊都曾是从苏荷区开始发展起来的。20世纪六七十年代之交，纽约市市长做出具有高度文化远见的决定：全部保留苏荷区旧建筑景观，通过立法，以联邦政府的立场确认苏荷为文化艺术区。据统计，1982年，苏荷的画廊逾千，艺术家逾万，"新美术馆"及世界顶级现代艺术馆"哥根汉姆博物馆下城分馆"先后落成，书肆、餐馆、咖啡座、时装店生意兴隆，一派文化气象，不少街道还保留着19世纪的鹅卵石地面，二者相映成趣。20世纪90年代，苏荷区租金飙升、过度繁华，艺术的活力与纯度不复当年，蜕变为高级旅游景点。2000年以后，大批画廊从苏荷迁移至中城二十街一带查尔斯区。

（三）艺术基金

艺术基金以投资艺术品为目的，将艺术品视为衍生性金融商品进行操作，具有收益性和增值潜能。艺术品基金的运作方式与其他基金的运作方式具有相似性，一般是由基金发起人负责向投资者募集资金（或通过有声誉的基金募集推荐人募集），此外还有四种类型的参与者：第一种是策展人、美术史学者与美术品专家，负责推荐与挑选画家或作品。第二种是基金管理人，负责基金发起与设立、基金资产的实际投资经营、按照契约订立的比例从基金资产中提取一定的基金管理费用。第三种是基金托管人,又称基金保管人,是依据管理和保管分开的原则对基金管理人进行监督和保管基金资产的机构,是基金持有人权益的代表,一般为银行或信托投资公司。只有投资者和基金管理人同时同意,才能动用受托管的资金。第四种是负责保管投资收藏的美术品的机构与组织。

艺术基金分为私募和公募,公募必须通过大众媒体公布募集信息,而私募只向一定数量的投资人定向募集。基金按照资金赎回方式可分为封闭式和开放式。封闭式即在到期时将所有藏品变现,然后将收益返还给投资者,开放式则有一套设计好的机制以保证投资者随时套现。

艺术基金通常使用多种美术品类组合的投资方式来实现收益,这种方法能够有效地规避风险。基金经理根据投资人对风险的承受能力及各个时期美术品的市场状况来确定恰当的投资组合比例。艺术基金的盈利方式是向投资人收取管理费,管理费一般为基金额的1.5%~5%。如当年投资回报率超过一定比例,基金还会从利润超出的部分中收取分红。除升值外,基金还可向博物馆或展览会出租基金藏品,获取收益,以抵消保险费用。

西方艺术基金的雏形可以追溯到1904年成立的"熊皮俱乐部"。该俱乐部通过成员的集体表决,购买了包括毕加索、马蒂斯在内的一些名家的作品,十年后通过拍卖售出了全部藏品,年收益率达到20%,这是美术品投资历史上第一个成功的私募基金案例。

20世纪70年代,英国经济严重衰退,迫于财富保值的诉求,负责保管英国铁路局员工退休金的英国铁路养老基金(British Rail Pensions Fund)成立了专门的管理部门,开始进行艺术品投资,计划每年以基金会可支配的流动资金总数的5%为限(约500万英镑)购买艺术品。英国铁路养老基金先后购进了2400余件艺术品,耗资共计4000万英镑(约合1亿美元)。原计划保有艺术品25年,但在第14年时就迎来了艺术品交易的繁荣期。1989年春季开始,英国铁路养老基金陆续在索斯比拍卖行拍卖了这些藏品,到1999年最后一场专场拍卖结束时,该基金共计获得了约13.1%的平均年收益率。

除此之外,西方有代表性的私募和公募艺术基金还有古根海姆基金会(1937年),阿尔弗雷德·鲍尔基金会(1944年),普鲁士文化遗产基金会(1947年),阿瑟·姆·塞克勒基金会(1965年),大通艺术基金(1989年),英国美术基金(2004年)等。

(四)产权交易

产权是指使自己或他人受益或受损的权利,是排他性地使用某种产品的权利。文化产权是指文化资源的归属和所有权问题,是一种复合权利,是以财产所有权为主体的一系列权利的综合。权利的拥有者能够决定自己对文化资源的占有、支配、使用、改变、保护和放弃,并可以据此获得一定的经济收入。该权利还能保障其所有人依法享有损害赔偿请求权和实施许可与缔结请求权。这里需要厘清文化资源的概念,文化资源从形态分析可以分为有形的文化资源和无形的文化资源。有形的文化资源包括可移动的和不可移动的文化遗产,以及具有确定物质载体的文化创造物。无形的文化资源主要指著作权、商业标识和专利等无形资产。

良好的产权界定和交易制度的建立是市场投融资体制完善的基础环节。文化产权的交易实际上就是对所有权的部分乃至全部的权利进行交易的过程和法律法规的综合。所以，文化产权的投资和交易必须建立在完善的产权制度和法律基础上。文化产权项目融资和交易平台可以促进文化要素市场的形成，提高产业投资水平。

五、文化市场的运作机制

市场机制（market mechanism）是通过市场竞争配置资源的方式，即资源在市场上通过自由竞争与自由交换来实现配置的机制，也是价值规律的实现形式。具体来说，它是指市场机制体内的供求、价格、竞争、风险等要素之间的互相联系及作用机制。

市场机制按照如下流程（见图5-1）决定"生产什么"和"如何生产"的问题。

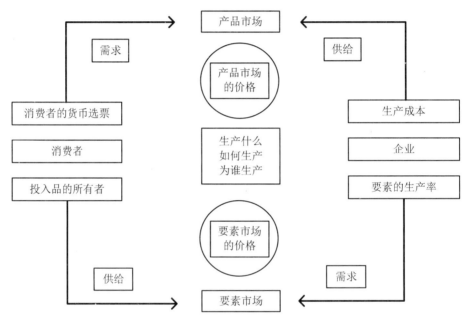

图 5-1　市场运作机制流程图

在产品市场，消费者（家庭、政府和外国人士）的货币选票和企业的供给决策相互作用，共同决定"生产什么"并且影响物品的价格。价格在决定各种物品的生产数量方面起主导作用，当人们需要更多的某物品时，企业便能通过扩大这种物品的生产来获得利润。在完全竞争条件下，一个企业必须找出成本最低的生产方法，有效率地使用劳动、土地和其他要素，否则就会陷于亏损状态，从而被市场淘汰。

在要素市场，企业对投入品的需求与公众对劳动及其他投入品的供给相结合，帮助决定工资、租金和利息的支付；收入进而影响物品"为谁生产"。企业为购买要素投入品和以最低价格出售产品而展开的竞争，解决着"如何生产"的问题。[①]

[①] 萨缪尔森，诺德豪斯. 经济学[M]. 17版. 萧琛，译. 北京：人民邮电出版社，2004：23.

文化市场遵循一般市场的运作机制，也同样分为产品市场和要素市场两部分。消费者购买文化商品，出售生产要素；企业出售文化商品，购买生产要素。消费者通过出售劳动（包括创意劳动）和其他投入品而获得收入，进而去购买企业的文化商品；企业按所投入的劳动和财产的成本确定文化商品的价格。产品市场上价格的确定是为了平衡消费者的需求和企业的供给；要素市场上价格（劳动报酬——包括创意劳动报酬、租金、利息）的确定是为了平衡消费者的供给和企业的需求。

第二节　文化市场的结构

文化市场的结构是规定构成文化市场的卖者相互之间、买者相互之间以及卖者和买者之间诸关系的因素及其特征，本质上是指文化市场主体之间因数量、规模不同而决定的竞争形式。影响文化市场结构的因素有三个：一是市场集中度，行业中原有企业的数量与规模是影响和构成市场结构的最重要的因素；二是进入壁垒，进入障碍对企业的数量和规模分布产生主要影响；三是产品差异，它直接关系到市场的划分和确定。

一、自由竞争市场

自由竞争（free competition）或称完全竞争、纯粹竞争，是16世纪至19世纪70年代垄断产生前市场经济的基本特征。它是指没有任何垄断成分的、竞争的市场结构，企业经营者可以自由地进行资本投入、转移和商品买卖。它的实质是企业自由追逐利润的竞争。

自由竞争的实现要求市场必须具备有效的竞争机制和合理的竞争结构，市场主体进入和退出市场没有人为的障碍，市场经济活动在公平、公开、公正的环境下展开，市场能够提供足够多的可替代产品使消费者享有广泛、自由的可选择空间。市场主体出售无差别的产品，而且个体数量多且规模相对于市场来说非常小，以至于不能影响价格，只能将市场价格作为既定价格加以接受。市场中的资源可以自由地流动，市场处于完全信息状态。

满足以上条件的市场能够实现市场的完全自由竞争，而且也能自主地达到市场供给和需求的平衡，实现市场的完全出清。但是，在现实的市场经济中很难找到完全竞争市场。

17世纪的荷兰大众绘画市场具有自由竞争市场的特点。它普及程度广、价格低廉，供给量和需求量都非常大，每个人都投资绘画作品，屠夫、面包师和农民也在集市上交易画作。在城市和农村家庭的财产清单中，10荷兰盾以下的绘画作品非常常见。目前，我国电视剧市场因为机构众多、市场进入门槛低，竞争相对比较充分。

如果一个企业能够明显地影响其产品的市场价格，那么该企业就是一个"不完全竞争者"。当个别卖者在一定程度上具有控制某一行业的产品价格的能力时，该行业就处于不完全竞争状态。根据不完全竞争的程度，可以分为三种不同的市场结构：完全垄断、垄断竞争和寡头。

二、不完全竞争市场

（一）完全垄断市场

完全垄断（perfect monopoly）市场是与完全竞争市场截然相反的一种市场结构，是指在市场上没有竞争者，一家企业完全控制一个广阔市场的状态，而且没有替代品的竞争。厂商即行业，这个垄断厂商构成了一个独立的行业，提供了整个行业所需要的全部产品。垄断厂商可以控制和操纵市场价格，价格不会随着销售量的变化而发生变化，从而获得超额利润。因此，完全垄断市场价格的决定往往会受到政府的政策调节。

完全垄断可分为两种类型：一是政府完全垄断，通常在公共事业中居多，如国有铁路、邮电、广播电视台、出版社、报社等；二是私人完全垄断，如根据政府授予的特许经营或根据专利生产的独家经营以及由于资本雄厚、技术先进而建立的排他性的私人垄断经营，如华为的鸿蒙操作系统、字节跳动的抖音、腾讯的微信平台等。

（二）垄断竞争市场

垄断竞争（monopolistic competition）是兼具垄断性质和竞争性质的市场结构，是指一个产业中有许多卖者生产具有差别的产品。这一市场结构与完全竞争相似，而不同之处在于：由不同企业销售的产品并不相同，差别产品在重要的特征上表现不同。

在垄断竞争理论中，把市场上大量的生产非常接近的同种产品的厂商的集合叫作生产集团，每一个厂商的产品都可能成为生产集团中的其他厂商产品的替代品。生产集团中的厂商很多，以至于每一个厂商都可以忽视其他厂商的行为对自身利益产生的影响。一个生产集团中的各个厂商具有相同的需求曲线和成本曲线。

在当代美术市场，每位创作者都具有独特的创作禀赋，他们生产的作品略有差异但又可以相互替代。他们具有对自己作品的垄断定价权，相互之间存在价格差异，市场呈现具有自由竞争色彩的垄断性。

（三）寡头垄断市场

寡头（oligopoly）是指市场上存在几个厂商供给该行业全部或大部分产品，提供的产品有一定的差别或者完全无差别，每个厂商的产量占市场总量的相当份额，对市场价格和产量有举足轻重的影响。寡头垄断市场同时具有垄断性质和竞争性质，但更接近于完全垄断。

寡头垄断市场具有规模经济性，大公司不断壮大，小公司无法生存，最终形成少数企业激烈竞争的局面。寡头垄断市场存在明显的进入性障碍，原有厂商的大规模生产使其占有强大的优势，对试图进入该行业的厂商来说，除非一开始就能形成较大的生产规模并能占据比较可观的市场份额，否则过高的平均成本将使后来者无法与原有厂商形成竞争。

在文物美术品市场中，作者已经作古的文物类美术品是社会稀缺资源，其销售往往被典藏家的代理人所垄断且价格在理论上是没有上限的,市场呈现寡头垄断的特征。

一些地方的表演艺术市场可能会形成寡头垄断的局面,地方性大型乐团、歌舞团、剧场在地方市场上具有主导地位,形成几家表演艺术团体之间寡头竞争的状态。

我国电视剧的电视台和网络播出平台目前也是寡头垄断市场,随着电视剧制作成本的不断攀升,能够高价购买电视剧的头部卫视并不多,各大视频网站经过多年的整合,目前形成了爱奇艺、优酷和腾讯视频三驾马车的寡头分治局面,各制作机构必须看它们的"脸色"下单,甚至连选角等也唯这几大平台马首是瞻。

第三节 文化市场中政府的职能与角色

由于文化产品兼具经济价值和社会价值,文化的意识形态功能是国家治理的重要方面。任何一个政府都高度重视对文化的管理和控制。从秦始皇的"焚书坑儒",到汉武帝"罢黜百家,独尊儒术",以及中世纪教会对"日心说"支持者的迫害,以及各国对影视和出版物的审查制度,都彰显了政府在文化市场中的掌控作用。与此同时,从一般意义上看,市场具有优化资源配置、提高生产效率的效用,但是市场自身的调节机制并不是万能的,会出现市场失灵的现象。条件性市场失灵有三种体现:一是不完全竞争,即当某个企业在某个市场上具有力量时,该企业能将其产品的价格提高到平均市场价格以上,从而降低消费者对这种产品的购买,使他们的满意程度下降;二是外部性,当生产或消费的某些外在的影响因素未被包括在市场价格中时,会产生外部性;三是不完全信息。存在市场失灵时,完全由市场来调控会导致垄断和外部性以及对公共品失效的结果。针对市场失灵的现象,经济学上通常建议运用政府宏观调控的职能来介入市场。

政府与文化市场的关系是政府与市场的关系在文化领域里的表现。政府与文化市场的关系既包括政府与市场的一般性关系,也包括政府与其他市场之间没有的特殊关系。一方面,政府出于对意识形态的掌控,必须通过直接或间接的方式管理文化市场,包括"扫黄打非"。另一方面,政府也通过经济手段对市场进行干预和调节。

一、文化市场准入

文化市场准入是主权国家为了维护本国和地区经济市场的秩序,保护国家经济和文化安全,扶持国内幼稚文化产业,保持与他国文化贸易的平等,对进入本国和地区的市场主体进行准入前的资格确立、审核和备案的行政管理制度,包括市场主体资格的实体条件和取得主体资格的程序条件。市场准入制度是国家对市场进行干预的基本制度,它作为政府管理的第一环节,既是政府管理市场的起点,又是现代市场经济条件下的一项基础性的、极为重要的经济法律制度。市场准入制度包括三类:一是一般市场准入制度,二是特殊市场准入制度,三是涉外市场准入制度。

在我国，文化产业的进入门槛较高，民间资本和外资受到经营范围的限制。例如，在电视业可以做娱乐节目，不能做新闻节目；在图书业，可以做图书发行，不能做图书出版；在报刊业，可以做进出口发行，不能开办杂志。影视行业的限制相对宽松，但是要求国外资本如进入中国参与电影拍摄，必须与中国电影公司合拍才能启动。随着我国文化体制改革深化、文化产业竞争力增强以及文化自信确立，文化产业的准入管理的方式和条件也会逐步改变。

在涉外文化市场准入制度中，为了让外资企业更加明确行业的特殊限制，国家往往会将受限领域单独列举出来，称为"负面清单"。我国国家发展和改革委员会、商务部于2021年12月发布的《外商投资准入特别管理措施（负面清单）（2021年版）》中，"文化、体育和娱乐业"一栏中明确规定，境外投资者禁止投资新闻机构（包括但不限于通讯社）；禁止投资图书、报纸、期刊、音像制品和电子出版物的编辑、出版、制作业务；禁止投资各级广播电台（站）、电视台（站）、广播电视频道（率）、广播电视传输覆盖网（发射台、转播台、广播电视卫星、卫星上行站、卫星收转站、微波站、监测台及有线广播电视传输覆盖网等），禁止从事广播电视视频点播业务和卫星电视广播地面接收设施安装服务；禁止投资广播电视节目制作经营（含引进业务）公司；禁止投资电影制作公司、发行公司、院线公司以及电影引进业务；禁止投资文物拍卖的拍卖公司、文物商店和国有文物博物馆；禁止投资文艺表演团体。同期发布的《自由贸易试验区外商投资准入特别管理措施（负面清单）（2021年版）》中，以上各限制条款均有不同程度的放宽，鼓励外商在自由贸易试验区投资文化领域。

在我国，文化市场准入制度包括特许证制度、配额制度和登记制度等。

（一）特许证制度

特许证制度即成立组织要经过政府有关部门的批准，获得政府颁发的许可证之后才能成立。例如，图书、报刊出版的特许证制度起源于英、法等国，时间在16~18世纪。19世纪以后，特许证制度在图书、报刊出版领域终结，但是广播电视等媒介领域依然沿用，如美国联邦通信委员会（FCC）、德国联邦邮电部、法国视听媒介最高评议会（CSA）、日本邮政省、英国独立电视委员会（ITC）等部门都是颁发广播电视许可证的机关。在我国，出版图书必须有出版社的统一书号，否则就是非法出版物，属于"扫黄打非"的范围。拍电视剧要有电视剧制作许可证，项目要经过备案公示，成片要经过内容审查，才能取得"发行许可证"，这样电视剧才能进入市场。除了原来的电影制片厂以外，其他公司要拍电影也必须到国家广播电视总局、国家电影局领取专门的拍摄许可证。在表演艺术行业，要进行艺术演出往往需要获得当地文化主管部门颁发和监管的《营业性演出许可证》，演员要登上舞台需持有"个体演员证"等。

（二）配额制度

配额管理是我国在引进国外文化产品尤其是电影时采取的主要管理办法。例如，进口国外电影不能"敞开大门",放任进口,这一方面不利于政府对文化意识形态的管控,另一方面也会冲击民族电影工业。

在很长一段时期内,配额制度也是国际贸易中最常用的限制措施。加入WTO以来,普通产品贸易中的配额管理逐步被取消,但电影是例外。在国际贸易合作领域,面对外来文化的强力冲击,很多国家对进入本国市场的文化产品和文化服务坚持"文化例外"原则,使文化市场准入制度具有了不同于一般经济市场准入制度的独特性和复杂性。在WTO谈判的过程中,法国就曾经力主所谓的"文化例外"原则,认为其他商品都可以进行自由贸易,但是文化产品不行。我国加入WTO以后,对进口国外电影有明确的规定。当时明确每年有30部的电影进口配额,然后逐步放宽。10年期满后,经过艰苦谈判,我国同意适当放宽进口配额。

(三)登记制度

登记制度即建立新的组织,不需政府许可,但是应当到相关政府部门进行登记注册,如在英国办出版社到伦敦的出版社登记所,在日本办出版社到大藏省登记即可。登记制度比特许证制度和配额制度的要求要低,从审批转变为备案。目前我国很多工作都采取登记制度,省去审批环节或者下放管理权限。例如,国外和我国港台地区的歌手来我国大陆地区办演唱会,原先必须报文化部审批,获得批准才能在大陆舞台演出。后来逐步放宽要求,由文化部审批下放到各地文化厅审批。随着我国大陆与香港、台湾地区相关部门的联动,港台地区演艺人员的演出逐步由审批改为登记制度,但依旧在人员比例上有所限制。

二、文化市场监管

文化市场监管是我国市场监管的重要组成部分,所涉及的范围比文化市场管理、文化市场法治化管理、文化市场综合执法等概念都更为广泛。文化市场监管是指负责监管的行政机关依照法律法规,采用强制性行政手段对生产和消费文化产品和服务的文化市场活动进行监督和管理。

文化商品所反映的精神内容带有明显的文化意义、价值观念和情感诉求。随着对文化商品和服务的消费,人们潜移默化地对其反映文化意义、价值观念和情感诉求进行认知、传播和记忆。迅速增长的大众文化消费需求为文化产业提供了巨大的市场空间,新业态、新模式层出不穷。流行音乐、休闲报刊、MTV、营利性体育比赛、广告、卡拉OK、时尚业、通俗文学、游戏、动漫、影视等能够以过去难以想象的产业化规模、标准化生产方式、市场化营销手段快速扩张并占据社会与私人生活空间。以产业化和商品化模式出现的大众文化意识形态,已经不仅仅是被动地受到国家机器[①]的影响,而是主动地通过产业化方式

---

① 国家机器(state apparatus)是一个政治术语。按照马克思列宁主义的解释,国家机器是一个阶级统治另外一个阶级的工具。军队、警察、法庭、监狱等专政机关都是国家机器的重要组成部分。

不断地对文化进行重构,这对新形势下的文化市场监管提出了较高的要求。当前,我们要强化马克思主义在意识形态领域的主导地位,坚持对文化市场的指导,壮大主流媒体,构建一个统一、开放、竞争、有序的现代文化市场体系,加快发展各类文化产品和要素市场,打破条块分割、地区封锁、城乡分离的市场格局。

文化市场监管通常可以采取行政、法律等多种监管方式,目前,各国的文化监管手段主要包括政府直接设立文化机构、制定相关法律法规、内容审查和表彰奖励等。

(一)政府直接设立文化机构

这是指政府通过直接设立文化内容生产单位,对文化内容的生产与经营进行直接干预和控制。发达国家对新闻出版业的监管有国家所有、私人所有、混合所有等多种所有制形式。其中,图书、报刊等传统出版组织多以私营形式为主,但是许多国家也都有政府出版机构,负责承担政府出版物的出版、发行,如美国政府印刷局、日本政府印刷局、英国皇家印刷局等。对于广播电视等媒体,许多国家都有国有机构,有些还不只一家,如美国的"美国之音",英国广播公司,日本广播协会,法国的电视二台、电视三台、文化教育台,德国的广播电视联合会、电视二台等;也有一些国家实行公私合营体制,如加拿大广播公司就是一个国家资助的机构,它是由议会直接拨款的。

(二)制定相关法律法规

法律是国家和政府监管文化市场的基石,也是意识形态管理的制度化保障。有关文化市场监管的法律可以归结为以下几类:一是宪法。这是进行意识形态管理的根本大法。二是刑法、民法、保密法等,主要是对色情淫秽、侵犯他人权利、泄密等进行管理。三是版权法、出版法等,主要是保护著作权和规定出版、印刷、发行等的条件与要求。四是广播电视、电信、网络方面的行业法律,如对我国表演艺术行业起到规范管制作用的《营业性演出管理条例》。五是有关公平交易、反垄断等方面的法律。例如,我国强制执行的城乡电影放映轮次票价制是依据具有不同可支配收入的人群之间的差异,为确保城乡居民都能平等地享受文化消费的权利而制定的。六是税法,主要对税收进行管理。

(三)内容审查

内容审查分为事先审查和事后审查。

事先审查的目的是防止出现违反国家法规和不符合国家政策导向的宣传内容,其技术性较强。文化产业的成败在很大程度上取决于对事先审查的把握程度高低。目前,少数民营公司做文化产业遇到挫折往往就因为忽略了事先审查或没有把握好"度"。业内人士都知道,我国在电视剧内容审查方面有一系列明确的要求,如不允许出现鬼魂、超自然现象,不允许出现血腥、暴力场面,"超能力"只允许在儿童剧中出现等。

事后审查是对文化产品和服务中出现的违法行为进行事后制裁。西方发达国家对出版物进行审查的事例不胜枚举,如 D.H.劳伦斯的《查太莱夫人的情人》一书在 20 世纪五六十年代先后在日本、美国、英国等受到当地政府部门或检察部门的指控，被禁止发行。最后经过法院判决，此书可以发行，但是在日本，这一审判用了7年。在我国，文化产品必须符合中国社会主义核心价值观的要求，才能实现社会效益和经济效益的双赢。例如，电影《鬼子来了》至今未在国内公映，原因是其丑化了中国老百姓的形象。《色·戒》在大陆公映后受到批评，最重要的原因是戏里人物将个人情感凌驾在组织任务之上，是信仰的扭曲。

（四）表彰奖励

我国对文化产业的意识形态的管理还常常通过表彰奖励来进行积极的引导，如设立各种文艺奖项，对艺术家和作品进行表彰（如"五个一工程"奖、国家舞台艺术精品工程、中国电影华表奖、中国电视剧飞天奖、文华奖等）。通过这些表彰奖励，扩大主流意识形态的影响，宣传社会主义核心价值观。

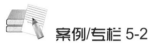

案例/专栏 5-2

中国电影审查制度与电影分级制度

电影分级制度指根据包括性爱、暴力、毒品、粗俗语言等在内的成人内容将发行的电影划分成特定级别，并给每一级别规定好允许面对的群众，以便区分其面向观众，起到指导未成年人观赏影片的作用。

绝大部分国家和地区如美国、英国、日本、中国香港等都有完善的电影分级制度。在部分国家，电影分级制度不具有法律效力，但在行业内部具有约束力，只对观众起提示的作用，由观众实行自我保护。

中国大陆不实行电影分级制度，而采用审查制度。电影经省级电影主管部门审查通过并经国家电影局审批后，可领取《电影片公映许可证》（即龙标）并在中国大陆地区公映。2016年11月7日第十二届全国人民代表大会常务委员会第二十四次会议通过《中华人民共和国电影产业促进法》，其中第二十条规定："电影放映可能引起未成年人等观众身体或者心理不适的，应当予以提示。"该法案于2017年3月1日正式施行。

三、文化市场扶持

政府对文化市场的扶持分为直接扶持和间接扶持两种。

（一）直接扶持

直接扶持是政府通过财政支出政策，直接下拨财政资金，对文化市场进行经济上的资助。具体实施手段有产业补贴、贴息贷款、补充资本金等多种形式，同时设立中央财政扶持文化产业发展的专项资金，扩大文化体制改革专项资金的规模，鼓励主导文化市场的发展和促进文化相关领域的投资，加大文化体制改革的力度。

党的十七届五中全会明确提出了"推动文化产业成为国民经济支柱性产业"的战略目标，十七届六中全会通过了《中共中央关于深化文化体制改革推动社会主义文化大发展大繁荣若干重大问题的决定》，站在经济社会发展全局的高度，对推动文化产业成为国民经济支柱性产业这一重大战略任务做出了全面部署。

为落实党的十七届六中全会关于深化文化体制改革的相关决定，财政部于2012年下发通知，要求各级财政部门加大文化投入力度，健全和完善促进文化改革发展的财政政策保障机制，确保全会提出的目标任务和政策措施落到实处。2014年，文化部、财政部联合印发了《关于推动特色文化产业发展的指导意见》，将特色文化产业纳入中央财政专项资金扶持范围。

（二）间接扶持

间接扶持是运用税收、信贷以及其他政策性工具影响文化市场经营主体的行为，从而调节文化市场发展的政府行为。从基本税制体系角度看，我国对文化产业一直采取轻税政策，主要体现在三个方面：一是对流转税采用低税率，如对图书、报刊、音像制品和电子出版物采用较一般企业低一档的增值税税率，对文化出口产品免征增值税，对图书批发、零售免征增值税等。二是对所得税采用优惠政策，如个人所得税中，稿酬所得可按照应纳税额减征。三是对财产税给予扶持政策，如现行税制规定对文化和体育事业单位自用的房产、土地免征房产税、城镇土地使用税等。这些长期性制度安排为文化市场的发展创造了永久性宽松的政策环境，通过减轻文化企业税负，降低文化产业发展成本，可以让利于民，同时提高文化产品在国际上的竞争力，扩大中华优秀文化对外传播的力度和范围。

此外，政府还通过影响消费决策来影响市场均衡，具体措施包括价格管制、消费者补贴和政府采购。价格管制即控制价格波动的范围，保证文化产品在保有一定利润的基础上吸引更多的消费者。例如，表演艺术市场存在成本病（Thomas Gale Moore，1968）以及地域性和门类性垄断等问题，导致票价过高，超出普通消费者的消费水平。对此，政府会对价格进行管制包括制定演出场所分类分级制度和场租限价标准，制定针对未成年人、老年人的优惠票价，加强演出行业信用管理和诚信建设等。消费者补贴即政府针对经济收入水平不足的消费者，补足消费者购买价格和文化产品生产商的成本价格（或一定利润）之间的差额。政府采购是由政府出资购买文化产品并将其免费提供给消费者的扶持措施，这一方面保护了文化产品的生产，另一方面弥补了市场自身不能有效解决的文化消费需求。

第四节 文化商品的价格

一、文化商品的价格形成

根据马克思对商品的论述，商品具有二重性，即价值和使用价值，价值在交换过程中表现为交换价值。所谓交换价值，表现为一种使用价值和另一种使用价值相交换的量的关系或比例。商品的交换价值与使用价值是统一的，交换价值的存在要以使用价值的存在为前提，使用价值是交换价值的物质承担者。

在货币时代，交换价值表现为商品与货币的交换关系，即一定数量的商品交换货币的多少，也就是价格。价格是交换价值的货币形式。价格形成的质的基础是价值实体，即凝结在商品中的人类一般劳动。凝结了人类一般劳动的物品，经过交换，才具有价值的外在表现形式——价格。价格是价值的转化形态，它总是与商品联系在一起。

在市场体系中，每一样东西都有价格，即物品的货币价值。在盈利的内在冲动和竞争的外在强制下，如果产业的进入与退出不受限制，产业能形成平均利润率，充分竞争性文化商品的价值可转化为生产价格，其市场价格围绕生产价格上下波动。

价格代表了消费者与厂商愿意交换各自商品的条件。对于生产者和消费者来说，价格还是一种信号。如果消费者需要更多数量的某种物品，该物品的价格就会上升，从而向生产者传递出供给不足的信号。这个道理不仅适用于一般的消费市场和生产要素市场，也适用于文化市场。

在文化市场中，是价格在协调生产者与消费者的决策。较高的价格趋于抑制消费者购买，同时会刺激生产；而较低的价格则鼓励消费，同时抑制生产。价格在市场中起着平衡的作用。当市场平衡了所有影响经济的力量时，就达到了供给和需求的市场均衡。

文化市场均衡代表了所有不同的买者和卖者之间的一种平衡。消费者和企业愿意购买或出售的数量取决于价格。文化市场找到了正好平衡买者和卖者的愿望的均衡价格。过高的价格意味着产量太多从而产品过剩，而太低的价格则会引起排队和导致短缺。在某一价格水平上，买者所愿意购买的数量正好等于卖者所愿意出售的数量，这一价格就达成了供给和需求的均衡。[①]

由于文化商品的价值构成不同于一般的商品，文化商品的价格存在特殊性。马克思在《资本论》中提到："不能由劳动再生产的东西（如古董、某些名家的艺术品等）的价格，可能由一系列非常偶然的情况来决定。"首先，由于文化商品的价值确认具有历史延滞性，当其使用价值未被人们发现和广泛承认时，其价值就只具有理论意义，此时文化商品的价格不能真实反映其价值，如大画家梵高生前仅售出一幅画，而其作品在他逝世百年之后却成为世界公认的艺术精品，价值连城。其次，文化商品的价格与文化商品的稀缺性相关。英国古典政治经济学家李嘉图在《政治经济学及赋税原理》一书中提到："有些商品的价值仅仅是由它们的稀少性决定的。劳动不能增加它们的数量，所以它们的价值不能由于供应增加而降低。属于这一类的物品，有罕见的雕塑和图画、稀有的书籍和古钱……它们的价值与原来生产时所必需的劳动量全然无关，而只随着希望得到它们的人们的不断变动的财富和嗜好而一起变动。"李嘉图认为这些艺术品的价值形成无法用劳动价值论来完美解释，精神经济学称之为"李嘉图陷阱"。

[①] 萨缪尔森，诺德豪斯. 经济学[M]. 17版. 萧琛，译. 北京：人民邮电出版社，2004：21-22.

价格的形成基础是价值,但价格的交换范畴离不开市场,价值决定发生在生产领域,价值实现必须到流通领域,因而价格的形成必然受到供求关系的制约。马克思在《资本论》中指出:"每一种商品都只能在流通过程中实现它的价值,它是否实现它的价值,在多大程度上实现它的价值,这取决于当时的市场条件。"

市场供给是指一定时间内提供或处于市场上的商品量,构成现实的市场供给要同时具备两个条件:一是在一定的价格水平下,企业有出售产品的意愿;二是有供应产品的能力。市场需求是指一定时间内有货币支付能力的商品需求量,不是指人们期望的需求量。现实的市场需求同样需要具备两个条件:一是消费者有购买愿望,二是要具有货币支付能力。就市场供求关系来说,两者统一或平衡的现象是相对的,不平衡是绝对的;从短期来看是不平衡的,但从长期来看,供不应求和供过于求会相互抵消,达到平衡状态。

市场供求对价格的影响包括两个层次:一是社会商品总供给与总需求影响的是价格总水平的变化;二是单个商品供求情况的变化影响的是单个商品的价格的变化。

从文化市场来看,文化供给是指文化生产部门为了满足社会的文化需求而在一定时期内向社会和市场提供的文化商品和服务的数量。文化需求是人们为了满足各种精神生活需要而形成的对文化商品和服务的需求并通过一定的数量表现出来。在影响文化需求的其他因素不变的情况下,除了与文化商品的价格成反比之外,文化需求与两个因素成正比,即人们的可支配收入水平和闲暇时间。文化需求是在人们的物质需求得到满足之后才形成和发展起来的精神需求,人们拥有的富余物质成果即可以用来支付精神消费的能力。其他因素不变时,可支配收入越多,人们对文化商品的需求就越高,反之亦然。文化消费还体现为物质生活得到满足之后享受闲暇时间的一种方式,一般来说,闲暇时间增多,人们对文化商品的需求数量也会相应增加。马克思在1862年完成的《剩余价值论》草稿中就曾指出:"可以自由支配的时间,也就是真正的财富,这种事件不是被直接生产劳动所吸收,而是用于娱乐和休息,从而为自由活动和发展开辟了广阔的天地。"可见真正的富余体现在劳动时间的减少和闲暇时间的增多上,并且为一个地区或国家的文化娱乐休闲产业提供了基础。

综上,在文化商品价格形成的过程中,首先是价值决定价格,价格决定供求,然后供求又影响价格,价格再影响供求。从短期来看,供求决定价格;从长期来看,价值通过价格起着最终决定供求的作用。

二、文化商品的价格弹性

(一)需求价格弹性

需求价格弹性简称需求弹性,是指商品需求量对价格变动做出反应的程度,通常用需求价格弹性系数(Ed)来表示,即需求量变动百分率与价格变动百分率的比值。由于价格的变动方向与需求量的变动方向相反,得出的需求价格弹性系数为负数,为了方便,通常用绝对值表示。根据需求量对价格变动的反应程度,需求价格弹性有五种情况:需求富有弹性（$Ed>1$）、需求单一弹性（$Ed=1$）、需求缺乏弹性（$Ed<1$）、需求无限弹性（$Ed=\infty$）、需求无弹性（$Ed=0$）。

影响需求价格弹性大小的因素主要有三个：一是替代品的数量和相似程度，某商品替代品的数量越多，相似度越高，消费者从这种商品转向其替代品越容易，则该商品的需求价格弹性越大，反之亦然。一般文化商品的需求弹性高于其他商品，由于居民文化消费的可选择性强，除了基础教育，各种休闲娱乐产品之间的可替代性强，所以此消彼长的情况经常发生。二是商品的重要程度和用途。生活必需品的需求价格弹性小；一种商品的用途越多，其需求价格弹性越大，反之亦然；奢侈品也趋向于需求富有弹性。维克托·费尔南德斯·布兰科和何塞·F. 班诺思皮诺（1997）分析了 1968 年以来西班牙电影需求下降的原因，发现电影在西班牙是一种奢侈品，具有较高的需求价格弹性。需要注意的是，判断一种物品是生活必需品还是奢侈品并不取决于物品本身固有的性质，而取决于买者的偏好。例如，高雅表演艺术产品的替代品较少，消费者一旦形成消费习惯则很难通过消费其他娱乐产品进行替代。高雅表演艺术产品的消费者通常是受教育程度较高的人群，其收入水平也高，对价格的敏感度较低。同时，对于受过较好的艺术教育的消费者来说，文化消费具有经常性，高雅表演艺术产品如同其生活必需品，而非偶尔消费的奢侈品。因此，高雅表演艺术产品的需求价格弹性较低。根据穆尔（Thomas Gale Moore）的研究，美国百老汇戏剧的需求价格弹性为$-0.33\sim-0.63$。三是时间因素，消费者搜寻某商品的时间越长，越容易找到其替代品，则该商品的需求价格弹性将越大，反之亦然。

仅就需求的性质来说，一般情况下，基于刚性需求的商品，需求价格弹性较小；基于软性需求的商品，需求价格弹性较大。相对于大量的物质性产品来说，文化创意产品基本上属于非刚性的软性需求产品，因此其需求价格弹性较大。[①]在现实情况中，需要结合实际进行分析，如一项针对江苏农村居民文化消费的实证研究表明，"农村居民文化消费需求价格弹性绝对值只有 0.311，说明农村居民文化产品价格每上涨 10%，文化消费需求量将减少 3.11%，表现出生活必需品特征，但并不能从定量角度说明文化消费对江苏农村居民来说已经是必需品，这是由于其农村居民文化消费需求的一部分是通过"文化下乡"活动实现的，故文化消费需求价格弹性绝对值虽然小于 1，但对于江苏农村居民而言其仍属于发展型与享受型消费。"[②]

（二）供给价格弹性

供给价格弹性简称供给弹性，是指商品供给量对价格变动做出的反应程度，即某商品价格下跌或上涨1%时所引起的对该商品供给量增加或减少的百分比，通常用供给价格弹性系数（Es）来表示，即供给量变动百分率与价格变动百分率的比值。

供给价格弹性也有五种情况：供给富有弹性（$Es>1$）、供给单一弹性（$Es=1$）、供给

[①] 魏鹏举. 文化创意产品的属性与特征[J]. 西江月，2010（8）：51-53.
[②] 刘晓红. 江苏农村居民文化消费需求价格弹性分析[J]. 价格月刊，2013（4）：18-22.

缺乏弹性（$E_s<1$）、供给完全弹性（$E_s=\infty$）和供给无弹性（$E_s=0$）。弹性系数值的大小取决于供给曲线的运行形状，即供给曲线的斜率。

就供给价格弹性与总收入的关系来说，无论供给价格富有弹性还是缺乏弹性，价格与供给量总是同方向变动，供给量变化与价格变化成正比例，供给价格弹性系数为正数。市场上，文化商品的价格越高，供给者获利越多，文化商品的供给量就越大；反之，则供给量下降。

影响供给价格弹性大小的因素也有三个：一是时间，这是影响供给价格弹性大小的首要因素。在短时间内，某商品价格变动引起生产扩大或缩小的可能性很小，则其供给价格弹性就比较小。若在长时间内，某商品生产规模可以得到调整，则其供给价格弹性就会较大。文化商品的供给通常需要经过较长时间的艺术学习、思考和实践创作，无法快速对市场需求的变化做出反应，因此文化商品的供给价格弹性一般较低。另外，对于一些创作者已经作古的文化商品来说，由于商品数量不可能继续增加，故供给价格弹性为零。二是生产的难易程度，不容易生产的商品，供给价格弹性较小，反之则较大。影响文化商品生产难易程度的因素多种多样，有的文化商品的生产创作周期较长，如雕塑、油画、剧本创作等；有的文化商品属于资金或技术密集型产品，投资巨大，技术装备复杂，如电影、动画等，以上这些都会造成文化商品的供给价格弹性较小，反之，则会造成供给价格弹性较大。三是生产成本的变化，如果产量增加引起的成本增加较大，企业无利可图，生产就不会继续扩大，供给价格弹性就会较小，反之就会较大。

供给价格弹性是分析市场经济条件下商品价格与供给变动的重要工具。供给价格弹性理论表明，在一般情况下，供给价格弹性越小，供给量增长越不易，因而在需求增加时，会引起市场价格的大幅度上涨，这也就说明了为什么在拍卖会上往往会拍出超出市场行情的高价。例如，2017年，齐白石于1925年创作《山水十二条屏》就拍出了9.315亿元人民币的高价。这套巨幅山水图是齐白石62岁时所创作的，是其风格转型期最具代表性的山水作品，上一任藏家于1989年花费100万美元入手。28年间，价格上涨倍数惊人。反之，供给价格弹性较大，则供给增加容易，需求的增加不会引起市场价格的大幅度上涨。而且，随着时间的推移，商品的供给价格弹性逐步由小变大，价格的变化对供应量的影响越来越大。

三、文化商品的估价方法和定价策略

（一）文化商品的估价方法

1. 美术商品的估价方法

西方发达国家对美术商品的估价方法基于定量分析，有较为系统的研究成果，如代表作法、双重出售法、重复销售法、特征价格指数法等。

代表作法是用市场上所有作品的代表作去计算美术商品的价格指数，即假设价格不随时间变化，寻找出在所有时间段内能代表市场上所有绘画的代表作的平均价格，利用这些平均价格构造价格指数。该方法的缺点在于对美术商品进行分类和选择代表作品时存在任意性。

双重出售法是一种完全样本配对法，利用标准复利回报率公式测量一段时间内至少出售两次的美术作品的回报率。该方法的缺点在于只能使用重复出售作品的数据，而同一作品被重复出售的机会并不多，所以获取数据较难。

重复销售法是通过收集一段时间内具有重复成交记录的所有绘画作品的价格并用虚拟变量表示美术商品在此时间段内的流传情况。当美术商品第一次被出售时，虚拟变量取-1，在第二次被出售时，取+1，其他时间出售则为0，通常使用普通最小二乘法进行回归估计。回归过程等于对时间虚拟变量和它所对应的销售价格进行回归，估计出的系数就是美术商品价格指数的值。

特征价格指数法即 Hedonic 回归方法，其经济学意义是指消费者从所消费的商品或服务上获得的效用的大小。特征价格指数法认为，人们消费商品所获得的效用是由该商品所拥有的一系列特有的属性带来的，因此商品的价格取决于商品各方面属性满足消费者的程度。一种特定商品的量可以分解成反映其特性的一系列指标，而这些特性的大小则决定该商品的质。该商品的价格也应该与每一种属性所蕴含的价格相联系，因而商品的质的各种差别变化都应该体现在价格的变化上。这种将产品价格分解为各属性的隐含价格的表述方法，即特征价格指数法。

我国关于美术商品价格预估的研究方向主要在估算和定性分析上，包括类比法和算术平均价格法等。

2. 现场音乐演出类商品的估价方法

西方发达国家对现场音乐演出类商品的估价主要研究两个方面的内容：一是给位于不同地理区域和剧场空间的座位分配不同票价，即差别定价；二是限额配给带来的影响。研究方法是基于计量经济学的定量分析。

等价销售同一场地所有座位的费用被称为普通入场费、单一价格门票或者统一定价。与此对应，根据差别定价理论，价格随着不同市场的不同需求而改变（三级差别定价）或者随同一场地的不同座位而改变（二级差别定价），而差别定价并不常见。

在现场音乐演出行业中，限额配给和转售市场是常态。《经济学人》（2011）发文称，现场音乐活动是极少数转售票价比原始票价更高的行业，指出了价格区间、初级市场价格区别的程度和转售市场转售活动之间的联系。

（二）文化商品的定价策略

1. 厚利定价

厚利定价是指定价主体有意将文化商品的价格定得很高。由于这种商品供给有限，具有稀缺性，在市场上缺少竞争对手和替代品，需求价格弹性小，会吸引一部分具有社会资本、文化资本和货币资本的消费者，制定高价不仅可以制造社会影响力、筛选消费者、平衡供求矛盾，还能获取高额利润。

2. 薄利定价

一些薄利定价是指定价主体针对消费者追求"性价比"的心理动机，有意识地将商品价格定得低一些。这种定价策略一般发生在市场上有竞争者的情况下，目的在于吸引消费者、扩大市场份额。薄利定价时，单位商品的利润额较低，但随着销量的增加和市场份额的扩大，规模效应产生，单位成本可以随之降低，从而增加利润。

3. 捆绑定价

捆绑定价是指定价主体一次性捆绑销售多件商品并给出打包价格的定价策略。例如，书画商给出平均每件6000元的价格，但是必须一次性购买5件，否则不卖。又如，剧场预售下一个演出季的全部演出票，但是必须按照整本进行购买，不予拆散销售。消费者在衡量成本和效用的基础上会做出符合自身利益的选择。

4. 撇脂定价

撇脂定价是先高价后低价的定价策略。文化商品的前期投入往往较大，经营者采取撇脂定价策略可以较快地收回投资成本，从而为以后通过降价争取市场份额提供空间。随着竞争日渐激烈，经营者逐渐降价，此时通过前期的高价策略已收回部分或全部成本，加上文化产品的边际成本很低，就为低价获得高利润提供了极大的空间。另外，文化商品的需求价格弹性较大，通过降价扩大市场容量可以获得规模经济，有利于进一步降低成本、争取市场份额，获取更多利润。

本章小结

- 文化市场是文化商品的买者和卖者相互作用并共同决定文化商品和劳务的价格和交易数量的机制，它反映了社会与文化商品之间的供求关系，是沟通文化生产与文化消费的中介，是联结文化生产者与文化消费者的桥梁与纽带。文化市场兼具经济属性和公共属性。
- 文化市场由主体和客体构成。市场主体是指在市场上从事经济活动，享有权利并承担义务的个人和组织，文化市场的客体即用于交换的文化产品和服务。
- 文化市场的历史形态是一个兼具时间特征和空间特征的概念，是指文化市场存在于不同历史阶段中的不同物理空间形态。具体存在三种形态：农耕文明时期的传统文化市场、工业文明时期的现代文化市场、信息时代的后现代文化市场。
- 文化市场结构的基本形式包括四种：自由竞争市场、完全垄断市场、垄断竞争市场、寡头垄断市场。
- 市场失灵有三种体现：一是不完全竞争；二是外部性；三是不完全信息。存在市场失灵时，完全由市场来调控会导致垄断和外部性以及对公共品失效的结果。通过政府宏观调控的职能介入市场的手段有文化市场准入、文化市场监管和文化市场扶持三种。

➡ 文化商品的价格对价值的反映具有不完全性。首先,由于文化商品的价值确认具有历史延滞性,文化商品的价格不能真实反映其价值。其次,文化商品的价格与文化商品的稀缺性相关。

➡ 文化需求是人们为了满足各种精神生活需要而形成的对文化商品和服务的需求并通过一定的量表现出来。在影响文化需求的其他因素不变的情况下,除了与文化商品的价格成反比之外,文化需求与两个因素成正比,即人们的可支配收入水平和闲暇时间。

➡ 文化供给与文化需求相对应,是指文化生产部门为了满足社会的文化需求而在一定时期内向社会和市场提供的文化商品和服务的数量。

➡ 西方发达国家对美术商品的估价方法基于定量分析,有代表作法、双重出售法、重复销售法、特征价格指数法等。我国的研究方向主要在估算和定性分析上,包括类比法和算术平均价格法等。西方发达国家对现场音乐演出类商品的定价主要研究两个方面的内容:一是差别定价;二是限额配给。

➡ 文化商品的定价策略主要有厚利定价、薄利定价、捆绑定价和撇脂定价。

综合练习

一、本章基本概念

文化市场、文化市场的构成、文化市场的历史形态、文化市场的分类、文化市场的结构、文化市场运作机制、文化市场准入、文化市场监管、文化市场扶持、文化商品的价值规律、文化商品的供求关系、文化商品的供给价格弹性和需求价格弹性、文化商品的估价方法、文化商品的定价策略。

二、本章基本思考题

1. 简述文化市场的定义。
2. 简述文化市场的分类。
3. 简述文化市场结构的基本形式。
4. 政府在文化市场中的职能是什么?
5. 文化商品的两个因素和劳动二重性是什么?
6. 如何正确理解文化市场供求与价格运动的关系?
7. 影响文化商品的供给价格弹性的因素有哪些?在实践中如何运用供给价格弹性?
8. 影响文化商品的需求价格弹性的因素有哪些?在实践中如何运用需求价格弹性?
9. 简述文化商品的估价方法。
10. 简述文化商品的定价策略。

第六章 文化消费

 学习目标

通过对本章的学习,学生应了解和掌握以下内容:
1. 掌握文化消费的基本概念、特征和消费方式;
2. 理解文化消费中的精神生产过程和特点;
3. 了解文化消费的决定因素;
4. 理解供给创造需求的基本原理;
5. 把握文化消费的基本趋势;
6. 掌握促进文化消费的基本策略。

 导言

文化消费是人们为满足精神需求而消费文化产品、服务的过程。不同于普通物质产品的消费,文化消费既包括对文化产品和服务的直接购买,也包括对非货币的闲暇时间的消费。影响文化消费的因素包括经济、社会、文化等,而文化消费过程还会引发精神生产过程,产生很多新的精神内容和文化现象。因此,文化消费不但对产业经济产生影响,而且对社会文化发展也有较大的影响。对于文化消费的概念、特征、发展趋势的准确理解和把握,有利于我们制定正确的文化产业政策,促进文化经济的健康发展。

第一节 文化消费的内涵界定

消费通常是指人类为了满足生活和生产的需要对物质资料、劳动力和精神产品的消耗过程。出于满足企业生产需要的消费需求,如企业对原材料、水、电等的需求都属于生产性消费需求,通常视其为生产性需求,与生产过程作为一个整体进行研究。我们通常所说

的消费主要指为满足消费者生活需要的生活消费。文化消费是人类精神生活的重要形式。自古以来，文化消费就普遍存在。随着社会生产力的发展，人类的精神文化需求日益增长，文化产品日益丰富，文化消费的形态日益多样，文化消费成为推动人类文明发展的重要动力。

一、文化消费的特点和支付方式

文化消费是消费者通过消费文化产品或文化服务，获取、体验和使用精神内容，以满足个人精神需求的过程。

（一）文化消费的特点

1. 文化消费的精神性

在文化消费中，消费主体的目的是获得精神上的体验和满足，文化消费的客体是精神产品。文化消费的过程是消费主体对精神产品的体验过程。文化消费的精神性决定了文化消费不是以占有有形物质产品为目的，占有文化产品的实际物质载体只是手段，文化消费的最终目的是完成精神体验过程。因此，文化消费存在对精神产品体验的"无形"性，而且，文化服务类精神产品并没有实质的物质载体，而是依赖于人的技能，这种技能多为无形的。

2. 文化消费的持续性

物质消费中，消费主体随着对物质产品的使用得到需求的满足，并且消费过程随着物质产品的损耗而终止。文化消费持续性的重要意义在于，文化消费能对人的精神产生持久的影响。例如，人们欣赏音乐、书画、电影或者阅读书籍后，即使消费过程结束，这种消费带给消费者的精神上的愉悦满足、品味上的塑造和对消费者思想行为等方面的影响具有持续性。

3. 文化消费的广泛性

文化消费中的精神产品包括通常的文化产品、文化服务，同时也包括蕴含于一切物质产品中的精神内容（泛精神产品）。因此，文化消费的对象并不只是文化产品和文化服务，也包括一切商品中的精神内容要素。

4. 文化消费的新颖性

一件文化产品所传达的精神内容受到人们的喜爱并不代表在另一件文化产品中照搬或模仿同一精神内容也能得到人们的认可。人们的精神价值诉求或许是稳定的，但是反映精神价值诉求的内容和形式必须是具有创新性的。例如，同样反映泰坦尼克号沉没事故，20世纪50年代和70年代的不同形式的纪录片和灾难片都取得了不错的反响，而1997年由卡梅隆执导的爱情片更是获得巨大的票房成功。

（二）文化消费的支付方式

通常，在市场经济社会中，消费行为是指消费者在一定的收入预算前提下，在不同的商品和服务组合中进行消费决策,从而达到最高满意度。因此,物质产品消费通常以物质产品的实际交付,即以对产品的购买为依据来测算消费的规模。但是,文化消费与物质消费不同,文化消费的具体实现方式比普通物质产品更为复杂,具体包括以下三种。

一是消费者以货币支付的方式购买文化产品和文化服务,发生直接的货币支出,即消费者通过支付一定价格,购买文化产品和文化服务。文化产业中的大部分文化产品和文化服务是通过这类直接交易实现文化消费的。此类文化消费的货币支出数量可以直接从文化产品和服务购买量中获得以货币为计算单位的统计数据。

二是消费者通过花费一定的时间体验精神内容而实现文化消费。在此类文化消费中,消费者往往体验了某一文化内容,却没有发生货币支付行为。这种消费模式中,消费者支付的不是货币,而是时间和精力。例如,在闲暇时间去图书馆、参观博物馆和美术馆、观看公益性演出等,消费者对这些公共文化产品的消费过程通常并不发生直接的货币支付行为。再如,很多娱乐休闲活动是非市场行为的兴趣活动,属于闲暇时间的休闲消费,如打牌、下棋等。此外,还有一些文化产品是通过间接方式向第三方收取费用的,消费者也不发生直接的货币支付行为。例如,看电视时,消费者观看电视台播出的节目只是付出了时间和注意力,电视台节目制作生产并不向消费者直接收费,而是获得消费者的时间和注意力(通常用收视率来测算),并将其卖给第三方——广告方,从而获取广告收入。大量的网络视听服务产品、社交平台赚取的也是网民的时间和关注度,通常用流量、点击率、粉丝数、活跃度等指标来衡量。

三是消费者消费普通商品时对其中文化价值的消费,即商品的文化附加值成为主要消费目标。具体地说,消费者购买和使用的某一普通物质产品虽然不是文化产品,但是其中蕴含了品牌和创意,在使用这些产品的过程中,消费者能够获得品牌和设计带来的对审美情趣、文化归属或者社会身份象征等精神需求的满足。这些产品中所蕴涵的文化附加值包括产品生产中投入的品牌、设计、创意和知识产权等无形精神要素。随着人民生活水平的提高和收入的增长,人民对幸福生活的需求日益增加,已经不再满足于产品的基本功能,而是更多地追求产品品牌的社会象征和设计审美趣味。产品的文化附加值往往会远远超过产品的物质材料成本,如奢侈品和品牌服饰的价格远远超过其物质材料的成本。

二、文化消费中的价值转化与创造

(一)文化消费中的精神生产活动

在文化消费的过程中,消费者进行精神体验的同时伴随着精神内容的再生产活动。在普通物质产品的消费过程中,随着产品物质载体的损耗,产品的价值也会逐步消失,最终产品会因折旧或者损耗丧失其功能而报废。但是对于精神产品来说,精神内容并不会随着物质载体的损耗而降低价值。例如,图书经过反复阅读,其纸张会泛黄、破损,但是其中文字所表述的精神内容并不会因此而损耗。再如,一部电影,无论看多少次,有多少人看,电影内容并不会损失,即使胶片拷贝损坏,电影内容还是可以以极低的成本进行复制,数字拷贝出现后，复制的成本就更低了。

在文化消费过程中，消费者形成对文化产品的审美感知和审美评价，这是一种消费者从文化产品和服务中汲取精神内容的精神生产活动。这种精神生产活动汲取了文化产品中的精神内容，但是丝毫没有损害文化产品的精神价值，而是将其内化为消费者的思想、品味和消费偏好。例如，我们去美术馆欣赏美术作品的时候，也会从自己的角度去理解、阐释这些作品，在此后的生活中，也会常常回忆、品味、比较和反思这些作品并逐步形成自己的艺术品味和偏好。

不仅如此，在文化消费过程中，精神生产还会增加文化产品的价值。在文化消费中，消费者从文化产品中汲取精神内容后，不但不会造成文化产品的精神内容有所损失，而且还可能通过消费行为赋予文化产品以新的内容和价值。例如，清朝乾隆皇帝在欣赏宫廷收藏的名画时，对一幅书画作品爱不释手，经常拿出来反复观摩，品头论足地题跋，并且盖上自己的印章。随着时间的流逝，乾隆在这些书画消费过程中同时发生的精神生产活动，也给这些书画增添了历史见证和附加价值。

（二）文化消费助推品牌名声的形成

文化消费中消费者的精神生产活动会影响到消费者对每一件文化产品或与之关联的人物的情感和评价，进而影响到文化品牌在市场上的识别度、美誉度和接受度。例如，电影上映后、戏剧公演后以及文学作品出版后，无论是专业的影评、剧评和文学评论，还是普通观众和读者的评价，都会借助媒体传播、口头传播等形成文艺作品的口碑。再如，网民在观看网络剧时发布大量的"弹幕"，这也是在文化消费的同时进行的内容生产行为。

因此，文化消费中在体验精神内容的同时，消费者通过主动的精神生产行为所产生的情感、评价等可以通过多种媒介传播方式，在一定范围内形成热点话题或群体认同，这些热点话题或者群体认同可以对文化产品及其所关联人物的品牌、口碑和名声形成正面或者负面的影响。例如，随着自媒体的发展，豆瓣、微博等社交媒体成为消费者在消费文化产品过程中发表见解、进行评论的重要网络平台，对文化产品的口碑、票房和收视率等产生越来越重要的影响。

（三）文化消费形成亚文化生态

文化消费过程中的精神生产和文化传播行为还会助推形成亚文化生态。偏爱某一精神内容或者某一明星的人群形成了"粉丝"（fans）群和追星族。最初，在文化娱乐圈，某个明星或乐队的追星族最多就是零散地买专辑、看演唱会。随着"粉丝"群体的扩大，"偶像经济"不断发展，形成了自发的、有组织的精神生产行为，催生出为偶像买"周边"（衍生产品）、租广告位做宣传、投票以及做慈善公益活动等多种形式，并且伴随着互联网的发展和媒介传播的助力，推动了一种亚文化的形成。例如，日本早期的动画、游戏作品都是以二维图像构成的，其画面是一个平面，所以被称为"二次元世界"，相对小众。随着日本动画产品在全球流行，形成了"二次元文化"。

案例/专栏 6-1

二次元文化①

20世纪60年代，随着日本生活水平的提高，年轻一代的消费能力增强，社会思潮呈现多元化，1974年的《宇宙战舰大和号》和1977年的《银河铁道999》两部动画连续剧（动画番剧）获得巨大成功，吸引了一大批粉丝。此后几年，《超时空要塞》《圣斗士星矢》《城市猎人》《勇者斗恶龙》等具有划时代意义的动漫作品纷纷问世。日本这些早期的动画（animation）、漫画（comic）均是以二维图像为载体得以呈现的，"二次元"也成为这一亚文化圈层的专有术语，而大量的"二次元"爱好者和消费者在日本也被称为"御宅族"群体，早期主要为高中生。20世纪90年代后期，《新世纪福音战士》（EVA）大幅度提高了"二次元"文化的哲学内涵，加剧了"二次元"受众的"成年化"，对"二次元"作品的消费需求也日益多元化。《樱花大战》开创了从游戏改编动漫的道路，《全金属狂潮》《十二国记》则将"轻小说"纳入了"二次元"的版图，对"二次元"的消费扩大到动画（animation）、漫画（comic）、游戏（game）、小说（novel）等主要形式（ACGN），形成了巨大的对ACGN的消费，日本动漫游戏等新兴文化产业因而蓬勃发展并形成了完整的产业链条。20世纪八九十年代，日本"御宅族"文化进入中国大陆，包括《七龙珠》《铁臂阿童木》《海贼王》《美少女战士》《名侦探柯南》等在内的日本动漫成为"80后""90后"观众的独特记忆并成为当下"二次元"文化的基础。②

第二节 文化消费的决定因素

文化消费是对精神内容的获取、体验过程。精神内容具有无形性、流动性等特点，同时精神内容又包含了审美、品位等取向的差异性和多元性，所以，文化消费不同于物质产品消费，受到经济、文化、社会等多方面因素的影响。

一、经济因素

（一）可自由支配收入

消费支出受到可自由支配收入的影响。由于文化产品属于非生活必需品，随着消费者收入的不断增加，消费者在精神和心理方面的需求在商品消费中的重要性日益增加，文化消费也呈上升趋势，消费行为也从对廉价品、耐用品的追求向对舒适品、奢侈品的消费转

---

① 根据网络博客《"二次元"：青年亚文化的存在及其表达式》整理，https://www.sohu.com/a/237466212_815422.
② 根据《我们经常说起的"二次元文化"，到底是一种什么文化？》等资料改编。

变，呈现出多样化、个性化趋势。例如，改革开放以来，我国经济持续增长，城乡居民收入水平稳步增长，文化消费支出也稳步增长。2010 年以来的家庭居民平均文教娱乐消费支出的年增长比例为 10% 左右，其中还没有列入增长较快的体育和旅游消费支出。据国家统计局 2019 年旅游业统计数据，我国旅游消费已从 2010 年的 1.25 万亿元增长到 2019 年的 5.7 万亿元。从收入对消费结构影响分析，随着收入提高，文化消费在总支出中的占比也会增加，高收入阶层的文化消费支出在总支出中比例也比低收入阶层的高。

（二）对经济的预期

对经济的预期是指消费者对未来经济状况的预测。如果消费者预测经济前景向好，未来收入增加，那么通常会增加消费支出，相应地，文化消费支出也会增加。反之，消费者如果预期未来经济不景气或者未来收入会下降，那么就会缩减当期的消费，也会减少对不必要的文化消费的货币支出。

当然，我们上面也提到，文化消费形式除了货币支付外，还有花费时间的形式。因此，受到经济因素直接影响的是那些需要支付较高价格的文化产品和服务，对于那些花费时间而不需要支付货币或者价格不高、以休闲时间消费为主的文化消费，则影响不大。

（三）文化产品的替代性和互补性

相似的、同类产品之间通常具有一定的替代性，当它们之间的相对价格存在差异时，消费者倾向于选择价格较低的产品，文化消费中也会存在这一现象。例如，大众化报纸的价格弹性一般比较高，这些报纸之间存在明显的替代性。1999 年，《江苏商报》以两角一份的价格打入《南京早报》的市场，点燃南京报业价格战。而早在 1995 年，《泰晤士报》就曾和《每日电讯报》打响价格大战，《泰晤士报》通过价格战把发行量从大约 35 万份提高到 80 万份。再如，我国电视台一度开设了生活、电影、教科、儿童等很多频道，但是在节目内容上缺少创新，大多雷同，导致不同电视台之间的频道节目的替代性较高，并不能吸引更多观众和提高收视率。

文化产品的互补性是指一种文化产品的消费增加可以促进另一种文化产品的消费增加。同类的、不同类的文化产品之间都可能会有互补性存在。例如，一场晚会会穿插表演同类的、不同类的文艺节目，这些节目对消费者产生的心理上体验和愉悦，可能会有相互增强的效果，从而对晚会的节目编排提出了专业性要求；在大剧院的空间布局中，通常也会设置艺术展厅，可见音乐与美术之间有互通性；在书店的陈列中，通常将主题和风格相关的图书陈列在同一处，网络书店更有算法推荐图书，台湾诚品书店则在书店内销售文创产品。

二、时间因素

经济因素虽然是文化消费的主要决定因素之一，但是文化消费需要消费者花费一定的闲暇时间完成对文化产品和服务的体验。"有钱的时候没有时间，有时间的时候没有钱"，可见时间因素和经济因素是决定文化消费的两大主要因素，缺一不可。很多文化消费活动，如看电影和演出,参与体育和艺术活动等,虽然不一定要支出很高的费用,但是往往要耗费较多的闲暇时间。因此,消费者闲暇时间的多少及消费者如何利用闲暇时间对文化消费具有重大影响。

(一) 可自由支配的时间

可自由支配的时间是消费者在工作、睡眠、吃饭和处理日常家庭事务等正常的、必不可少的时间耗费之外,可以自由支配用于休闲、娱乐和发展自我专业、兴趣的闲暇时间。通常,可自由支配的闲暇时间越多,可以用于文化消费的时间也就越多。例如,1995年实行每周双休日,延长国庆节、劳动节等节假日以后,我国居民的闲暇时间大幅增加,带来了休闲娱乐、节假日旅游消费的增长。根据各国对居民利用闲暇时间的调查,随着居民闲暇时间的增加,闲暇时间主要用于网络文化、影视、演出、休闲娱乐、旅游、体育健身、社交等社会活动,从而带来文化消费需求的增加,也为文化产品和服务的生产部门提供了较好的发展机会。

人们的可自由支配时间与其工作生活的生命周期有关系。通常工作繁忙的中青年人群和组建家庭的人群,可自由支配的休闲时间较少,对闲暇的消费有时候成为一种奢侈。退休的老年人群、空巢人群和单身群体的可自由支配时间较多。例如,国外的一些研究将未退休人员的休闲消费品定义为奢侈性消费,而退休后人员的休闲消费品则被定义为必需品。

(二) 时间消费的质量

虽然可自由支配时间的多少对文化消费有影响,但是还不足以决定文化的消费水平和消费质量。因为,可自由支配时间要与一定的经济收入水平结合起来,才能决定闲暇消费的质量。在经济发展水平比较低下的阶段,即使有很多的闲暇时间,也只能用于不需要花费金钱的、低廉的、简单的、随手可得的休闲消费,以打发时间,不一定有高质量的文化消费。因此,凡勃伦将那种既有时间又有金钱的阶级称为有闲阶级,他们热衷于非生产性消耗时间和炫耀性消费商品。闲暇时间因文化消费的结构差异而有质量高低之分。美国于1965年最早开展了对时间利用的调查,据统计[①],1965—2003年这近40年,美国居民每周的闲暇时间增加了5.1小时。2011年,美国排名前9位的闲暇活动为健身步行、收藏、看电影、去海边、在公园进行户外活动、阅读、社交、旅游、看电视。

将闲暇时间用于积极性文化活动,可以改善生活质量和提升人力资本,进而有利于生产力提高。卢卡斯在其两部门增长模型中引入了时间因素,指出在教育方面时间投入对人力资本积累和经济增长的作用。各国政府也注意到闲暇的文化消费对提高国民素质和改善生活水平的作用。日本政府自20世纪90年代以来通过各项政策鼓励国民增加闲暇时间,以提高国民的生活质量,确保国民以健康的、充满活力的身心状态投入工作,从而提高了日本的生产力,这也表明了增加积极的闲暇活动有利于更好地提升人们的身体素质和心智

---

① AGUIAR M, HURST E. Measuring trends in leisure: the allocation of time over five decades[J]. Quarterly Journal of Economics, 2007, 122(3): 969-1006.

水平。很多研究也指出，闲暇时间的数量并不是最重要的，闲暇时间的利用质量才是关键影响因素。魏翔等（2012）通过比较研究中、美、日等国高质量闲暇时间对经济增长的贡献指出，包括健身、旅游、艺术素养提升、社交等在内的积极性闲暇活动有利于提高个体生活质量和人力资本。

三、社会因素

影响文化消费的社会因素比较多，包括性别、年龄、职业与受教育程度、家庭、民族、宗教信仰、地域、亚文化等多方面因素。

（一）性别因素

不同性别人群具有不同的文化消费偏好。这一方面是社会对性别的定位所决定的，另一方面也与男女的消费心理和生理特征有关系。例如，大部分女性观众偏好言情剧、言情小说和文艺片，而男性观众多偏好动作、推理和悬疑等题材。在主题公园游乐项目中，男性大多喜欢冒险、刺激的体验项目。首饰的主要消费者为女性消费者，男士的时尚消费则多为男士用品以及车、游艇等象征社会身份的产品。再如，在社会性别定位方面，女性多承担着抚育孩子、操持家务的责任，在家居文化消费和儿童文化消费方面具有消费决策权，而男性多为建筑装修、旅游等方面的消费决策者。因此，性别差异往往成为确定不同细分文化消费市场的因素。

（二）年龄

在不同年龄阶段，人的精神需求偏好和消费需求会发生较大的变化。儿童的心智发展没有完全成熟和定型，大量针对儿童的文学艺术、教育、玩具、游乐的文化产品是儿童文化消费的主要对象。青年常常是电影、音乐表演、网络文化、休闲娱乐和时尚消费的主流人群，同时青年文化消费也最为活跃、最富变化、最具潮流、最有时代特色。

随着社会的老龄化，老年群体的文化消费日益受到关注。老年人收入相对稳定，可自由支配时间较多，缺少子女的陪伴，容易产生孤独感，存在通过文化娱乐消费提升生活质量的巨大需求，也具有极大的文化消费潜能。国家统计局2022年数据显示，截至2021年年末，我国60周岁及以上人口达2.67亿人，占总人口的18.9%，其中65周岁及以上人口为2.01亿人，占总人口的14.2%。老年群体的消费和养老服务需求日益增长，"银发文化消费"或将成为文化产业新的增长点。

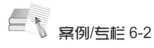

案例/专栏 6-2

青年文化大数据："95后"引领文娱消费新潮流

2020年5月，阿里文娱联合阿里创新事业群，推出了《青年文娱消费大数据报告》，揭示出我国青年文化娱乐中，"85后"在观演市场的消费意向与"95后"产生了极大的差异。大麦网数据显示，"85后"偏爱传统观演项目，其中话剧歌剧、专业剧场、体育比赛三大项目的总占比接近70%，分别为25.5%、22.5%、21.7%。而"95后"偏爱演唱会、曲艺以及展览。2019—2020年，"95后"人均观演年消费为893元人民币，年增长幅度高出整体人群11%，成为观演市场的增长新动力。

在音乐方面，"95后"更喜欢改变和创新，具有改编特色的"中国风"音乐是"95后"的最爱。据唱鸭数据显示，周杰伦的《告白气球》琵琶版、陈粒的《光》古筝版、MC梦珂的《惊雷》唢呐版成了最受欢迎的改编歌曲TOP3。在演唱会市场方面，大麦网数据显示，TF boys牢牢占据"95后"市场，王俊凯、王源、易烊千玺包揽"95后"购票用户占比的前三名，而"85后"占比TOP3则是任贤齐、郑伊健、陈小春，两代人有明显的差异。从购票用户数量来看，周杰伦、林俊杰、五月天则跨越了两代人的文化差异，同时受到"95后"和"85后"的追捧。"95后"不仅爱听，更爱唱，每天20~22点是"95后"发出"云合唱语音弹幕"的高峰期，最近大火的《惊雷》《冬眠》都被多次"云合唱"。

在电影消费方面，"95后"贡献了2019年整体票房的29%，成为电影市场的票房消费中坚。"95后"观影票房中，国产电影占了总票房的80%。其中，科幻类、剧情类、动画类电影持续升温。同时，追剧也成了"95后"文娱生活不可或缺的一部分。报告显示，2020年优酷剧集《乡村爱情12》成为"95后"人群的看剧首选。出人意料的是，"95后"女性看剧榜单中，《法证先锋IV》等"硬核"剧集榜上有名，"95后"男性则对《冰糖炖雪梨》等爱情剧集颇感兴趣，优酷的"宠爱剧场"也得到年轻人的喜爱。

(摘编自：青年文化大数据．"95后"引领文娱消费新潮流．中国经济网，2020-5-30．)

(三) 职业与受教育程度

受教育程度或职业往往是反映社会阶层和文化圈层的指标，代表着不同的社会地位，而不同社会地位和社会阶层又会通过对文化产品的消费来显示社会差别，这些非经济因素通过不同人群的文化偏好差异形成文化消费结构分化。受教育程度不同，人的文化品味、思维和审美情趣必然存在差异，进而影响到对文化产品的选择。社会学家布尔迪厄将职业、受教育程度等因素纳入社会阶层划分的考量，视之为文化资本，而不同的阶层也有不同的文化消费趋向。布尔迪厄通过实证研究，认为个人对文学、音乐、绘画的偏爱与其阶层、习惯密切联系并在此基础上形成了特定的消费品味。相关学者对美国人群进行试验的结果表明[①]，接受过高等教育和处于较高职业地位的人要比较低地位的人有着更广泛的文化爱好，在文化消费方面呈现出多元品味趋势，具有更多的选择和更高的生活质量满意度。

(四) 民族和地域因素

民族的、地域的文化因素会形成不同民族、不同地域的文化品味和文化偏好，文化观念和文化价值观也不尽相同，进而在审美心理、审美体验方面会存在差异，反映在对色彩、

---

① Peterson, Richard A, Albert Simkus. How Musical Tastes Mark Occupational Status Groups[A]//Lamont M Fournier M. Cultivating Differences: Symbolic Boundaries and the Making of Inequality. Chicago: University of Chicago Press, 1993: 152-186.

造型、样式、风格、声腔、韵律、叙事、结构等文化产品的构成要素具有不同的审美取向，表现为文化消费的不同选择。民族和地域的不同导致文化观念上的差异，带来生活习惯、生活方式和文化消费行为上的不同。民族和地域的文化特色不但造就了地方性、民族性的文化消费习惯，也形成了大量各具特色的文化产品，如地方戏、民族演艺、民俗节庆、非遗手工艺、土特产品等。

（五）宗教信仰因素

宗教信仰同样会以其价值观念而影响人的文化趣味选择和文化消费行为。宗教信仰约束了人的行为规范并且存在一些禁忌，可以通过各种律法、教条、习俗以及仪轨来直接影响人们的生活方式和消费方式，也可通过价值观来约束消费者行为。例如，一些研究发现，新教徒、犹太教以及天主教徒之间在电视节目、书籍以及动画片的内容偏好上存在明显的差异；与非福音派相比，福音派信徒不太可能阅读商业和护肤杂志，不太可能喜欢重摇滚或流行音乐，不太可能看喜剧或冒险剧。[①]而且，如果一些文化产品表达的主题、内容和表达方式违反了这些规定，还会遭到抵制。例如，2012年的一部美国电影因为被指诋毁伊斯兰教先知穆罕默德，在一些阿拉伯国家引发反美示威，时任美国国务卿希拉里·克林顿不得不申明强调美国政府与该影片没有任何关系。

四、供给创造需求

消费和供给是市场的两个方面。供给创造需求是古典经济学家萨伊的理论核心，曾经有很多学者就此批评萨伊忽视了需求的作用。20世纪20年代，西方经济大萧条，凯恩斯认为原因是生产供给的产品过剩而使有效需求不足，提出政府应干预经济，扩大货币投放，刺激投资需求和消费需求。然而，随着20世纪70年代后，资本主义国家"滞胀"问题出现，即过多货币发行造成的通货膨胀和企业生产不足、失业增加的经济停滞共存，凯恩斯经济学遭受质疑。供给经济学派完善了萨伊的理论，认为供给和需求相互依存，经济危机是供给结构和需求结构失衡，是有效供给不足，应从供给侧促进有效供给，推动消费，促进新的生产动力产生。这些是宏观经济学的理论争论。供给学派从宏观经济的角度提出的供给对需求作用的理论，对于文化产业和文化消费的中观和微观层次来说，有一般适用性，但是也有文化消费的特殊性。文化产品的生产与供给不仅受到需求的牵引，而且文化产品中的创意生产可以创造需求，提升消费水平。

（一）产品质量创新创造新需求

首先，文化产品有效供给是指高质量的文化产品能够创造新的需求。文化消费是一种精神体验，不同于普通物质产品可以具有统一的样式和功能。例如，大部分品牌的计算机

---

① 李剑峰，刘红萍，杜兰英. 宗教对消费者行为影响研究：国外文献评述[C]//中国管理现代化研究会. 第四届（2009）中国管理学年会——市场营销分会场论文集. 2009：13-22.

除了性能上有差异外,功能基本一样,消费者可购买不同品牌的计算机,但是其基础功能都一样。但是,一部小说与另一部小说不会相同,一部电影与另一部电影也不会相同,如果雷同,消费者大概率不会消费两个完全一样的文化产品。消费者希望每一个文化产品都具有原创性,可以带来不同的消费体验。因此,即使在同一主题下,两个文化产品也应该有不同的内容和形式,有不同的人物、性格和叙事方法。而且,消费者虽然期待不同的体验,却不知道自己到底需要什么内容。精神内容的生产是由创意工作者的创造性活动生产提供的,其中不但包含使用价值,还有创新价值。这种创新价值是消费者不确切知道的,具有很大的不确定性。消费者只有在具体的精神内容体验过程中才能感知和判断自己是否喜欢,这就是为什么文化产业中创意为王、内容为王。从这个方面来说,高质量文化创意具备创新价值,它创造了新的文化消费需求。因此,文化创意生产是文化产品质量创新的基础,也是创造文化需求的第一动力。

其次,文化产品的有效供给不是指供给可以完全脱离需求而"自行其是"。创意生产者的生产不是脱离社会和生活的凭空臆造和自说自话。文化产品的创新是在把握消费者心理体验一般规律的基础上,对特定的创意内容和形式的有机结合,它是扎根于社会生活、来源于生活,又能超越生活的创造。现实中可见大量影视剧无法进入院线或登上荧屏,大量自行其是的文创品无人问津,花了大量投入排演的新剧目演了几场就"刀枪入库"。这些文化产品虽然被生产出来了,但是要么忽视了艺术创作的基本规律,要么就是粗制滥造,违背了文化产品创新的基本原则,不能形成有效的文化供给,更不可能创造惊人的文化消费。

再次,新的技术与新的创意融合,极大地提升了文化消费。随着技术的进步和互联网的发展,文化创意与数字技术融合促进了文化产品和文化业态的创新,尤其是新兴数字文化产业发展迅猛,文化消费的规模迅速扩大。文化创意决定了文化产品的内容原创力,技术创新则为创意内容与载体结合的材料、结合方式、产品形态等提供技术支持,技术创新和文化创意的有机结合促进了文化产品、文化业态和经营模式的创新。例如,同样是动画产业,美国和日本形成了不同的创新模式,创造了巨大的文化消费需求。

(二)品牌名声提升文化消费水平

随着经济社会的发展与人民生活水平的提高,人们在消费时日益追求产品中品牌、设计和科技等附加值。文化消费已经从对单一的文化产品功能性消费向对文化品牌和名声等文化附加值的消费转变,从低层次的文化温饱向高层次的文化品味和自我实现的文化消费升级。打造文化品牌、塑造文化名声和建立良好口碑,可以有效地吸引和凝聚消费者的注意力,持续扩大文化消费。

(三)IP 溢出价值倍增推动消费升级

在新的发展阶段,人民对美好生活的需求日益增长,文化经济的增长也从外延式的、追求规模和数量的增长,转向规模发展和内涵发展并重,就是经济发展更可持续、生态环境更加绿色、社会分配更加公平,在稳步提高人民物质生活的同时,更好地满足人民日益增长的精神消费需求，促进文化繁荣。随着人民生活水平提高，文化消费进而从对文化产品的直接消费，进一步扩大到对所有物品中创意设计的审美消费、对品牌代表社会身份和地位消费。产品中物质材料的价值占比趋于降低，而创意、设计和技术等要素的创新价值占比增加。品牌和文创设计、及其形成的 IP，向生活场景和日常用品渗透，可以从文化产业和文化产品中溢出，并提取出来移植、嫁接或者转化到其他生活用品中，形成 IP 和品牌的周边产品或者衍生产品，例如影视、动画、游戏等文化产品中的诸多文创 IP，可以通过形象和品牌授权，形成文具、玩具、服饰等大量周边产品。

（四）文化供给侧结构优化促进文化消费升级

首先，文化供给侧的不断创新可以促进文化供给结构不断优化，形成供给创造需求、需求促进供给的良性循环。经济社会发展必然推动人民群众精神文化需求日益向着个性化、多样化发展，文化生产供给必须依赖于创意、技术和资本的有效融合，提供更加丰富多样的文化产品，才能激活市场的有效需求。

其次，文化产业具有较强的意识形态属性，文化产品具有继承传统、引领风尚、涵育人心的责任。文化生产如果不能以丰富多样的、制作精良的文化产品形成有效供给，会形成文化领域的供给短缺，文化领域的真空地带容易被低俗、庸俗的文化产品乘虚而入，文化供给创造需求的规律一样会让"文化垃圾"制造出恶俗、"审丑"的文化消费趣味，造成巨大的社会危害。因此，只有丰富多样、雅俗共赏的优秀文化产品才可不断地优化文化供给侧的结构。

第三节 文化消费的发展趋势

进入 21 世纪以来，日新月异的数字技术和千变万化的文化创意为文化产业发展插上了翅膀，文化与资本的融合更是为文化的产业化、国际化发展增添了无穷动力，文化消费也日益呈现新的特征和发展趋势。

一、消费的泛精神化

如上所述，文化消费从单纯的文化产品消费扩大到文化附加值消费，已经渗透到日常生活的方方面面，也呈现出了消费的泛精神化趋势。

（一）商品的泛精神化

泛精神化最初体现为文化因素渗透进物质生活，使得人们不再仅仅满足于物质产品的基本功能，而是关注物质产品中的审美因素。从产品的外观设计到产品功能与设计结合、人机功能一体的工业设计，美学价值在产品中日益彰显。今天，人们更加注重自己的仪表，穿衣需要美感，面容和形体需要美感，家居用品需要风格，房屋需要装潢，甚至吃饭都要追求"美食"。

（二）品牌、名声与注意力的消费

随着人们对商品中文化附加值的追求越来越强烈，商品的泛精神化使人们不满足于个体的审美满足，而是上升到追求社会层面的群体审美认同和个人社会身份的认同，进而促进了人们对品牌、名声、社会关注度等注意力资源的消费追求。文化消费不但是个人的消费，而且成为一种社会互动行为。例如，人们装潢新房会参考邻居的装潢风格，聚会吃饭会先看看"大众点评"，看电影会先看看"豆瓣"影评、打分，读书会看看各类推荐书单，穿衣和家居用品也随着流行趋势变化。文化研究学者常常将此现象称为现代化消费主义。市场经济和城市化发展带来的商品经济促进了商品的泛精神化，进而使得人们通过商品中的文化符号消费来彰显自己的社会身份和独特品味。这也印证了马斯洛的需求层次理论，即人们在满足生存、温饱、安全的基本生理需求后，日益追求社会身份、群体认同和自我实现的精神需求，人类社会正在进入精神经济时代。

（三）文化消费重塑生活品味和生活方式

在进入精神经济时代的进程中，人们的文化消费日益从个体对物质的占有和消耗转向对精神内容的体验和社会价值的追求。商品的泛精神化、消费的品牌追求和名声主义，不断重塑了人们的生活品味和生活方式。"我不在喝咖啡，就在去咖啡馆的路上""我不在美术馆，就在去美术馆的路上""诗和远方的生活""二次元""苹果一族""特斯拉汽车文化""宅文化""凡尔赛"等反映了当代社会人们期望通过生活方式的个性化追求达到社会身份认同的内在需求。文化消费不仅仅是为了满足个体单一的精神需要，而是成为一种社会价值认同的过程，可以代表一个人的审美能力、文化品味和社会身份认同，代表一个人的生活质量和精神追求。对于特定文化产品、文化场景的消费，成为人们的一种生活方式。

二、文化消费的场景化

文化消费总是在一定的环境、空间中进行的。电影消费是在电影院，电影院过去是独立的影院空间，现在大多进入了商业中心的商业消费场景。图书消费是在书店、图书馆、网络电子图书销售平台等。文化消费的场景大多为文化休闲娱乐场所。"场景"存在于一定的空间范围（可以是地理空间，也可以是虚拟网络空间）内，为消费者提供文化体验场所、交流空间或者平台。因此，"场景"可以存在于一定的地理区域之中，通过一定的物质载体并具有各种物质表现形式，也可以在网络虚拟空间中以数字空间的方式存在。

（一）精神经济时代的文化体验场景

精神经济时代，产品可以超越其物质载体和功能，成为文化的象征。文化消费的精神体验也成为消费者的核心诉求。场景化体验就是围绕文化产品的精神特征构建一个可感知、可参与的环境，使得消费者在这一环境中发生对文化产品的体验行为并产生美好的体验过程和体验回忆。在精神经济时代，消费者购买的不是产品的物质部分，而是消费过程中所获得的体验。这种体验需要一定的外部场景要素进行引发和刺激，以特定产品为载体，使得消费者能够与产品、场景之间建立持久的情感联系并在场景中形成记忆，从而吸引消费者持续地回顾和再次消费并在品牌、名声和社会口碑方面形成效应。

精神经济时代的消费场景体验化为产品销售和文化消费提供了无限的想象空间。在传统经济学中，物品的购买是市场供求关系的简单抽象，忽略了具体的消费场景和千差万别的场景对市场交易行为的影响。而在精神经济时代，精神体验和文化消费是具体的、丰富的，将同样一件文化产品或者一件普通产品设置在不同场景中，能够给消费者带来完全不一样的体验，而消费者购买的恰恰就是这种体验。

（二）文化消费场景的构成要素

文化消费场景的构成要素分为物质要素和精神要素两个方面。这两方面的要素围绕着一个空间位置被组合起来，形成了场景结构。

首先，场景应当表现为一个空间位置。这个空间位置在现实中应当是一个地点或场所，可以是一个社区、一个街区或一个实体建筑等，构成了消费活动的基本空间。但是空间位置并不局限于现实的场景，也可以是虚拟的媒介场景，如短视频平台构建的网络虚拟社交空间。

其次，是构建场景的物质材料和技术条件。场景是围绕着特定的主题、空间结构和逻辑关系，通过一定技术而搭建起来的。无论是实体地点的空间，还是虚拟的空间，都要具有一定的物质材料和技术条件。实体的物理地点无论是社区、村落、街巷、广场或者某一实体建筑，自然是需要一定的物质建构作为基础。

再次，是文化产品、文化活动等精神要素。这是被"封装"了精神内容的载体或媒介，可以在物理的或者虚拟的技术条件和物质材料构建的空间中作为体验的对象。

第四，是参与者。参与者并不仅仅是消费者，文化消费与生产往往会在一个场景中同时发生，如音乐节等现场表演。在一个场景中可能会发生消费者、原著民、旁观者、艺术家、意见领袖、传播者、服务者、志愿者等多个角色的互动，这些参与者共同参与和促成了文化体验过程。

（三）场景要素建构的体验模式

加拿大学者丹尼尔·亚伦·西尔（Daniel Aaron Silver）和美国学者特里·尼克尔斯·克拉克（Terry Nichols Clark）是新芝加哥城市学派的代表，二人提出了场景理论：将场景要素按照合法性、戏剧性和真实性这3个主要维度及进一步细分的15个子维度进行组合，可以形成复合的体验模式。其中，合法性指的是场景通过文化符号传达出来的某种价值理念或行为方式的合理性、合规性，体现了某些社会存在的价值认同标准，可以细分为传统主义、自我表达、功利主义、领导力和平等主义五个子维度。戏剧性是体验过程戏剧性冲突，表现为故事性、互动性和娱乐性的过程设计和故事演绎，被细分为亲善的，正式、拘谨的，魅力时尚，违规犯罪，个性张扬五个子维度。真实性是对场景构成、体验要素的"真"的鉴别，包括五个子维度，即理性、本土性、国家、社会团体和种族，如图 6-1 所示。

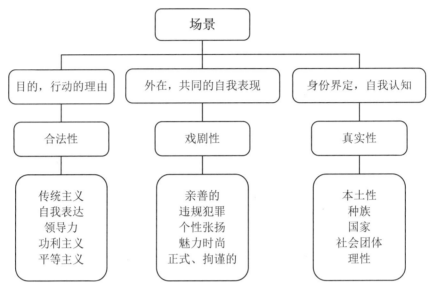

图 6-1　场景要素建构的场景维度和体验模式①

三、文化消费的分众化

精神经济时代，数字化技术快速发展，推动消费者需求日益个性化，小众消费不断形成，消费者的"口味"变得多样化，不但不同群体会有不同的文化品味，而且同一个人也可能是文化的"杂食者"，消费选择偏好多种文化。因此，我们不能像过去那样简单地将文化消费划分为雅和俗，将消费者划分为精英和大众，这种非此即彼的二元对立思维已经不适应精神经济时代文化消费的现实和发展趋势。另外，文化消费也日益呈现分众化、小众化，既有众人热衷的头部经济，也有个性张扬的尾部经济和长尾效应。精神经济时代应该是一个更趋向消费民主的时代。

（一）文化消费小众化与分众化的特征

小众化消费群体代表着一个细分的文化消费圈层，是相对于大众文化而言的一种文化形式，它不同于主流文化、精英文化的意识形态主导性质，也不同于大众文化的广泛性、通俗性、同质性和标准化商业生产。小众文化是指社会阶层内部的一些人群源于某种相同或相近的兴趣、爱好或品性而聚合成小圈子，以表达一种"文化态度"，表现出个性化、非标准化。

---

① 克拉克，李鹭. 场景理论的概念与分析：多国研究对中国的启示[J]. 东岳论丛，2017，38（1）：16-24.

文化消费分众化则是小众文化发展的结果。小众文化消费者形成了小众文化圈层，构成了特定的文化细分市场，而众多的小众化细分市场族群构成了多元的、多层次的文化消费市场。文化生产供给要面对的不是一个同质市场或者说市场的分布结构是由多个产品市场构成的，不仅仅是头部产品一家独大。因此，为了保障文化产品的供给和传播的准确性，需要采取分众化模式。

（二）文化消费的长尾效应

文化产品如果能够有效地、持续地通过产品与服务创新满足特定人群，一样可以在这些目标市场上产生品牌效应，创造持久的文化消费。长尾（the long tail）或长尾效应，是指那些原来不受重视的销量小但种类多的产品或服务由于总量巨大，累积起来的总收益超过主流产品收益的现象。以图书为例，Barnes & Noble 是美国最大的实体书店，拥有将近 800 家店面，按照销售排行上架的书目将近 13 万种，但根据 Amazon 统计数据显示，有超过一半的网上图书销售量都来自于不在一般书店中上架、位于图书销售排行榜 13 万名开外的图书。这意味着这些销量非常小的、不在一般书店里上架的书虽然销量很小，但是它们加起来的潜在潜量比上架的排行榜上的数目还要大。再如，独立音乐制作公司、艺术电影独立制片和动画"二次元"群体都是小众文化市场的典型代表，这些小众化品牌市场加总起来往往会形成巨大的消费需求规模。伴随互联网技术、大数据、敏捷制造等技术的进步，企业服务小众文化需求的能力大大提高，造成大众文化消费的品牌与明星集聚效应和小众个性化消费的长尾效应并存。

案例/专栏 6-3

华语说唱音乐

在中国，"嘻哈文化"属于非主流的、自娱自乐的小众文化。华语说唱音乐的爱好者多为年轻的"地下乐队"，它们分散在各地，线下的活动也是自由、自发的。互联网音乐文化产业的发展，使得华语说唱音乐这一十分小众、分散、独立的音乐形式通过互联网平台被整合起来，将分散在不同地域、主题不同以及说唱风格不同的非常小众的说唱表演者、说唱音乐爱好者联系在一个综艺节目里，借助互联网强大的传播优势，深度发掘长尾效应，通过说唱综艺节目将空间、时间上分散的说唱音乐消费凝聚在一个时空中，取得了巨大的成功。2017 年由爱奇艺自制的嘻哈音乐选秀节目《中国有嘻哈》，共 12 期，集结了中国优秀的 rapper 选手，通过节目中展现的嘻哈音乐向大众全面推广"嘻哈文化"，截至 2017 年 9 月 7 日，累计播放量 29.9 亿，豆瓣评分 7.2。

四、文化消费的数字化

数字技术和互联网的发展，全面、深刻地影响到文化生产、传播和消费的所有方面。

大量互联网文化新业态、新产品不断涌现，文化消费也从线下扩展至线上，数字文化消费规模日益扩大，成为文化消费的主要形态。

（一）互联网催生虚拟消费新场景

互联网的虚拟世界成为文化产业的淘金冒险大乐园。抖音、头条、快手、微信、微博等新产品、新业态、新平台应运而生，构建了争奇斗艳、丰富多彩的互联网虚拟消费新场景。虚拟现实技术、人工智能技术和大数据技术不但为数字生产提供了有力的支撑，而且为消费者带来了身临其境一般的体验。

文化的数字化为互联网消费场景提供了精神内容原料。数字技术使得大量的文化资源可以被数字化，可以脱离其物质载体，不再受到物质材料和物理空间的限制，"穿越"时间，被无限地使用和复制。例如，数字技术可以对濒危的文化资源进行数字化保存，还可以根据记载资料对遭到破坏的文化遗产甚至不复存在的文化遗产进行数字化复原。

数字技术为互联网消费场景构建良好用户界面提供了技术支撑，用户参与性、互动性更强。从早期互联网时代的网页到搜索引擎、微博、微信、公众号、短视频、网游、手游等，数字技术发展为互联网的内容展示提供了良好的界面，使得用户可以随时随地地接入场景，并通过简便的技术便可支持、参与互联网社交互动，进行内容生产，从"消费者"角色转换为"用户"角色。在网络文化消费场景中，用户参与、互动性更强。例如，在观看网络视频时，用户可以随时发"弹幕"，跨越地区、时间进行交流；微博、微信中的用户可以发言、点赞和评论；抖音短视频的用户可以自己直接生产内容。

（二）数字消费的心理与行为特征

一是数字消费的虚拟化。在网络中的消费者通常以虚拟身份出现，不是现实中的实名身份，这就使得互联网相对真实社会来说比较开放、自由。随着金融的数字化，网络数字消费的产品、体验环境、参与者、交易支付等全部实现数字化和虚拟化。

二是数字消费的成瘾性。在消费者偏好稳定的前提下，如果一个商品具有"临近互补性"（消费者现在对它的消费会增加未来对它的消费），那么这个商品对于消费者来说就是潜在的"上瘾品"。

三是数字消费的碎片化。随着智能移动手机的普及和未来物联网技术的发展，在万物互联的大数据和人工智能时代，消费者可以随时随地接入互联网场景，消费不一定在一个约定时间、约定地点发生。另外，文化消费经常要占用消费者大量的碎片时间，这也使得文化消费呈现碎片化特征。

四是多元化。互联网相对宽松、自由的环境促进了各种文化的传播、交融，为文化多样性创造了较好的"土壤"。不但专业供应厂家借助互联网实现产品的内容数字化，而且用户借助互联网生成的内容也与日俱增。在海量的互联网内容中，文化消费者可以借助互联网技术快速地搜索、发掘所需的大量信息，可以接触大量在以前凭线下、人工方式难以了解的内容，因此，消费者所面临的文化消费选择也日益多样化。

五是平台化。在互联网的信息海洋里，消费者虽然有搜索信息的技术手段，但是精力和时间有限，无法关注巨量的信息。为了博取消费者的注意力和增加黏性，内容供应商的竞争促进了互联网内容平台的形成。内容平台集聚了专业内容资源并以技术手段对其进行分类，为用户提供各项内容服务，这可以有效地降低用户的信息搜寻成本和交易成本，也可通过平台集聚用户、建立社群，建立以平台为支撑的互联网群落生态，为用户提供更多的社交场景和社交机会。

六是国际化。互联网打破了物理空间限制，突破了地区之间的分隔，促进了国际范围内的网民互通互联，也促进了文化消费的国际化。因为精神内容可以脱离物质载体的束缚，通过网络在国际范围内进行分享和传播，因此文化消费的国际化比起货物贸易更加快捷和方便，不需要通过实物的运输。

五、文化消费的社交化

互联网为文化消费提供了良好的社交环境。在各种内容平台上，不相识的消费者可以互动交流，而且用户自己也可以通过"自媒体"方式主动地吸引流量和粉丝。网络文化消费成为个体重要的社会交往活动。

（一）社交平台的消费聚合效应

社交平台是互联网内容提供商和用户最主要的交互场所，也是用户进行内容生产和网络社交的最重要的场景。在互联网的社交环境中，内容供应商提供的文化产品是社会交往的媒介和载体，用户借助内容平台扮演着不同角色，以用户生产的内容参与社区互动与交换，大量的语音、视频、文字、图片等内容信息在平台上集聚、传播，进而如滚雪球一般，吸引更多的参与者进入社区。文化消费和文化交换行为不但发生在平台供应商和用户之间，也发生在用户与用户之间、不同平台的跨平台用户之间和跨圈层的用户之间，社交平台的黏性越强，这种消费的聚合效应越强。例如，我们在淘宝的数字支付里可以"种树"、攒能量和捐爱心；在视频平台可以看到别人的评论和对电影的评分，还可以边看边发"弹幕"。这种社交通过分享、点赞、交换观点、赠送虚拟礼物、虚拟社交圈子互动等多种人际互动，构建了广阔而活跃的互联网社交圈层。

（二）算法与文化消费"茧房"效应

互联网平台为了更好地瞄准用户的信息需求，会对平台的用户大数据进行分析并通过一定的算法模型预测用户的偏好和消费习惯，进而定向地向用户推送筛选的信息。算法成为互联平台的利器。例如，今日头条通过建立内容、用户、环境三个维度的场景特征，设计算法推荐系统。内容特征提取图文、视频、UGC（user generated content，用户生成内容）小视频、问答、微头条等的信息特征，用户特征主要分析和提取用户的兴趣标签，如职业、年龄、性别、网络行为等特征，环境特征主要分析和提取用户在工作场合、通勤、旅游等不同的场景环境中的信息偏好。结合以上三方面的维度，模型会预估和推荐用户在不同环境下的适合的内容。

算法分发已经逐步成为信息平台、搜索引擎、浏览器、社交软件等的"标配"，但也引起了网络伦理道德问题，面临各种不同的质疑、挑战与误解。美国哈佛大学教授凯斯·桑斯坦在《信息乌托邦：众人如何生产知识》中提出了"信息茧房"（information cocoons）这一概念。具体来说，互联网用户在大量的网络信息中会依照个人喜好选择自己感兴趣的信息并无视甚至排斥其他内容，只关注自己感兴趣的意见或与自己看法相似的人群，听取符合自己观点的意见，形成"回音室效应"（echo chambers）。具有相似观点的人组成的一个协商体会放大和不断重复相同的观点或信息，达到排外或者激化偏激言论的结果，从而引发群体极化，"信息茧房"效应会在受众当中形成分区，扩大不同群体之间的知识鸿沟。

上述这些问题是互联网平台发展中所遇到的现实问题，我们不能把所有责任都归咎于算法和技术。我们对于互联网社区和互联网交往行为的研究还有待深入，针对互联网环境的各项治理机制和法律政策还有待完善，相关的算法和技术也正处于一个不断成熟和优化的过程。

（三）社交平台的测算指标

互联网社交平台对文化消费的测算指标与现实中对普通物品买卖销售收入的评价指标不同，要从多个方面衡量文化消费的水平和规模，大致上可从用户群体、用户行为和业务表现三个方面设立用户群体数据、行为数据和业务表现数据。

常见的用户群体数据可以从存量、增量两方面考虑。存量用来描述一个产品的用户群体规模，通常用活跃用户数量来衡量，相应的有日活用户、周活用户和月活用户等指标。增量是新增的用户数，通常以新增的注册用户数为指标。

行为数据主要测量用户消费的时间、人数和次数等。常用用户浏览页面的数量或者行为次数（page view，PV）和独立用户的数量（unique visitor，UV）来衡量次数和人数；采取 DV（PV/UV），即用户平均每次会话浏览的页面数表示用户体验度和用户黏性。

常用业务衡量指标包括：衡量销售规模和质量的付费的人数和每个用户的平均贡献价值以及时间消费规模和质量衡量指标，如播放总时长和人均访问时长。

【知识贴士】互联网主要数据指标

（1）DAU（daily active user，日活跃用户量）。统计一日（统计日）之内，登录或使用了某个产品的用户数。

（2）WAU（weekly active users，周活跃用户量）。统计一周（统计日）之内，登录或使用了某个产品的用户数。

（3）MAU（monthly active user，月活跃用户量）。统计一月（统计日）之内，登录或使用了某个产品的用户数。

（4）DNU（day new user，日新增用户）。表示当天的新增用户。

（5）DOU（day old user，日老用户）。当天登录的老用户，非新增用户。

（6）ACU（average concurrent users）。平均同时在线人数。

（7）PCU（peak concurrent users）。最高同时在线人数。

（8）UV（unique visitor，独立用户数）。表示页面被多少人访问过。

（9）PV（page view）。页面浏览次数。

（10）ARPU（average revenue per user）。活跃用户的平均收益。

（11）ARPPU（average revenue per paying user）。付费用户平均收益。统计周期内，付费用户对产品产生的平均收入。

（12）LTV（life time value，生命周期价值）。产品从所有用户互动中获取的全部经济收益。

（13）CAC（customer acquisition cost）。用户获取成本。

（14）ROI（return on investment，投资回报率）。ROI=利润总额/投入成本总额×100%。

（15）GMV（gross merchandise volume，成交总额）。这是指下单产生的总金额，GMV=销售额+取消订单金额+退款金额。

（16）支付UV。下单并成功支付的用户数。

（四）泛娱乐文化消费、道德风险和社会治理

现代社会的快节奏、高负荷容易引发以过度娱乐的形式调侃严肃的社会问题的现象，文化生产为吸引眼球和制造火爆话题，过度追求与放大大众文化的娱乐功能，"一切公众话语都日渐以娱乐的方式出现并成为一种文化精神。我们的政治、宗教、新闻、体育、教育和商业都心甘情愿地成为娱乐的附庸……其结果是我们成了一个娱乐至死的物种。"[①] "娱乐至上""全民狂欢"等以能够满足大众的娱乐需求为原则引导大众文化，这一倾向在互联网的聚合效应中被放大，造成文化消费的泛娱乐化并与互联网平台的"信息茧房效应""回音室效应"和群体极化相互作用，造成互联网开放、自由和法律政策尚不完善的环境下滋生各种网络暴力、网络流言等社会问题。

此外，网络社会的虚拟性也造成了文化消费过程中用户身份、行为和信用的隐蔽性和信息不对称性，带来网络文化交易的法律与道德风险。例如，通过互联网以虚假信息进行"悲情营销"，骗取消费者的同情；在网络共享经济中利用平台监管不力而对消费者造成的财产与人身危害。

消费者通过文化消费获得精神体验，达到精神的愉悦和心灵的启迪。在互联网的文化消费环境中，互联网的聚合效应具有放大作用。一方面，优秀的文化产品和精神内容会借助互联网和文化产业扩大文化传播和促进消费升级，进而发挥引领社会风尚的功能。另一方面，如果文化生产不能制造健康的、有效的消费需求，加上各项法律规定和监管措施跟不上互联网的快速发展，会造成低俗、媚俗的文化产品泛滥和网络伦理道德问题。因此，加强对网络社会的治理是促进网络文化消费和保障网络经济可持续发展的重要手段。要加

[①] 波兹曼. 娱乐至死[M]. 章艳, 译. 桂林：广西师范大学出版社，2011：11.

强对网络社会的治理，首先需要不断地完善算法、大数据、人工智能等新技术应用，减少"技术茧房"效应，发挥技术在监管与舆情引导中的正面作用；其次是要不断完善互联网的法律监管和舆论监管的体制与机制，建立良好的互联网生态环境。

第四节 扩大和提升文化消费的主要策略

一、提高居民可自由支配收入

如上所述，文化消费的支出主要为金钱和时间，因此有效地提高居民的可自由支配收入就是提升文化消费的重要路径之一。

（一）经济可持续增长是根本

经济的可持续增长是宏观经济的重要目标，也是居民可自由支配收入有效增长的基本保障。这一方面依靠政府通过促进技术创新、保障充分就业、控制通货膨胀等宏观经济政策，实现经济持续增长的目标。由于各国、各地区的资源禀赋、社会经济发展阶段、社会制度等存在差异，因此实现可持续的经济增长所面临的具体问题也不同。这是宏观经济学中较为复杂的研究课题。

就我国现阶段而言，改革开放以来，我国经济保持持续、稳定、快速增长，居民收入水平也不断提高。2012年，我国GDP告别过去30多年平均10%的高速增长，增速开始回落，2012年、2013年、2014年上半年增速分别为7.7%、7.7%、7.4%，经济增长阶段发生根本性转换，从高速增长、规模扩张转为经济结构优化升级的高质量发展阶段，经济发展动力也从要素驱动、投资驱动转向创新驱动。在新的发展阶段，我国社会在总体稳定发展的同时，存在着结构上的不平衡，存在着文化供给相对人民日益增长的精神需求不充分、不平衡的矛盾，存在着人民对美好生活的向往与文化供给质量不高、品种单一的矛盾，因此，通过创新驱动促进供给侧结构优化，实现可持续增长，不但可以在宏观层面扩大居民的收入总量指标，而且可以有效地改善居民收入分配结构，缩小贫富差距，提高收入均等化，从而有利于全民消费增长和消费质量的提高。

（二）促进居民消费支出的经济与社会保障政策

居民的可自由支配收入受到家庭与社会生活中养老、医疗和教育等现实的和未来预期的重大支出的影响，因此推进保险、养老、医疗和教育等社会改革，是切实提高居民可自由支配收入和释放消费需求的主要途径。

虽然改革开放以来，我国居民收入持续增长，城镇居民的人均可支配收入从2002年的7702.80元增长到2013年的26 955.10元，基本上保持10%左右的年均增长水平，但是由于养老、子女教育、住房这三个民生领域的保障体系不健全，导致居民缺乏安全感，居民家庭财富主要用于房地产投资、子女教育、预防性储蓄和理财产品等。各项社会保障制度滞后对消费具有挤占效应，会大大降低可自由支配收入水平，削弱文化消费的支出能力。此外，以可自由支配收入结构来衡量，根据国家统计局公布数据，我国 2013 年的收入基尼系数达 0.473，2018 年为 0.468，2019 年为 0.465，虽然有所下降，但是居民收入差距仍较大，占人口比重较大的主要消费群体的收入水平还不高，文化消费能力有待提高。[①]因此，在当前经济新常态、新发展阶段，国家将重点推进关系群众民生的各项社会制度改革，以缩小贫富差距为目标，切实提高人民的生活质量。2021 年 8 月 17 日，中央财经委员会第十次会议明确提出：在高质量发展中促进共同富裕，正确处理效率和公平的关系，构建初次分配、再分配、三次分配协调配套的基础性制度安排。加大税收、社保、转移支付等调节力度并提高精准性，扩大中等收入群体比重，增加低收入群体收入，合理调节高收入，取缔非法收入，形成中间大、两头小的橄榄型分配结构。

（三）税收调节

如上所述，经济增长是财富的创造，固然可以增加人均收入，但是如果财富分配不公平，也不利于经济增长。平均主义会严重挫伤生产者的积极性，使其降低生产效率，不利于经济发展；但是如果贫富差距过大，也会损害社会公平。收入均等化能够促进消费的扩大和升级，也是各国政府所共同致力的目标。税收作为国家的强制分配手段，具有多种功能，可以通过商品消费税、企业所得税、财产所得税和个人所得税调节社会总需求、企业投资资本所得分配，引导生产资源配置，也可调节个人收入再分配。个人所得税是政府进行收入再分配的重要手段之一。例如，近年来，我国根据国情，大幅提高个人所得税起征点，对工薪阶层和低收入人群，住房公积金、子女教育、赡养老人、养老保险等费用可在税前扣除，对于减轻中低收入群体的负担、扩大中等收入阶层有着积极意义。

二、健全、完善公共文化服务体系，加强文化消费的社会治理

（一）健全、完善公共文化服务体系

公共文化供给、文化市场培育与文化产业发展具有内在联系，公共文化用品、艺术教育普及，保障人民文化消费权益等是培育文化市场需求、培养文化消费习惯、引导文化消费升级的重要手段。

一是完善城乡公共文化基础设施。公共文化基础设施是提供公共文化服务的基础平台，是优秀文化传播的渠道，也是保障人民享受文化服务权益的基础。在我国广大乡村建立和完善覆盖全体民众的文化基础设施是推进乡村文化振兴和扩大县乡农村文化消费的有效手段。根据国家文化和旅游部公布的数据，截至 2019 年，全国共有公共图书馆 3196

[①] 基尼系数是指国际上通用的、用以衡量一个国家或地区居民收入差距的常用指标。基尼系数为 0~1，0 代表收入分配绝对平均，1 代表绝对不平均。在国际上，通常把基尼系数在 0.2 以下视为收入比较平均，0.2~0.3 视为收入比较平均，0.3~0.4 视为收入相对合理，0.4~0.5 视为收入差距较大，当基尼系数达到 0.5 以上时，则表示收入差距悬殊。

个,乡镇综合文化站 33 530 个,初步形成了比较健全的公共文化设施网络。2019 年,我国进一步贯彻落实《中华人民共和国公共文化服务保障法》《中华人民共和国公共图书馆法》,切实推动落实各项公共服务领域重点改革任务,2325 个县(市、区)出台公共文化服务目录,494 747 个行政村(社区)建成综合性文化服务中心,1649 个县(市、区)建成文化馆总分馆制,1711 个县(市、区)建成图书馆总分馆制。

二是优化文化消费补贴政策。公共文化服务在向广大民众提供优秀的公共文化产品和服务的同时,通过文化惠民和文化消费补贴政策,可以有效地促进文化消费,培养文化消费习惯。例如,政府部门可以在公共文化供给方面鼓励院团进行文艺精品创演,支持优秀图书出版、优秀艺术展览等,从而向群众提供影视、图书、广播、戏曲、音乐、美术等形式多样的文艺作品。另外,也可通过文化消费补贴方式培育文化市场,鼓励和扩大对优秀文艺作品的消费,相应措施包括通过文化消费券的方式直接补贴消费者;以积分奖励形式激励和吸引消费者进行可持续性文化消费,提高文化消费的增量;以绩效奖励方式,鼓励文化机构创作、生产和引进更多的文化精品力作以投放演出市场。

三是扶持文艺下乡、进社区、进校园等方式,将优秀的文艺作品送到人民身边,可采取文艺展演的菜单式采购方式,为社区、校园、农村提供更多更好的文艺作品,培养群众主动进行文化消费的习惯,提升群众的文化消费品味,引导社会文化风尚。

四是丰富群众的文化活动,促进全民参与文化活动。文化消费不是被动地接受,而是主动地体验、积极地参与。通过组织丰富多样的群众文化活动,有效组织和促进全民参与文化建设,是扩大文化消费规模和提升文化消费层级的最有效的措施。例如,通过群众自发组织的演艺团体、群众艺术展演活动等,可以极大地激发群众参与文艺活动的热情,动员全民参与到社会文化建设中,这不但能够提升人民群众的文化艺术素养,而且可以有力地促进健康、积极的大众文化的发展。

(二)加强文化消费的社会治理

治理是各种公共的或私人的机构管理其共同事务的诸多方式的总和。文化消费从个体的消费行为发展为影响到文化发展的社会活动,已经对社会文化、经济、政治、民生、国家安全等产生了重大影响。对文化消费行为以及影响文化消费的生产、流通、消费和文化资源保护等各领域的社会治理,是引导健康、积极的文化消费观念,促进文化发展的重要保障措施。

一是加强文化立法。文化法治的重要措施涉及文化领域的基本法、行政法等众多文化法律法规。对于文化消费相关领域来说,文化立法主要涉及文化遗产保护、公共文化服务、文化市场管理、知识产权保护、文化产业发展等领域的法规体系。近年来,我国文化立法取得突破性进展,《公共文化体育设施条例》《博物馆条例》《公共文化服务保障法》《公共图书馆法》相继出台,修订的《文物保护法》《著作权法》《营业性演出管理条例》等相关法律法规对人民群众享受文化服务、参与文化活动、拥有文化创造成果等文化权益的内容进行了细化,推动了公共文化服务覆盖城乡的标准化建设和人民基本文化权益的保障，促进了城乡文化消费协调发展。

二是加强对互联网的治理，引导互联网文化健康发展。互联网文化产业和文化消费的迅猛发展既推动了文化生产转型和文化消费升级，也滋生了一些不良文化和消极文化，产生了网络成瘾、"茧房"效应、群体极化、网络流言等问题，给网络文化治理造成了一定的困难。互联网的治理是政府、社会组织、企业、网民共同参与的社会共同治理，政府应充分认识到互联网具有草根性、开放性、共享性等文化消费场景特点，应强化法治思维，建立健全相关法律制度，依法加强网络执法，公正执法，规范互联网企业和用户的文化生产、传播行为。同时，政府部门应充分利用互联网技术建立公共平台，推进实施技术管网、治网，运用大数据、人工智能等先进技术手段，不断提高政府的互联网文化宣传、舆情管控能力，积极引导广大网民树立法律意识，提高辨别能力；应鼓励社会组织积极参与互联网文化生态建设和舆论监督，共同自觉抵制有害和不良信息，营造"清朗"的互联网空间。

三是健全、完善社会美育体系。文化消费水平取决于消费者的文化品味和偏好，随着消费者向用户角色转变，用户更多地参与到内容的再生产和文化传播过程中，对大众文化发展和消费观念转变起着重要的作用。因此，通过建立和完善覆盖中、小学艺术教育、乡村文化艺术教育、社会艺术普及、艺术继续教育和互联网社会美育传播的社会美育体系，从长期来看，有利于不断提升全民艺术素养和审美趣味，有利于促进文化消费升级。

三、供给侧结构优化和产品创新

如上所述，文化生产可以形成有效的文化供给，文化供给侧的结构优化与产品创新可以形成可持续的文化有效供给并创造文化消费需求。

（一）优化文化产业结构的产业创新政策

一是对创新技术的顶层设计和规划布局。政府需要加强对文化科技创新领域重大战略的顶层设计，科学、合理地规划布局，重点扶持战略性新兴文化行业领域的关键技术、共通性技术的基础研发以及技术成果的孵化和转化。例如，加大对文化科技创新共享平台、新型研发机构、知识产权交易平台的扶持；持续增加文化科技的研发经费投入并从财税政策、金融扶持、政府采购、项目安排等方面激励创新主体进行技术创新；支持文化科技类创新企业上市等。

二是加强对知识产权的保护。对创新性知识产权的保护应涵盖专利技术、实用新型设计、外观设计、品牌、著作权、商标等全部领域。尤其是在文化生产领域，长期以来，大量的外观设计、实用新型设计、著作权、品牌和商标等知识产权作为创意成果的主要形式没有得到像专利技术一样的重视。文化产业的 IP 具有非常强的产业溢出特性，通过 IP 的品牌授权和形象许可，可以推动文化相关产业的延伸开发以及文化产业与相关制造业的融合，可形成大量文化周边产品。例如，原创的文化内容可以通过著作权许可形成图书、动漫、电影、游戏、主题公园等系列文化产品，创造巨大的文化消费需求，形成良好的文化经济效益，同时通过对周边产品的开发，还可以形成玩具、文具、服饰、家居用品等系列品牌许可周边产品，为制造业创造巨大的文化附加值。因此，应大力加强、完善对文化创意类知识产权的保护，鼓励原创文化产品的 IP 化，支持文化 IP 的产业化转化。

三是加大对创新人才的扶持和培育。精神经济时代，包括科技创新人才和文化创意人才在内的创新人才成为社会创新和产业创新的主力军。因此，应通过建立、完善有利于调动创新人才积极性、创造性的激励机制，激励科研人员主动创新；在城市发展中，应注重对创意阶层的支持，推行鼓励文化艺术的创意阶层的集聚和人才吸引的政策，支持创意阶层参与到城市文化发展和空间改造中，带动新型文化消费空间和公共艺术空间的形成；改革科教体制，大力推动企业与高校、科研院所的合作，有目的地培养各类文化创意人才。

（二）加快数字文化发展的产业扶持政策

数字文化产业是以文化创意内容为核心，依托数字技术进行创作、生产、传播和服务的新兴产业，包括数字内容制作、数字文化创意软件设计、数字内容应用服务、数字智能文化消费设备等行业。随着互联网和数字技术的广泛普及，动漫游戏、网络文学、网络音乐、直播"网红"、微电影等数字内容制作、应用服务迅速发展，数字智能文化消费设备成为新兴智能制造业的重要发展领域，也是大众文化消费的主要产品。因此，从文化生产供给侧方面，应加快对数字文化产业的战略布局，制定促进数字文化产业发展的产业政策。

（三）扩大文化消费场景的"文化+"和"互联网+"政策

文化借助技术的力量会产生极强的溢出效应。如前所述，精神经济时代，人们对普通物质产品的消费也从追求产品的物质使用价值转向追求文化附加值。"文化+"就是指在普通物质产品中注入文化创意，增添产品的文化附加值。随着精神经济时代的到来，人们不仅关注产品的文化附加值，还重视在消费场景中的文化体验，因此，从产品的文化附加值注入到场景的文化体验要素建构，产品被植入特定的文化消费场景中，成为文化体验的媒介和场景的构成要素。因此，对政府来说，无论是对文化产业与文化事业领域，还是在城市和乡村的文化发展中，都应注重通过政策引导政府、企业和社会组织各界参与到"文化+"的文化消费场景建设中，通过"文化+"形成多元的、丰富的文化消费活动和文化交互空间，达到促进文化消费升级的目的。例如，通过公共政策引导政府与社会共同投入，在城市地铁车站中植入综合了图书馆、美术馆功能的公共文化空间；将社区流动图书馆和社区演艺空间结合，形成社区文化综合体；在城市商业空间中植入美术馆、文创集市和音乐节等。

同时，互联网可以持续放大"文化+"的效应，形成线上、线下文化消费的相互促进和倍增发展。因此，应协同文化部门、科技部门、金融部门的"文化+"和"互联网+"政策，制定统一的文化科技、文化金融扶持政策，支持"文化+"与"互联网+"的跨行业链条打通和业态融合。例如，广电部门的融媒体发展政策可与文化部门的公共文化服务政策融合，对乡村的文化馆、站与融媒体中心建设进行统筹规划布局，形成功能综合的文化基础设施。

（四）完善文化保护与传承的产业转化机制

文化生产创造文化消费，文化生产需要以文化资源的利用为基础，文化创意的创造形成文化资源的不断积累。因此，加强对文化资源的保护对促进文化可持续生产和扩大文化消费具有重要意义。文化资源的保护包括对传统文化的保护与传承，对知识创新成果的知识产权的保护以及对品牌、名声的打造和维护等。文化生产的目的是将文化资源转化为切实有效的文化供给，以不断扩大文化消费规模，提升文化消费水平。提供文化公共产品固然可以保障人民的基本文化权益，而文化资源的产业化则可以创造规模化的、更大范围的、更深层次的、多样化的文化消费需求。如上所述，通过建立健全文化保护的相关法制和文化市场体制，可以释放市场活力，激发文化生产的创造力，发掘文化消费的潜力。

本章小结

- 文化消费是消费者通过消费文化产品或文化服务，获取、体验和使用精神内容，以满足个人精神需求的过程。
- 文化消费支出包括直接购买文化产品和服务发生的货币支出、非货币的闲暇时间支出以及对一般产品中的文化附加值的消费支出。在文化消费中，还会伴随着精神生产活动。
- 文化消费的影响因素包括经济因素、时间因素、社会因素等。
- 文化供给可以通过产品质量差异、品牌名声打造、IP形成和价值溢出、供给结构优化等创造文化消费需求。
- 进入精神经济时代，文化消费呈现泛精神化、场景化、分众化、数字化、社交化的发展趋势。
- 促进文化消费的政策包括提高居民可自由支配收入；健全、完善公共文化服务体系，加强文化消费的社会治理；供给侧结构优化和产品创新。

综合练习

一、本章基本概念

文化消费、可自由支配收入、可自由支配时间、时间消费质量、商品泛精神化、文化消费场景、小众化、分众化、长尾效应、"茧房"效应、供给侧。

二、本章基本思考题

1. 什么是文化消费？文化消费有哪些类型？请举例说明。

2. 文化消费是否可以创造价值？为什么？请举例说明。
3. 简述文化消费如何促使品牌的形成。
4. 简述文化消费的决定因素。
5. 举例说明文化产品之间的替代性和互补性。
6. 举例说明对经济前景的预期是怎样影响文化消费的。
7. 查询国家统计局统计年鉴中公布的2010—2020年的居民可自由支配收入、文化娱乐教育消费支出占居民消费支出的情况，思考可自由支配收入与文化消费支出之间的关系。
8. 举例说明什么是"时间消费的质量"？思考时间消费质量与文化消费之间的关系。
9. 什么是可自由支配的时间？它与文化消费之间有何关系？请查阅相关资料来说明我们的可自由支配时间正在发生什么变化。
10. 试论述供给创造需求的基本原理和路径。
11. 什么是文化消费的泛精神化？请举例说明。
12. 什么是场景？简述文化消费场景的构成要素和体验模式。
13. 简述文化消费小众化与分众化的特征。
14. 什么是文化消费的长尾效应，请举例说明。
15. 思考数字文化消费有哪些心理与行为特征并举例说明。
16. 什么是社交平台的聚合效应？它对文化消费有什么影响？
17. 什么是文化消费的"茧房"效应？应当如何对待这种效应？
18. 请从"文化+"和"互联网+"方面考虑如何通过有关政策促进文化消费。
19. 简述公共文化服务体系有关政策的制定与完善对文化消费有何促进作用。
20. 从文化供给侧政策方面应当如何通过产业结构调整和产品创新促进文化消费？

第七章

文化经济的统计分类与计量

学习目标

通过对本章的学习,学生应了解或掌握如下内容:
1. 了解文化经济统计的内涵、意义与基本概念;
2. 理解文化经济统计的理论与现实意义;
3. 了解文化经济统计的常用统计分类情况;
4. 掌握文化经济统计的基础方法及运用情境;
5. 理解文化经济统计的常用计量分析模型及其运用。

导言

在理论分析的基础上,为了更好地服务宏观政策规划、产业经济实践和文化消费市场调研等现实应用情境,需要对文化经济数据展开深入研究。对于文化经济领域的学习者和实践者而言,有必要系统地学习文化经济统计的相关知识与方法,建构数据思维和模型思考,因此本章将具体介绍文化经济的统计分类与计量,启示读者加深对文化经济领域的思考。

第一节 文化经济统计的内涵与意义

前几章从文化经济的发展、生产、流通、消费介绍了文化经济的各环节,本章将从数据分析层面入手,通过对文化经济统计的介绍帮助文化经济领域的学者理解文化经济领域资料汇总与数据收集的方式方法。

一、文化经济统计的目标与范围

(一)文化经济统计的目标

文化经济统计是指运用各种统计方法对文化经济领域的发展情况进行统计调查、统计

分析，为深化文化体制改革和持续推进社会主义文化强国建设提供统计资料和统计咨询意见，实行统计监督等活动。文化经济统计聚焦为社会公众提供文化产品和文化相关产品的经济活动，服务于文化经济产品的生产、交换与消费，以文化为核心内容与载体，以满足人们的精神文明需要为出发点，关注文化经济发展过程中的创作、制造、传播、展示并重视文化经济实现过程中的中介辅助活动、装备生产活动、消费终端升级以及文化资本发展，通过科学可行的文化经济相关统计方式、方法指导文化经济的发展方向，促进文化生产力的解放与持续发展，调节文化经济领域的生产关系，弥补文化经济循环过程中的不足，提升社会经济产品的文化附加价值，促进社会主义文化经济的稳健发展。服务党的二十大报告精神，推进文化自信自强，铸就社会主义文化新辉煌；通过文化经济实践，促进中国特色社会主义的道路自信、理论自信、制度自信、文化自信。[1][2]

（二）文化经济统计的范围

文化经济统计是国民经济统计的重要一环，其首要关注并统计的是以文化为核心内容的相关经济单位的经营活动情况；与此同时，文化以人为本，文化经济领域相关的机构和人员也是文化经济统计的重点；此外，文化经济统计具有很强的实务操作性，关注对文化资源的计量，重视数量整理、资产统计，由此构成了文化经济统计的三大具体范围：第一，反映文化经济领域相关的经营活动情况的指标，如文化企业的营业收入、营业成本或费用、销售（营业）税金、经营利润；文化事业单位的经费收支、业务（事业）收支、预算外收支和专项资金收支等。第二，反映文化经济领域相关的机构和人员状况的指标，如从事文化经济活动的独立核算单位、单独核算单位的单位数和从业人员数。第三，反映文化资源禀赋、文化遗产情况和文化经济领域相关的实物资产情况的指标，如文物古迹数量、藏品件数、剧种类别、文创产品的固定资产净值、文化藏品的库存总值等。

在文化经济领域相关的单位经营、人力资源与文化资源范围统计中，统计所涉及的分类标准，如经济类型、国民经济行业等，都执行国家统一的分类标准。文化经济领域相关的统计单位从细节上看划分为两种基本统计单位，即独立核算单位和单独核算单位。

根据有关部门的规定，独立核算单位是指具备以下条件的单位：一是依法成立，有自己的名称、组织机构和场所，能够承担民事责任；二是独立拥有和使用资产，承担负债，有权与其他单位签订合同；三是独立核算盈亏并能够编制资产负债表。

单独核算单位（也称产业活动单位）必须具备以下条件：一是具有一个生产经营活动场所，从事一种或主要从事一种生产经营活动；二是单独组织生产、经营或业务活动；三是掌握收入和支出的会计核算资料。

二、文化经济统计与一般统计的区别

"统计"一词起源于国情学习研究，其汉语的意思为合计或汇总计算。公元前 22 世

---

[1] 牛盼强. 我国文化统计的困境与解决途径[J]. 统计与决策，2017（5）：2.
[2] 安奉钧，李树海，赵建强. 我国文化产业统计存在的问题及对策思考[J]. 统计与决策，2016（4）：33-37.

纪对于夏禹时代九州情况的统计被西方经济学家推崇为"统计学最早的萌芽",而商周之后,国情研究者建立了较为系统的统计报告制度,如《商君书》中提出"强国知十三数,欲强国,不知国十三数,地虽利,民虽众,国欲弱至削",其中的统计就包括了粮食储备、自然资源、各国人数、农业生产资料与发展情况等。而将视野从东方转向西方,在公元前3050年,埃及为了建造金字塔和大型农业灌溉系统,曾进行过全国人口和财产的调查。公元前15世纪,犹太人为了战争的需要进行了男丁的调查。公元前约6世纪,罗马帝国规定每5年进行一次人口、土地、牲畜和家奴的调查,并以财产总额作为划分贫富等级和征丁课税的依据。在希腊,亚里士多德撰写的"城邦纪要"式的统计研究延续了一两千年。服务于城邦(state)这个词根,演化出了拉丁语中的"status",英文世界的"统计学(Statistics)"。

兼览中西文化,一般来说,从历史和定义上,统计包括三个含义:统计工作、统计资料和统计科学。统计工作、统计资料、统计科学三者之间的关系是:统计工作的成果是统计资料,统计资料和统计科学的基础是统计工作,统计科学既是对统计工作经验的理论概括,又是指导统计工作的原理、原则和方法。原始的一般统计工作即人们收集数据的原始形态已经有几千年的历史,而围绕统计工作形成科学的方法与体系才经历了三百余年。统计学并不直接产生于统计工作的经验总结,17世纪开始,统计科学才逐渐成型,它是一种由统计工作经验、社会经济理论、计量经济方法融合、提炼、发展而来的交叉性学科并会根据不同的统计对象特征进行相应的变化调整。

(一)统计范围的差异

统计在经济领域的应用一般围绕国民经济展开,又被称为国民经济统计,它是以国民经济为总体,反映和研究国民经济总体运行状况的数量关系,即从总体上说明社会再生产过程的全貌和在再生产过程中由各种纵横交错的复杂经济联系所形成的各项比例关系的状况与变化,特别是国民经济运行供求总量和结构的状况与变化,为国民经济宏观调控及决策提供系统、完整的资料。

而文化经济统计的内容既是国民经济统计的重要一环,又是对国民经济统计的重要补充。从统计范围来看,文化经济统计侧重在文化经济领域相关的单位经营、人力资源与文化资源,范围上小于国民经济社会再生产过程的全范围领域;但与此同时,文化经济统计注重文化附加值的创造、生产,关注人的精神追求在物质生产过程中的实现,通过对精神经济、文化产品的相关跟踪,研究以文化为核心的经济领域活动,促进文化生产力的解放与持续发展。

(二)计量重点的差异

国民经济统计的内容以社会再生产各环节为主线,按照经济运行的不同阶段,分别组织再生产条件的核算、产品生产过程的核算、商品流通过程的核算、价值分配过程的核算以及产品使用过程的核算等。国民经济统计的重点主要有:① 国民经济活动中的生产和使用统计，如以国内生产总值为中心而统计的总值核算表，关注经济生产与使用的平衡关系。② 收入分配和财政金融统计，包含财政统计、金融统计的基本内容，按照资金流量表进行收入分配、统计等。③ 贸易活动及价格统计，包括商品市场的贸易活动统计、针对价格和价格指数的统计。④ 对外经济统计，侧重对外贸易统计、利用外资统计以及外债统计的内容，通过国际收支平衡表反映一国对外经济活动整体状况。⑤ 国民资产负债统计，针对一国所拥有的国民财产进行统计范围、统计指标的设置，通过国民资产负债表反映国民经济情况。⑥ 自然资源和环境统计，针对一国所拥有的自然资源及其环境进行统计。⑦ 人口和劳动力统计，针对一国人口和劳动力状况的统计描述。

文化经济活动相较于一般国民经济活动，具有更短的经济运行周期、更密集的生产交换环节；与此同时，在文化经济活动过程中，文化服务、文化产品的生产与消费具有过程的重叠性，文化事业与文化产业构成了公共属性与市场属性的重叠，因此文化经济的统计存在一定的量化难点，更加侧重以社会文化层级为主线，按照文化经济运行的要素，从人力、物质、组织形态分别进行文化组织再生产条件的核算、文化产品生产过程的核算、文化商品流通过程的核算、文化价值分配过程的核算、文化消费及产品使用过程的核算等。文化经济统计的重点主要有：① 文化经济活动中的宏观分域发展情况，如文化经济水平、文化产业结构、文化人口结构、文化基础设施、社会保障及文化生活状况等。② 文化经济活动中的中观行业发展情况，包括对新闻信息服务、内容创作生产、创意设计服务、文化传播渠道、文化投资运营、文化娱乐休闲服务等业态的经营活动的统计。③ 文化经济活动中的文化资源禀赋及文旅消费情况，如文物古迹数量、藏品件数、剧种类别、文创产品的固定资产净值、文化藏品的库存总值、文化消费习惯等。④ 文化经济中的人员组织情况，如文化文物机构与从业人员统计、艺术表演团体与场馆统计、公共图书馆及群众文化服务机构统计、文化出版与知识产权统计等。⑤ 文化贸易活动及价格统计，包括文化商品市场的贸易活动统计，针对文创产品价格、文化资本投入、价格指数的统计等。

三、文化经济统计的意义

文化是人类在社会发展过程中所创造的物质财富和精神财富的总和。在一般情况下，文化特指精神财富，如文学、艺术等。因此，国民经济综合统计中的文化经济统计就是运用统计学的基本原理和方法，综合多个层次，对精神财富方面的文化活动及其过程的数量方面进行反映和分析，以认识文化的现状和发展规律性的一种活动。文化是民族的灵魂，是国家凝聚力和创造力的重要源泉，而进行文化经济统计具有重要的意义，概括地看有以下几个：第一，文化经济统计是建设社会主义精神文明，提高人民文化生活水平的需要；第二，文化经济统计是制定文化事业发展规划的依据和检查文化工作的重要手段；第三，文化经济统计为促进国内外文化活动的交流与合作提供依据；第四，文化经济统计为文化活动的评价、考核和对比研究提供依据。具体来看，文化经济统计又具有以下重要作用。

(一)服务政策规划

文化经济统计能够有效地检测市场变化与产业发展趋势，通过数据的记录与分析为政府的文化政策规划、文化产业发展战略、文化贸易政策制定提供有力的决策支持。在西方发达国家和世界主要国家重点规划发展的行业中，文化创意产业代表着未来经济的发展趋势，被视为重要的经济支柱产业，有众多政府、企业、机构参与到相关的规划制定和数据统计分析环节中。随着我国社会主义市场经济改革过程的深入和经济的持续稳定发展，人们的精神文化消费需求日益增长，文化产品的供应存在较大的市场缺口，文化经济统计的引导和数据支持变得尤为重要，合理的文化产业认知和政策支持有利于文化产品的商品属性释放，有利于文化产业附加价值的提升，能起到发展经济、繁荣市场的作用。结合国情的发展，文化经济统计的重要价值与意义是由中国十几亿人口的巨大文化消费群体的需求决定的。在我国文化产业刚刚起步的阶段，文化经济统计有助于服务政策规划，促进文化产业的结构发展与优化，刺激多种多样的文化需求的产生。

(二)促进市场繁荣

文化经济统计能够促进文化市场的产业化发展，带动文化产品生产交换领域的人力、物力、财力投入，促进文化产品的消费和流通，拉动经济增长，通过有效的数据监测与决策支持促进文化市场的繁荣发展。文化经济统计有利于促进文化经济的产品流动，发挥繁荣市场的功能。在文化产品的市场化运作和消费活动的高度商业化过程中，伴随着人们购买力水平的普遍提升，大量闲暇时间和相对自由的工作环境的实现为形成相对完善的第三产业提供了新的契机。文化经济统计有利于引导文化资本和文化政策重点，面向其他产业满足生产性需要，调节生产关系，优化产业结构；在国民经济产业结构的优化发展过程中，通过对文化市场的进一步发展，孵化文化产业新兴业态，促进民族文化资本的培育与成长，扩充文化经济相关领域的行业门类，优化文化经济领域的产业链结构以及文化生产、消费的价值链结构，在吸纳就业人数、满足人民群众文化需求、促进经济发展和社会进步等方面发挥重大作用，推动国民经济的快速发展，促进国家的绿色经济与现代化。

(三)支持评价考核

文化经济统计将文化经济活动过程中的文化生产、文化消费、文化产品的交换等活动转化为节点数据，通过动态的监测、记录与分析，为文化经济活动的考核和对比研究提供依据。在文化经济统计的类目统计中，涉及文化经济领域产品数量与价格的相关统计，在宏观上可以为世界文化贸易、区域或国家间的文化比较研究提供支持，在微观上可以给文化企业、文化经营者提供市场评价、薪酬考核的依据；涉及文化经济领域的相关金融数据统计，在宏观上可以支持文化资本的调控管理与政策研究，在微观上可以给文化企业、文化经营者提供资产评估、财务考核的依据；涉及文化经济领域人力资本的相关统计，在宏观上可以为文化人力资本的发展、比较与培育研究提供支持，在微观上可以给文化企业、文化经营者提供人才评价、人员考核的依据。文化经济统计对评价考核的支持可以促进文化经济的信息反馈，支持文化经济的良性发展。

（四）传递人文价值

文化经济统计服务于文化经济的发展，相较于一般经济行为，它具有更显著的社会属性——人文价值。聚焦文化产品的生产，文化经济的发展过程就是在消耗原材料的情况下，源源不断地创造和传播文化产品的过程。文化产品的生产一般包括精神生产和物质生产两个阶段。精神生产阶段是由文学家、艺术家等文化产品生产主体激发创作灵感，利用或借鉴已有的文化素材，全身心投入进行持续的、辛苦的文化创造，生产出绘画、雕塑、文章、戏剧、音乐、方案、创意等观念性的、以非物质形态存在的精神劳动成果的阶段。在此基础上，文化工业生产借助于物质生产部门的高新科技手段制造大批量的廉价文化创制品，从而赋予精神劳动成果以物质外壳，使文化精神能够依托实物载体而独立存在。在这样的文化生产过程中，文化生产伴随着传播价值的诞生；而在产品物质交换的过程中，文化经济活动也是人文价值传递与认同的过程。

文化经济统计正是通过不同类目的研究，通过研判文化消费的趋势，促进文化的传播与整合，对不同的文化要素、文化思考进行碰撞、兼容和重组，使异质文化彼此吸收、借鉴、融合，在现代社会知识的快速融合、生产、复制、再生产、再流通中引导文化增值，使文化经济所带来的丰厚利润刺激文化生产主体的再生产积极性，从而生产出精品化、普及化文化产品。在市场运作的大规模文化工业融合下，传递艺术价值，传承人文思考，促进文化科技融合，用科学、合理的方法跳脱机械式记忆与复制，引导多样化、多元化的产品探索与产业思考，扩大人文价值传播的影响能力、影响范围和影响深度。

（五）强化精神认同

文化经济统计同时作用于文化发展与市场经济，不仅注重经济效益，也服务于背后的社会效益，尤其是民族文化价值的意志凝聚，强化精神认同。在文化产品的生产、消费过程中，文化包含的精神内容得以传承，从而潜移默化地影响文明社会的生活习惯、文化心态、知识结构乃至世界观，由此发挥塑造意识形态的功能，起到凝聚意志的作用。在文化经济全球化浪潮中，所有国家不仅要面对国家传统文化的安全保护和对外交流的问题，更需要留意对外来文化产品的政治意识形态的甄别，调节文化创意产业布局，在国家意识和文化主流上确立社会文化生活的话语权及权威地位。文化经济的全球化发展导致的最大范围和最大程度的文化竞争已经引起各个国家的关注，结合文化经济统计进行文化产品的国际交流和产业构建就更加具有现实意义。从国家的意识形态发展来看，我国坚持以马克思主义为指导的社会主义社会意识吸收全人类的精神文明成果，坚持社会主义核心价值体系，构筑科学发展、绿色发展观念，强化文化自信、制度自信，坚守中华文化本位，竭力维护我国的文化安全，进一步完善文化市场，大力倡导文化消费，不断发展壮大民族文化产业和文化事业；建立民族自尊心和自信心，鼓舞民族士气，宣扬科学和文明，把中国特色社会主义文化事业和文化产业推向世界。

（六）挖掘文化需求

文化经济统计既服务于文化经济的宏观发展，促进文化与精神传承，也与时俱进，挖掘微观个体的文化需求，促进新兴发展，促进对多样化文化需求的满足。文化经济统计在微观上聚焦文化消费行为，聚焦对人文个人的身心需求的满足。从文化经济的本源来看，其本身就是由人自身的生理和心理机能需要孵化而来的，服务于娱乐与放松，是调节生产关系的重要机制与手段。伴随生产力水平的提高和人们对生活质量、生活品味的追求，越来越多的闲暇时间已经成为一种必然的发展趋势，文化产业的众多部门都是以满足人们的休闲娱乐需要为目标的。在现代社会人才竞争日益激烈的背景下，高强度、高压力的工作和生活节奏使得经济生活中个体、个人更迫切地需要一种精神层面的放松，由此构成了服务休闲娱乐的文化经济。文化经济统计在人们的消费过程中，追溯音乐会、舞会、体育俱乐部、电子游戏室、影视娱乐、网络文学等媒介，透视文化产品的消费终端，引导产业投入，优化文化消费服务，帮助消费个体、文化企业选择适合的方式减轻心理负荷，宣泄情感，消除压抑、紧张、疲劳，使消费主体获得轻松、休闲、快慰的体验或其他情感体验，满足微观个人的身心需求，服务成熟的文化消费。

第二节　文化经济常用统计类目

第一节从概念、目标、范围与现实意义介绍了文化经济统计，这一节我们将进一步聚焦现实生活，学习文化经济中的常用统计类目，从宏观发展、中观产业、微观消费，多层次、多维度地审视文化经济常用统计类目。

一、文化经济的常用宏观统计

宏观层面的文化经济统计主要关注于国家层面的文化资源基本情况和文化机构、文化团体的业务活动情况，这些数字计量分析能够反映社会文化现象的特点和问题，通常由国家文化和旅游部、国家统计局合作完成，统计类目包括艺术事业统计、公共图书馆事业统计、群众文化事业统计、文物事业统计和其他文化事业统计等诸多内容。

文化经济统计类目主要包括"文化文物机构数""文化文物从业人员数""艺术表演团体基本情况""艺术表演场馆基本情况""公共图书馆基本情况""群众文化机构基本情况""文物业基本情况""主要文化机构数""艺术表演团体、艺术表演场馆演出情况""博物馆""广播电视事业发展情况""广播电视节目制作时间""广播电视节目播出时间""广播电视节目综合人口覆盖情况""广播节目制作播出情况""电视节目制作播出情况""有线广播电视传输干线网络及用户情况""广播电视技术情况""电视节目进出口情况""电影综合情况""图书出版情况""图书、期刊和报纸出版情况""少年儿童读物类图书和课本出版情况""课本出版情况""录像制品出版情况""录音制品出版情况""电子出版物出版情况""全国图书、期刊、报纸进出口情况""音像、电子出版物进出口情况""版权合同登记""引进和输出版权情况""出版物发行机构数和网点数""出版印刷生产情况""档案馆机构和人员情况"。

以上各个类目中又细分为多个细节条目，以"艺术表演团体基本情况"和"艺术表演场馆基本情况"两个条目为例，"艺术表演团体基本情况"的统计条目内包含"艺术表演团体机构数""艺术表演团体从业人数""艺术表演团体剧团原创首演剧目数""艺术表演团体演出场次""艺术表演团体国内演出场次""艺术表演团体到农村演出场次""艺术表演团体国内演出观众人次""艺术表演团体国内演出农村观众人次""艺术表演团体收入合计""艺术表演团体财政拨款收入""艺术表演团体演出收入""艺术表演团体支出合计""政府采购的公益演出活动演出场次""政府采购的公益演出活动观众人次"；"艺术表演场馆基本情况"的统计条目内包含"艺术表演场馆机构数""艺术表演场馆从业人数""艺术表演场馆坐席数""艺术表演场馆演（映）出场次""艺术表演场馆艺术演出场次""艺术表演场馆观众人次""艺术表演场馆艺术演出场次观众人次""艺术表演场馆收入合计""艺术表演场馆财政拨款收入""艺术表演场馆演出收入""艺术表演场馆支出合计"。

文化经济常用宏观统计的不同条目中，一些重要指标均有详细、严格的定义，可以在国家统计局网站与相关年鉴上检索查阅。以"艺术表演团体国内演出场次""图书、报纸、期刊定价总金额""图书馆总藏量""电视台平均每周播出时间"为例，其中，"艺术表演团体国内演出场次"指艺术表演团体在国内的艺术表演次数，它包括了售票、包场等有演出收入的演出场次和到老、少、边、山、穷地区免费演出的场次以及参加汇演、调演等无演出收入的公开演出场次，但不包括彩排审查和内部观摩演出等无演出收入场次；"图书、报纸、期刊定价总金额"指按图书、报纸、期刊分别计算的定价总金额，其统计计算的基本方法是以每册（套、张、份）定价乘以印数或总印数；"图书馆总藏量"即图书馆已编目的古籍、图书、期刊和报纸的合订本、小册子、手稿以及缩微制品、录像带、录音带、光盘等视听文献资料数量的总和；"电视台平均每周播出时间"即有线广播电视台当年平均每周播出电视节目的全部时间，统计中按年12月第三周播出的时间计算。

二、文化经济的常用业态统计

文化经济的常用业态统计聚焦于文化经济的中观产业业态发展，国家统计局给出了对文化及相关产业的详细分类情况——《文化及相关产业分类（2018）》，根据国家的业态统计分类，文化经济涉及的产业统计类目具体划分为"新闻信息服务""内容创作生产""创意设计服务""文化传播渠道""文化投资运营""文化娱乐休闲服务""文化辅助生产和中介服务""文化装备生产""文化消费终端生产"九个大类。其中，"新闻信息服务"包括新闻服务、报纸信息服务、广播电视信息服务、互联网信息服务；"内容创作生产"包括出版服务、广播影视节目制作、创作表演服务、数字内容服务、内容保存服务、工艺美术品制造、艺术陶瓷制造；"创意设计服务"包括广告服务、设计服务；"文化传播渠道"包括出版物发行、广播电视节目传输、广播影视发行放映、艺术表演、互联网文化娱乐平台、艺术品拍卖及代理、工艺美术品销售；"文化投资运营"包括投资与资产管理、运营管理；"文化娱乐休闲服务"包括娱乐服务、景区游览服务、休闲观光游览服务；"文化辅助生产和中介服务"包括文化辅助用品制造、印刷复制服务、版权服务、会议展览服务、文化经纪代理服务、文化设备（用品）出租服务、文化科研培训服务；"文化装备生产"包括印刷设备制造、广播电视电影设备制造及销售、摄录设备制造及销售、演艺设备制造及销售、游乐游艺设备制造、乐器制造及销售；"文化消费终端生产"包括文具制造及销售、笔墨制造、玩具制造、节庆用品制造、信息服务终端制造及销售。[①]

围绕相关的产业统计，不同的政策咨询机构、高校科研团体、智库研究机构会进行相应的产业统计指标的分析与发布。例如，中国文化产业管理专业委员会协同江苏省重点高端智库紫金文创研究院会在每年追踪相应的产业数据形成内部资政报告；而中国人民大学文化产业研究院从2009年起也会年年追踪产业数据并发布《中国文化产业系列指数报告》；上海交通大学国家文化产业创新与发展研究基地也构建了中国文化产业发展综合指数（China Cultural Industries Development Composite Index），用以测定与评估我国文化产业发展的综合状况。

三、文化经济的常用消费统计

根据国家文化和旅游部编写的《文化发展统计分析报告（2018）》中的"我国文化消费影响因素指标体系专题研究"，文化经济的常用消费统计应该涵盖影响文化消费的经济、社会、文化等多重因素。[②]

首先是影响文化经济的经济因素，它包括经济水平和产业结构。

文化消费是高于物质层面的消费，文化消费需求更加依赖于经济水平的提高，取决于满足生活必需消费后的富余收入。因此，地区经济发展水平及其经济增长尤为重要。经济水平以人均GDP和人均可支配收入表示，人均GDP是反映生产成果的指标，体现了我国当前的经济水准，人均GDP越高，往往说明我国的经济状态越好。人均可支配收入是一个地区在一定时期内人均总收入经过再分配后形成的可作为最终使用的收入，是反映人均收入水平的指标。而影响文化经济的产业结构要素，一般以第三产业占GDP的比重来表示。第三产业占比越高，产业链进一步细化，产业结构不断升级，可以为文化消费奠定发展基础。文化消费属于第三产业服务业统计范畴，当一个地区的服务业发展越快时，区域内的文化消费对应提升越快。

其次是影响文化经济的社会因素，它是决定地区居民文化消费需求的主要因素，包括

[①] 国家统计局. 文化及相关产业分类（2018）[EB/OL]. [2021-08-04]. http://www.stats.gov.cn/tjsj/tjbz/201805/t20180509_1598314.html.
[②] 国家统计局. 文化发展统计分析报告[R]. 北京：中国统计出版社，2018：17-31.

人口结构、社会及网络状况、社会保障、生活状况、对外开放度与城市化等内容。

文化消费与人口的规模和年龄有关，也与各地区劳动人口占比有很大的关系，这些指标反映了地区家庭人口分布状况。因此，人口结构是影响一个地区文化消费的重要指标，它影响着文化消费的支出。人口结构以抚养比、人口规模、15～64岁人口占比表示。

随着互联网和移动电话的普及，居民通过网络媒体进行文化消费的行为越来越普遍，因此互联网普及程度以及移动电话普及率能够影响地区居民的文化消费水平。文化消费属于高层次消费，居民受教育程度对文化消费有着重要的影响，受教育程度越高，进行文化消费的意愿就越强，对文化的需求就会越高。地区人口密度越大，对于文化产品的消费基数越大，而且文化的传播率也越高，能有效地促进居民对文化消费的支出。因此，社会及网络状况以人口密度、受教育程度、移动电话普及率和互联网上网人数表示。

社会保障对居民消费有很大的影响，居民消费不仅取决于居民前期和当期的收入，也受对未来收入和支出的预期的影响，进而对文化消费产生影响。当居民收入相对较低时，参保率可能较低；当居民收入水平达到一定程度时，参保率越高，文化消费水平越高。社会保险是社会保障的核心内容，社会保险主要包括养老保险、工伤保险、失业保险等，这里的参保率选取了居民基本养老保险的参保率，即城乡居民基本养老保险人数与年末人口数的比值。

居民的生活水平越高，文化消费意愿就越强烈。当恩格尔系数较低时，说明居民家庭有盈余来对文化产品进行支出。地区的交通便利程度也会直接或间接地影响文化消费，交通便利度越高，就越能带动经济的发展和产业的集聚，进而为文化消费提供条件。另外，文化消费与文体娱乐用品的价格也有着密不可分的关系，文体娱乐用品物价指数越高，居民进行文化消费的意愿就会越低，从而影响文化消费。因此，生活状况以恩格尔系数、文体娱乐用品物价指数以及交通便利度来表示。

地区对外开放度越高，文化传播性越强，会促进文化消费提高地区的进出口商品贸易。城镇化水平的高低会影响居民消费水平，进而影响居民文化消费的状况。地区的城镇化水平越高，相应的居住环境的改善和交通的便利程度就越高，从而带动经济发展，促进文化消费。旅游能够促进区域的文化消费，强化公众对地方文化的感知，从而日渐成为文化消费的重要载体和形式，因此可以用进出口商品总值占GDP的比重、城镇化率和旅游收入来表示对外开放与城市化。通过对以上要素的统计分析，可以更好地理解影响文化经济的社会因素。

最后是影响文化消费的文化因素，它主要指国家或地区在文化方面的供给状况，包括文化资源、文化经费投入、地区文化氛围、消费习惯等内容。

文化资源包括有形的文化资源与无形的文化资源。有形文化资源包括物质文化遗产、图书馆、博物馆等，无形文化资源包括非物质文化遗产等。

文化经费投入反映了地方政府对于文化事业和文化产业发展的支持力度以及对满足居民精神生活的重视程度。一般认为，政府文化投入的倾向在一定程度上会引领文化产业的发展方向，投入水平的提高会带动文化产业的发展和繁荣，从而促进市场，为居民提供更加多元化、高品质的文化商品和服务，刺激当地居民的文化消费需求，促进居民文化消费水平的提高。文化投入以地方文化体育传媒人均支出和文化及相关产业固定资产投资来表示。

地区文化氛围是指地区居民整体文化消费的情况，良好的文化消费环境会带动居民文化消费，也能使得文化获得更加快速、良好的传播。文化氛围以人均文化及相关产业增加值、图书借阅次数以及地区高校数量表示。

消费习惯是影响文化消费的重要方面之一。在文化消费中，确定哪些消费品为享用对象与消费者的文化消费心理有直接关系，由其价格偏好、爱好、情趣或指导思想所决定。人们一旦专心去享用某些消费品时，这些消费品的消费量就会增多，而其他消费品的消费就会受到影响，因此文化消费的发展变化具有极强的继往性。在统计分析中，消费习惯可以通过居民消费结构，或居民消费支出的比例情况来反映。

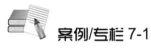

案例/专栏 7-1

文化事业繁荣兴盛　文化产业快速发展
——新中国成立 70 周年经济社会发展成就系列报告之八（摘选）[①]

（一）文化投入力度明显加大

新中国成立以来，国家财政对文化建设的支持不断加强，我国文化事业经费逐年增加。1953—1957 年五年文化事业费总投入为 4.97 亿元，1978 年当年增加到 4.44 亿元，到 2018 年达 928.33 亿元。1979—2018 年，文化事业费年均增长 14.3%，2018 年比 2012 年增长 93.4%。

（二）文化服务设施不断完善

新中国文化的发展是在"一穷二白"基础上进行的，新中国成立初期，公共文化服务设施极其短缺。1949 年，全国公共图书馆仅有 55 个，文化馆站 896 个，博物馆 21 个。经过 70 年的发展，我国公共文化设施建设取得长足进步。到"十五"末期，基本实现了县县有图书馆、文化馆的目标。2018 年年底，全国共有公共图书馆 3176 个，为 1949 年的 57.7 倍，为 1978 年的 2.6 倍；文化馆站 44 464 个，为 1949 年的 49.6 倍，为 1978 年的 9.7 倍；博物馆 4918 个，为 1949 年的 234.2 倍，为 1978 年的 14.1 倍。从 2004 年起，全国各级各类国有博物馆、纪念馆、美术馆、有条件的爱国主义教育基地等逐步实行优惠或者免费开放。从 2008 年起，全国文化、文物系统博物馆、纪念馆开始向社会免费开放，为丰富群众文化活动提供了有力支撑。

[①] 国家统计局. 文化事业繁荣兴盛　文化产业快速发展——新中国成立 70 周年经济社会发展成就系列报告之八[EB/OL]. [2021-08-04]. http://www.stats.gov.cn/ztjc/zthd/sjtjr/d10j/70cj/201909/t20190906_1696316.html.

(三)广播影视制播能力显著增强

新中国成立 70 年来,我国充分利用传统媒体优势,积极发展视听新媒体,从以前单一的广播媒体发展到今天具有电台、电视台、报刊、网络广播电视和移动多媒体广播电视等多种媒体构成的传播新格局,拥有无线、有线、卫星、互联网等多种传输覆盖手段构成的现代化广播电视传输覆盖网。一是传媒规模不断扩展。2018 年年底,全国共有各级广播电台播出机构 2647 个,为 1949 年的 54.0 倍,为 1978 年的 21.2 倍;2018 年实际开办公共广播节目 2900 套,比 2012 年增长 10.4%;实际开办公共电视节目 3559 套,比 2012 年增长 8.7%。目前,我国的广播影视规模已跃居世界前列。二是覆盖范围显著扩大。2018 年年底,全国广播、电视节目综合人口覆盖率分别达到 98.94%和 99.25%,分别比 1982 年年底提高了 34.84 和 41.95 个百分点,比 2012 年年底提高了 1.43 和 1.05 个百分点;有线广播电视服务人群持续扩大。2018 年,全国有线广播电视实际用户数为 2.18 亿户,占全国家庭总户数的 49.0%,而 1998 年有线广播电视实际用户数只有 0.28 亿户。在有线广播电视实际用户中,数字电视用户数为 2.01 亿户,占 92.3%,数字用户数比 2012 年增长 40.8%,占比提高 25.8 个百分点。随着互联网的普及,广播影视新媒体蓬勃发展,2018 年全国网络视听注册用户已达到 65.7 亿个,节目播放次数接近 2.7 万亿次。三是播出能力日益增强。1978 年,全国仅有 93 个广播电台,年播音约 7.7 万小时;仅有 32 个电视台,年播出约 1600 小时。2018 年,全国共播出公共广播节目 1526.7 万小时,共播出公共电视节目 1925.0 万小时。1979—2018 年,广播和电视节目播出时间年均分别增长 14.1%和 26.5%,其中,2013—2018 年,年均增长速度分别为 2.2%和 2.1%。广播、电视节目播出时间大幅增加,艺术精品纷呈,品牌优势凸显,节目形态、样式日益丰富,较好地满足了受众对节目形态多样化的需求。

(四)新闻出版繁荣发展

新中国成立 70 年来,新闻出版业紧紧围绕弘扬社会主义主旋律出版了大批优秀出版物,较好地满足了人民群众日益增长的多方面、多层次的精神文化需要。2018 年,图书品种 51.9 万种、总印数 100.1 亿册(张),分别为 1978 年的 34.6 倍和 2.7 倍,为 1950 年的 42.7 倍和 37.1 倍;期刊品种 10 139 种、总印数 22.9 亿册,分别为 1978 年的 10.9 倍和 3.0 倍,为 1950 年的 34.4 倍和 57.3 倍;报纸品种 1871 种、总印数 337.3 亿份,分别为 1978 年的 10.1 倍和 2.6 倍,为 1950 年的 4.9 倍和 42.2 倍。电子出版业起步于 1993 年,到 2018 年,全国电子出版物 8403 种,发行量 2.6 亿张。特别是党的十八大以来,新闻出版业日趋规范化和精细化,紧紧围绕以习近平同志为核心的党中央治国理政新理念新思想新战略、中国特色社会主义和中国梦、经济发展新常态和供给侧结构性改革、社会主义核心价值观等方面,出版了一大批受读者欢迎的优秀出版物和精品图书。

(五)文化遗产保护成效突出

新中国成立以来,按照"保护为主、抢救第一、合理利用、加强管理"的文物保护方针和"保护为主、抢救第一、合理利用、传承发展"的非物质文化遗产保护方针，我国已逐步构建起了科学有效的文化遗产保护体系。2018年年底，全国共有文物业机构数10 160个，从业人员16.3万人。1998—2018年，文物业机构数年均增长5.3%，从业人员数年均增长4.6%，其中，2013—2018年的年均增速分别为8.8%和4.5%。截止到2018年年底，全国重点文物保护单位总数已达到4296处，较1961年公布的第一批全国重点文物保护单位180处，增加了22.9倍；我国世界遗产总数已达到53项，位居世界第二；全国共有国家级非遗项目保护单位3154家，入选联合国教科文组织人类非物质文化遗产代表作名录的项目总数达40个，是目前拥有世界非物质文化遗产数量最多的国家。

第三节 文化经济统计的基础方法

第二节重点介绍了文化经济中的常用统计类目，但对类目的记录统计仅为文化经济统计的开始，文化经济统计的关键在于利用相应的数值基础，指引相关政策重点与产业发展方向，与此同时，获取数据和将现实问题数字化的过程也是统计分析的重中之重，因此本节将重点介绍文化经济统计过程中的数据分析基本方法，引导读者更好地识别文化经济数据、运用文化经济统计数据。

一、德尔菲法

德尔菲法，也称专家调查法，是由企业组成一个专门的预测机构，其中包括若干专家和企业预测组织者，按照规定的程序，独立且匿名地征询专家对未来市场的意见或者判断，然后进行预测的方法。作为一种利用函询形式进行集体匿名思想交流的专家预测方法，德尔菲法具有匿名性、多次反馈、小组统计回答的特点，而其方法实践过程可简单表示为：匿名征求专家意见—归纳、统计—匿名反馈—归纳、统计……若干轮后，再集中，再反馈，直至得到一致意见后停止。[1]

德尔菲法在1946年由美国兰德公司创始实行，最初主要是智库专家进行调查分析的方法。由于文化经济领域有很多文化表征难以量化，而文化产业的变革也具有较强的不确定性特点，需要由专家结合经验进行专业性研判，因此德尔菲法也被广泛应用于文化经济统计领域的多个方面。[2][3]

---

[1] 田军，张朋柱，王刊良，等. 基于德尔菲法的专家意见集成模型研究[J]. 系统工程理论与实践，2004（1）：57-62.
[2] 董文丽，祝立雄，李王鸣. 基于模糊德尔菲法的历史文化名城保护规划实施评价研究[J]. 浙江大学学报（理学版），2017，44（6）：749-756.
[3] 徐蔼婷. 德尔菲法的应用及其难点[J]. 中国统计，2006（9）：57-59.

二、李克特量表

李克特量表（Likert scale）是评分加总式量表中最常用的一种，属同一构念的项目用加总方式来计分，若单独或个别项目是无意义的，需要通过整理项目间的评分来反映相应的属性与构念情况。它是由美国社会心理学家李克特于 1932 年在原有的总加量表的基础上改进而成的。该量表由一组陈述组成，每一陈述有"非常同意""同意""不一定""不同意""非常不同意"五种回答，分别计为 5 分、4 分、3 分、2 分、1 分，每个被调查者的态度总分就是他对各道题的回答所得分数的加总，这一总分可说明他的态度强弱或他在这一量表上的不同状态。[1]

李克特量表的结构比较简单，而且易于操作，因此在文化消费、文化市场营销研究实务中的应用非常广泛。在实地调查时，研究者通常给受测者一个"回答范围"卡，请受测者从中挑选一个答案。需要指出的是，在商业调查中，针对现实市场时效可能要求简化流程步骤来制作李克特量表，通常由客户项目经理和研究人员共同研究确定。同时，要注意在使用李克特量表需要引导受测者做出真实的、符合其心理预期的评价，避免在量表问题中使用误导性或模棱两可的表达以致引起混淆，否则受测者的答案也许会受到语义理解或情境、心理因素干扰而失真。例如，受测者也许会由于趋中倾向的心理偏差，回避极端的选项；由于心理惰性的惯性偏差，对陈述做出习惯性认同；由于期望获得社会赞许的心理偏差影响，试着揣摩并迎合他们的组织希望的结果。[2]

三、数值标准化

标准化是指在经济、技术、科学和管理等社会实践中，对重复性事物和概念，通过制定、发布和实施标准达到统一，以获得最佳秩序和社会效益。公司标准化是以获得公司的最佳生产经营秩序和经济效益为目标，对公司生产经营活动范围内的重复性事物和概念，制定和实施公司标准以及贯彻实施相关的国家、行业、地方标准等的过程。

标准化是为在一定的范围内获得最佳秩序，对实际的或潜在的问题制定共同的和可重复使用的规则，其重要意义在于改进多重评价的适用性，优化不同类目的比较。评价是现代社会各领域的一项经常性工作，是做出的科学管理决策的重要依据。而随着研究领域的不断扩大，评价对象日趋复杂，如果仅依据单一指标对事物进行评价，结果往往不尽合理，必须全面地从整体视野出发，多角度地考虑问题，由此多指标综合评价方法应运而生，即将描述评价对象不同方面的多个指标的信息综合起来并得到一个综合指标，然后进行横向或纵向比较。而由于在多指标评价体系中，各评价指标的性质不同，通常具有不同的量纲和数量级。当各指标间的水平相差很大时，如果直接用原始指标值进行分析，就会突出数

---

[1] 朱智洺. 李克特式量表与模糊语义量表计分的差异比较——以正态模糊数仿真为例[J]. 统计与决策，2007（22）：160-162.
[2] 韩广华，樊博. 李克特式量表语义差异对科学测量的影响[J]. 科技进步与对策，2017，34（20）：1-6.

值较高的指标在综合分析中的作用，相对削弱数值较低指标的作用。因此，为了保证结果的可靠性，需要对原始指标数据进行标准化处理。标准化处理在文化经济统计领域的指数处理与比较研究中运用得非常广泛。①

四、熵值法

熵值法是用来判断某个指标的离散程度的数学方法。在信息论中，熵是对不确定性的一种度量。当信息量越大时，不确定性就越小，所对应的熵也就越小；而信息量越小时，不确定性越大，熵也随之越大。因此，当某指标的离散程度越大时，该指标对综合评价的影响越大，故可以用熵值判断某个指标的离散程度。在统计应用中，既可以通过计算熵值判断一个事件的随机性及无序程度，也可以用熵值来判断某个指标的离散程度，分析指标的"变异"情况。由此，在文化经济统计中，可以利用信息熵这个工具分析各项计量指标的"变异"程度，计算出各个指标的权重，为多指标综合评价提供依据。②

由于熵值的计算具有统计学意义上的客观性，因而它被广泛应用于文化经济统计的计量领域或计量评价模型中。但同时也要注意，熵值法由于忽略了各个指标本身的重要程度，有时会导致计算所得的指标权重与现实结果相差甚远。此外，熵值法不能减少评价指标的维度，方法运用过程中的计算分析需要付出一定的时间成本。③④

五、回归分析

在统计学中，回归分析（regression analysis）指的是确定两种或两种以上变量间相互依赖的定量关系的一种统计分析方法。回归分析按照涉及的变量的多少，分为一元回归分析和多元回归分析；按照因变量的多少，可分为简单回归分析和多重回归分析；按照自变量和因变量之间的关系类型，可分为线性回归分析和非线性回归分析。⑤⑥

回归分析是文化经济建模分析的常用方法，也被广泛应用于经济统计的各个领域，以分析不同因素间的影响程度。在具体应用过程中要注意的问题是：在应用回归分析时，尤其是进行文化经济发展预测时，需要确定变量之间是否存在相关关系。如果变量之间不存在相关关系，对这些变量应用回归分析就可能得出错误的结果。正确应用回归分析进行预测至少需要注意以下三个方面：一是用定性分析判断现象之间的依存关系；二是要注意回归的适度有效性，分析过程若过度地进行数据延展来做趋势预测必然会导致偏差；三是应注意使用合适的数据资料，避免数据源不当带来的分析偏差。

---

① 杜鹏. 浅谈统计标准化[J]. 农场经济管理，2018（12）：37.
② 朱喜安，魏国栋. 熵值法中无量纲化方法优良标准的探讨[J]. 统计与决策，2015（2）：12-15.
③ 赵益民，姜晨旻. 基于熵值加权综合指数法的公共文化服务发展指数研究[J]. 国家图书馆学刊，2020，29（4）：75-89.
④ 郭显光. 改进的熵值法及其在经济效益评价中的应用[J]. 系统工程理论与实践，1998（12）：99-103.
⑤ 谢开贵，周家启. 组合预测模型的回归分析方法[J]. 重庆大学学报（自然科学版），2003（1）：62-65.
⑥ 傅惠民. 回归分析的数据融合方法[J]. 机械强度，2004（2）：159-163.

第四节 文化经济的计量分析模型

第三节重点介绍了文化经济统计获取数据和将现实问题数字化的过程中常用的统计分析方法,侧重数据处理部分,而本节结合文化研究领域学者们的模型建构,帮助读者掌握一些便于利用方法的模型。

一、文化竞争力分析模型

文化竞争力分析模型聚焦于宏观视角评价文化经济水平与发展潜力,结合联合国教科文组织、联合国开发计划署、世界贸易组织、世界银行、世界经济论坛等国际机构的数据进行跨国域的比较、分析。文化代表着一个国家和民族的精神内核,是一个具体文明形态的核心要素,包含了认知思维、价值观和行为模式等内容,体现出对多种元素的聚合,其竞争力在综合国力竞争中的地位和作用越来越突出,因此考察一个国家或地区的文化竞争力也应从多方面综合理解,可以从文化内核竞争力、文化资源竞争力、文化经济竞争力、文化服务竞争力和文化创新竞争力这五个维度进行综合分析(见图 7-1),下面具体介绍各维度的内涵与指标设计。[①]

(一)文化内核竞争力

文化内核竞争力因素是文化自身的智慧、观念和认知,体现出文化的本源特征,是文化生成的根本依据和源泉,是一国能够长期获得文化竞争优势的基础能力,在国家文化竞争力中处于核心支配地位,决定着国家文化竞争力的性质和方向。从文化经济统计内涵上看,文化内核竞争力包括文化根基要素、文化认同要素、文化交流要素等指标。其中,文化根基要素由世界名著、世界文豪、著名哲学家、语言影响力及世界神话传说构成;文化认同要素由文化凝聚度、文化圈吸引度、宗教意向度等指标构成;文化交流要素由国际航空港连接度、全球枢纽城市数量、入境移民数量、国际留学生、国际组织与会议情况等指标构成。

(二)文化资源竞争力

文化资源是一个国家从古至今所积淀的基本文化素质的总和,包括文化资源的存量规模、结构和质量水平。文化资源竞争力是一个国家最初的、最直观的、原生态的文化竞争力,也是国家文化发展的资源保障。文化资源不一定会带来直接的经济效益,但是其中包含着文化基因,是文化进化的母体。文化资源对人类社会的发展起着方向性、支撑力、凝

[①] 张祥建,徐晋,李向民,王晨. 终极竞争力:全球文化竞争力的评价与分析[J]. 贵州大学学报(社会科学版),2020,38(2):53-71.

聚力、推动力的作用。从文化经济统计内涵上看，文化资源竞争力包括文化资源禀赋要素、国民教育要素、人力资本要素等指标。其中，文化资源禀赋要素由世界文化遗产、世界自然遗产、国土面积等指标构成；国民教育要素由高等院校入学率、国民平均受教育年限、公共教育支出占财政比例等指标构成；人力资本要素由国民健康情况、国民智力水平、人力资本指数、知识产权使用成本、人口规模等指标构成。

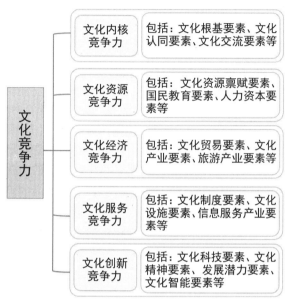

图 7-1 文化竞争力模型

（三）文化经济竞争力

文化经济竞争力体现了文化价值的转化力，是在满足精神需求方面，将文化资源转化为经济价值的能力。而文化产业是文化和经济紧密结合的产物，是表达国家文化自身特性和张力的一个最直接的产业，已成为当今世界各国开展文化竞争的重要领域，其价值实现途径表现为：一是文化的产业化快速发展；二是产业的文化化，使产品中的文化要素成为决定产品竞争力的重要因素。从文化经济统计内涵上看，文化经济竞争力包括文化贸易要素、文化产业要素、旅游产业要素等指标。其中，文化贸易要素由文化产品和服务的进出口额、动漫产业出口额、数码娱乐产业出口额、艺术设计产业出口额等指标构成；文化产业要素由网络游戏产业产值、影视产业产值、艺术品拍卖成交额、创意产业对 GDP 的贡献度、音乐产业产值、电影票房收入、出版产业营业收入之和等指标构成；旅游产业要素由国际旅游业收入占国际文化贸易总进口的比重、旅游业吸引力指数、境内星级酒店数量、入境人次等指标构成。

（四）文化服务竞争力

文化服务竞争力指以政府为主体，在促进地区文化发展方面所给予的政策支持、制度保障以及设施投入等相关管理制度的综合,是一国在文化方面的政策扶持、组织领导和资金投入等方面的保障力度。强大的文化服务竞争力对文化建设及文化产业发展具有强大的推动作用,体现为文化基础设施提供、公共文化管理等方面的能力,可为文化的形成和发展提供良好的支撑和保障,实现基本公共文化服务标准化和均等化,是现代国家治理能力的必备要素。从文化经济统计内涵上看,文化服务竞争力包括文化制度要素、文化设施要素、信息服务产业要素等指标。其中,文化制度要素由宏观经济环境指数、营商环境指数、政府清廉指数、社会法制指数、制度环境指数等指标构成;文化设施要素由公共博物馆数量、图书馆数量、主题公园数量、社区文体设备数量、影音场馆数量、美术馆及画廊数量等指标构成;信息服务产业要素由广播电视台数量、国际知名媒体数量、信息化指数、互联网用户数量、移动电话保有量、网络准备率、网络发展指数等指标构成。

(五)文化创新竞争力

文化创新是国家现代化的核心动力,是一国在文化方面对要素进行内在变革并与其他国家形成差异的能力。文化始终处于动态的发展过程中,一国的文化创新是不断吸收新思想、创造新思想和传播新思想的自我更新与进化过程,文化产品的竞争力主要取决于文化创新。因此,文化创新能力是一个国家和民族向全人类展示自身文化创造活力、引领全球文化潮流、参与全球化文竞争的核心要素。从文化经济统计内涵上看,文化创新竞争力包括文化科技要素、文化精神要素、发展潜力要素、文化智能要素等指标。其中,文化科技要素由研发支出占 GDP 的比例、研究人员占人口的比例、国家专利数量、文创产业规模、技术市场交易规模等指标构成;文化精神要素由人文期刊数量、报刊书籍发行量、人均阅读量、国际新闻奖获奖情况、国际电影节获奖情况、国际建筑和设计奖获奖情况、国际知名品牌拥有量、国际会展指数、国家文娱消费指数等指标构成;发展潜力要素由国家竞争力指数、国家创新指数、恩格尔系数、第三产业增长率等指标构成;文化智能要素由国家信息化发展指数、全球链接指数、国家物联网发展指数、社交网络渗透率、大型数据中心数占全球比例等指标构成。

二、文化软实力分析模型

文化软实力分析模型是分析国家层面文化内涵及影响能力的一种评价分析模型,是对文化竞争力分析模型的补充,文化软实力分析模型更关注文化载体的内核发展,而不是多个文化载体间的竞争优势。文化软实力是文化和意识形态吸引力体现出来的力量,是世界各国制定文化战略和国家战略的一个重要参照系。"软实力(soft power)"一词最早由美国学者小约瑟夫·奈(Joseph S.Nye,Jr)提出,"相较于政治、经济、军事等硬实力,表面上看,文化的确很'软',并不外显,却是一种不可忽略的伟力[①]。"国家的文化软实力持续提供人文价值,引领民族发展,更需要精神积淀,更为特殊和重要。习近平总书记

[①] NYE. Public Diplomacy and Soft Power[J]. Annals of The American Academy of Political and Social Science, 2008, 616(1): 94-109.

在主持 2013 年中央政治局第十二次集体学习时就指出，提高国家文化软实力关系"两个一百年"奋斗目标和中华民族伟大复兴中国梦的实现。围绕着文化软实力，国内外学者展开了多方面的分析与研究，仅从文化经济统计的角度，文化软实力可以分解为文化资源力、文化传播力、文化认同力、文化实践力四个维度（见图 7-2）。[1][2][3]

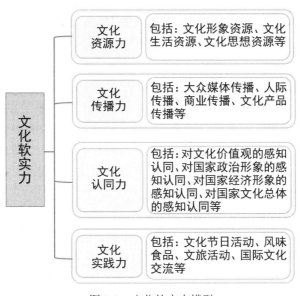

图 7-2 文化软实力模型

（一）文化资源力

文化资源力是文化软实力的源泉，表现为拥有的文化资源的丰富程度，具体细分为文化形象资源、文化生活资源、文化思想资源等内容。具体来看，文化形象资源指标包括地标符号、象征性符号等精神文化内容；文化生活资源包括传统生活符号、现代生活符号，由民俗、民风等多种内容构成；文化思想资源包括哲学符号、艺术符号、人文符号等，由文学、娱乐、科教等内容凝聚体现于文学文字作品、影音影视作品的文化载体资源构成。

（二）文化传播力

文化传播力是文化软实力得以实现的传导机制、中介要素，是文化信息的传递、扩散能力。文化传播力与媒介载体的发展息息相关，根据传播的形态和载体，又可以被细分为大众媒体传播、人际传播、商业传播、文化产品传播。其中，文化传播力的大众媒体传播指标包括媒体使用时间、媒介受信任程度等内容；文化传播力的人际传播指标包括社交圈层数量、社交时间、社交频次等内容；文化传播力的商业传播包括受众对制造与服务品牌

---

[1] 张国祚. 文化软实力研究[J]. 中国高校社会科学, 2015（1）: 42-45.
[2] 贾磊磊. 中国文化软实力提升的策略与路径[J]. 东岳论丛, 2012, 33（1）: 41-45.
[3] 熊正德, 郭荣凤. 国家文化软实力评价及提升路径研究[J]. 中国工业经济, 2011（9）: 16-26.

的印象、对产品广告的了解程度、对国内品牌的认同程度等；文化传播力的文化产品传播包括文创产品接触频次、文创及娱乐产品消费频次与家庭支出占比等内容。

（三）文化认同力

文化认同力是文化软实力实现程度的第一层次指标，可以理解为文化资源经过传播后，在认知与态度层面对受众产生的效果，细分为对文化价值观的感知认同以及对国家政治形象的感知认同、对国家经济形象的感知认同、对国家文化总体的感知认同。在细分指标上，对文化价值观的感知认同涵盖对传统价值观的态度认同和当代社会发展责任担当的价值认同，包括爱国、诚实、守信、和谐、担当、勤劳、友善、纪律等方面；对国家政治形象的感知认同包括对政府机构的信任程度、对政府机关单位领导力的认可情况、对国家外交和战略发展的认可程度；对国家经济形象的感知认同包括对经济环境的认同程度、对经济政策的认可程度、对经济前景的乐观程度、信心程度等；对国家文化总体的感知认同包括对文化整体的理解程度、对国家形象的整体认可程度、对文化包容性的满意程度、对文化创新性的评价程度等。

（四）文化实践力

文化实践力是文化资源传播后，他国受众经过认知认同进而在行为上产生的效果，是文化思想的具象化过程。文化实践力作为文化软实力实现程度的第二层次指标，细分为浅层实践和深层实践。具体来看，文化实践力的浅层实践包括文化节日活动、风味食品、文化活动、文旅活动、交友活动等内容；而文化实践力的深层实践包括传播母语文化、国际文化交流、跨国定居工作等内容。

三、公共文化承载力分析模型

公共文化承载力分析模型是借鉴生态学、资源科学、地理学与环境科学等领域的内容，以跨学科方法建构的文化经济统计模型，其核心思想是通过引入生态资源学的承载力分析思想，破解公共文化建设与经济社会发展过程中出现的文化资源分配不均，文化设施使用效率低下，文化事业投入不足，文化产品和服务的供给、需求不匹配等问题，通过把握公共文化服务承载力的发展规律，探索公共文化发展的着力点，寻求提升公共文化资源承载力的路径。聚焦公共文化发展的现实情境，从内外部主体作用力上进行分解，公共文化发展主要有三个重要的要素，分别是承载主体、承载对象和外部环境。由公共文化发展的关键要素可以解构公共文化承载力的三个关键维度，即公共文化支撑力、公共文化受压力、公共文化调控力（见图 7-3）。其中，承载主体对应的是支撑力，承载对象对应的是受压力，而外部环境对应的则是调控力。[①②]

[①] 李少惠，韩慧. 我国地方政府公共文化服务承载力的差异研究[J]. 图书馆杂志，2020，39（7）：37-47.
[②] 孙久文，易淑昶. 大运河文化带城市综合承载力评价与时空分异[J]. 经济地理，2020，40（7）：12-21.

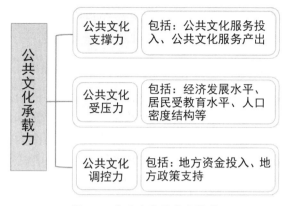

图 7-3　公共文化承载力模型

（一）公共文化支撑力

公共文化支撑力主要体现在政府所能提供的公共文化资源的规模、数量和质量上，包括公共文化服务投入与公共文化服务产出两个方面。公共文化服务投入指标表现为公共文化服务机构数和公共文化服务人员数。其中，公共文化服务机构是向社会提供公共文化产品和服务的公益性文化单位，包括公共图书馆、文化馆、博物馆等；而公共文化服务人员是致力于为社会发展和人民娱乐提供公共文化服务和产品的人才，具体包括艺术表演团体、艺术表演场馆、图书馆、博物馆、群众文化事业机构的从业人员等。公共文化服务产出则表现为文化服务活动和公共文化受惠人次。其中，文化服务活动是为了提高群众的精神文化素养，通过公共文化空间和基础设施向社会公众提供的一切文化活动的总和，具体包括公共图书馆藏书拥有量、群众文化机构组织文艺活动次数、艺术表演团体演出场次、艺术表演场馆演出场次和博物馆基本陈列数等内容。公共文化受惠人次是公共文化服务的直接受惠者、服务效果的最终评价主体，是广大社会群众，具体包括图书馆流通人次、群众文化机构组织文艺活动的参加人次、艺术表演团体演出观看人次、艺术表演场馆演出观看人次和博物馆参观人次等内容。

（二）公共文化受压力

公共文化受压力反映了公共文化承载对象所对应的文化影响，受压力对承载力具有负向作用，即随着公共文化承载对象所受压力的增大，相应的公共文化服务带来的承载力会随之减小，并且公共文化受压力在一定程度上也会损伤持续的公共文化支撑力，进而降低整体文化承载力水平。公共文化受压力包括经济发展水平、居民受教育水平、人口密度结构等。具体而言，经济发展水平以人均 GDP 作为衡量指标，它是政府供给公共文化服务的物质基础，一个地区的经济发展水平直接关乎公共文化服务体制和技术条件，社会经济活动越活跃，公共文化服务的受压力也就越大。居民受教育水平由高中及大专以上学历人口占总人口的比例来衡量，一个地区的居民受教育水平对该地区的公共文化服务供给效率有着直接影响，进而会对公共文化服务的承载力产生重要作用。人口密度结构可以每平方千米人口数和城乡人口比例作为衡量标准，随着一个地区的人口规模的增长和城市化进程加速，公共文化服务的受压力会随之增长，因此需要予以关注。

（三）公共文化调控力

公共文化调控力反映的是外部环境因素的作用，一个地区的公共文化服务发展除了受当地经济社会发展的影响外，还会受到制度、政策、资金等诸多因素的影响，要想提升一个地区的公共文化服务承载力，必须要增强以制度、政策和资金为依托的调控力引导并塑造和谐的公共文化发展环境，由此可将公共文化调控力划分为地方资金投入、地方政策支持两大要素。其中，地方资金投入由人均文化事业费和文化事业费占财政支出的比重衡量，人均文化事业费和文化事业费占财政支出的比重越高，说明地方资金投入在公共文化建设中的调控力度越大。而地方政策支持要素主要包括省级层面、市级层面所发布的有关公共文化服务的规划、意见和方案，一个地区的政府对公共文化服务方面的政策支持将直接影响到该地区的公共文化服务承载力，政策支持度越高，则对公共文化服务的调控力度就越大。地方资金投入和地方政策支持构筑的公共文化调控力能够对公共文化支撑力带来正面影响，但必须要注意调控力具有一定的适用范围，在达到一定程度后，其调控作用将不再明显，即公共文化的调控能力对公共文化服务建设的影响是有限的。

四、文化企业评价分析模型

文化企业评价分析模型侧重对文化经济领域的企业经营进行评价、分析，聚焦文化经济领域的微观部分。文化资源有效开发、文化生态和谐发展、文化自信开拓根植，既需要公共政策的助力，更离不开市场力量的贡献，在文化产业发展中，文化企业起到了重要的作用。伴随着市场经济的深化、文化产业资本的转型升级以及国际文化产品的充分交流与碰撞，面对复杂多变的文化消费市场，文化企业自身的经营管理和文化企业之间的市场交易越来越需要合理价值评估的指导，因此很多企业家、学者和产业实践者投入文化企业评价分析的研究中。由于文化企业所提供的文化产品具有商品属性、准公共产品属性、文化属性等多重属性，对文化企业的评价也需要从经济价值、社会价值、文化价值等多个方面进行（见图 7-4）。而伴随着数字经济、网络新媒体的发展，文化企业的评价也要注意与时俱进，注意文化科技融合和可持续发展。[1][2]

（一）文化企业的经济价值评价

文化企业的经济价值是文化企业存在和发展的关键因素。文化产品和服务具有一般的商品属性，文化企业与一般产品生产企业同样会产生经济价值，能够对社会和公众产生经济上的影响。文化企业的经济价值包括文化经济回报、文化技术创新、可持续发展等评价

---

[1] 孙莹，孙良泉，刘志强，等. 数字文化企业信用评价指标研究[J]. 质量探索，2020，17（1）：70-76.
[2] 何鸿飞. 文化企业价值评估的指标体系探究——基于文化产品和服务视角[J]. 人文天下，2020（11）：43-48.

指标。其中,文化经济回报评价包括总资产报酬率、营业净利润率、净利润增长率等指标内容;文化技术创新包括企业 IP 变现能力、数字化技术研发投入产出比、技术产业融合情况、人才比例、科技奖励情况等指标内容;可持续发展包括文化经济回报、企业无形资产价值、市场开拓、市场占有率、资产保值增值率、商业模式创新、企业品牌塑造等指标内容。

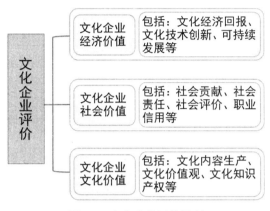

图 7-4 文化企业评价模型

(二)文化企业的社会价值评价

文化企业的社会价值评价聚焦文化企业对社会发展的影响与贡献。大多数文化产品和服务具有准公共产品属性,可为社会公众提供情绪价值与心理满足的服务,具有助力大众美育、传承文明、宣传文化的作用,因而文化企业分担了一定的社会责任,具有重要的公共服务功能和社会影响。文化企业的社会价值包括社会贡献、社会责任、社会评价、职业信用等评价指标。其中,社会贡献指标包括国民经济贡献、税收贡献、就业贡献等内容;社会责任指标包括公益慈善、工资支付水平、企业福利水平、融资信用、纳税信用等内容;社会评价指标包括第三方企业评价、企业形象评价、顾客产品评价等内容;职业信用指标包括职业道德水平、职业环境约束、职业行为规范、竞业避止等内容。

(三)文化企业的文化价值评价

文化企业的文化价值评价关注文化企业的产品内核与特殊价值,聚焦于文化内容,不同的文化内涵赋予了产品不同的商业价值,文化企业所提供的文化产品和服务既在消费层面给予购买者美的感觉和享受,又在精神层面进行了有关文化价值观和艺术符号信息的潜移默化的影响。文化企业的文化价值包括文化内容生产、文化价值观、文化知识产权等评价指标。其中,文化内容生产包括内容原创性、内容导向性、内容情绪价值、内容美学等内容;文化价值观指标包括价值观理念、价值观传播、教育功能、公共参与度、文化塑造与风险控制等内容;文化知识产权指标包括职业道德水平、职业环境约束、职业行为规范、竞业避止等内容。

五、文化消费评价分析模型

文化消费评价分析模型着眼于文化经济统计的消费端,通过文化产品消费者的需求行为、消费特点来思考文化发展的变化规律。伴随着生产力的不断解放,人类文明不断发展,消费需求从基本的衣食住行向更高层次的需求迈进,同时物质产品的丰富带来了消费的多元化发展,因而文化消费在社会结构与社会重构中的作用愈发明显。文化消费作为文化产业链上的终端环节,也是推动一个国家的文化产业真正实现持续性发展、壮大繁荣的关键所在。西方国家对于文化消费的相关研究兴起于20世纪50年代末期,较多地从经济学或社会学视角切入,偏向行为研究。我国围绕文化消费的探讨始于20世纪80年代中后期,早期研究多集中在对消费经济学、文化市场学等领域的理论探索,随着时代发展,文化消费领域的计量分析也日益受到"政产学研"的高度重视。我国文化和旅游部在"十三五"规划中就特别提出要扩大和引导文化消费,满足多样化文化需求,提升文化消费水平。而党的十九大报告也强调"新时代,中国社会主要矛盾是人民日益增长的美好生活需要和不平衡不充分的发展之间的矛盾",文化消费需求是人民日益增长的美好生活需要的重要组成部分。因此,文化消费评价分析模型有着重要的理论和现实意义。而着眼于评价分析模型本身,文化消费评价可以分为文化消费环境、文化消费意愿、文化消费满意度这三项具体测度内容(见图7-5)。①②③

图7-5 文化消费评价模型

(一)文化消费环境测度

文化消费环境测度的是居民进行文化消费的条件,狭义的文化消费环境包括文化基础

---

① 朱媛媛,甘依霖,李星明,等. 中国文化消费水平的地域分异及影响因素[J]. 经济地理,2020,40(3):110-118.
② 杨林. 文化消费现象及其评价体系变化研究[J]. 商业经济研究,2018(15):50-52.
③ 郭熙保,储晓腾,王艺. 文化消费指标体系的设计与比较——基于时间利用的新视角[J]. 消费经济,2015,31(6):44-50.

设施和相关配套设施等的建设情况，广义的文化消费环境包括宏观的经济环境条件和社会环境条件。文化消费环境是人们用精神文化产品和服务满足自身或公众精神需求的消费过程中所面临的、对其有一定影响的、外在的、客观的背景、基础和条件等因素的总称。在文化经济统计的理论分析模型中，文化消费环境测度一般包括文化市场经营机构营收情况、文化产业从业人员、第三产业占比、人均GDP、文化事业费占财政支出比重、文化基础设施情况、城镇化率等指标内容。

（二）文化消费意愿测度

文化消费意愿表示消费者对文化消费的付出水平，包括有形的金钱付出和无形的时间付出、情感付出等内容。文化消费意愿在宏观上反映了在考虑当前物价、利率以及收入水平等各种因素的前提下，消费者倾向于文化消费的程度，在同等收入条件下，消费意愿越强，消费者的消费支出越多；在微观上反映着消费者基于文化认同而选择相应产品的主观倾向，消费者对待文化消费产品的态度，加上外在因素的作用，导致了具体的文化消费行为。因此，文化消费意愿是预测文化消费行为的重要指标。在文化经济统计的理论分析模型中，文化消费意愿测度一般包括人均文化教育娱乐支出、文化消费占消费支出比重、公共文化活动参与频次、受教育程度、互联网上网频次等指标内容。

（三）文化消费满意度测度

文化消费满意度反映的是消费者通过文化消费所获得的对个体需求的满足情况，作为一种体验评价，它包括了消费者对文化消费产品本身及其消费价格两个方面的感官和体验。文化消费满意度既是一个重要的统计指标，也反映了文化经济统计在消费领域的重要追求，即提高文化消费的满意程度。在文化经济统计的理论分析模型中，文化消费满意度测度一般包括文化消费价格指数、文化消费设施满足率、文化消费品评价等指标内容。文化消费价格指数和文化消费设施满足率作为客观计量标准，一般由地方统计部门或文化旅游厅统计发布，而文化消费品评价常常通过李克特量表进行随机调查，获取样本，以消费者对特定满意度指标的打分数据为基础，运用加权平均法得出相应结果。

本章小结

- 文化经济统计是指运用各种统计方法对文化经济领域的发展情况进行统计调查、统计分析，为深化文化体制改革和持续推进社会主义文化强国建设提供统计资料和统计咨询意见，实行统计监督等活动。作为国民经济统计的重要一环，文化经济统计关注并统计以文化为核心内容的相关经济单位的经营活动情况，文化经济领域相关的机构和人员以及文化资源的数量、资产。
- 文化经济统计既是国民经济统计的重要一环，又是对国民经济统计的重要补充。

从统计范围来看，文化经济统计侧重在文化经济领域相关的单位经营、人力资源与文化资源，范围上小于国民经济社会再生产过程的全范围领域；但与此同时，文化经济统计注重文化附加值的创造生产，关注人的精神追求在物质生产过程中的实现，通过对精神经济、文化产品的相关跟踪以文化为核心的经济领域活动，促进文化生产力的解放与持续发展。

- 文化经济统计通常包括宏观发展统计、中观业态统计、微观消费统计等内容。宏观层面的文化经济统计主要关注于国家层面的文化资源基本情况和文化机构、文化团体的业务活动情况，统计类目包括艺术事业统计、公共图书馆事业统计、群众文化事业统计、文物事业统计和其他文化事业统计等诸多内容；中观层面的文化经济统计主要聚焦于文化经济产业的业态发展，包括新闻信息服务、内容创作生产、创意设计服务、文化传播渠道、文化投资运营、文化娱乐休闲服务、文化辅助生产和中介服务、文化装备生产、文化消费终端生产；微观层面的文化经济统计聚焦于文化消费相关内容，虽侧重微观领域，也会从系统视角出发，结合文化经济中的多个方面进行统计，文化经济的常用消费统计涵盖影响文化消费的经济、社会、文化等多重因素。
- 文化经济统计的基础方法由定性分析和定量分析构成，常见的方法有基于专家评估的德尔菲法、基于问卷反馈的李克特量表，有针对差异数据的标准化分析，有聚焦数据离散度的熵值法，有结合数据分布情况的回归分析，综合多种分析方法进行数值分析有助于识别文化经济数据背后的因果影响，运用文化经济统计数据指导文化领域的理论拓展和实践探索。
- 为了方便对文化领域的经济主体、经济行为进行评价与分析，文化研究领域学者们建构了一系列的研究模型，常见的模型包括：立足宏观区域发展，进行跨国域比较分析的文化竞争力分析模型；关注文化载体的内核发展，分析国家层面文化内涵及影响能力的文化软实力分析模型；引入生态资源学的承载力分析思想以优化资源分配效率，通过跨学科方法建构的公共文化承载力分析模型；侧重对文化经济领域的企业经营进行评价分析，聚焦文化经济领域微观部分的文化企业评价分析模型；着眼于文化经济统计的消费端，通过文化产品消费者的需求行为、消费特点来思考文化发展文化消费评价分析模型。

综合练习

一、本章基本概念

文化经济统计、德尔菲法、李克特量表、数值标准化、熵值法、回归分析、文化竞争力分析模型、文化软实力分析模型、公共文化承载力分析模型、文化企业评价分析模型、文化消费评价分析模型。

二、本章基本思考题

1. 简述文化经济统计的内容、范围与意义。
2. 宏观视角下的文化经济主要涉及哪些内容？
3. 文化经济的业态统计主要包括哪些内容？
4. 简述德尔菲法的运用步骤。
5. 李克特量表在使用中有哪些需要注意的因素？
6. 熵值分析的基本思想是什么？
7. 正确应用回归分析要注意哪些方面？
8. 文化竞争力分析模型有哪些维度与评价指标？
9. 文化软实力分析模型侧重哪些方面的评价、分析？
10. 公共文化承载力分析模型是如何借鉴环境学、生态学方法的？
11. 为什么要进行文化企业评价分析？其模型由哪些维度构成？
12. 试分析不同文化消费评价指标的重要性并解释相关测度的主要内容。

第八章

文化经济的增长动力和机制

 学习目标

通过对本章的学习,学生应了解或掌握如下内容:
1. 了解文化经济增长的表现形式;
2. 了解文化经济增长的制约因素;
3. 掌握文化经济增长的动力;
4. 了解文化经济增长的内在机制。

 导言

要探究文化经济增长的内在逻辑,首先要思考两个问题:第一,文化经济增长如何衡量?第二,文化经济增长的影响因素有哪些?要回答这两个问题,首先需要明白文化经济增长和传统的产业经济增长不同,规模效率、比较优势等理论在文化经济中"失灵"了。鲍莫尔(Baumol)和鲍温(Bowen)所提出的"成本病"解释了艺术表演领域的成本非均衡性增长现象。经济学的基本假设是每个人都是理性经济人,但在文化经济中,艺术家的创作初衷是非理性的,是出于内心需要的行为。而市场对文化产品的需求也具有极大的不确定性,如当一部电影拍摄完成投入市场之前,没有人能确定观众会如何评价、它的票房最终如何。因此,我们需要采用不同于传统经济学的理论来看待文化经济增长现象。

第一节 文化经济增长概述

进入 21 世纪,随着物质经济水平的提高,我国对经济发展提出了更高的要求,我国经济已经由高速增长阶段转向高质量发展阶段,高质量发展是"十四五"乃至更长时期内我国经济社会发展的方向。文化经济有助于推动传统制造业升级转型,将成为高质量发展的重要增长极。因此,文化经济的增长关系到国家经济和社会的整体发展,应当从资源配

置、产业结构、公平效率、创新内涵等层面理解文化经济的增长，着眼于经济转型和社会发展的趋势，探索符合发展规律的动力机制。

一、文化经济增长的内涵与相关理论的演变

（一）文化经济增长的内涵

经济学对经济增长概念的论述分为广义和狭义两种。狭义的经济增长是一个量的概念，通常用国内生产总值（GDP）的增长来进行货币化表达，而广义的经济增长在此基础上，还增加了质的概念，包括国民的生活质量、社会经济结构和制度结构的总体进步。

文化经济增长的研究重在衡量其价值，对国内生产总值的贡献和增长率一直是衡量文化经济的重要指标。价值链是衡量文化经济规模和其对国内经济贡献的基础概念，价值增值发生在产业链中。衡量文化经济增长的困难之处在于文化产品和文化服务横跨了服务业、制造业，有时与传统产业难以剥离。例如，家具生产属于制造业，其产品设计、品牌概念则属于文化产业，设计人才、创意人才也都属于文化产业人才培养对象，但是这些数据常常被统计入制造业产值，如何将文化经济从其他统计口径中剥离出来，弄清楚文化经济的真实价值，是一个复杂的过程。

文化经济与传统经济不同，其更侧重于精神内容的转化和市场的价值认定，本书所指的文化经济的增长不仅仅是总量的增长，还包括文化产业结构优化、文化经济效率提高，是一个描述文化经济总体增长水平的综合性概念。文化经济的稳步增长需要保持文化经济资源优化配置并在此基础上不断优化文化经济的内部产业结构和区域产业结构，形成文化经济社会效益和经济效益综合最大化的结果。

（二）文化经济增长理论的演变

经济增长理论是经济学的一个复杂概念。在凯恩斯的有效需求不足理论的基础之上，哈罗德-多马模型（Harrod-Domar model）重在研究一个国家在长时期内的国民收入和就业的稳定增长所需要的条件，认为劳动和资本在生产中是可以相互替代的。但其假设条件过于苛刻，几乎否定了经济稳定增长的可能性。在此基础上，钱纳里和斯特劳特（Chenery & Strout）提出"两缺口模型"，认为国内资源的稀缺是经济发展的主要约束，提出外资的重要性。"三缺口模型"则综合考虑了储蓄、外汇和财政缺口这三个条件。

新古典经济增长理论和内生经济增长理论是沿着熊彼特的创新理论发展而来的。罗伯特·索罗（Robert Solow）摒弃了哈罗德-多马经济增长模型的假设条件，建立了一种没有固定成产比例假设的长期增长模型，即提出了新古典经济增长模型。罗默（Paul Romer）将技术视作经济的内生变量，认为知识积累是经济增长的原动力，因此提出了收益递增的经济增长模型。

20世纪70年代，在熊彼特影响下的另一派侧重研究技术创新的学者形成了创新研究的"线性范式"和"网络范式"，从而结合形成后来的区域创新理论与产业集群理论。相

关学者强调技术创新在经济增长中的核心作用，爱德温·曼斯菲尔德完善了熊彼特创新理论中对于技术创新和复制之间的关系的论述，建立了新技术推广模式，但其理论仍然是基于完全竞争市场等理想情况下的经济模型，对于现实的指导意义有限。

二、文化经济增长的表现

随着中国特色社会主义进入新时代，我国经济发展也进入昂起阶段并逐步向后昂起阶段迈进[①]，经济增长动力已经由传统的"三驾马车"——投资、消费、净出口转型升级，需要扩大内需进行供给侧改革，文化、科技、创新成为当代经济发展的重要影响因素，文化经济成为新的增长极。文化经济以文化资产为基础推动经济的发展，其增长具体体现在总量、结构、效率和辐射力四个方面。

（一）文化经济总量增长

文化经济总量增长是文化经济增长最直接的体现，也是经济增长的一个基本衡量标准。文化经济总量的增长需要对其发展规模、发展速度、发展地位等做出长远规划。

1. 文化经济在经济发展中的地位

文化经济总量指一个国家或地区在一定时期内实际收到的可以用货币衡量的文化产业总增加值。文化经济总量主要包括文化资源的产业化和传统产业的文化化过程中所创造的经济价值，现在通常采用文化产业增加值占 GDP 的比重来衡量文化产业的发展情况。"十三五"规划纲要提出，到 2020 年实现文化产业成为国民经济支柱性产业的目标，以文化资源为主要生产对象的文化产业成为当代经济增长方式转变的重要力量。

支柱性产业是指在国民经济发展中具有较大影响，占国民经济总量 5%以上，在国民经济发展中起着骨干性、支撑性作用的产业。支柱性产业符合未来产业结构演进的方向，有利于产业结构优化，能够带动众多相关产业的发展。

对文化经济的战略定位，需要建立在一定的发展基础之上。首先是总体经济发展达到一定水平。因为文化经济是生产和提供精神文化产品的活动，只有在物质经济达到一定水平，满足基础生活需要之后，人们的精神生活需求才会逐步凸显出来，产生对文化的消费。其次，要有一定的文化经济发展所需的技术、资本和人才的支撑，文化经济的发展需要大量智力资源，尤其是文化、艺术、科技等专业人才的支持。

因此，文化经济在国民经济和区域经济发展中的战略地位要根据不同经济发展的具体情况加以确定。支柱性产业的衡量标准即文化产业增加值至少要占到 GDP 的 5%。2019年，我国文化及相关产业增加值为 44 363 亿元，占 GDP 比重为 4.5%。

2. 文化经济长期的增长速度

文化经济总量的增长需要较高的增长速度来实现。通常，无论是新兴产业还是支柱产

---

① 李向民. 新时代：加速崛起的精神经济时代[J]. 山东大学学报（哲学社会科学版），2020（1）：40-46.

业，在发展初期都会具有较高的增长率。按照经济增长规律，保持一定的稳步快速的增长速度可促进产业达到一定的规模，有助于实现规模经济①。文化经济的增长需要建立在良好的经济资本形成和积累的基础上。通常我们可以从历年的文化产业统计中查阅相关数据，描述出历年增长情况，从整体上了解文化产业的增长轨迹和趋势。根据国家统计局数据，2019年，我国文化及相关产业增加值比2018年增长了7.8%。2010—2020年，我国文化产业总量呈明显上升趋势。

文化经济的增长速度不仅受到自身因素的影响，同时还会受到总体经济增长速度、经济周期等宏观环境的影响。文化经济增长要遵循经济效益和社会效益并重的原则，科学、合理地确定文化经济的增长目标，以及其在一定时期的增长水平十分必要。此目标可以结合国内生产总值及文化产业在规划时期内占国内生产总值的比重来确定，同时也要根据文化软实力、文化强国的建设目标做出具体的指标规划。

（二）文化经济结构优化

文化经济的增长还体现在文化经济结构的优化上。文化经济的结构包含经济内部的结构和区域间的结构布局两个方面。

根据我国《文化及相关产业分类（2018）》，文化核心领域和文化相关领域及其行业包含三个层次，共146个小类，故应该对文化产业的产业结构进行详细的衡量和优化（具体内容见第七章）。以2019年数据为例，按行业分，文化服务业、文化制造业、文化批发和零售业的增加值占文化及相关产业增加值的比重分别为63.4%、26.8%、9.8%（文化服务业：文化制造业：文化批发和零售业 = 6.5：2.7：1）。按活动性质分，文化核心领域和文化相关领域的增加值占文化及相关产业增加值的比重分别为69.3%和30.7%。

文化经济的发展呈现出区域间的不平衡，这一方面是受到区域发展经济水平的影响。不同的经济发展水平造成了地区间在文化消费能力、文化市场规模、文化产业生产要素集聚水平方面的差异，从而形成了不同的文化经济发展水平。另一方面，文化经济的增长受到区域资源禀赋差异的影响。不同的文化资源、自然资源、区位地理条件对文化经济的发展造成了不同程度的影响，也构建了不同地区的文化经济发展特色和产业结构。因此，不能将一成不变的经济增长评价模式套用在文化经济的增长评价上。文化经济的发展总量目标要与现有经济发展水平和增长速度相适应，要与区域经济总体的增长目标相适应。

（三）文化经济效率提升

文化经济的增长具有显著的效率提升表现。文化经济的增长需要技术资源、人力资源的聚集和整合。文化经济的增长效率要根据资源配置情况、增长目标、科技含量等多方面因素综合考虑。

文化经济效率的提升体现在技术效率、规模效率和劳动效率三个层面。技术效率表示通过技术的调整对文化经济总量产生的影响幅度，文化经济的增长和研发投入具有紧密的

---

① 李向民，王晨. 文化产业管理概论[M]. 北京：清华大学出版社，2015：62.

关系，一个重要测度指标是研发强度，即研发投入占销售收入的比重，可反映出企业真实的研发能力。规模效率表示生产规模的扩张对不同时期的文化经济总量所带来的影响幅度。劳动效率体现在劳动组织结构、劳动力结构和劳动生产率等方面。因此，效率提升的评价更注重投入产出比，强调资源的优化配置，对文化经济增长更具有指导意义。

（四）文化经济辐射力增强

文化经济的增长体现为显著提高的辐射力度。文化经济是知识密集、技术密集、资金密集的高层次经济，文化经济的生产和消费过程具有显著的"溢出性"和"外部性"，有助于促进其他产业的发展，从而带动区域、城市的整体经济水平的提升。因此，文化经济增长的很重要的一个体现就是其辐射力的增强，表现在通过文化产品和服务的销售对人们生活水平的提升，文化产业对整体经济增长的带动，文化产业对产业结构的调整，文化产业对劳动结构的调整。文化经济的一个特点是通过国际贸易和国际收支平衡来实现经济贡献，同时对文化国际影响力水平产生影响。文化经济的增长不应一味地以经济产出数字来衡量，应包括更为广泛的社会效益和经济效益内容，以衡量文化经济对整体经济的间接贡献以及对文化发展的作用，以平衡社会效益和经济效益的关系。文化经济增长的测度指标如表8-1所示。

表8-1 文化经济增长的测度指标[①]

目标	维度	一级指标	二级指标
文化经济增长	文化经济总量	文化产业增加值	—
		文化产业增加值占GDP的比重	
		文化产业增长速度	
		文化及相关产业从业人数	
		文化企业总量	
		文化产业固定投资	
		居民用于文化娱乐的人均消费支出	城镇居民用于文化娱乐的人均消费支出
			农村居民用于文化娱乐的人均消费支出
	文化经济结构	文化服务业增加值占比	—
		文化制造业增加值占比	
		文化批发和零售业增加值占比	
		文化核心领域增加值占比	新闻信息服务增加值占比
			内容创作生产增加值占比
			创意设计服务增加值占比
			文化传播渠道增加值占比
			文化投资运营增加值占比
			文化娱乐休闲服务增加值占比

---

① 以国家统计局《文化及相关产业分类（2018）》为基础绘制。

续表

目标	维度	一级指标	二级指标
文化经济增长	文化经济结构	文化相关领域增加值占比	文化辅助生产和中介服务增加值占比
			文化装备生产增加值占比
			文化消费终端生产增加值占比
	文化经济效率	高端人才占比	文化创意及相关技术专家人数占比
			博士人数占比
			硕士及以上人数占比
			本科及以上人数占比
		项目开发投入	开发费用占销售收入的比重
		劳动生产率	—
	文化经济辐射力	销售利润率	—
		出口销售率	
		文化产业对GDP增长的贡献率	

三、文化经济增长的制约因素

（一）内部约束

内部约束主要来源于影响文化经济增长的资源要素，涉及文化资源、人力资源、技术资源和资金资源四个方面。一是文化资源的约束，文化资源包括可再生资源和不可再生资源，其相对性短缺体现在可再生资源的资本投入和再生速度，以及不可再生资源的约束。二是人力资源要素呈现结构化约束。一方面是人口老龄化程度的加剧导致从业人员整体年龄水平趋于下降，另一方面是教育资源分布失衡及教育与实践的脱节影响了人才的质量，大量的文化产业高校毕业生无法满足行业发展需要。三是技术资源约束创新难、应用难的困境。首先是技术要素迭代升级的高额成本和激烈竞争，其次是技术与文化的融合不深入，难以为文化经济的发展提供后发优势。四是资金资源的"无力"。资本要素与经济增长的强关联性正在失去现实基础，无论是文化经济发展的内在规律，还是市场资金配置、政府的金融支持力度，都不可能再有高强度资金投入引发迅速持续增长的现象。

（二）外部约束

外部约束主要来源于社会整体对文化经济的影响，包括宏观环境约束和体制约束。一是宏观环境约束，关键因素包括政治因素约束、经济因素约束、生态因素约束和法律因素约束。政治环境对文化经济的发展有着系统性影响，如一些国家的文化例外原则直接限制了文化产品的国际贸易，而且这种约束是无法通过行业内部调整而改变的。经济环境的约束包括经济景气程度、经济结构、经济增长率、财政与货币政策、消费倾向与可支配收入等内容。生态因素对于文化经济发展的约束也属于系统性的、不可改变的。例如，为了保护生态环境，我国西藏的纳木错——念青唐古拉山国家级景区、羊八井国家地质公园核心区等禁止开发，全国重点文物保护单位山西应县木塔已禁止登塔参观，许多文化资源都处于限制开发的状态。法律因素约束主要是指法律限制或立法变化,如国家或地方法律规范,国家司法、行政执法机关等的变动等。

二是体制约束,体现在文化经济发展中的体制规定,直接影响了劳动者的组织和生产方式,收入分配机制,以及行业对文化经济交易的规范。这种约束对于在文化经济中生产的主体文化企业而言,约束最为直接,在不同国家或地区间存在较大差异。

第二节 文化经济的增长周期[①]

文化经济的发展不是一成不变的,从短期看,具有波动性,但从更长的周期看,则呈现一个整体上升的趋势。

一、世界主要经济体文化经济发展的一般规律

根据熊彼特的创新经济理论,经济的发展不是一成不变的,而是遵循规律进行周期性波动,形成一个整体上升的趋势。而经济周期的形成与生产技术、资本积累、市场开发等因素密切相关。

(一)发展文化经济是人们物质消费升级的必然结果

党的十九大报告中,第一次宣布中国特色社会主义进入了新时代,并将我国当前社会的主要矛盾表述为"人民日益增长的美好生活需要和不平衡不充分的发展之间的矛盾",这一表述是对八大首次概括的我国社会基本矛盾的重大调整,既反映了党的八大以来,尤其是改革开放以来,我国社会发展进步的巨大成就,也为今后实现中华民族伟大复兴做了重要的形势判断。

从经济学上看,新时代的本质是精神经济,世界主要经济体均呈现出文化经济迅速发展的现象。根据美国商务部数据,除 2018 年外,美国近年来的文化产业增加值增长速度普遍高于同期 GDP 增长速度,其 2019 年文化艺术产业增加值为 3.7%,同期 GDP 的增长速度只有 2.3%,如图 8-1 所示。

(二)世界经济发展进入"后昂起阶段"

根据著名经济学家麦迪森于 1993 年完成的一项研究,我们对世界各国经济转型、迈进精神经济时代的拐点进行了分析并从中发现,世界各国的人均 GDP(以 1990 年盖-凯美元[②]计算)接近 10 000 美元的时间,美国为 1936 年,日本为 20 世纪 70 年代初,韩国为 20 世纪 90 年代初。这一时期,经济增长的曲线从长期的缓慢增长突然发生转折,如同一

[①] 本节内容主要参考:李向民. 新时代:加速崛起的精神经济时代[J]. 山东大学学报(哲学社会科学版),2020(1):40-46.
[②] "盖-凯美元"是 R.S.盖里于 1958 年提出,后由 S.H.凯米斯发展的一种综合考虑货币购买力平价和商品的国际平均价格因素的货币转换方法,以美元为计算单位,主要用于多边比较。

条长蛇昂然抬头,斜率陡然上升。从经验数据来看,这也正是各国进入精神经济时代的重要节点。

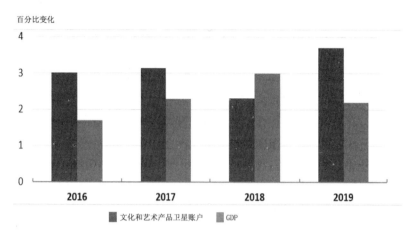

图 8-1　2016—2019 年美国文化艺术实际增加值与 GDP 的比较①

根据麦迪森的计算,12 个西欧国家按 1990 年盖-凯美元计算的人均 GDP 算术平均数,1900 年为 2899 元,1913 年为 3482 元,1950 年为 5513 元;中国 1992 年为 3098 元。在此基础上按照 1992—2000 年中国人均 GDP 增长指数推算,2000 年中国的人均 GDP 为 6061 盖-凯美元。另据《中国现代化报告(2006)》中的数据,按购买力平价计算(1990 年价格),2001 年中国的人均 GDP 为 3583 国际美元,接近于法国 1923 年(3718 元)、德国 1925 年(3772 元)、瑞典 1928 年(3657 元)、挪威 1936 年(3757 元)、意大利 1951 年(3738 元)的水平。同一份报告还指出,从平均预期寿命和教育等社会发展指标看,此时的中国也不输于彼时的发达国家。2003 年,中国的人类发展指数(human development index,HDI)为 0.755,接近于美国、英国和瑞典 1940 年的水平、挪威 1950 年的水平。图 8-2 为美、英、日、中四国人均 GDP 增长规律的示意。

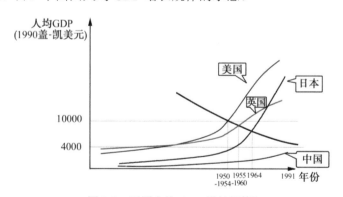

图 8-2　四国人均 GDP 增长规律②

---

① 数据来源于美国商务部经济分析局。
② MADDISON. The World Economy: A Millennial Perspective[R]. OECD Publications: 2001.

由此我们可以看出，世界各国物质经济发展经过爆发式增长后，都经历了一个特殊的"昂起阶段"，在昂起阶段，物质生产短缺问题得到基本解决，社会进入以创新和文化驱动的时期，GDP进入快速增长期。美国发展经济学家罗斯托在"经济发展阶段"理论中将世界各国经济发展分为五个阶段，后来又补充为六个阶段。在"第六阶段"，追求生活质量是主要的发展需求。

二、文化经济增长的"长波理论"

（一）长波理论

对于经济发展的长波理论，学者们众说纷纭，对经济长波不同阶段的划分和功能有不同的观点。

苏联经济学家尼古拉·康德拉季耶夫于1925年提出经济长波理论，他认为资本主义经济的每一次大循环都有上升（繁荣）、下降（衰退）两个阶段，每一阶段约为20～30年。第一次世界经济长波上升期出现在1795—1825年，发端于蒸汽时代，推动了纺织业和运输业等新兴产业的出现，英国成为世界经济中心。第二次世界经济长波的上升期为1850—1873年，钢铁制造业成为推动世界经济发展的主导行业，随着产业结构空间布局的调整，产业现代化运动在许多国家兴起，世界经济重心由英国向美国转移，世界经济格局发生重大转变。第三次世界经济长波上升期出现在1890—1913年，电气、汽车制造业成为当时的主要产业，产业结构变化导致企业组织形式发生改变，垄断财团的出现标志着垄断资本主义的形成，美国成为世界经济发展的中心。第四次经济长波上升期发生在1945—1973年，科技创新来源于更多的领域，电子计算机、生物、航天等新技术的创新和应用促使产业结构更加优化，"美、日、欧"三足鼎立的经济格局初步形成。

长波是19世纪末由西方经济学家根据资本主义经济发展现象所总结出来的相对于古典经济周期而言更为长期的经济周期，即50～60年出现一次长期波动。对于长波形成的动因，学者们众说纷纭。

以熊彼特为代表的技术创新学派认为，以产业革命为代表的技术创新是经济长波形成的根源。罗斯托将经济长波归因于初级产品与工业产品的相对价格变动。日本经济学家筱原三代平认为，经济长波是技术创新、货币供应量、能源资源和战争等多因素作用的结果。社会积累结构学派将经济长波归结为社会积累结构的交替，认为经济长波周期可长可短并有一定的重叠。优势政治经济周期学认为，优势政治力量的交替导致经济长波。

熊彼特是技术创新长波论的创始人，主要强调的是技术的作用。在《经济发展理论》一书中，他首次分析了创新的作用。在《经济周期》中，他根据创新类型的不同，将创新分为50年左右的长周期、10年左右的中周期和40个月左右的短周期。长周期是由影响巨大的、实现时间长的创新，即以产业革命为代表的技术创新决定的，长波是以主要技术发明和它们的普及应用、生产技术突出发展为标志的。在《资本主义、社会主义和民主》中，熊彼特将资本主义经济发展划分为三个长波：第一个长波是产业革命时期（1780—1842

年），波峰在 1800 年左右，主要表现为资本需求增加，投资和资本输出增加，贷款利率提升，新兴产业建设规模扩大、速度加快以及与此相适应的其他经济振兴现象；第二个长波是蒸汽和钢铁时代（1842—1897 年），波峰在 1857 年左右，表现为投资减少、贷款利率降低，新兴产业建设放慢甚至停止，失业人数增加；第三个长波是电气、化学和汽车工业时代（1897—1946 年），波峰在 1911 年左右[①]。在此基础上，部分学者将演化经济学、系统理论等内容加入长波的研究中，极大地丰富了熊彼特的技术创新长波理论，这些学者也被称为新熊彼特学派，门斯和佩蕾丝是其典型代表人物。

熊彼特的创新周期理论指出，创新会使企业在最初一段时间获得高额的利润，但在不断竞争的作用下，又会因不断的技术扩散而使企业因创新得来的优势和高利润逐渐消失，形成"创造性破坏"。在此基础上，熊彼特又提出一个假说，即创新在时间上不是均匀的，而是以"群聚"的形式出现，这就意味着创新的作用是叠加的，在创新群聚出现的初期，利润率会在叠加效应下不断上升，而在创新的后期，利润率又会随着技术的扩散而不断下降，这就形成了整个经济的周期波动。门斯的研究继承、深化了熊彼特的创新周期理论，他指出基本创新[②]才是经济长期波动的动力，新的基本创新会导致新兴产业的出现，巨大的创新市场使这些部门快速增长并不断出现改进型创新，从而促进经济上升。同时，门斯还提出了"技术僵局"理论。

（二）经济的"长波"是精神经济时代

根据长波理论对世界经济发展的划分虽然有多家之言，但其中共同的观点是世界经济如今进入了一个高速发展的时代。图 8-3 为 1960—2020 年全球 GDP 走势。

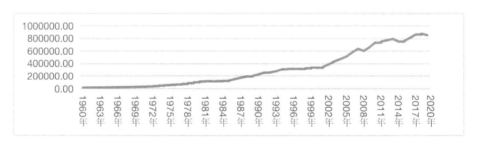

图 8-3　1960—2020 年全球 GDP 走势图（单位：万亿美元）[③]

目前，经济发展正处于第五次世界经济长波上升期，即"后昂起时代"，经济总量增加、发展速度提升，与前几个阶段相比，有了明显的质的飞跃。"后昂起时代"是精神经济时代，文化经济将是经济发展的重要组成。与前几个阶段显著不同的就是人类的需求发生了层次的跃迁，从追求更多的物质财富提高到对满足生活质量的需要，其本质是文化和精神的需要。

---

① 马艳，王琳. 三大经济长波理论的比较研究[J]. 当代经济研究，2015（3）：32-39.
② 门斯将技术创新分为基本创新、改进型创新和虚假创新三类。
③ 根据 UNCTADstat（联合国贸发与发展会议数据库）数据绘制。

工业革命以后的一百年中，社会生产力极大提高，物质资料空前丰富，劳动力出现了大量结构性剩余，人们逐步从繁重而枯燥的体力劳动中解放出来，世界财富涌流。

物质经济的基本特征是规模的扩张和数量的增加。近年来，随着中国社会生产力的极大提高和物质的极大丰富，供给与需求之间开始出现结构性矛盾，不再是绝对意义上的供不应求，而是供给与需求之间的不对称、不衔接。需求都开始升级转型，食物要求更安全、更健康，衣着要求更美观、更舒适，住房要求更温馨、更舒适。人们共同的愿望是生活得更加美好。

对美好生活的需要是一种高层次需要，其本质是以文化为核心的需要。产品和劳务逐步成为精神性符号，成为价值观的载体。从传统的影视、图书等文化产品，到服装、汽车，甚至是住宅，都将成为一个人审美趣味、品牌偏好、社会地位、文化水平的综合载体。

世界经济迎来了真正的精神经济时代，文化内容产业将成为后昂起时期的第一产业，成为驱动产业。产业的精神化和经济的文化化是精神经济时代的重要特征。文化与其他产业的关联度将不断提高，传统物质消费部门提供的产品日益精神化。经济结构出现重大转折，创意成为第一原生推动力。

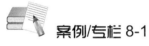

案例/专栏 8-1

世界各国文化经济竞争力排名①

在国际竞争日趋激烈的背景下，文化经济已经成为各国角逐的新领域，特别是文化贸易，它兼具经济、文化和政治功能，是文化经济竞争力的核心，对一国整体实力的提升意义重大。

从文化经济竞争力评价结果来看，美国的得分为 20.43，居全球第一位，遥遥领先于其他国家。美国拥有全球最发达的文化产业，在全球具有不可动摇的地位，引领着全球文化产业的发展方向，甚至在美国出口的所有商品和劳务中都渗透和融合了文化因素。中国的文化经济竞争力指数为 14.88，在全球排名第二，说明中国文化产业的发展势头迅猛，已经超过欧洲传统文化经济巨头英国、德国、法国，以及亚洲的日本和韩国，成为名副其实的文化经济大国。紧随中国之后的是英国、德国、法国和日本，文化经济指数分别为 11.61、10.06、9.47 和 7.45，这些发达国家都是文化经济强国，在国际市场中具有突出的表现。表 8-2 是全球文化经济竞争力排名前 20 位的国家。这些国家主要包括三类：第一类是经济发达且文化资源丰富的国家，如美国、英国、德国、法国等；第二类是文化资源丰富的国家，如中国、印度、意大利等；第三类是经济发达但缺乏文化资源的国家，如日本、新加坡、韩国等。表 8-3 展示了全球文化经济竞争力的分布状况，从表中可以看出，文化经济竞争力最强的区域集中在美国、西欧和东亚三大地区。

---

① 资料来源：紫金文创研究院报告《全球文化竞争力评价指标体系研究（2019）》。

表 8-2 世界文化经济竞争力排名前 20 位[①]

文化竞争力	排名	1	2	3	4	5	6	7	8	9	10	11	12	13	14	15	16	17	18	19	20
	国家	美国	中国	英国	德国	法国	日本	新加坡	荷兰	瑞士	印度	意大利	西班牙	比利时	加拿大	爱尔兰	瑞典	奥地利	韩国	丹麦	挪威
	得分	20.43	14.88	11.63	10.06	9.47	7.45	7.23	7.07	6.86	5.66	5.47	5.45	5.34	5.33	5.16	5.01	4.84	4.61	4.5	4.29

表 8-3 全球文化经济竞争力分布状况[②]

等级水平	文化经济指数	国家或地区
高水平	7.451—20.43	美国、中国、英国、德国、法国
中高水平	3.261—7.45	日本、新加坡、荷兰、瑞士、印度、意大利、西班牙、比利时、加拿大、爱尔兰、瑞典、奥地利、韩国、丹麦、挪威、澳大利亚、马来西亚、卢森堡、泰国、芬兰、以色列、墨西哥、捷克、冰岛
中等水平	2.081—3.26	巴西、中国澳门、中国香港、阿拉伯联合酋长国、新西兰、卡塔尔、波兰、葡萄牙、土耳其、俄罗斯、克罗地亚、希腊、匈牙利、爱沙尼亚、约旦、哥斯达黎加、印度尼西亚、毛里求斯、巴拿马、菲律宾、牙买加、拉脱维亚、塞浦路斯、黎巴嫩、立陶宛、马耳他、斯洛文尼亚、摩洛哥、黑山、佛得角、肯尼亚、卢旺达、巴林、斯里兰卡、多米尼加、智利、哥伦比亚、阿尔巴尼亚
中低水平	1.291—2.08	危地马拉、阿根廷、南非、冈比亚、斯洛伐克、埃及、保加利亚、乌拉圭、萨尔瓦多、亚美尼亚、塞舌尔、罗马尼亚、秘鲁、洪都拉斯、乌干达、阿塞拜疆、叙利亚、埃塞俄比亚、纳米比亚、阿曼、沙特阿拉伯、突尼斯、特立尼达和多巴哥、坦桑尼亚、越南、加纳、伊朗、哈萨克斯坦、老挝、科威特、科特迪瓦、玻利维亚、乌克兰、不丹
低水平地区	0.22—1.29	圭亚那、赞比亚、莫桑比克、尼泊尔、吉尔吉斯斯坦、多哥、塔吉克斯坦、白俄罗斯、尼日尔、厄瓜多尔、苏丹、喀麦隆、巴基斯坦、马达加斯加、柬埔寨、阿富汗、摩尔多瓦、蒙古、毛里塔尼亚、巴拉圭、伊拉克、安哥拉、乌兹别克斯坦、古巴、土库曼斯坦、尼日利亚、博茨瓦纳、贝宁、尼加拉瓜、马里、波斯尼亚和黑塞哥维那、莱索托、马拉维、塞尔维亚、海地、斯威士兰、孟加拉国、津巴布韦、阿尔及利亚、委内瑞拉、塞拉利昂、缅甸、布隆迪、几内亚

第三节 文化经济的增长动力

我们在研究文化经济增长的时候总期待文化经济系统内部有一种力量，能自行破坏任何可能达到的平衡。如果有，这种力量又是怎样发挥作用的？文化经济的本质是动态的、

[①] 紫金文创研究院报告《全球文化竞争力评价指标体系研究（2019）》研究结果。
[②] 同①。

非均衡性的，那么文化经济系统究竟是如何产生促使其自身不断变革转型的力量的？

一、生产要素驱动力

文化经济的生产要素与传统经济不同，在传统生产要素——人力、物力、财力的基础上，技术资本、文化资源和人力资本成为文化经济生产要素的核心。在资源创新、技术创新、制度创新、人才创新所构成的创新系统中，生产要素从内部推动文化创新的形成，激发文化经济的内生动力，提升文化创新效率。

（一）创意驱动

在新时代的精神经济中，创意将成为第一原生驱动力，是文化生命力的来源、文化经济的核心。根据联合国贸易和发展会议对创意的解释，在不同领域均有创意的存在，艺术创意包含想象、创造能力、审美的方式、文本图像和声音的表达；科学创意包含实验假设以及在解决问题中尝试的新的联系；经济创意是一个动态的过程，能够引导技术、业务拓展和营销等方面的创新，有助于企业在经济领域获得竞争优势。创意的主体是文化产品的创造者、生产者和文化服务的提供者，他们将概念化的创意转化为产品和服务。这是文化产业链和价值链的第一环节，是下一环节价值创造的基础。传统物质产品的生产工序发生了改变，原来没有的创意设计环节成了文化产品价值的重要决定因素。从世界经济分工的聚集热点来看，知识的产出愈发具有协作性，创新热点城市聚集于少数国家和地区，而逐步将消耗资源、劳动密集的生产制造环节转向创意欠发达的国家或地区。品牌、设计、研发等部门则保留在原地，反映出创意在现代经济中的核心地位。例如，创立于丹麦的玩具品牌"乐高（LEGO）"，产品畅销全球140余个国家，其设计总部在丹麦比隆，但在美国、韩国、捷克以及中国都设有生产制造工厂。

（二）人才驱动

人力资源的本质为知识资本，主要来自企业家精神和员工的知识、能力、经验，其形成又基于对企业文化的认同。人力资源是文化经济发展的基础动力，是文化发展和产业创造的基础和生产力来源。人们的思想交流是创新思想的重要来源，人才是决定一切战略成败的关键，围绕文化人力资源的争夺是文化经济发展的重要内容。

文化经济的发展具有明显的区域聚集性，主要着眼于两种类型：一种是教育科研机构或文化活动的聚集，另一种是专业人才专精化集群，二者相互促进和影响。在这些集群中，专业人才和教育研发机构在文化领域高度集中，相互交流、合作，加速文化价值链和产业链的迭代创新。人才的聚集促进了知识的交流，知识具有外溢性，促进了世界各地不同创新集群的专业化，导致知识创造的效率提高和知识的多元化。

文学家、舞蹈家、作曲家、演员等创意工作者是文化产品的创造者，属于文化劳动者。这个群体的工作需要专业技巧，有时不存在可置换性。例如，演出中特定的音乐家、歌唱家等的创作、表演是文化艺术的创造过程，也是文化经济发展的驱动力。而且在文化创作过程中存在"超级明星现象"①,文化经济中的艺术家劳动力市场是由少数的优秀个人或团体主导的:这些少数人或团体创作出的最畅销的艺术产品和服务迅速流传开来,占据市场,使他们获得极高的收入,同时也引导了领域内的艺术走向和消费者的审美取向,具有行业话语权。而艺术家的创作动力来源于两个方面:一是源自创作激情的内在动力,以满足其创作的精神意愿;二是来自契约、经济压力等外在动力,以满足其物质需求。

案例/专栏 8-2

字节跳动的发展动力②

字节跳动公司作为后移动互联网时代的一个"现象级增长"公司,除了核心技术、经营战略外,该公司的人才战略也非常值得关注。

字节跳动的人才战略是"人才冗余"。我们知道,数据冗余对于一个合理的模型来说是要进行排除的。但对于一个处于迅速成长期的公司而言,"人才冗余"就是对人才的争抢和囤积。提高人才的冗余率可以制造"饥饿游戏",在公司内部形成人才竞争局面,促进新入职的人员尽快成长,也时刻提醒着老员工要保持危机意识。另外,可以提前锁定人才,对于互联网科技公司,人才是最稀缺的资源。大量地招聘、吸引人才,给予优越的薪酬待遇以留住人才是所有公司都在积极开展的战略。此外,字节跳动还给予人才"顶配"工资。据网络数据显示,对于一个入职 5 年左右的员工,字节跳动按一年 18 个月提供 4 万元月薪的工资报酬,工作成绩好一些的,可能会更高。这样的报酬在年轻人的就业选择中具有非常大的吸引力,相比百度、腾讯等公司也略高一些。

美国企业领导力委员会的一项人才研究指出,在卓越绩效组织中,"高潜人才"充足率达 20%,而低绩效组织中"高潜人才"充足率只有 2%。"高潜人才"充足率达到 20% 的企业,其经营绩效比整体平均水平高 14%。"高潜人才"充足率高的企业在未来能进入整个行业前 25 位的概率要比其他组织高出 17 倍。

2018—2019 年,字节跳动全球员工增长超过 55%,总数超过 5 万人。董事长张一鸣说:"到 2020 年年底,字节跳动的员工要达到 10 万人。"正是因为大量的人才"囤积",这家公司创业不到 10 年,迅速进军短视频、资讯、金融、游戏等行业,布局全球市场,成为继阿里巴巴、腾讯、蚂蚁金服等之后的中国又一大互联网公司,取得了令人惊叹的成绩。目前,字节跳动估值已达 1000 亿美元,2020 年营业收入达 2366 亿元人民币。

(三)资金驱动

资金作为经济发展的"血脉",是所有企业不可或缺的生产要素,也是文化经济增长的命脉。新古典经济学派认为资金与经济增长具有正相关关系,将资本积累视作经济发展

---

① 陶斯. 文化经济学[M]. 周正兵,译. 大连:东北财经大学出版社,2016:79.
② 资料来源于网络并经作者加工整理。

的动力和源泉。文化产业的特征是轻资产、重资本，属于资本密集型产业，其内容创新、技术研发等都需要大量的资金投入，远超出传统产业所需要的资金投入。在经济合作与发展组织国家，高技术产业的研发经费投入占该产业销售额的比重超过10%，远高于传统产业部门的研发投入力度。

资金的投入在很大程度上促进了文化企业在市场中的并购联合，并购也成为文化经济发展的趋势。很多企业通过资本的交易实现对资源的占有和行业的垄断，形成规模优势，从而在竞争市场中占据更多的资源，拥有更强的话语权。另外，资金的驱动可起到投资风向标的作用。由于很多资本对行业不了解，在投资时会采取跟随战略，即跟随较大的投资公司来投资项目，大公司的资本投资相当于对项目的"背书"。因此，其资金的投入会吸引市场更多的关注度。尤其是对影视项目等未知性较大的投资，很多资本都选择对平台或大公司进行跟随。

此外，在文化经济增长中，单纯增加投资不是发展的永恒法则，索罗模型即认为投资与稳态增长速度无关。短期内，可以通过增加投资来完成文化产业规模化发展，形成规模效应，但长期发展需要通过投资引导文化经济的发展方向，优化经济结构。

（四）技术驱动

过去50年左右，有关经济增长的文献都将技术变革视作提高劳动生产率的主要手段[1]。科技发明在推动技术革命的同时，也创造出很多新知识，而这些新的知识可以流向并非原创者的其他经济实体，在知识转移过程中并不涉及付费交易[2]。这一流程经常在文化经济中实现并推动文化经济的整体增长。马克思指出，产业的发展是社会生产力发展的结果，是技术进步推动下，社会分工不断深化和变迁的结果。

技术是重要的生产要素，也是新经济时代文化经济发展的重要驱动力。在新经济时代，技术驱动文化经济创新发展反映着以新兴技术推动文化经济发展科技化、数字化和智能化的趋势。党的二十大把实施国家文化数字化战略作为繁荣文化事业和文化产业的重要举措。技术驱动赋能文化经济发展，通过科技和文化的融合，将科技资源分别转化为资本和动力。

一方面，科技发明直接转化为文化经济的生产技术，通过文化企业的研发，升级文化产品，创新文化业态。例如，以初音未来、洛天依为代表的虚拟偶像就是依靠音乐虚拟技术拟合形成的新兴文化产品，通过虚拟偶像IP的设立，逐步吸引流量，建立产业链，形成"二次元文化"的新兴业态。基于技术创新而开发出新领域，从内部对文化经济进行助力，激发新的活力。文字、造纸术、印刷术、电影、电视、互联网等媒介的发展演化既是技术同文化一路融合的体现，也是文化资源的具体形态。将这些文化资源产业化之后所形成的文化产业，就是促进文化资源再生的动力机制。而文化资源的再生反过来又促进技术资源的再生，人类社会就是不断以这种方式获得自己进化所需的资源形态，从而实现文明

---

[1] ABRAMOVITZ. Resource and output trends in the United States since 1870[J]. American Economic Review. 1956, 46(2): 5-23.
[2] BRONWYN, NATHAN. Handbook of the Economics of Innovation[M]. Amsterdam: ELSEVIER BV, 2017: 6.

的发展和进步的。

另一方面,技术作为重要的文化经济驱动力,被广泛应用于现代化治理,存在丰富的内涵和应用场景。随着技术赋能整体经济的发展,人们的生产方式和生活水平得到了整体的提升,环境的变化影响文化生态的重构,从外部形成对文化经济的驱动力。以《王者荣耀》、"吃鸡"等手机游戏的盛行为例,从内容IP、游戏装备、情节设定等环节构建新的产业链和价值链就是建立在技术赋能手机产业等硬件设备升级的基础上的,智能手机网速提升、画质清晰等基础条件具备后,年轻一族可以利用搭乘地铁、上班午休等闲暇时间进行娱乐消费,而类似于手机游戏的小屏娱乐就更适合填充年轻人碎片化的娱乐时间。随着互联网革命的兴起,以网络、信息为代表的传播方式发生了明显的变化,在一定程度上冲击了不同社会群体的生活方式,对之前的社交网络和休闲娱乐模式产生了颠覆性影响。对搭载设备、网络环境要求不太高的手机游戏、短视频满足了这类群体的社交、休闲、娱乐需求,促进了快消娱乐产业的繁荣。

技术的发展促进了版权收益的重新分配。数字技术的迅速发展促生出众多具有技术竞争力的创新型企业,而且这些企业需要不断地创新技术以获得技术优势,通过产业链的整合获得成本优势,这些发展的需求促进了行业格局的变动和版权收益的重新分配[1]。

技术驱动具有优化资源配置的能力,能够吸引优质企业、资本和人才的聚集,重构产业价值链。这种技术的优势和资源的聚集往往会将其他企业排挤出去,引导区域产业化的发展路径。影视、游戏、短视频等行业需要丰富的技术资源,这为软件开发人员、设计师、导演、摄影师等人才提供了大量的就业机会。在技术资源的引导下,这类产业通常聚集在一个固定的地理区域内,在这些产业聚集区内有大量熟练劳动力,为企业招聘人才提供了范围和规模经济,并且创作者也能共享区域内带来的产业网络和创作所需技术。

案例/专栏 8-3

打破"次元"壁垒——虚拟歌手演唱会

"出于洛水,从天而降","洛天依"这样一个美丽的名字是属于一位虚拟歌手的。虚拟歌手是 UGC(user generated content,用户生成内容)的产物,通过音乐软件以及虚拟形象的开发收费来完成公司盈利。每年夏天都是洛天依等虚拟歌手举办演唱会的季节。

歌手是虚拟的,但演唱会是真实的。主办方通过全息投影技术在舞台上展现这些"二次元"偶像的炫酷舞蹈和美妙歌声。洛天依依靠其特定的声音、外貌和情感成为"现象级"虚拟偶像。2016年,洛天依登上湖南卫视春晚,与杨钰莹合唱《花儿纳吉》,打破"次元壁",成为首位登上中国主流电视媒体的虚拟歌手。2019年,洛天依与钢琴家郎朗共同在上海举办了全息演唱会,这是一次古典乐器与现代科技的完美碰撞。演出票价从480元~

---

[1] 熊澄宇. 数字内容产业的发展趋势与动力分析[J]. 全球传媒学刊, 2015 (2): 39-53.

1580元，500张1580元的内场SVIP票3分钟售罄，这个价格已经达到了国内一线明星的演唱会票价水平。2020年，由于新冠肺炎疫情影响，洛天依、言和、乐正绫、乐正龙牙等虚拟歌手开展了一场线上AR演唱会，瞬间引爆直播间。

虚拟偶像前期耗费资金的规模并不小，起始资金至少要500万元。投资主要集中在建模、视频化技术以及音库的建立方面。国内虚拟偶像中的商业变现主要来自两个部分，其中B端盈利集中在品牌代言、联动、宣传合作上，C端则集中在游戏、演唱会、周边贩卖等领域，而这两部分里，B端是大头儿，C端是小头儿。洛天依已经接了不少品牌广告和游戏代言，涉及的品牌包括长安汽车、光明乳业、森马休闲服、百雀羚护肤品、肯德基、浦发银行等，可见其"吸金"能力之强。2018年，国内"二次元"市场规模达到了3.5亿元，据机构预测，2022年"二次元"衍生品及游戏合计市场规模将超过2100亿元。

（五）政策驱动

1. 政策驱动的类型

政府政策驱动是目前世界强国促进文化经济增长的重要方式。文化经济的外部性使其地位较为特殊，国际文化经济竞争关乎一个国家的文化、经济等的综合竞争力。因此，世界各国政府都在不断加强对文化经济的支持。美国以版权政策推动文化经济发展，大力扶持高科技和创新产业，其电影总收入中，约20%来源于票房，剩余80%由版权的多元化开发运营获得，由此拓宽了产业链，保证了版权产业的收益最大化。迪士尼公司的IP衍化收入为公司创造了较高利润，2019年其主题公园、体验和产品收入达到268亿美元，2020年和2021年虽受新冠肺炎疫情影响，但每年仍有近170亿美元的收入。

政策驱动主要有三种方式：一是在通过法律、文件或规范的形式对文化资源进行较好的保护的前提下，发挥对产业开发的引导职能，规范文化经济的发展和市场环境。二是通过货币政策，如发放补贴、奖金等资助方式，对文化机构、文化团体和艺术家等进行补助，大多针对非营利性单位、具有公益性质和主流文化价值观宣传价值的项目、获得一定荣誉称号或奖项的个人或项目。三是通过财政政策，如给予文化企业税收优惠等，影响社会经济的投资方向，从而引导文化产业的发展。因为获得政策的倾斜或者政府的补贴将会被视作质量和前景保障，从而引发社会的关注，激励投资者的资金投入。公共投资和税收优惠等政策都是文化经济市场中强有力的干预手段。在文化政策体系的创新发展下，逐步形成了"文化—科技—金融"三元动力结构和以文化为内核，以科技、金融为主要支撑动力的文化经济发展模型。四是通过行政部门的创立和调整，形成由上至下的管理体制。2018年，我国原文化部和国家旅游局合并，成立文化和旅游部，从国家行政机构上将文化和旅游进行融合，这样的行政改革迅速在全国各省市展开，促进了文化对旅游业的赋能，深化了文化和旅游业的融合和协同发展。

2. 政策驱动的功能

政策驱动是围绕文化经济活动和文化市场而实施的有目的的调控手段，首先可以弥补市场缺陷，有效配置资源。当市场出现信息不对称，从而引发"道德风险"和"逆向选择"

时，就需要政策的调节。其次，政策有助于保护幼小民族产业。由于文化经济的特殊性，很多行业在初创期或成长期很容易因外来的强势资本的入侵而无法生存。尤其是文化经济要平衡经济效益和社会效益且以社会效益优先，使得企业容易被盈利能力强的资本"挤出"，因此，有时需要政策的保护，如传统民族手工业、影视产业等。最后，政策有利于解决行业中的过度竞争问题。例如，20世纪初在美国形成的八大电影公司形成了对电影制片、发行、放映的生产链的垄断。直到1948年，美国出台了《派拉蒙法案》，才制止了影视行业的垂直垄断。

"强势政府"下的文化政策对我国文化经济的发展具有较强的驱动作用，政策的引导有助于在短时间内迅速完成资源配置和文化产业链构建，降低了协调成本，提高了区域协同发展的整体效率。"全国一盘棋"的发展思路也有利于先进技术的迅速开展，人才、技术、资金等资源的跨地区流动可推动各地文化设施和公共平台的建设。

政策驱动是促进市场聚集的重要力量，但非决定性因素，其产生作用需要有技术、人才等资源的协同合作。单一的政策引导无法直接创造出文化经济的增长。世界各国政府在努力推动有利于文化经济发展的政策环境，适应文化生态的创新发展动态。政府的政策驱动需要从三个方面入手：第一，政府资助政策要找准侧重点，以最佳方式激发文化企业的创新活力。第二，政府要搭建平台，创造知识共享和合作机会。第三，政府要做好政策规制，在保护文化资源的基础上，最大程度地激发资源流动性，从而生成价值。

3. 政府失灵

经济学中称市场调节机制是"看不见的手"，那政府制定政策和执行政策的行为就是"看得见的手"。但政策驱动有时会发生"政府失灵"的情况，政府干预可能是导致市场失灵的原因。由于演艺公司、文化遗产、广播电视公司、博物馆等文化机构被纳入文化事业部门，受到行政力量的干预，政府政策对文化的影响有时会抑制该领域的私人投资，对该领域的投资产生"挤出"效应。因为政府对某项目的补贴或政策倾斜会让潜在投资者认为这是一个具有较强公益性的项目，未来其社会效益将高于经济效益，从而可能会减少社会的投资。

政策驱动需要与其他资源协同发展，如果缺乏人才和创意的集聚，反而会引发相反的结果，即出现"政府失灵"。在过去的几十年中，无论国际还是国内，都有政策驱动失败的案例。通过税收优惠等政策吸引影视公司聚集的霍尔果斯，如今却面临着空有名头而无实体的尴尬状态，2018年影视行业的税收风暴，导致大量公司瞬间消失。类似这种政策倡议下所涌现出的行业现象，说明政府补贴可能会促使有些企业钻空子，并没有吸引真正的人才和创意。由于产业增长和集群创建的路径依赖性，政策驱动能实现多少价值，还有待确定。

从福利经济学的角度来看，政策补贴在很多时候是出于社会公平的目的，而非真正为了提高社会效率。因此，当文化经济的市场失灵时，政府往往会通过政策手段进行资源的配置，激励那些社会效益更高而经济效益不足的产品的生产。因此，政策的驱动有时并不会真正提高文化经济的总量和效率,其目的在于达到资源配置的总体公平。

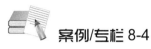

案例/专栏 8-4

《派拉蒙法案》的"前世今生"①

《派拉蒙法案》是美国政府于1948年出台的一项关于禁止电影行业垂直垄断的法令。事情要从20世纪初的一场疫病说起。1918年,西班牙爆发大规模流感,许多电影企业被迫停业。彼时,有实力的制片公司手握大量资金,开始了对电影放映业的收购,慢慢形成了集电影、制片、放映于一体的大型公司。

当时,美国好莱坞也出现了类似的收购风潮。在20世纪40年代,好莱坞形成了派拉蒙、华纳兄弟、米高梅、二十世纪福克斯、雷电华、环球、哥伦比亚和联艺八家公司分立的格局。最早在制片、发行、放映三个环节垂直整合并实现垄断的就是派拉蒙公司,通过收购电影院,派拉蒙率先完成垄断,随即纷纷影响其他好莱坞制片公司。掌握话语权的制片公司由于拥有了自己的影院,对独立影院提出了"包档发行"(block booking)的营销策略,独立影院要想购买大公司优质影片的放映权,必须要绑定购买一些不怎么知名的中小成本影片。对于影院来说,这一策略让其失去了选片、排片的自主权,严重影响其营业利润,挤压了生存空间。

1938年,美国司法部正式向美国高等法院提起诉讼,指控以派拉蒙为首的电影公司相互串通进行行业垄断,违反了美国著名的《谢尔曼反托拉斯法》。经过长达10年的"拉锯",这一诉讼案的最终判决促成了后来的《派拉蒙法案》。最高法院最终判定前述八大公司都存在事实上的垄断行为,要求制片公司剥离院线业务并且禁止了包档发行、最低票价等损害独立影院利益的做法。

这一法案对美国电影发展而言是一次"大地震",也为好莱坞影业的发展带来"新生",促使许多制片厂更加注重影片质量,下游放映业的倒闭也让大制片厂在内容上不断竞争、相互制衡。值得一提的是,没有了大公司的垄断,独立制片公司也在放映市场获得了机会,成为狮门影业等独立制片公司崛起的环境契机。院线公司也开始有独立发展的环境,美国院线逐渐形成AMC、Regal和Cinemark三家分立的格局,时至今日,全美50%的银幕仍由这三家院线公司控制。

就是这样一部影响了美国好莱坞半个多世纪的法案,已不再适用于今天的市场。2020年11月,美国司法部反垄断部门的助理总检察长马坎·德莱希姆表示,电影生态环境已经改变,电影公司和院线合谋的情况很难再有,而流媒体平台给电影行业带来的巨大改变使《派拉蒙法案》已经不再适用。《派拉蒙法案》的终结将对今天的影视行业带来怎样的影响?影院将何去何从?

---

① 资料来源于网络并经作者加工整理。

二、企业驱动力

文化市场创新技术的主力军和实践者不是政府,也不是科研机构,而是文化企业。文化企业作为文化经济的主体,在文化市场中形成的规模经济、范围经济成为主要的文化市场驱动力。

文化企业的生产特性驱动文化产业聚集化和规模化发展。文化企业的生产受到市场供需和生产成本的约束,长期盈利是文化企业持续发展的动力。"第一件"文化产品的生产成本十分高,但其边际成本较低,在科技迅速发展的数字化时代,其边际成本几乎可以忽略不计。例如,一部电影的制片发行成本很高,但电影拷贝和网络播放则几乎没有成本。这样的特征促使文化产业形成大规模生产和企业高度集中的发展趋势。因此,文化产业中较容易形成大型企业集团并迅速成长为行业寡头,即少数大型企业主导市场竞争,引导产业发展方向。而与大型企业共存的大量小型文化企业,常常是行业的创新者,它们在成长过程中,很多时候逃不脱被大型企业并购的命运,由此,促进大型企业集团的迭代升级,引领产业发展。例如,阿里巴巴近年来积极进行资本运作,从天使轮、A轮到战略投资、全资收购,至2019年,共投资570家企业,涉及游戏、旅游、体育、社交、文娱传媒、区块链等二十多个领域,吸收了行业内的领先技术和创新内容,不断升级、扩充公司产业链,打造全生态平台。据统计,阿里巴巴2018年获得国家专利548项。占据行业统治地位的企业,可以通过成本和规模优势排挤小型文化企业,从而影响创意及新型文化的出现[①]。

企业的聚集和人才的聚集具有正相关性。企业希望能进军热点城市,因为那里聚集着人才,有有利的政策和创新的环境,而企业提供的高薪福利和创新型城市带来的生活便利又吸引着高质量人才的聚集。世界上最具创新性的城市群同时也是对外开放程度最高的地区。高质量文化企业被吸引到创新型城市地区,企业间可相互交流,共享聚集区的资源和环境所带来的生产便利。创新型城市为文化企业提供了一个巨大的本地市场、专业化的供应和学术机构,促进文化企业形成规模经济和范围经济。

文化经济的特殊性导致文化企业的范围性和地区性聚集又有一定的国别限制,企业涉及文化核心资源的环节即知识密集型生产部分并没有参与全球流动。一些跨国企业只将文化生产核心部分之外的加工、销售转移到能够提供更低生产成本、运输成本和交易成本的地区。随着时间的推移,这种聚集现象明显加强。2000年年初,圣何塞-旧金山聚集了谷歌36%的专利,到2010年左右,其专利占比已经提高到53%[②],形成明显的聚集效应。

三、市场驱动力

文化经济的增长和可持续发展,需要市场化发展,从供给侧和需求侧两端激发新动能、

---

① 陶斯. 文化经济学[M]. 周正兵,译. 大连:东北财经大学出版社,2016:14.
② 世界知识产权组织. 2019年世界知识产权报告[R]. 2019.

促进新消费。市场能发挥其调节作用，又能优化文化产业结构、拓展产业规模。亚当·斯密在《国富论》中提到，"供求关系引发的价值规律像一双'看不见的手'引导市场进行资源配置"。

（一）消费驱动

当一个国家或城市跨入中等收入阶段之后，文化消费比例逐步上升，从而从市场角度形成对文化经济新的动力。消费动力是指消费者对体验消费、时尚消费、品牌消费、审美消费、教育消费等的需求[①]。消费者从产品消费、服务消费发展到体验消费，消费需求不断升级，形成新的动态发展的文化消费圈，不断突破原有的产业边界，通过衍生消费需求链而激发市场的潜力。

在经济理论中，需求来自消费者的品味和偏好。文化消费创造文化需求，对文化供给形成强大的外部驱动力。文化消费和文化圈的形成有直接关系。一个文化圈的建立基础就是共同的价值观，包括生活习惯、兴趣爱好、文化信仰等。如果从经济角度来看，群体认同的价值观会形成个人的偏好模式，从而进一步影响个人的经济行为。文化影响文化消费的形成，文化消费又构成文化经济发展的动力。首先来看一下消费支出对于 GDP 的贡献和拉动情况，如图 8-4 所示，2010—2019 年我国消费支出总额对 GDP 的贡献率稳定波动，拉动作用趋于下降。

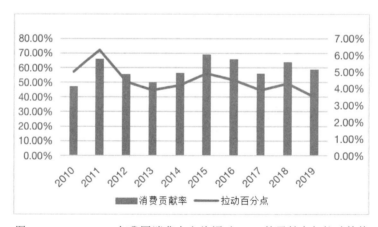

图 8-4　2010—2019 年我国消费支出总额对 GDP 的贡献率与拉动趋势

其次，文化消费在三个方向上影响文化经济的发展。第一，文化可以通过改变群体的共同价值观而影响经济生产，这种共同的价值观决定了群体消费的方式。例如，cosplay（角色扮演）社团通常有自己的活动和偶像，而社团成员所追求的审美与文化直接影响了文创产品的生产消费市场。第二，文化可以通过改变资源的配置而影响文化经济的公平。在群体社会中，文化可以影响到资源分配机制的确立，资源分配决策影响到经济的公平，而这

---

① NESTA: Soft innovation—Towards a more complete picture of innovation change[R]. 2009.

种公平常常体现在代际、区域、受教育层次中。第三，文化通过改变群体的认知而影响文化企业生产，从而创新文化业态。科技的发展推动文化企业的创新，当一种新的文化供给出现，需要对消费者进行培养，从而创造文化消费的需求。例如，在电影发展史中有很重要的一个标志，就是无声电影向有声电影的转化。20世纪20年代，当有声电影出现时，许多观众甚至是"电影人"一开始并不认可这种新的艺术形式，认为有声片降低了电影的艺术性。随着这种新兴技术被更广泛地接受，才一步步发展到我们今天看到的高清电影。文化对个人行为的影响需要通过群体产生效应，文化消费在很多时候具有群体性。

近年来，国内文化消费市场规模优势逐步凸显，促进了文化经济的增长。党的十九届五中全会提出，加快构建以国内大循环为主体、国内国际双循环相互促进的新发展格局。文化经济是双循环的重要环节，文化消费正逐步成为拉动内需、推动文化经济增长的重要动力。2020年3月，国家发展改革委、中央宣传部等23个部门联合印发《关于促进消费扩容提质加快形成强大国内市场的实施意见》（发改就业〔2020〕293号），要求重点推进文旅休闲消费提质升级。随着新精神经济时代的到来，国内文化消费市场规模优势逐步显现，2020年10月15日，国内电影票房市场以129.5亿元超越北美，首次成为年度票房最高的电影市场，经济和社会生活日益数字化、网络化，构成全球最大的数字社会。截至2020年12月，我国网民规模达到9.89亿，互联网普及率达70.4%[①]，直播用户突破5亿，虚拟文化消费市场规模较大，"千禧一代""Z世代"等群体的新兴需求为文化经济双循环发展提供了新的消费动力。

（二）竞争驱动

市场竞争对文化经济具有强大的驱动力。竞争因素来自于企业之外，是由外向内推动文化企业创新发展的动力来源。根据迈克尔·波特的五力模型，企业在市场中所面临的竞争因素源自于供应商和客户的议价能力、潜在进入者的威胁和替代品的威胁以及同一行业公司间的竞争。外部环境的威胁促生出行业竞争的成本领先、差异化和集中化三大发展战略。文化企业因企业内部和企业间的竞争提高了企业的创新效率。因此，许多国家和地区通常都构建产业园区或参与同行业的国际竞争网络，希望通过创造行业生态系统，聚集同领域的企业，共享资源、相互促进。马克思主义认为，跨国公司从文化中创造了资本。跨国公司促进科技、人才及研发活动的双向交流，一方面有助于降低产品营销成本，迅速融入当地市场，另一方面能协助企业获得技术、品牌、知识等战略资产。2014年，习近平总书记在北京文艺工作座谈会上提出"当今世界是开放的世界，艺术也要在国际市场上竞争，没有竞争就没有生命力"。改革开放以来，外国影视作品进入我国市场，放宽文化市场的准入政策，为我国文化市场注入了新的元素，不仅有力地促进了文化繁荣，而且激发了我国文化经济的增长活力。

[①] 中国互联网信息中心. 第47次中国互联网络发展状况统计报告[R]. 2021.

集聚的力量吸引同类型的企业于一个区域，降低同区域对于成本和技术禀赋的依赖，形成行业内的良性竞争。同时由于知识溢出、区位优势等因素，优质文化企业聚集在特定的区域、城市或国家可形成创新文化生态系统，激发相应区域、城市或国家的文化经济增长，有利于文化产业价值链的重构，形成文化资源和经济价值的双向或多向流动。

四、创新驱动力

熊彼特最早在《经济发展理论》中提出了"技术创新理论"，指出"创新"就是"建立一种新的生产函数"，把一种从来没有过的关于生产要素和生产条件的"新组合"引入生产体系，而企业家就是实现创新的主力军。

21世纪，创新推动文化经济的发展，其内涵十分丰富，包括内外互动的科技创新体系、产品创新形成新兴供给、深入产业融合形成产业创新、打通业态壁垒形成业态创新。创新驱动建立在要素创新的基础上，由创意、人才、资金、技术、政策的创新协同构成。由于创新驱动对于资源的优化配置，创新呈现明显的聚集效应，将成为导致未来经济发展不平衡的主要原因。一些创新能力强的企业和地区将占据产业的高端，分得大部分利润，而创新能力相对较弱的企业和地区，将不得不从事较为传统的生产加工，获得较少的利润。创新资源的聚集促使创新能力强的企业和地区形成良性循环，逐步提高行业进入门槛，而从事传统加工生产的企业则长期处于行业价值链的末端，形成行业分层。

重点文化企业将创新作为内生的增长动力，激发创新的企业家精神、创意领导力和创新组织化管理，在三个战略维度上不断推进[1]。从更广泛的角度上来看，各经济体中创新活动的发展日益影响区域经济的分配，而创新驱动赋能文化经济增长是一个长期的发展趋势。

创新需要人才和技术的创造以及企业和研发机构的集聚。全球创新版图数据显示，在知识和技术密集型产业方面，东亚和东南亚的集中程度日益增加，与北美、西欧区域旗鼓相当。我国在全球创新体系中的地位相对上升，世界高科技技术的重心在向我国转移[2]。据《世界知识产权报告》的研究数据表明，2020年，我国专利申请量同比增长4%，以68 720件稳居世界第一，成为全球最大的专利申请来源国。同时，全球专利申请量最大的前十所高校中，有五所来自我国。我国世界一流创新群体的出现与世界一流研究型大学的投资有密切关系。

从表8-4可以看出，创新热点国家和地区同科研机构的分布有较大关系。学术机构的选址、资本投入、人才投入等都是经历长期、复杂的决策过程形成的结果，很难轻易改变。文化创新的产出具有协作性，创新能力所需要的资源和科研机构高度重合。因此，创新效益跟随这些科研资源呈明显聚集也是一个长期稳定的状态。

---

[1] 花建. 长三角文化产业高质量一体化发展：战略使命、优势资源、实施重点[J]. 上海财经大学学报，2020（4）：33-48.
[2] 曹磊，杨荣斌. 世界科技创新——新态势、新环境、新政策[J]. 世界科学，2020（S1）：25-27.

表 8-4 创新热点国家专利和科学出版物集中程度前三的地区①

国家	专利				出版物			
	1991—1995	%	2011—2015	%	2001—2005	%	2011—2015	%
中国	北京 广东 上海	42.3	广东 北京 江苏	60.3	北京 上海 江苏	45.5	北京 上海 江苏	39.4
德国	巴登—符腾堡 拜恩 北莱茵—威斯特法伦	63.8	拜恩 巴登—符腾堡 北莱茵—威斯特法伦	65.0	拜恩 北莱茵—威斯特法伦 巴登—符腾堡	49.4	北莱茵—威斯特法伦 巴登—符腾堡 拜恩	50.0
法国	法兰西岛 奥弗涅—罗讷—阿尔卑斯 大埃斯特	64.1	法兰西岛 奥弗涅—罗讷—阿尔卑斯 奥克西塔尼	59.9	法兰西岛 奥弗涅—罗讷—阿尔卑斯 奥克西塔尼	63.1	法兰西岛 奥弗涅—罗讷—阿尔卑斯 奥克西塔尼	62.7
英国	大伦敦 哈福德 剑桥	17.9	大伦敦 剑桥 牛津	23.9	大伦敦 剑桥 牛津	35.8	大伦敦 牛津 剑桥	38.7
印度	马哈拉施特拉 卡纳塔克 特伦甘纳	51.6	卡纳塔克 马哈拉施特拉 特伦甘纳	60.1	马哈拉施特拉 泰米尔纳德 德里国家首都辖区	36.4	泰米尔纳德 马哈拉施特拉 德里国家首都辖区	36.1
日本	东京 神奈川 大阪	51.5	东京 神奈川 大阪	56.3	东京 大阪 茨城	35.8	东京 大阪 爱知	35.4
美国	加利福尼亚 纽约 得克萨斯	30.8	加利福尼亚 纽约 得克萨斯	36.5	加利福尼亚 纽约 马萨诸塞	28.2	加利福尼亚 马萨诸塞 纽约	28.7

五、场景驱动力

文化场景借助文化艺术对城市发展产生全方面的影响，从而对文化经济产生驱动作用。文化经济沿着要素驱动、企业驱动、市场驱动、政策驱动的过程进行发展，未来，场景驱动将是文化经济发展最重要的动力。

（一）文化场景的内涵

文化场景是为文化经济发展提供的开放的资源和空间，是为文化企业创新发展提供的场所。文化场景主要分为社区、城市、区域等不同层级的空间，通过公共文化设施、地区性文化政策、政府财政货币政策等有形或无形的条件为文化经济的发展提供一个地理范

---

① 资料来源于世界知识产权组织发布的《2019年世界知识产权报告》。表中百分数为国家内部顶级创新行政区域所占份额。

围。每一个文化场景都分为核心区和外围区，以场景链接各种资源。从供给角度来看，文化场景是政府对城市规划进行价值增值的过程，也是对城市气质的定位。例如，南京是"世界文学之都"，武汉是"世界设计之都"，苏州是"民间文化与手工艺之都"，扬州、成都、顺德（区）、澳门（特别行政区）是"美食之都"，长沙是"媒体艺术之都"等，这些都反映出各个城市或地区的独特气质。通过不同的文化场景供给，可以吸引特定的人才，以达到集聚城市文化创意生产的资源的目的。

（二）文化场景驱动机制

新的经济地理学理论拓展了产业集聚的观点，认为地理上的集中是一个滚雪球的过程。共同的优势吸引了经济发展所需的要素，最明显的就是企业和人才，二者之间的互动形成一个良性的循环，制造出一个地区或者一个虚拟空间上的优势集聚。生产力或规模经济所导致的不同区域间的经济差异以及生活方式或文化传承所导致的文化差异，可能导致两个条件类似的区域之间的地理集聚出现差异或者核心区域相对于外围区域，文化经济更加集中。其内涵机制是，在某一特定区域，生产力或创新水平的差异会导致区域性领导地位。因此，当区域形成一定影响力后，产业集聚力量就会起作用。在世界知识产权组织发布《2019年世界知识产权报告》中，采用大数据的方法确定世界上最大的科技创新集群。2015—2017年，全球约30个城市占据了专利总量的69%和科学活动的48%，这些城市主要分布于中国、德国、日本、韩国和美国。

文化场景有助于交易成本的降低。多种相关产业的聚集，降低了产业间的交易成本，节约了消费者的交通成本，形成文化产业发展的良性循环。消费者不仅可以在一定区域内找到自己需要的确切的产品种类，还可以创造需求，带动更大范围的市场。交通、规模和范围共同影响了区域内的文化企业，加强了供应链上、下游的经济发展。

文化生态产业链为文化经济提供平台动力。一个区域文化圈的形成需要政策、人才、企业、配套设施等多种因素的综合作用。由于产业集聚、规模经济的产生，上下游产业链和相关产业链的形成，拥有大型市场的集聚区自然会成长为文化消费的集聚地。当一个影视基地拥有税收优惠政策的扶持、云计算数据处理中心、中介服务机构以及较好的餐饮、住宿、医疗和服务条件，方便的交通工具等配套设施，围绕这个影视基地的文化经济便形成了，从而可以从生态产业链中受益。文化经济具有较强的经济带动力和文化影响力，文化场景的形成有助于挖掘其潜力，发挥规模经济效益。

文化经济的溢出效应吸引了更多的创新企业、科技和人才资源的聚集。文化具有流动性和开放性，并不局限于某一个组织和群体的实践，而是会成为一个区域共享的资源。多数经验数据表明，文化经济溢出显示出地理高度集中的特征。由于文化经济溢出需要建立在一定的学术机构、人才资源、企业研发等协同构成的文化场景的基础之上，需要一定的环境，具有一定的难度。因此，文化经济的溢出是创新集聚的结果，也是其触发因素。创新更容易发生在拥有广泛创意资源的地区，尤其是在这些资源更容易获得优化配置组合的时候。

第四节 文化经济的增长机制

在文化经济总体发展规划中,文化经济的增长需要资源配置、增长目标、相关产业支撑等多方面因素的综合作用。文化经济的增长机制依赖于经济发展的关键资源以及将这些资源进行整合的经济机制、相关制度、文化政策和经济规律。

一、经济精神化

新时代,我国社会的主要矛盾已经转化为人民日益增长的美好生活需要和不平衡不充分的发展之间的矛盾。经济精神化是文化经济发展的重要趋势,也是文化经济增长的重要机制。马斯洛在《人类激励理论》中提出了需求层次理论,将人的需求由低到高分为生理需求、安全需求、归属需求、尊重需求和自我实现需求。其中,生理需求和安全需求属于低级别的需求,归属需求和尊重需求属于较高级别的需求,而自我实现需求属于最高级别的需求。

社会主要矛盾的变化体现为需求结构的变革。人们的需求在初级阶段其实就是对物质生活需要的满足,也是小康社会需要达到的目标。千百年来,人们的经济活动主要都是为了维持生存的需要,面对的主要是物质资料的缺乏和满足衣食住行需求的矛盾。以"蒸汽机"为代表的"资本主义"代替了以"手推磨"为代表的"封建社会",是先进生产力代替落后生产力的发展过程。人类的需求也随着生产力的发展而一步步获得满足并提高。按照马斯洛的需求层次理论,人类的需求从低到高逐步由生理需求上升到自我实现的需求,而每一层级的需求都是在前一层级的需求得到满足后产生的,是一个由低到高、由物质到精神的升级过程。随着私有制的确立和社会财富分配的不均,少数人逐步摆脱物质的束缚,出现了凡勃伦论述的"有闲阶级"。[1]处于这个阶层的群体,需求等级逐步提升,实现了最高级别的需求,其产生的劳动大多是"非物质"式产物。工业革命之后,社会生产力的提高较大程度地满足了人们的物质生活需要,人们不再陷于对物质资料的渴望中,需求也逐步向高级别迈进。近年来,随着我国社会生产力的极大提高和物质的极大丰富,供给与需求之间开始出现结构性矛盾,丰富的物质总量却无法满足人们的市场需求,供需之间不对称、不平衡的矛盾促使经济供给侧改革。需求的升级转型使人们追求更美好的生活,这种追求包括情感信仰的归属、自我和社会的尊重以及自我价值的实现与被认可。

随着文化精神的融入,衣、食、住、行等基本生活需求也迈向更高层次。"衣",人们开始追求美观、设计、品牌,每年各大品牌商的服装走秀都吸引了市场的关注。服饰市场开始通过品牌或设计师的"符号"传递来培养消费者的忠诚度。通过服饰所展现出来的

---

[1] 凡勃伦. 有闲阶级论[M]. 蔡受百, 译. 北京: 商务印书馆, 1982: 30-57.

品牌或设计师对生活、审美的态度以及支撑这个品牌的个性和企业精神形成了这个品牌的文化圈,这在消费者对奢侈品的追求中体现得较为明显。"食",人们开始更注重健康、创意、环境,从"大众点评"的网络评价中可以发现,除了对餐厅口味、人气的评价外,还有对就餐环境、服务的评价,体现出消费者对饮食的更高层次的、多元化的需求。"住",如今消费者对商品房的选择,除了考量房屋本身建筑结构、质量等因素,小区景观设计、周边景观配套等也是很重要的考量因素。因此,房地产商也竞相在小区中造景,融入东、西方美学元素,演绎出许多有特色的景观设计,甚至推出吸引了许多年轻人的"网红打卡地"。"行",在文旅融合发展下,交通、文化、旅游的融合成为新的亮点。依靠"丝绸之路""茶马古道""京杭大运河""318 公路"等线路发展出的旅游项目成为极有吸引力的旅游产品。高铁"复兴号"的设计也更加讲究设计美学,如 2020 年获"中国外观设计金奖"的"复兴号 CR400AF 动车组车头'飞龙'"。以我国传统文化中的"龙髯"为意象,设计为环绕车头的"中国红"色带,再加上"脸部""棱线"的黄金分割和"反弧凹面"设计,极具中国文化的美感。

二、产业创意化

通过创意的内在驱动助力产业转型升级,创造新的消费市场,重构文化经济的产业链和价值链,这是文化经济增长的重要机制和路径。

(一)文化赋能传统产业价值提升

传统产业的经济价值因文化价值的注入而得到提升,由此而引发的产业文化升级成为当下文化经济发展的主要力量。文化为灵魂,赋予传统产业生命力,形成了"文化+"的融合业态创新模式,文化产业与其他产业的关联程度不断提高,融合程度不断深入,推动了经济的文化化和产业的创意化。文化+旅游、文化+金融、文化+科技等提升了传统产业的创意,拓展了消费市场,创新了盈利模式,为传统产业的可持续发展注入新的活力。北京的皇家粮仓、南京的老门东、景德镇的陶溪川便是文旅融合新模式的代表,一些建筑遗产通过文创的赋能重新焕发生机。例如,南京颐和路公馆区第十二片区的开发让这片历史建筑的文化故事得到更好的传承,也给商品、餐饮、酒店赋予了更深刻的文化意境,让人们陷入对历史的沉浸式体验中,满足人们的精神文化需求。

文化赋能传统产业,重构产业价值链。由于文化资源的注入,传统产业的生产环节和增值过程发生改变,传统产品在保持原本使用价值的基础之上,文化价值得到增加,市场价格也有了提升,市场规模得到拓展。文化赋能激发了消费者的购买欲望,创造了新的消费和需求。例如,西藏《金城公主》演出的文化衍生品中有以演出内容为主题制作的创意雨衣,得到了很好的市场认可。原本成本只有几元的雨衣因为一个图案、一句台词、一个设计,便增添了文化的气息,成为文创产品,售价 40 元。这其中的增值,就是文化赋能对传统产业价值链的重构,设计创意成为生产中极其重要的、能带来增值的环节。一项资产的经济价值可能因为其文化价值而得到比较显著的提升。很多消费者并不缺少一件雨衣,但是被其独特的设计和创意所吸引,乐意因此而支付远超其仅有物质实体存在时的价格的费用。文化经济颠覆了传统经济的定价和成本衡量原则,一件普通产品有无文化的赋能,最终的经济效益和社会效益将相差甚远。

(二)科技赋能文化业态创新

1. 科技进步推动文化业态创新

随着科技的进步,以信息、知识和网络为代表的文化资源的传播方式发生了重要变革,在一定程度上对传统产业结构、传统生产方式产生了影响,冲击了不同社会群体的生活和交流方式。

科技不仅是一种现实技术,而且是一种开放性话语体系,有助于人们开拓科技与文化之间良性互动的新空间。科技与文化经济正在构建新型文化生态、机制和产业空间。首先,科技与文化的深入融合,不断发挥着提高生产力、升级产品的作用和优化资源配置的功能。通过实践,人们切实感受到科技对文化生产、文化消费及公共话语权所赋予的力量。其次,科技为文化企业带来业态创新的机遇。科技赋能文化产业拓展了产业链的长度和宽度,文化产业不再局限于文化领域,而是拓展到金融、制造、旅游等领域空间,创新了产业业态,要求文化产业主体全面掌握科技资源与文化资源的经济运行规律,实现线上线下的协同合作。

2. 科技进步推动文化市场重组

科技赋能的一个重要表现是科技赋权,这改变了市场交易中各角色原本的权利。网络科技革命带来了信息获取的自由和迅速,人们在互联网中拥有了选择、创造和传播的能力。与报纸、广播、电视等传统媒介相比,互联网实现了信息传播的去中心化和无边界,改变了信息传播方向,每个人都可以同时兼有受众和传播者的身份,信息实现了双向甚至多向流动,打破了现有的话语权格局。媒介权力的作用方向由以往的政治统治集团及其机构垄断的"权威主导"逐渐向普通民众参与传播的"草根主导"逆转[①]。一定程度上,网络平台实现了普通网民的话语权提升。而且由于各个细分文化圈的存在,社会群体更愿意寻找自己的精神偶像,听从文化圈内"意见领袖"的言论。

科技赋能激发文化消费潜力。一方面,科技为文化消费带来升级创新的机遇,科技的发展为消费者降低信息不对称提供可能,成为信息交流和集体行动的平台。随着一系列相关产业的升级,如营销网络、相关服务、硬件配套的形成,文化企业对大众文化需求的精准定位、全面服务,基于大数据进行的生产决策和营销战略将成为未来文化经济的发展趋势。另一方面,科技的进步有助于提升消费者的认知,帮助消费者创造需求。基于虚拟技术的出现以及与文化 IP 的深入融合,创造出 AR 眼镜等设备,让消费者了解到虚拟技术的应用,从而打开了虚拟游戏的新市场。因此,部分文化消费市场是供给引导需求,文化产

---

① 杨嵘均. 论网络空间草根民主与权力监督和政策制定的互逆作用及其治理[J]. 政治学研究, 2015 (3): 110-122.

品的升级或者消费者对科技的了解进一步创造出更广阔的消费市场。

三、文化产业集群化

文化经济高质量发展的澎湃动力在于它在文化市场形成的优势文化产业集群，这与文化经济强大的融合性、协同性和创新性以及政府推动密切相关。

（一）文化产业集群的形成动因

1. 企业发展动机

文化产业集群以文化企业为主体，以中介机构为纽带，是文化产业在市场需求作用下，各个生产流通环节间形成的多元协同的集合。通过上下游文化企业及相关企业的集聚，形成包含文化全产业链、全生态文化系统的产业集群。

第一，可以迅速实现文化产业的规模扩张。文化企业的生产遵循市场供需原则，与传统经济不同的是，文化产品的生产存在高平均成本、低边际成本的普遍规律。因此，文化企业具有大规模生产和高度集中的需求。文化企业通过并购、合作等方式聚集，克服资源有限和资源配置对企业发展的约束，在短时间内扩大规模，实现规模扩张。

第二，可以突破行业壁垒。如今，文化产业细分化越来越明显，很多细分行业都会被细分龙头企业逐渐占据优势，形成行业进入壁垒。文化企业进入一个新的细分行业时会遇到资金、技术、渠道、客户、经验等障碍，如果企业通过联合的方式进入，则可以绕开这些壁垒，以较低的成本和风险迅速进入行业。例如，阿里巴巴先后全资收购优酷土豆、文化中国，入股光线传媒，重组阿里影业，通过资本运作迅速形成了娱乐行业的头部企业。

第三，可以应对外部环境变化，降低经营风险。文化产业集群的形成有助于企业间的"抱团取暖"，当"黑天鹅"或"灰犀牛"事件爆发时，能通过文化全生态系统进行多元化经营，降低投资组合风险，实现综合收益。

第四，可以加强对市场的控制能力。全产业链或生态系统的建立，可以降低内部交易费用，提升整体利润率，因此占据成本和价格优势，有助于迅速提高市场占有率，增强在市场上的竞争能力。

2. 发挥协同效应

文化产业集群有助于形成创新协同、经营协同和管理协同效应。

创新协同是指集群给文化企业带来共享的创新资源，包括创新场景、高端人才、文化技术资源等，这些资源具有一定的流动性和共享性，集群共享降低了每个企业的创新成本，也提高了资源的使用效率，提高了创新效率。

经营协同是指集群给文化企业生产经营活动在提升效率方面所产生的效益，通过规模经济、资源互补以及获得市场垄断权而实现。

管理协同是指集群给文化企业在组织管理效率方面带来的提高，有助于节省企业管理费用，提高企业运营效率，充分利用过剩的管理资源，完成资源的合理配置。

（二）文化产业集群的类型

文化产业集群可按照不同的标准进行分类。

1. 按照集群的松散程度划分

文化产业集群按照集群的松散程度可以分为企业并购、企业联盟、企业控股。企业并购是指文化企业通过资本收购的方式进行联合，并购后，并购企业存续，被并购企业解散，如阿里巴巴对优酷土豆的收购。企业联盟是指文化企业通过空间上或资源上的集聚，形成一个虚拟的集体，企业股权和法人都不发生变化，如许多文化产业园区的建立。企业控股是指文化企业通过对对方企业的入股投资，将二者的资源绑定在一起，控股联合后，双方企业法人都不发生变化，企业实体也不解散，用最少的资本达到最广泛资源的联合，是一种较为自由的深入融合，如阿里巴巴对光线传媒的入股。

2. 按照集群企业的行业相关性划分

按照文化产业集群中企业所属行业的相关性，集群联合可以分为横向集聚、纵向集聚和网络集聚。

横向集聚是指生产经营相同（或类似）产品或使用资源相近的企业之间的联合，其实质是与竞争对手的联合。例如，雅马哈收购贝森朵夫。横向集聚的优点在于：能够迅速扩大产业规模，节约共同费用，提高文化资源、科学技术的共享性和使用效率；能够统一文化产品的销售和采购，形成产销的规模经济。其缺点在于：众多同类型或互补类型企业的集聚容易破坏竞争环境，形成垄断局面。

纵向集聚是指与文化企业的供应商或客户的联合，即优势企业将与本企业生产经营具有上下游关系的生产、营销企业联合起来，形成产业链上下游环节的联动，拓展产业的边界和市场，如上海"灵石中国电竞中心"集聚了 EDG、拳头游戏、视拳、量子体育、香蕉游戏等一批电竞企业，形成了内容制作、赛事运营等电竞生态[①]。纵向集聚有时是处于同一产品不同生产经营阶段的企业间的合作，合作方往往是产品购买者或生产支持者，对彼此的生产经营情况较为熟悉，有利于资源的整合。例如，博纳影业最初专注于电影发行行业，从 2003 年开始，向电影产业的上游电影投资制作进行拓展。2005 年，博纳国际影院在北京、上海、深圳等城市投资 15 家影院，完成了放映环节的布局。此后，博纳又先后成立了博纳广告公司和博纳演艺经纪公司，注资多位明星工作室，完成了影视产业宣传环节的布局。自此，博纳成为拥有制片、宣发、放映全产业环节的电影集团。按照文化产业集聚的方向及企业在价值链中所处的相对位置，又可以将纵向集聚进一步分为前向一体化和后向一体化。所谓前向一体化，是指与其最终客户的联合，如影视制片公司并购发行放映公司。所谓后向一体化，是指企业与其供应商的并购，如万达收购美国传奇影业。

网络集聚是指在横向集聚和纵向集聚的基础上，再包含非相关性企业的联合。这种集聚形成的多元化、大范围的集聚，最终目标是以客户群体为对象，建立全生态产业系统。

---

① 花建. 长三角文化产业高质量一体化发展：战略使命、优势资源、实施重点[J]. 上海财经大学学报，2020（4）：33-48.

这样的集聚既发生在一个企业内部，也发生在企业之间。例如，BAT（百度、阿里巴巴、腾讯）三家互联网巨头通过资本运作建立了几乎涵盖消费者衣、食、住、行、娱的生态企业集团。阿里巴巴如今拥有淘宝电商、蚂蚁金服、菜鸟物流网络、饿了么和口碑等餐饮、哈啰出行、阿里大文娱等多个行业，形成了自己的商业流、资金流、物流网络，全面覆盖民生领域。

3. 按照集群的主导方划分

按照文化产业集群的主导力量，集群联合可以分为政府规划和市场行为两种形成模式。政府规划，是指政府通过财政或货币政策以及城市区域规划引导一批文化企业的聚集，从而形成规模，如无锡的国家数字电影产业园等文化园区。这种产业聚集的形成具有较强的行政色彩，需要政府相关场景和设施配套的完善，否则容易形成短期行为，即企业生产经营的资本、设施、人员都没有发生实际转移，待政策红利结束后，企业也随之散去，起不到最初规划的作用，如新疆的霍尔果斯影视聚集区。

市场行为是指文化产业的集聚通过市场规律自发调节而形成，通常是因为资源和场景的吸引，促使相关企业聚集到一个地理范围内。例如，美国好莱坞、中国北京等影视产业的集聚地，由于影视产业发展所需最重要的导演、演员、制片等人员以及金融投资机构等资源的聚集，吸引大量的影视企业、独立制片人聚集于一处，逐渐形成规模。

本章小结

- 文化经济增长具有特殊性，不仅包括经济效益的提高，还包括社会效益的提升，具体表现包括总量增长、结构优化、效率提升和辐射力增强四个方面。文化经济具有较强的"溢出性"，其辐射力体现在对整体经济、产业结构、劳动结构的影响以及对文化软实力和文化国际竞争力的影响。

- 政策驱动发展是目前世界强国发展文化经济的重要手段，具有立竿见影的效果。但政策驱动的关键在于提供平台，产生效益需要众多措施的协同配套。而且由于政策的导向性，容易产生"政府失灵"的情况。

- 创新驱动是文化经济的核心动力，创新是一个综合性概念，是创意、人才、资金、技术、政策的协同组合。在创新的驱动下，经过长期复杂的形成过程，资源呈明显的聚集效应，在全球范围内逐步形成具有创新优势的园区、地区和城市，产生了规模效应，也给未来经济发展带来不平衡因素。

- 科技赋能文化业态的创新，提高了生产力水平，降低了生产边际成本，打破了原有的文化业态壁垒，拓展了产业链的长度和宽度。科技赋能的另一个重要体现是科技赋权，在互联网中给消费者赋予多重身份和传播权，变革了文化消费的固有模式，推动文化市场重组。

 综合练习

一、本章基本概念

文化经济增长、生产要素驱动、市场驱动、创新驱动、场景驱动。

二、本章基本思考题

1．如何理解文化经济的增长？
2．如何分析文化经济的增长动力？
3．文化经济的增长机制是什么？

第九章

国际文化贸易与文化保护

 学习目标

通过对本章的学习,学生应了解或掌握如下内容:
1. 了解文化安全、文化多样性、国际文化贸易的基本概念;
2. 了解国际文化贸易及我国对外文化贸易的基本情况;
3. 掌握国际文化贸易的基本理论;
4. 掌握国际文化贸易保护的主要措施;
5. 熟悉与国际文化贸易相关的国际组织和国际条约。

 导言

随着国际文化交流越来越广泛,各个国家之间的国际文化贸易比以往更加频繁。对于文化产业管理专业的学生而言,有必要系统学习国际文化贸易的知识,掌握国际文化贸易相关理论,掌握国际文化贸易保护的主要政策措施,熟悉世界贸易组织、联合国教科文组织、世界知识产权组织关于国际文化贸易的相关国际公约。

第一节 国际文化贸易概况

国际文化贸易是国家之间进行文化交流的重要方式。我国汉代的丝绸之路沟通了东西方,推动了亚欧大陆的文化交流和商业活动。15 至 17 世纪的地理大发现又一次大大推进了包括文化贸易在内的世界贸易发展。工业革命,特别是信息革命以来,国际文化贸易的速度不断加快,全球化更进一步促进了国际文化贸易的深度和广度,同时也给人类文化的发展带来了前所未有的机遇和挑战。

一、文化安全与文化多样性

随着全球化进程的发展，特别是经济全球化的推进，国家之间的经济、文化交流更加频繁，以互联网技术、人工智能技术、大数据技术为代表的信息技术的快速迭代以及海、陆、空综合交通运输体系的迅猛发展，文化产品与服务开始加速在全球范围内流动。但国际文化贸易的结构性不平衡是不可否认的事实，以美国为首的西方国家凭借在文化产业中的强大竞争力持续在全球范围内扩张，国际文化贸易领域的竞争越来越激烈，与之相伴的西方价值观念和意识形态在文化安全方面给文化产品和服务输入国带来巨大挑战，堪称"一场没有硝烟的战争"[1]。

国家文化安全在客观上是指国家保障文化发展不受威胁的能力和状态，在主观上是指人民对于文化具有认同感的能力和状态。从马克思主义文化哲学角度看，国家文化安全包含经济要素、意识形态要素、民族优秀传统文化要素、核心价值观要素、人的自由而全面的发展要素。其中，经济要素是基础，意识形态要素是核心，民族优秀传统文化要素是根基，核心价值观要素是主轴，人的自由而全面的发展要素是最高价值目标[2]。任何对发展的威胁都应当被纳入国家文化安全之中，因此，国家文化安全的含义可以进一步得到扩展，即国家文化生存与发展免于威胁或危险的状态[3]。

国家文化安全是国家安全体系的重要组成部分。同时，国家文化安全体系又是由国家文化安全目标、国家文化安全机制、国家文化安全体系结构、国家文化安全制度等子系统构成的复杂系统[4]。其中，国家文化贸易安全是国家文化安全的外在表征和主要体现，是各个国家在文化贸易中不平衡、不平等而出现的文化扩张主义倾向造成对国家文化传统、意识形态、价值观念、思维习惯、生活方式的冲击[5]。因此，我国在开展国际文化贸易的过程中，要平衡好文化贸易和文化安全之间的关系，一方面要提高文化开放水平，推动中华文化走出去，在扩大文化交流与合作的过程中坚持"以我为主、为我所用"，在吸收、借鉴国外优秀文化成果的同时维护好国家文化安全；另一方面要创新对外文化贸易的方式方法，不断增强我国在国际文化贸易治理体系中的国际话语权和规则制定权，使我国有竞争力的文化产品和服务在世界文化贸易体系中不断发展壮大。

文化多样性是人类文化在全球化时代背景下产生的文化安全重要命题，国家文化安全和文化多样性的实现互为前提和结果[6]。联合国教科文组织大会通过的《保护和促进文化表现形式多样性公约》把文化多样性定义为"各群体和社会借以表现其文化的多种不同形式"。文化多样性不仅体现在人类文化遗产通过丰富多彩的文化表现形式来表达、弘扬和

---

[1] 李怀亮. 国际文化贸易导论[M]. 北京：中国人民大学出版社，2008：6.
[2] 李凤丹. 马克思主义文化哲学视角下的国家文化安全问题研究[M]. 北京：人民出版社，2020：70-90.
[3] 胡惠林. 国家文化安全学[M]. 北京：清华大学出版社，2016：25-27.
[4] 同[3]98-103.
[5] 江凌，陈轶欧. 论国家文化贸易安全——基于国际文化贸易比较的视角[J]. 毛泽东邓小平理论研究，2015（8）：77-83.
[6] 同[3]294-297；朱康有，杜芳芳. 文化多样性与中国文化安全[J]. 中国井冈山干部学院学报，2014，7（3）：16-22.

传承的多种方式，也体现在借助各种方式和技术进行的艺术创造、生产、传播、销售和消费的多种方式。国际社会对文化多样性的认识有一个不断发展的过程。

在国际文化贸易中，面对来自美国文化贸易的激烈竞争，以法国、加拿大为代表的许多国家曾经以"文化例外"手段与美国在世界贸易组织框架下进行了激烈的较量。《关税与贸易总协定（1947）》中就制定了关于"维护公共道德"和"保护本国具有艺术、历史和考古价值的国宝"的"一般例外"条款，使一国文化在面对国际文化贸易时能得到保护和发展。到《关税与贸易总协定》"乌拉圭回合"谈判期间，在美国强烈要求视听服务贸易自由化的背景下，以法国为代表的欧洲国家以及加拿大等国家以"文化例外"为理由加以反对，最终这些国家以把视听服务列入"最惠国待遇例外清单"的方式对本国视听服务实行了特殊保护[1]。"乌拉圭回合"谈判以后，法国借助欧盟的力量，联合加拿大等国家在国际场合继续推动以"文化例外"制衡世界贸易组织框架下的自由贸易规则在国际文化贸易领域的使用。最终，联合国教科文组织于2001年通过《世界文化多样性宣言》及其行动计划，于2005年通过《保护和促进文化表现形式多样性公约》，明确了各国在本国境内采取保护和促进文化表现形式多样性措施的主权权力[2]。

国际文化贸易因文化产品和服务的双重属性而具有两面性，国际文化贸易积极的一面是能促进不同国家和民族之间的文化交流，消极的一面是有可能对国家文化安全和文化多样性造成冲击甚至破坏。我国文化内涵丰富，博大精深的中华文化对外来文化产品和服务有着很高的包容性、适应性与接受度，应该积极主动"走出去"，增进世界对我国文化的了解、理解和接受，增强我国文化的国际竞争力和影响力，提升中华民族的软实力[3]。此外，我国还应该推动现有世界贸易组织和联合国教科文组织框架下国际文化贸易规则向着既能保护文化多样性又能促进国际文化贸易更加自由、公平的方向发展，以构建人类命运共同体的理念推动全球文化贸易实现更加公正、均衡、合理的目标。

二、国际文化贸易的定义和分类

（一）国际文化贸易的定义

国际文化贸易指的是跨越国家和地区边界，以文化产品和文化服务为对象的国际文化交易活动。国际文化贸易的定义包含两方面内容：其一，文化产品（cultural goods）和文化服务（cultural services）都属于国际文化贸易的组成部分。联合国教科文组织于2000年出版的《文化、贸易与全球化》[4]就已经把文化产品和文化服务明确为国际文化贸易的对象。该组织在《2004—2013文化产品与服务的国际流动》中，继续按照有形的文化商品贸

---

[1] 王军. "文化例外"的历史演变及当代启示[J]. 理论月刊, 2017（2）：44-48.
[2] 范帆, 杨颖. 《保护和促进文化表现形式多样性公约》谈判通过始末[J]. 中国出版, 2006（2）：9-11.
[3] 曲如晓, 曾燕萍. 文化多样性影响中国文化产品贸易的实证研究——基于面板VAR模型的分析[J]. 首都师范大学学报（社会科学版）, 2015（4）：57-65.
[4] UNESCO. Culture, Trade and Globalization: Question and Answers[M]. Paris: UNESCO Publishing, 2001: 13-15.

易和无形的文化服务贸易的框架来分析国际文化贸易。国际文化贸易理论和实践对国际文化贸易的交易对象取得了基本认同。其二，国际文化贸易以输入和输出的贸易方式跨越国家和地区的地理边界并在相互之间流动。生产技术、运输能力、传播渠道的发展与进步使国家和地区间出现了更多的文化交流与互动的可能性。贸易自由化、便利化，商业巨头的跨国发展，数字时代的到来等国际文化贸易全球化扩张因素促使图书杂志、电影电视、音乐唱片、文化版权等跨越国家和地区的边界，加快在世界范围内的流动。

（二）国际文化贸易的分类

按照国际文化贸易的定义可将其分为文化产品贸易和文化服务贸易，这基本与联合国教科文组织和世界贸易组织的通常规则一致。当然，我国相关部门出台的政策性文件以及其他一些国际组织的实践也为国际文化贸易的分类提供了不同的方法。

1.《联合国教科文组织文化统计框架》的分类

《联合国教科文组织文化统计框架》（FCS）由联合国教科文组织统计研究所和文化司共同出版，目前使用的 FCS2009 是在 FCS1986 的基础上修订后的最新版本。FCS2009 由文化领域和相关领域的层级体系构成。在文化领域内，国际文化贸易对象被分为文化和自然遗产（A）、表演和庆祝活动（B）、视觉艺术和手工艺品（C）、书籍和报刊（D）、音像和交互媒体（E）、设计和创意服务（F）这六个纵向大类；在相关领域内，国际文化贸易对象被分为旅游业（G）、体育和娱乐（H）这两个纵向大类。文化领域和相关领域又各自包含非物质文化遗产、教育和培训、档案和保存、装备和辅助材料四个横向大类。

2. 世界贸易组织《服务贸易总协定》的分类

世界贸易组织《服务贸易总协定》（GATS）在"服务部门分类清单"（即 MTN.GNS/W/120 号文件）中列出了服务部门的分类。该清单将文化服务分列于第一大类"商业服务"，第二大类"通信服务"，第十大类"娱乐、文化与体育服务"之中。印刷、出版被纳入第一大类"商业服务"，包括电影与录像带的生产与批发、电影放映、无线电视与电视、录音等在内的音像服务被纳入第二大类"通信服务"，娱乐服务（包括剧团、乐队和马戏团服务）、通信社服务、图书馆、档案馆、博物馆和其他文化服务被纳入第十大类"娱乐、文化与体育服务"。

3. 国际货币基金组织《国际收支和国际投资头寸手册》的分类

《国际收支和国际投资头寸手册》（BPM）由国际货币基金组织统计部和收支统计委员会共同组织编写，目前使用的 BPM6 是在前五个版本的《国际收支手册》基础上修改而成的并首次对手册的名称进行了修改。BPM6 将国际文化贸易相关的内容纳入"货物和服务账户"，这种分类方式没有明确列出文化产品的具体内容，而是把文化产品置于一般商品账户下，但在"服务"中明确列出第 K 类"个人、文化和娱乐服务"，具体包括与电影制作（胶片、录像带、磁盘上的电影或电子传输的电影等）、无线广播和电视节目制作（现场直播或磁带播放）、音乐录音等视听和相关服务，戏剧和音乐作品制作、体育活动、马戏团和其他类似活动以及博物馆、博彩等其他个人、文化和娱乐服务。

4. 联合国《产品总分类》

联合国《产品总分类》(CPC)由联合国出版，目前使用的 CPC Version 2.1 是修订后的最新版本。CPC 的编码系统由 5 级编码组成，其中第 96 个一级编码下的"娱乐、文化和体育服务"大类涵盖了主要的文化服务，包括视听及相关服务、演艺及其他现场娱乐活动展示及推广服务、表演艺术家和其他艺术家的服务、博物馆和保存服务、游乐园及博彩娱乐服务等。

5. 我国相关政策性文件对国际文化贸易产品和服务的分类

2012 年，我国商务部、中宣部等 10 个中央部门共同对《文化产品和服务出口指导目录 2007》进行了修订，颁布了《文化产品和服务出口指导目录 2012》。该目录将文化与服务分为新闻出版类、广播影视类、文化艺术类、综合服务类共 4 大类和 29 个小类，其主要目的是要鼓励和支持文化企业积极开拓国际文化市场，提高文化企业的国际竞争力，推动我国文化产品和服务出口快速发展。虽然该目录没有具体区分文化产品和文化服务，但可以帮助我们更好地理解我国国际文化贸易中具有出口优势的文化产品和服务的类型。而后，商务部《对外文化贸易实务指南 2014》延续了《文化产品和服务出口指导目录 2012》对文化贸易产品和服务的分类方式，仍采用新闻出版类、广播影视类、文化艺术类、综合服务类共 4 大类 29 小类的分类方式。

三、国际文化贸易的发展格局

联合国教科文组织于 2016 年发布了《文化贸易的全球化：消费的转变——2004—2013 文化产品与服务的国际流动》研究报告，该报告是继之前多份文化产品与服务的国际流动相关研究报告之后对国际文化贸易进行系统化分析的最新、最权威的资料。该报告以 FCS2009 关于文化产品和服务的分类标准为基础，分析了 2004—2013 年全球文化产品贸易和文化服务贸易的格局其演变情况。根据该报告的数据，2013 年，全球文化产品贸易额为 1905 亿美元，与 2004 年全球文化产品贸易额 1084 亿美元相比，全世界的文化产品出口额几乎翻了一番。另外，2013 年全球文化服务出口额达到 1500 亿美元，从 2003—2013 年，年均增长 10%。

在文化产品出口方面，北美和欧洲的文化产品出口占全球文化产品出口的比重从 2004 年的 69%下降到 2013 年的 49%。期间，东亚和南亚的文化产品出口快速增长，占比从 2004 年的 26%上升到 2013 年的 46%。2004—2013 年，排在全球前 10 位的文化产品出口国家或地区包括中国、美国、英国、瑞士、德国、意大利、法国、新加坡、土耳其、印度，它们的文化产品出口额占全球文化产品出口额的比重从 2004 年的 69%上升到 2013 年的 79%。

在文化产品进口方面，2004—2013 年，北美和欧洲进口了全球 60%以上的文化产品，2013 年占比为 62%，此后，这两个地区的文化产品进口份额一直维持在这个水平；南亚和东亚的文化产品进口比重从 2004 年的 17%增加到 2013 年的 26%,有了一定程度的增长。2004—2013 年,排在全球前 10 位的文化产品进口国家或地区包括中国、英国、瑞士、德国、法国、美国、加拿大、日本、新加坡和中国香港,这 10 个国家或地区的文化产品出口额占全球文化产品出口额的比重达到 60%以上。

根据 FCS2009 对文化产品和服务的分类,国际文化产品进、出口结构也一直处于动态变化之中。从国际文化产品出口结构来看,视觉艺术和手工艺出口额在 2004 年占全球文化产品出口总额的一半,到 2013 年,这一比重则上升到 71%;表演和庆祝活动出口额在 2004 年占全球文化产品出口总额的 24%,到 2013 年则下降到 10%;书籍和报刊在全球文化产品出口中的比重从 2004 年的 19%降至 2013 年的 11%;音像和交互媒体在 2004—2013 年,出口比重上升到全球文化产品出口总额的 6%左右。2013 年,文化和自然遗产、设计和创意服务的出口占比分别为 1.75%和 0.09%。

从国际文化产品进口结构来看,视觉艺术和手工艺也处于主导地位,各国家和地区对视觉艺术和手工艺的进口一直处于扩张状态,到 2013 年,其进口额达到文化产品进口总额的 59%;表演和庆祝活动进口额从 2004 年占全球文化产品进口总额的 30%左右下降到 2013 年的 20%左右。2004 年,书籍和报刊进口额占全球文化产品进口总额的 20%,在经历了一个持续的下降过程以后,2013 年下降至 15%。2004 年,音像和交互媒体进口额占全球文化产品进口总额的 6.6%,2008 年上升到 18%,成为文化产品进口的第三大领域,然后其在全球文化产品进口额中的比重又开始下降,到 2013 年,其占全球文化产品进口额的比重为 9.3%。文化和自然遗产、设计和创意服务的进口额与它们的出口情况基本一样,在全球文化产品进口中的比重非常低。

高收入经济体在文化服务贸易中占主导地位,在全球文化服务出口中的比重为 90%,这一比重在 2004—2013 年相当稳定,同样的情况也发生在全球文化服务进口上。排名前 15 位的文化服务贸易国几乎都是 OECD 国家,其中,美国又是当之无愧的国际文化服务贸易第一大国。2012 年,美国文化服务出口额达到 686 亿美元,几乎是第二大出口国英国的出口额的 5 倍,而美国文化服务进口额则达到 236 亿美元,位居世界第二。从国际文化服务进、出口结构来看,音像和交互媒体、表演和庆祝活动、视觉艺术和手工艺的出口量最大,接下来是书籍和报刊;而进口方面,依然是音像和交互媒体的进口量最大,表演和庆祝活动、视觉艺术和手工艺的进口量也是很可观的。

四、我国对外文化贸易的规模与结构

近年来,随着国际文化贸易快速增长,我国对外文化贸易在整体上取得了长足的发展,总体规模保持增长态势,贸易结构不断调整。从贸易平衡来看,我国对外文化贸易在总体上处于顺差状态,文化产品贸易持续出超,文化服务贸易却长期逆差。

从我国对外文化贸易结构来看,文化产品贸易的比重较高,对文化贸易增长的贡献较大。根据商务部服贸司公布的数据,2019 年文化产品贸易进出口总额为 1114.5 亿美元,是 2008 年的 2.57 倍；文化产品贸易优势明显，贸易顺差从 2008 年的 348.0 亿美元扩张到 2019 年的 883.2 亿美元，增长了 1.5 倍。联合国教科文组织的研究报告显示，2010 年我国的文化产品出口额超过美国，成为世界第一大文化产品出口国。

与此同时，我国对外文化服务贸易也在加速发展。根据商务部服贸司发布的数据，2019 年，个人、文化和娱乐服务进出口额为 52.8 亿美元，同比增长 14.5%；其中，出口额为 12.0 亿美元，同比下降 1.3%，进口额为 40.8 亿美元，同比增长 20.2%。《中国对外文化贸易发展报告 2018—2019》的数据显示，2016—2018 年，我国文化服务进出口总额虽然保持扩张态势，但均为逆差。从更长时期来看，我国文化服务贸易逆差呈现扩大的趋势。2000 年，文化服务贸易逆差超 2000 万美元，2011 年超过两亿美元①，到 2018 年，文化服务贸易逆差已经超过 200 亿美元。

2014—2019 年，我国对外文化贸易在产品出口结构上不断发生动态变化，但依然呈现一定的不均衡性。文化用品、工艺美术品及收藏品在文化产品出口中占据重要位置，两者在出口文化产品中占有绝大部分份额，出版物和文化专用设备的出口占比偏低。其中，工艺美术品及收藏品的出口额由 2014 年的 674.83 亿美元下降至 2016 年的 280.89 亿美元，再缓慢上升到 2019 年的 317.3 亿美元，经历了一个从高到低，然后平稳增长的过程；而文化用品的出口比重持续增长，从 2014 年的 288.92 亿美元增长到 2019 年的 523 亿美元，逐渐反超工艺美术品及收藏品的出口额。文化专用设备和出版物的出口呈缓慢增长态势，近几年的出口量变化不大，文化专用设备出口额稳定在 120 亿美元左右，出版物出口额保持在 30 亿~40 亿美元。

与出口文化产品的结构相比，2014—2019 年，我国文化产品的进口结构有所不同，不均衡性逐渐收敛。2014 年，文化专用设备进口额为 103.8 亿美元，在进口文化产品中"一枝独秀"，之后呈现出逐年下降的趋势，至 2019 年下降到 38.4 亿美元。工艺美术品及收藏品进口额则呈现先下降后上升的特征，从 2014 年的 24.26 亿美元下降到 2017 年 13.28 亿美元，再回升至 2019 年的 36.8 亿美元，几乎接近文化专用设备的进口比重。而文化用品和出版物的进口始终保持缓慢增长态势，进口额在逐渐接近文化专用设备和工艺美术品及收藏品的进口水平。

案例/专栏 9-1

中国智慧　世界舞台②

2019 年 9 月 5 日至 8 日，第四届中国-阿拉伯国家博览会在宁夏银川举行。博览会上，作为"2019 网上丝绸之路大会"的承办者之一的智慧宫文化产业集团有限公司推荐了"智慧学中文"在线教育平台。该公司是宁夏唯一一家"国家文化出口重点项目和重点企业"，

---

① 佟东. 国际文化贸易[M]. 北京：经济管理出版社，2016：212.
② 资料来源：何玲. 中阿博览会：共识与共赢[N]. 中国经济时报，2019-09-09（007）.

也是"丝路书香出版工程"《大中华文库》"经典中国国际出版工程"等项目的实施单位。该公司以"讲好中国故事，传播中国文化"为使命，以"一带一路，文化先行"为定位，发展"互联网+文化产业"，从2011年成立到现在，已在埃及、阿联酋、卡塔尔、摩洛哥、约旦等17个阿拉伯国家，5个中亚和东南亚国家展开业务。2019年8月，该公司与外文出版社达成协议，就共同宣传推广习近平总书记系列著作（多语种版图书）；共同宣传推广、共同策划出版发行中国主题类、文化类图书；参与"中国主题图书出版联盟"的组织工作；外文出版社实体图书在"一带一路"沿线国家及其他地区出版展开合作。2019年9月底，华策影视集团、中国（浙江）影视产业国际合作实验区承办"中国·阿拉伯国家广播电视台合作论坛"，邀请智慧宫文化产业集团有限公司作为协办单位，共同助力中国文化"走出去"；华策影视集团将其所有电视剧、电影的版权授权智慧宫进行海外推广发行；双方在迪拜成立"中阿影视文化企业服务平台"，服务全国影视企业的动漫影视作品"走出去"，依托该平台的海量动漫影视资源，开发海外动漫影视App。

【思考】

（1）对外文化贸易是国际贸易的重要组成部分，如何进一步发挥文化产品的竞争优势，促进对外文化贸易真正成为"一带一路"上的新名片？

（2）我国的文化服务出口与文化产品出口相比较，仍有较大差距。下一步该如何加快对外文化服务贸易的发展，提高文化服务贸易在对外文化贸易中的比重？

第二节　国际文化贸易理论

亚当·斯密的绝对优势理论、李嘉图的比较优势理论、赫克歇尔-俄林的要素禀赋理论等解释国家之间为什么会发生国际贸易行为的传统国际贸易理论，是建立在完全竞争、规模报酬不变、生产技术或资源禀赋差异等假设基础之上的。然而，国际文化贸易中的规模经济、不完全竞争、文化产品异质性、需求偏好差异等新出现的一些情况与传统国际贸易理论的假设已经有了很明显的不一致，传统国际贸易理论不能完全解释国际文化贸易中的这些新现象[①]。20世纪60年代以后的新贸易理论在一定程度上对这些新现象进行了更为合理的解释，为国际文化贸易奠定了新的理论基础。

一、规模经济理论

从亚当·斯密到赫克歇尔·俄林的贸易理论都是假设产品的规模报酬是不变的，也就是在技术水平不变的条件下，产出的增加与生产要素投入的增加同比例变化。然而，在现实文化生产中，许多文化产品的生产是规模报酬递增的，扩大生产规模，产出增加的比例

---

① GUNTHER, SCHULZE. International Trade in Art[J]. Journal of Cultural Economics, 1999, 23(1): 109-136.

大于生产要素投入增加的比例，也就是存在规模经济。从微观经济理论来看，产品的平均生产成本受到生产规模的影响。在小规模生产条件下，由于劳动专业化分工、生产要素不可分性、生产运作管理等因素受到生产规模的限制，导致产品的平均成本比较高。而随着生产规模的扩大，上述限制因素的影响会减小，单位生产要素投入带来的产出增加了，相应的单位产品平均成本也就下降了。

规模经济包括内部规模经济和外部规模经济两种形式。内部规模经济表现为企业自身生产规模扩大，产量增加，被分摊到每个产品上的固定投入减少，产品的平均成本下降。通常，大型企业或企业集团容易形成内部规模经济。对于大型企业或者企业集团来说，更容易采用先进技术和设备提高劳动生产率，降低研发投入、原材料和各类管理费用，从而导致产品的单位成本下降，实现规模经济。外部规模经济表现为某产业内企业在一定的区域内相对集中，从而出现企业的聚集甚至产业集群，企业数量增加带来产业规模的不断扩大，区域内聚集的企业之间合理分工、有效配合，对各类生产要素进行协调运用，从而使产业内企业的平均生产成本下降。

我国的玩具产业和美国的电影产业在国际文化贸易中取得竞争优势在一定程度上均与规模经济有关，规模经济导致了国际文化贸易的发生。我国玩具产业依托我国强大的制造能力和巨大的国内市场不断扩大行业规模，行业规模的扩大吸引更多企业进入这一行业进行玩具生产，增加产品供给、满足消费需求的同时，玩具生产企业的成本得以降低，玩具价格随之下降。行业规模的扩张和玩具成本的下降使得我国生产的玩具在国际市场上具备了竞争力，玩具生产出现了规模经济，从而推动了玩具产品的国际贸易[1]。

以好莱坞为代表的美国电影产业同样因巨大的国内市场规模带来的规模经济在国际电影贸易中占据统治地位[2]。美国的电影市场规模庞大，为其电影产业发展提供了条件。一方面，美国电影企业在好莱坞大量聚集，好莱坞诞生了华纳兄弟公司、环球影片公司、迪士尼电影公司等一批具有市场影响力的大型电影企业，这些大型电影企业产量增加的同时，单位产品的生产成本下降，使内部规模经济的优势充分发挥。另一方面，与电影生产有关的制片与管理人员、导演、演员、摄影师、特效专家、后期制作人员、经纪公司以及与电影生产制作有关的法律、版权服务等各种外部资源也大量在好莱坞聚集，组成庞大的生产规模，产业集聚使外部规模经济优势也能充分得到发挥。美国电影产业凭借高投入可以制作出壮观宏伟的场面和各类电影特效，打造覆盖全球电影消费市场的营销网络体系。与美国电影市场相比，其他国家和地区的电影市场要小很多，在电影生产和交易过程中也难以达到大部分美国影片的预算投入水平，好莱坞则可以利用其内部规模经济和外部规模经济降低电影生产的成本，从而在国际电影贸易中具备国际竞争力。

类似美国好莱坞的情况已经在世界其他国家和地区不断出现。为了与美国电影产业争夺本国市场，同时也是为了保护本国电影产业和本国文化，印度着力在西海岸重要城市孟

---

[1] 海闻, P. 林德特, 王新奎. 国际贸易[M]. 上海：格致出版社，上海人民大学出版社，2012：172-173.
[2] 李怀亮. 国际文化贸易导论[M]. 北京：中国人民大学出版社，2008：203.

买打造了一个印地语影视业基地"宝莱坞"。中国香港地区也出现了以迎合本土文化偏好为目标,通过依托内地庞大的电影消费市场而不断发展壮大的华语影视产业集群。北京怀柔、浙江横店、江苏无锡等影视产业也在加速集聚和不断壮大,显示出明显的规模经济效应,这些都为推动我国电影产业开展国际文化贸易活动奠定了基础。

二、产业内贸易理论

亚当·斯密的绝对优势理论提出,一个国家如果在生产某种产品上比别的国家生产该种产品的劳动生产率高,生产该产品所花费的成本绝对地低于别的国家,则该国在这一产品上就具有绝对优势,该国就应该发展该种产品的生产并对外出口该种产品,以换回别的国家在生产上具有绝对优势的产品,这样一来,国际贸易就发生了。比较优势理论的提出者大卫·李嘉图继承了亚当·斯密关于国际贸易发生的原因是基于贸易双方劳动生产率或者生产成本的差异的观点,但他并不认为国际贸易只在具有绝对优势的国家之间发生并提出只要国家之间存在劳动生产率或者生产成本上的相对差异,那么在不同产品上就会具有各自的比较优势,国际贸易也会发生。到了伊莱·赫克歇尔和伯尔蒂尔·俄林的时代,生产要素不仅仅只有劳动,资本、土地和其他生产要素也更加广泛地参与到生产之中并对劳动生产率和生产成本产生了影响,因此,赫克歇尔和俄林提出了生产要素禀赋理论,该理论将国际贸易的发生归因于国家之间生产要素禀赋的差异。对于人口众多、劳动力充裕的国家,一般具有生产劳动密集型产品的优势,而资本充足的国家更应该选择生产资本密集型产品,各国应该生产并出口本国生产要素更丰富的产品,进口本国生产要素稀缺而不具备生产优势的产品,这样一来,国际贸易也就发生了。

根据亚当·斯密的绝对优势理论、李嘉图的比较优势理论、赫克歇尔-俄林的要素禀赋理论,国际贸易发生在技术水平或要素禀赋不同的国家之间,那么国家之间的贸易就主要是在不同产业部门的产品之间进行,属于"产业间贸易(inter-industry trade)"。但是从现实情况来看,尤其是二战以后,国际文化产品贸易首先发生在发达经济体之间,国与国之间既相互出口文化产品,又相互进口文化产品。然而近年来,发达经济体之间的国际文化贸易越来越多地以文化服务贸易的形式展开,发达经济体间的文化服务贸易占国际文化服务贸易90%的交易额。国家之间在文化产业内部既进口又出口同类型文化产品的国际贸易模式被称为"产业内贸易(intra-industry trade)"。格鲁贝尔(H.G.Grubel)和劳埃德(P.J.Loyd)于1975年在合著的《产业内贸易:异质性产品国际贸易的理论与度量》一书中比较系统地提出了产业内贸易的概念和相关理论[①]。

产业内贸易理论认为,由于国际分工越来越精细,同一产业部门内的产品越来越呈现出一定的差异性,即质量性能、规格型号、材料外形等方面是存在差别的,这样的产品就属于异质性产品。厂商生产异质性产品有利于在细分的领域内扩大生产规模,带来递增的

---

① GRUBEL, LOYD. Intra-Industry Trade: The Theory and Measurement of International Trade in Differentiated Products[M]. New York: Wiley, 1975: 67-98.

规模报酬,实现规模经济。而市场中消费需求偏好往往呈现多样性,在本国厂商不能满足一个产业部门内全部异质性产品的市场需求时,必然激发异质性产品生产上的国际分工和国际贸易。产业内贸易指数(Index of Intra-industry Trade,IIT)常常被用来衡量一个国家的产业内贸易水平,其中,格鲁贝尔和劳埃德于1975年提出的G-L指数运用得最普遍。G-L指数的计算公式为

$$IIT_i = 1 - \frac{|X_i - M_i|}{|X_i + M_i|}$$

其中,X_i、M_i分别代表某个产业的产业内出口额和进口额。IIT_i的取值范围为[0,1],如果IIT_i等于0,则说明不存在产业内贸易;如果IIT_i大于0,则说明存在产业内贸易,一个国家既进口又出口一个产业内的产品且数值越大,产业内贸易水平越高,产业内贸易越发达;如果IIT_i等于1,即$X_i=M_i$,则一个国家在一个产业内的进口产品额等于出口产品额。

文化产品的异质性促进了文化产业的产业内贸易。有学者运用产业内贸易指数对1996—2005年世界主要文化产品进出口国家和地区的产业内贸易水平进行分析发现,英国、法国、德国的文化产业内贸易水平较高,美国、意大利、日本的产业内贸易水平不稳定,而我国的产业内贸易水平是偏低的,我国的国际文化贸易还主要以产业间贸易为主[1]。

三、偏好相似理论

规模经济理论和产业内贸易理论都是从生产或者供给的角度来解释国际贸易行为的,这些理论实际上暗含需求给定的假设,也就没有从各国需求的差别角度来分析国际贸易行为,斯戴芬·伯伦斯坦·林德将需求分析引入国际贸易研究中,从需求角度解释了国际贸易的发生原理。

偏好相似理论认为,一个国家生产的产品首先是为了满足国内的市场需求,即使是新产品的研发和生产也主要是为满足国内市场的需求,因为理性的企业家通常会根据他们能意识到的市场信息做出生产决策,很难依据国外不确定的市场信息和消费需求进行专门的生产。只有当生产规模扩大到充分满足了国内市场的需求,国内市场空间已经变得十分狭小时,才会开始转向出口,"出口是典型的市场扩展到路的终点,而不是起点[2]",因此可以认为,国际贸易实际上是对国内贸易的延伸。然而,各国的需求偏好是受本国居民的收入水平影响的,国家之间的平均收入水平不一样,那么需求偏好就会有差异。两个国家的平均收入水平越接近,需求偏好就越相似或重叠程度越高,两国发生贸易的机会也就越大。

图书版权贸易是我国文化贸易的一个重要组成部分。2007年,我国的图书版权贸易对象主要是中高收入国家,与美国的贸易比重约为32%,与英国的贸易比重约为13.6%,与

---

[1] 周经,刘厚俊. 世界文化创意产品的比较优势与产业内贸易研究[J]. 软科学,2011,25(6):16-20.
[2] 朱刚体. 需求偏好相似理论评述[J]. 经济学动态,1987(6):59-62.

德国、法国、日本、韩国、新加坡及中国香港、中国台湾地区的贸易也达到一定比重。2007年，我国人均 GDP 达到 2000 美元以上，文化消费逐渐升温，国内图书发行规模不断扩大的同时，对国外的图书需求也在不断扩张，版权引进和版权输出同步发展。实证研究表明，我国的人均收入不断提高以后，对国外图书的需求变得相对旺盛，在其他国家有能力向我国出口图书的条件下，我国图书版权引进的规模就会持续扩大①。

国际文化服务贸易也存在与文化产品贸易类似的现象。鉴于各国之间人均收入水平的差异，国际文化服务贸易仍然主要发生在高收入经济体之间。以美国为首的发达国家和地区占据了国际文化服务贸易的绝大部分份额，这些国家和地区的人均收入水平普遍比较高，对文化服务的消费需求比较旺盛，而低收入国家和地区对文化服务的消费需求比较有限，因此按照偏好相似理论，高收入经济体和低收入经济体之间的国际文化服务贸易的比重就很小了。

要让我国的国际文化贸易进一步"走出去"，就要着重挖掘国际文化服务贸易隐含的巨大发展空间和潜力。按照偏好相似理论，随着我国人均 GDP 的不断提高，居民对文化服务的需求偏好会与中高收入经济体居民的需求偏好越来越相似，因此，我国应该在保持文化制造业发展势头的情况下，大力发展文化服务业，尤其要在新一轮数字文化产业发展的浪潮中，率先提升以新闻信息服务、内容创作生产、创意设计服务等为代表的文化核心领域的服务水平，从而为国际文化贸易的发展奠定基础。

四、引力模型

引力模型是国际贸易领域实证研究中非常有用的模型，简·丁伯根在研究贸易流量的不对称问题时将其引入国际贸易领域。引力模型因形式上类似物理学家牛顿的万有引力定律而得名。根据万有引力定律，任意两个物体都是相互吸引的，两个物体之间的引力大小跟它们质量的乘积成正比，跟它们距离的平方成反比。而根据国际贸易领域的引力模型，两个经济体之间的国际贸易流量与它们之间经济规模的乘积成正比，而与它们之间的距离成反比。

较早将引力模型引入国际文化贸易领域的是德国学者舒尔茨（Gunther G. Schulze，1999）②。他使用 1990—1994 年 49 个国家的文化贸易数据来研究国家之间经济总量与文化贸易流量问题，模型还引入了是否具有共同边界和共同语言作为虚拟变量，研究结果表明，随着 GDP 的增长，国家之间文化贸易会相应增长并且可能高于 GDP 的增幅；而国家之间的距离越远，文化贸易额的降幅就会越大；共同语言的使用将促进文化贸易的增长。我国学者运用引力模型就文化距离的大小对我国文化创意产品出口的影响进行了研究，总体上，文化距离越大，对我国文化创意产品出口的消极影响越显著③。不仅如此，还有研

---

① 张宏伟. 中国图书版权贸易影响因素测度研究——基于需求偏好相似理论的扩展和应用[J]. 出版科学，2011，19（2）：46-51.
② SCHULZE. International trade in art[J]. Journal of Cultural Economics, 1999, 23(1-2): 109-136.
③ 许陈生，程娟. 文化距离与中国文化创意产品出口[J]. 国际经贸探索，2013，29（11）：25-38.

究表明，文化距离、文化贸易还对我国对外直接投资的区位选择产生了影响，文化距离越大，对外投资的限制越大，但对外文化贸易的发展却能促进企业的对外直接投资①。因此，在开展国际文化贸易的时候，要充分考虑我国与文化产品进口国家和地区的文化距离，要根据不同的文化距离做出有利于文化贸易的安排，更有针对性地出口对方能接受的文化产品与服务。此外，还要进一步积极推动我国文化传播，从而拉近国民之间的文化距离，增进世界各国对我国文化的认知，推动我国文化贸易的发展，提升我国文化软实力。

第三节 国际文化贸易保护

在国际文化贸易中，各国通常都会实施一定的国际文化贸易措施。一般来说，一个国家的国际文化贸易政策既有鼓励出口的政策措施，如出口奖励和补贴政策、税收减免和降低税率政策、金融支持政策等，又有限制进口的政策措施，如关税措施、非关税措施等。二战以后，世界经济贸易自由化势头越来越强劲，从关税与贸易总协定到世界贸易组织，降低关税成为国际贸易的重要特征和发展趋势，传统的贸易保护主义逐渐落幕。但是，国际贸易领域又掀起了一股新的贸易保护主义浪潮。新贸易保护主义不再以关税作为主要保护措施，而是设置了大量的非关税壁垒。国际文化贸易保护主要采用进口许可、进口数量配额、国产内容限制等非关税措施对国家文化安全进行保护，防止国内文化产业、文化市场受到过大的冲击。

一、关税措施

关税措施是国际贸易领域中最传统，同时也是最基本的贸易保护手段。早在我国的周朝和古希腊时代就已经出现政府设卡征税的活动，可见关税是一个有着久远历史的税种。随着商品的跨境流动日益频繁和国际贸易的不断发展，英国率先建立了国境关税，随后这种在口岸进行一次性征税，进入国内后不再重复征税的制度逐渐被世界各国所采用，从而形成了近代关税制度②。

关税是由一国海关在商品或物品进出该国关境时向进出口商征收的一种商品税。关税由一个国家的海关来征收，海关是一个国家或者地区的政府依据相关法律法规在其关境上设置的、行使进出口管理职权的国家行政管理机构。关境，又称税境、关税国境，是一个国家或者地区执行海关法令、征收关税的区域范围。

关税按照征收对象的流向可以分为进口关税、出口关税、过境关税；按照征收方法可以分为从价税、从量税、混合税、选择税；按照征税性质可以分为普通关税、优惠关税、

---

① 孙俊新. 文化距离、文化贸易与对外直接投资区位选择[J]. 经济问题探索，2020（12）：103-110.
② 范爱军. 国际贸易学[M]. 北京：高等教育出版社，2016：172.

差别关税;按照征税目的可以分为财政关税、保护关税。关税与其他税种一样,是国家财政收入的来源并且具有增加财政收入、保护国内市场、平衡国际收支、调节进出口结构等作用。其中,进口关税是商品进口国海关在外国商品进入关境时征收的关税,进口关税会增加进口商品的成本,削弱进口商品的价格优势,发展中国家目前多以征收进口关税作为保护国内经济、反对发达国家商品倾销的手段。国际文化贸易领域,关税措施主要针对进口文化产品,起到限制进口的作用,从而维护国家文化安全,保护市场竞争力偏弱的文化产业门类。

当然,进口关税既能够发挥限制进口、削弱外国文化产品竞争力的作用,也会引发对国内文化产业过度保护的现象,导致国内弱势文化产业门类过度依赖保护政策而不是努力提高文化产品的国际竞争力,由此反而失去了参与国际贸易的能力。此外,对外国文化产品征收进口关税会导致外国文化产品出口的减少,一旦外国实行报复性措施,文化贸易环境有可能出现恶化,从而抵消了征收关税的作用。

随着国际贸易的发展,降低关税水平成为一种全球性趋势,特别是世界贸易组织成立以后,各国关税大幅度降低并且有向农产品贸易、服务贸易、知识产权贸易、文化贸易等领域延伸的态势。加入世界贸易组织以后,我国关税水平也在不断下降。我国在2010年就已履行完加入世界贸易组织时的降低关税承诺,关税总水平由加入世贸组织时的15.3%降至9.8%,近年来又多次自主降低关税,目前的关税总水平已降至7.5%。据世界贸易组织统计,2019年我国贸易加权平均税率只有5.2%。

在国际文化贸易领域,我国对进口乐器、首饰、珠宝、金银器等文化产品征收20%左右的关税,对纺织类手工艺品、手绘绘画、原版雕像和塑像、小雕像及其他装饰品等文化产品征收10%左右的关税,对录制媒介、教学专用的已曝光和冲洗的电影胶片、印刷书籍和读物等文化产品实施零进口关税,对国家鼓励的重点文化项目所需要的自用设备和配套零部件实行免征进口关税和进口增值税[①]。

二、非关税措施

非关税措施是二战以后在国际贸易领域逐渐兴起的限制进口手段,以进口许可证制、进口配额制、国产化要求、技术性壁垒、绿色壁垒等为主要表现形式,是进口国政府采取的除了关税以外的其他限制进口措施。非关税措施往往表现为一国政府对该国国际贸易进行管理的特征,具有较强的隐蔽性、灵活性、针对性,更容易实现限制进口的目的,因此各国对非关税贸易措施的使用日益广泛。

(一)进口许可证制

进口许可证制是指进口国规定凡是适用进口许可证的进口产品都必须在进口前取得

---

① 汪颖. 中国文化贸易政策研究[D]. 南昌:江西财经大学,2015.

进口许可证才能获得海关准许进口的一种管理制度,是进口国采取的一种行政管理措施。进口商只有申请到某种产品的进口许可证以后才可以进口,所以,进口许可证制实际上可以成为一种贸易保护工具。进口许可证一般都有有效期,如果进口商不能在有效期内进口相关产品,则需要在有效期满前申请延期,否则超过有效期就自动作废。进口许可证在限制进口方面,具有灵活性强、便于区别对待、控制严格的特点,既可以单独使用,也可以与进口配额、外汇管制等工具结合使用,从而增加进口成本和风险,达到限制进口的目的[①]。

从目前国际文化贸易实践来看,通过实行进口许可证制,可以对进入一国国内的外国视听节目进行必要的管控,保护本国广播和电视播放业务。在国际文化贸易领域,广播和电视节目的转播往往需要在事前获得许可证。加拿大政府通过特许权投放的方式对外国视听产品进入该国广播和电视市场进行了管控,以进入加拿大境内播放视听节目的外国公司的股权比例限制作为发放许可证的前置条件。1994 年,加拿大广播电视和通信委员会向加拿大国家广播网(NCN)的专业频道颁发了许可证,但没有向美国乡村音乐频道等在加拿大境内经营的外国专业频道颁发许可证,其实质是利用进口许可证制度对国外文化产品进入加拿大实施限制措施,从而实现对该国文化市场的保护[②]。

(二)进口配额制

进口配额制,也称为进口限额制,是指进口国政府对某种商品在一定时间内的进口数量或者进口金额加以规定,对超出规定限额的禁止进口或者实行差别待遇的管理制度。进口配额制是国家实行商品进口数量限制的一种重要手段,分为绝对配额和关税配额。绝对配额通常规定一定时间内进口数量或进口金额的最高限额,超过这个限额后就不准进口了。关税配额是指进口国不对某种商品进口的最高限额进行规定,只对配额内的进口商品给予优惠待遇,对超出配额部分征收高关税后允许进口。绝对配额又分为全球配额和国别配额,前者规定从全球范围内任何国家进口某种商品的最高限额,用完即止,后者是在总进口配额中对不同国家和地区的某种进口商品进行分配,各个国家和地区要按照分配到的配额交易相应数量的商品。

在国际文化贸易领域,国别配额制演化为国产内容配额,主要针对国际视听节目贸易或者印刷品贸易[③]。法国为了保护本国视听产业,规定法国生产的视听节目要占国内播放时间的 40%,其余 60%留给其他国家。英国从设置场地、影片主要角色、影片题材、影片对话的语言、文化贡献、拍摄、视觉效果、特殊效果、音乐录制、后期制作、画面后期制作、声音录制、从业人员国籍等非常具体的角度提出了电影国产内容要求。加拿大政府规定,对于加拿大普通的无线广播者,加拿大的节目要占广播电视播出时间的 60%,通俗音乐节目占比要根据计点制度达到 35%。澳大利亚《儿童电视节目标准》规定,每年每家电视网播出的本土原创儿童节目的时长要达到 32 小时以上。

[①] 范爱军. 国际贸易学[M]. 北京:高等教育出版社,2016:206-207.
[②] 佟东. 国际文化贸易[M]. 北京:经济管理出版社,2016:74.
[③] 张斌. 国际文化贸易[M]. 北京:人民出版社,2019:206-217.

（三）其他非关税措施

除了进口许可证制、进口配额制以外，贸易补贴、歧视性税收、外国投资的所有权限制、知识产权保护等非关税措施也在国际文化贸易中被不同国家政府用于保护本国文化产业和文化市场。贸易补贴是各国政府常常使用的保护性措施，通过采取对国内文化企业生产的文化产品直接进行资金补助或者税收减免的方式进行保护[1]。德国《电影促进法》、英国《电影法案》、加拿大《图书出版业发展计划》等都对本国文化产品做出了贸易补贴安排。歧视性税收指的是一国政府规定外国的文化产品要承担高于本国同类文化产品的税负或者规定不同国家和地区的文化产品承担不同水平的税负。法国、意大利、西班牙、瑞士、加拿大、巴西、阿根廷、韩国、印度尼西亚等国家都通过歧视性税收方式实施贸易保护[2]。外国投资的所有权限制指的是一国政府对广播、电视、新闻、出版等文化领域的外国投资在所有权比例上进行限制的制度，而知识产权保护指的是在著作权上对作品二次使用权的收益实施强制性集体管理的制度，前者在英国、法国、奥地利、美国、加拿大等国的法律中都有类似规定，后者在许多欧洲国家的著作权管理中比较常见[3]。

三、我国文化贸易保护政策与文化走出去

随着我国对外文化交往和文化贸易的不断发展，为加强文化贸易保护工作，更好地维护国家文化安全，保护国内文化产业可持续发展，我国已经初步建立了适用于文化产品和服务的国际文化贸易保护政策体系。

（一）市场准入许可

为了维护国家文化安全和国内文化市场秩序，我国对企业或个人进入文化领域普遍实行准入许可制，准入许可证可以作为进入市场的限制手段，起到保护性作用。《出版管理条例》规定，国家允许设立从事图书、报纸、期刊、电子出版物发行业务的外商投资企业，但是出版物进口业务只能由取得出版物进口许可的经营单位从事。根据《音像制品管理条例》，虽然国家也允许设立从事音像制品发行业务的外商投资企业，但是音像制品成品进口业务只能由国务院出版行政主管部门批准的音像制品成品进口经营单位经营；未经批准，不得经营。《电影管理条例》对电影进口做出了相关规定：电影进口业务由取得国家电影行政管理部门批准的电影进口经营单位专营，未经批准，不得从事电影进口业务。还有一些领域对外商是实行禁入的。根据《广播电视管理条例》，禁止外商投资广播电台、电视台。根据《网络出版服务管理规定》，网络出版服务实行许可证制度，外资经营企业不得从事网络出版服务。网络出版服务单位与境内中外合资经营、中外合作经营、外资经

---

[1] 王婧. 国际文化贸易[M]. 北京：清华大学出版社，2015：78-80.
[2] 桂韬. 我国动漫产品出口面临的文化贸易壁垒及对策[J]. 对外经贸实务，2013（10）：52-55.
[3] 张骞. 国际文化产品贸易法律规制研究[M]. 北京：中国人民大学出版社，2013：56-57.

营企业或境外组织及个人进行网络出版服务业务的项目合作，应当事前报国家新闻出版广电总局审批。《营业性演出管理条例》也规定，外国投资者可以依法在我国境内设立演出经纪机构、演出场所经营单位，但是不得设立文艺表演团体。可见，国家对于文化领域的市场准入是存在不同程度的限制的，2005年由中宣部等六部门发布的《关于加强文化产品进口管理的办法》对外商准入和禁入的具体领域进行了系统而明确的规定。

（二）内容审查、备案

鉴于文化产品和服务的内容对受众民族文化、意识形态、公共道德、价值观念等方面具有重要影响，有必要对进口文化产品和服务的内容进行审查、备案，从而更好对我国文化传统进行保护。例如，《广播电视管理条例》规定，广播电台、电视台对其播放的广播电视节目的内容要依照该条例第三十二条的规定进行播前审查、重播重审。根据《电影管理条例》，进口供公映的电影片，在进口前应当报送电影审查机构审查。报送由电影进口经营单位持国务院广播电影电视行政部门的临时进口批准文件到海关办理电影片临时进口手续；临时进口的电影片经电影审查机构审查合格并发给《电影片公映许可证》和进口批准文件后，由电影进口经营单位持进口批准文件到海关办理进口手续。在出版物进口前，按照《出版管理条例》的要求，要进行进口出版物备案，出版物进口经营单位要在进口前将拟进口的出版物目录报送到省级以上人民政府出版行政主管部门备案，由主管部门对备案出版物进行检查。此外，还要对进口出版物进行内容审查。由出版物进口经营单位负责对其进口的出版物进行内容审查，也可申请省级以上人民政府出版行政主管部门进行内容审查。省级以上人民政府出版行政主管部门也有权对进口出版物进口经营单位进口的出版物直接进行内容审查。文化行政主管部门对进入我国文化市场的文化产品和服务的内容实施审查，有力地维护了公共文化利益，是非常重要的文化贸易保护方式。

（三）国产内容要求

国产内容要求是各国广泛使用的一种以文化产品和服务内容为标准的文化贸易保护措施。例如，《电影管理条例》规定，放映电影片应当符合国家规定的国产电影片与进口电影片放映的时间比例。放映单位每年放映国产电影片的时间不得低于每年放映电影片时间总和的三分之二。《中外合作摄制电影片管理规定》对中外合拍电影片使用汉字、外国演员比例进一步加以规范：联合摄制的电影片，应当制作普通话语言版本，其字幕必须使用规范汉字。联合摄制中需聘用境外主创人员的，应当报广电总局批准且外方主要演员比例不得超过主要演员总数的三分之二。根据《境外电视节目引进、播出管理规定》，各电视频道每天播出的境外影视剧不得超过该频道当天影视剧总播出时间的25%，每天播出的其他境外电视节目不得超过该频道当天总播出时间的15%。《关于发展我国影视动画产业的若干意见》提出，每个播出动画片的频道中，国产动画片与引进动画片每季度播出比例不低于6:4，即国产动画片每季度播出数量不少于60%。随着国产动画片制作数量的增加和制作质量的提高，还要逐步增大国产动画片的播出比例和播出时间。

（四）数量限制

进口配额是我国进行国际文化贸易保护的一种重要措施。依据 WTO《中国服务贸易具体承诺减让表》，在不损害与我国关于电影管理的法规的一致性的情况下，自加入时起，我国将允许以分账形式进口电影用于影院放映，此类进口的数量应为每年 20 部。2012 年 2 月，中美双方就解决 WTO 电影相关问题的谅解备忘录达成协议，同意在每年 20 部海外分账电影的配额之外，增加 14 部分账电影的名额，但必须是 3D 电影或 IMAX 电影，而其票房分账比例也将由此前的 13% 提升到最高 25%。《关于加强文化产品进口管理的办法》要求按照"控制进口总量，优化品种结构"的原则，统一制定文化产品进口的总体规划、年度计划和进口审查标准，加强对文化产品进口的宏观调控和分类管理；建立引进境外文化产品的审批备案信息网络，形成有关管理部门间的日常工作协调机制和数据汇总分析制度；参照有关国际惯例，通过技术标准认定、内容审查鉴定和总量管理等方式，对广播影视节目、电影、电视剧、动画片、网络游戏、音像制品、图书、电子出版物等进口的数量和品种结构进行调控。

我国常常将上述几种常见的国际贸易保护措施结合使用，通过对外国文化产品和服务进口进行必要管制，实现对国际文化贸易的有效保护。

在加强保护文化贸易保护的同时，还要进一步加快文化产品和服务"走出去"的步伐。近年来，我国国际文化贸易的规模不断扩大，贸易结构也有了一定的改善，但以文化内容为主的文化服务贸易逆差依然不小。

党的十八大以来，党中央、国务院出台了《关于进一步加强和改进中华文化走出去工作的指导意见》《关于加快发展对外文化贸易的意见》《关于加强"一带一路"软力量建设的指导意见》等一系列文件，促进我国国际文化贸易加快发展，文化"走出去"力度不断加大。2021 年，习近平总书记在十九届中共中央政治局第三十次集体学习时强调，加强和改进国际传播工作，展示真实、立体、全面的中国。其中，加快构建中国话语和中国叙事体系，广泛宣介中国主张、中国智慧、中国方案，深入开展各种形式的人文交流活动，通过多种途径推动我国同各国的人文交流和民心相通等新要求是新时代我国国际文化贸易发展遵循的根本原则。

具有国际竞争力的文化企业要把我国国内超大规模市场优势转化为发展国际文化贸易的竞争优势，激发企业作为市场主体的积极性。在宏观政策上，我国注重引导文化企业大力创作体现中华优秀文化和展现当代中国形象的文化产品和服务，鼓励各类型文化企业依法从事国际文化贸易，鼓励各类文化企业通过合资、合作等方式在境外开展文化领域投资合作，不断拓展国际文化进出口渠道。文化企业在巩固传统文化产品和服务贸易的同时，还可以充分利用数字技术带来的新机遇，大力发展融合中华传统文化、当代文化并具有广泛参与性的动漫游戏、网络音乐、网络表演、网络视频、数字艺术、创意设计等数字内容贸易，使我国文化创新成果得到更好的传播。我国金融政策和财税政策对国际文化贸易企业给予了更大的支持，具体体现为优化信贷服务，创新融资工具，拓展保险、担保等支持业务，推进文化贸易外汇管理便利化，加大国际文化贸易税收支持力度，进一步做好国际文化贸易领域放管服改革，为国际文化贸易发展提供更优越的发展条件。

第四节 国际组织与国际文化贸易相关规则

国际组织和国际文化贸易相关规则深刻地影响着国际文化贸易实践。在以美国为代表的国际文化贸易自由主义价值导向和以法国、加拿大等国为代表的国际文化贸易保护主义价值导向的相互碰撞中，国际文化贸易领域的国际规则不断发生着深刻的变化，这些变化充分体现在世界贸易组织、联合国教科文组织、世界知识产权组织等国际组织制定的国际文化贸易相关规则之中并引起各国政府相关部门和文化产业界的高度重视。

一、WTO 与 GATT、GATS、TRIPS

世界贸易组织（WTO）是处理国家之间贸易规则的全球性国际组织，倡导贸易自由化理论和政策，致力于建立无歧视的、开放的、透明的、竞争性国际贸易规则体系。WTO框架下的国际文化贸易相关规则主要囊括在《1994年关税与贸易总协定》（GATT1994）、《服务贸易总协定》（GATS）、《与贸易有关的知识产权协定》（TRIPS）三个协定中。

（一）国际文化贸易与 GATT

作为 WTO 协定重要组成部分的 GATT1994 继承了 GATT1947 的全部文本及附件，GATT1947 的绝大部分条款只是间接地适用于国际文化贸易，其中直接与文化产品贸易相关的条款主要包括第 3 条 "国内税和国内法规的国民待遇" 的第 10 款、第 4 条 "有关电影产品的特殊规定"、第 20 条 "一般例外" 第 a 项和第 f 项。

GATT1947 第 3 条第 10 款做出了电影有别于一般货物贸易遵守国民待遇原则的特殊规定。第 4 条具体建立了对缔约国为本国国产电影享受一定比例最低放映配额的保护机制。但有几点值得注意：一是缔约国只能在国产电影和外国电影之间享受配额上的差别对待，而不能对本国以外的其他缔约国的电影进入本国国内进行歧视；二是只规定了国产电影与外国电影之间具有差别待遇，但不允许实施外国电影进口限制措施；三是没有规定可以采取配额以外的票房税补贴、关税等措施对国产电影进行保护，否则与 GATT1947 所倡导的自由贸易相悖。但是，在 GATT1947 框架下，自由贸易也有一定的限度。对于文化产品来说，GATT1947 第 20 条 "一般例外" 中第 a 项 "为维护公共道德所需" 和第 f 项 "为保护具有艺术、历史或考古价值的国家珍宝" 为援引例外条款来排除自由贸易原则提供了可能性。

（二）国际文化贸易与 GATS

国际文化贸易既包括货物贸易，也包括服务贸易。从设立目的来看，GATS 是希望通过一个包括国际文化服务贸易在内的国际服务贸易规则框架来促进服务贸易自由化,扩大服务贸易的规模,实现贸易伙伴的经济增长和经济发展。GATS 虽然没有对包括文化服务在内的服务贸易进行内涵的界定,但其部分条款深刻地影响着国际文化服务贸易。GATS 第 1 条从交易方式上把服务贸易分为跨境交付(cross-border supply)、境外消费(consumption abroad)、商业存在(commercial presence)、自然人流动(movement of natural persons)四种形式,以这四种形式进行的国际文化服务贸易属于 GATS 的管辖范围。

GATS 吸收了 GATT 的贸易自由化取向,在第 2 条和第 3 条中把最惠国待遇、国民待遇、透明度等原则作为成员国应遵守的一般义务,但第 2 条第 2 款又赋予成员国灵活地保护本国文化服务部门的豁免权,即成员国可按照第 20 条"具体承诺减让表"的规定列出不适用最惠国待遇的具体部门。从国际文化贸易的发展历程看,文化贸易进程中充满了碰撞与妥协。以视听服务贸易为例,美国认为文化产品与一般产品的本质是一样的,没有必要得到特殊的保护,文化贸易应完全服从于国际贸易规则,反对将其排除在国际贸易法律框架以外,而以法国为首的欧盟成员国及加拿大等国家和地区则坚持文化的民族精神价值,反对将其纳入国际贸易法律框架的控制范围,后者往往根据 GATS 上述条款赋予的豁免权或市场准入、国民待遇例外等方式为本国的文化服务保留更多的自主生存空间[①]。此外,GATS 第 14 条也包含了类似 GATT1947 第 20 条的"例外条款",做出了与国际文化服务贸易相关的公共道德、公共安全、文化例外的特殊安排,规定缔约国可以采取与 GATS 不一致的保护性措施。

(三)国际文化贸易与 TRIPS

与 GATT 和 GATS 一样,TRIPS 也是坚持贸易自由化原则的,该协定第 3 条和第 4 条分别列明了缔约国在与国际贸易相关的知识产权保护上的国民待遇原则和最惠国待遇原则并且在第 7 条中明确指出了知识产权保护的目标是要有助于促进技术革新及技术转让和传播,有助于技术知识的创造者和使用者的互利并有助于社会和经济福利及权利与义务的平衡。从该协定的保护对象来看,涵盖了版权及相关权利、商标、地理标志、工业品外观设计、专利、集成电路布图设计(拓扑图)、未披露的商业秘密,与国际文化贸易关联最紧密的版权及其相关权利,即 TRIPS 第 9 条至第 14 条。

第 9 条第 1 款规定各成员应遵守《伯尔尼公约》(1971)第 1 条至第 21 条及其附录的规定,第 2 款是关于版权的保护对象的规定,即版权的保护仅延伸至表达方式,而不延伸至思想、程序、操作方法或数学概念本身。关于作品的出租权,TRIPS 第 11 条规定,缔约国给予作品作者及其合法继承人准许或禁止向公众商业性出租其有版权作品的原件或复制品的权利。第 12 条将除摄影作品或实用艺术作品以外的作品的保护期限规定为自作品经授权出版的日历年年底计算,不得少于 50 年或如果该作品在创作后 50 年内未经授权出版,则保护期限为自作品完成的日历年年底起计算的 50 年,但前提是作品的保护期

---

① 马冉. GATT1994 文化贸易产品待遇条款评析[J]. 世界贸易组织动态与研究,2010,17(4):21-27.

限不以自然人的生命为基础计算,这与《伯尔尼公约》的规定存在差异,后者是以作品公之于众年份的年终开始计算时间。根据 TRIPS 第 13 条的规定,成员国可以对各种专有权做出任何限制或者例外,但仅限于某些特殊情况且不得与作品的正常利用相冲突,也不得无理损害权利持有人的合法权益,即"著作权限制与例外的三步检验法[①]"。TRIPS 第 14 条是关于表演者、录音制品制作者和广播组织保护的条款。

此外,TRIPS 还对知识产权实施的一般义务、民事和行政程序及救济、临时措施,与边境措施相关的特殊要求,刑事程序以及知识产权保护争端的防止和解决、过渡性安排等做出了相应的制度安排。

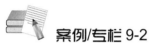 案例/专栏 9-2

中美出版物和视听娱乐产品的贸易权和分销服务争端案[②]

2007 年 4 月至 2010 年 1 月,中美两国就出版物和视听娱乐产品的贸易权和分销服务进行了近三年的磋商与诉讼。美国的诉求涉及中国未履行《中华人民共和国加入议定书》中开放出版物和视听娱乐产品的贸易权及分销服务的市场准入与国民待遇的承诺,中国的相关规定属于限制性措施和歧视性待遇。中国援引 GATT1947 第 20 条第 a 项的"公共道德"例外条款及《入世议定书》中关于 GATS 减让表关于录音制品分销服务不适用于非实体形式予以驳斥。2009 年 12 月,WTO 上述机构公布争端案的裁决报告,最终认为中国进口电影、音乐和图书的限制违反 WTO 相关规则,为此,中国对相关法规进行了修改。该争端案主要涉及两个焦点:一个是关于 GATT1947 第 20 条例外条款的使用,争端源于对公共道德的认知和适用方式问题;另一个是关于 GATS 服务贸易承诺表,争端源于文化产品的界定问题。

【思考】

(1)根据文化产品分类,双方争议的第一个焦点中,"视听产品"是否包含非实体形式,即无形产品和服务?

(2)在 WTO 既定规则范围内,可以采取哪些符合 WTO 规则的方式有效保护国内文化市场免受国际文化贸易的冲击?

二、UNESCO 与《保护和促进文化表现形式多样性公约》

联合国教科文组织(UNESCO)是联合国在国际教育、科学和文化领域的专门机构,成立于 1945 年 11 月 16 日。虽然,WTO 框架下的 GATT、GATS、TRIPS 等有关协定构

[①] 谢小瑶. 论 TRIPS 协议中三步检验法的理论与适用——以《一个馒头引发的血案》为例[J]. 浙江社会科学,2010(9):52-57.

[②] 刘勇. 论 WTO 体制内公共道德例外规则——兼评中美文化产品市场准入案相关争议[J]. 国际贸易问题,2010(5):120-128.

成调整国际文化贸易活动的重要法律基础，充分展现出贸易自由主义价值导向对国际文化贸易的影响。但是，由于文化及其贸易问题的复杂性较高，仅靠倡导贸易自由化的世界贸易组织来解决文化和贸易问题是有难度的，因为国家的文化多样性是极其重要的。因此，以法国、加拿大等国为代表的国际文化保护主义阵营对保持本国文化安全、维护本国文化传统免受国际文化贸易冲击进行了持续不断的努力。从"乌拉圭回合"谈判中法国提出"文化例外"的主张，到法国、加拿大等国合作在 UNESCO 框架下提出制定"保持文化多样性国际公约"的主张，再到最终实现 UNESCO 对《保护和促进文化表现形式多样性公约》的正式通过，为完善国际文化贸易规则提供了新的途径。

事实上，在《保护和促进文化表现形式多样性公约》之前，UNESCO 已经在国际文化贸易规则方面进行了一些探索。1948 年通过的《贝鲁特协定》对取消用于教育的视听材料的进口关税、许可证、数量限制进行了规定。1950 年通过的《佛罗伦萨协定》对促进科学研究、文化交流的物品减少进出口限制、最大程度地减免关税进行了规定。1973—1976 年，UNESCO 就《佛罗伦萨协定》的执行拟定了新的协定议定书，即《教育、科学和文化物品的进口协定议定书》（也称为《内罗毕议定书》）。《佛罗伦萨协定》及《内罗毕议定书》都支持文化产品市场的开发，但也都以保留条款的方式授权缔约方对可能威胁本国文化安全的外国文化产品实施相应的进口限制措施[①]。

2005 年 10 月，UNESCO 审议通过了《保护和促进文化表现形式多样性公约》（以下简称《公约》），我国于 2006 年 12 月批准了这一公约，《公约》于 2007 年 3 月 18 日生效。《公约》包括前言、正文、附件三个部分，其中前言表明了《公约》的订立背景；正文是包括目标与指导原则、适用范围、定义、缔约方的权利和义务、与其他法律文书的关系、《公约》的机构、最后条款这七章在内的最重要的国际法律规范，共 35 条；附件是调解程序。

《公约》的第 1 条是目标条款，第 2 条是原则条款，表明制定公约的理由和宗旨。第 3 条规定了"《公约》适用于缔约方采取的有关保护和促进文化表现形式多样性的政策和措施"。第 4 条对《公约》中的概念做出了明确的定义。第 22 条至第 24 条是关于《公约》机构的组成和议事规则。第 25 条至第 35 条是关于《公约》的批准、加入、生效、退约、修改、争端解决等方面的规定。

与国际文化贸易关系最紧密的条款是《公约》第四章"关于缔约方的权利和义务"的第 5 条至第 19 条。第 5 条规定缔约方的权利和义务要遵守一般规则，即各缔约方拥有"制定和实施其文化政策，采取措施以保护和促进文化表现形式多样性及加强国际合作的主权"，但在制定各自境内政策和措施的时候要与《公约》的规定相符合。第 6 条是缔约方在本国国内享有的权利，明确规定缔约国可根据自身的特殊情况采取保护和促进文化表现形式多样性的措施。此外，第 8 条还专门就一国文化表现形式面临消亡危险、受到严重威胁，或是需要紧急保护的情况的特殊情况下，可以采取一切恰当的措施来实施保护，但《公

[①] 张骞. 国际文化产品贸易法律规制研究[M]. 北京：中国人民大学出版社，2013：20-21.

约》并没有对紧急情况进行明确界定。从上述权利条款来看，由于各缔约方国内文化产业和文化贸易的发展水平各异，《公约》赋予了各缔约方根据自身发展水平制定合适的文化措施来保护文化多样性的权利。第7条、第9条、第10条、第11条至第19条是关于缔约方的义务条款，主要规定缔约方在国内措施和国际协作方面促进文化多样性的义务。

鉴于UNESCO订立《公约》的国际文化贸易背景，《公约》第五章第20条专门指出了其与其他法律文书的关系：《公约》与其他条约是相互支持、互为补充、不隶属的关系。缔约方要善意履行其在《公约》及其作为缔约方的其他所有条约中的义务，并且不能因为要履行《公约》而变更缔约方在其他条约中应该履行的权利和义务。但是，《公约》仅仅对其自身与其他国际条约的关系进行了原则性规定，并没有明确其与WTO规则的具体关系。WTO是国际贸易领域参与国家和地区最多的国际性组织，而UNESCO是保护和促进文化多样性领域最重要的国际组织，并且两个组织中的成员又存在着相当多的重叠，许多国家和地区都同时是这两个国际组织的成员。虽然《公约》为文化多样性的可持续发展奠定了国际法基础，但在与WTO一揽子协议的基本原则、具体规则、争端解决程序等方面还存在一定的冲突可能性[①]。

三、世界知识产权组织与文化知识产权保护类条约

（一）《保护文学和艺术作品伯尔尼公约》

《保护文学和艺术作品伯尔尼公约》（以下简称《伯尔尼公约》）于1887年生效，是第一个关于文学、科学、艺术作品版权保护的国际公约。《伯尔尼公约》由正文（38条）和附件（6条）两个部分组成，正文第1条至第21条以及附件是实质性条款，正文第22条至第38条是程序性条款。

《伯尔尼公约》第2条规定了其保护对象是文学、科学和艺术领域内的一切成果，不论其表现形式或方式；第3条规定受保护的文学和艺术作品无论是否出版，在公约成员国都受到保护；第5条提出了成员国的作品享受国民待遇原则、自动保护原则、独立保护原则，也就是说一个成员国的作品在其他成员国享受本国国民的同等保护，作品享有的版权不需要履行手续就自动受到保护以及版权人在成员国内享有同本国作者相同的权利；第6条至第14条规定了受保护的权利包括各种人身权利和财产权利，并且规定了权利受保护的期限；第15条至第20条是关于侵权及其救济的相关内容。1971年对《伯尔尼公约》进行修订后，第21条增加了有关发展中国家的特别条款并列于附件中。作为国际社会对版权保护的共同成果，《伯尔尼公约》还将随着版权保护的发展和实践而得到不断的完善和深化。

（二）《保护工业产权巴黎公约》

《保护工业产权巴黎公约》（以下简称《巴黎公约》）于1883年生效，是第一个关

---

① 郭玉军，李洁. 论国际法中文化与贸易冲突的解决——以2005年UNESCO《保护和促进文化表现形式多样性公约》为中心[J]. 河北法学，2008（6）：46-50.

于工业产权保护的国际公约。《巴黎公约》一共有 30 个条款,其中第 1 条至第 12 条是实质性条款,第 13 条至第 30 条是程序性条款。根据《巴黎公约》第 1 条第 2 款的规定,工业产权的保护对象包括专利、实用新型、工业品外观设计、商标、服务标记、厂商名称、货源标记或原产地名称和制止不正当竞争。其中,工业品外观设计涉及国际文化贸易活动。

《巴黎公约》第 2 条和第 4 条分别规定了工业产权保护的国民待遇原则、独立原则、优先权待遇原则。国民待遇原则是指一缔约国国民在《巴黎公约》所有缔约国国内应享有该国在保护工业产权方面法律现在授予或今后可能授予国民的各种权利;优先权待遇原则是指已经在一缔约国正式提出专利、实用新型注册、外观设计注册或商标注册申请的任何人或其权利继受人在申请提出之日起的一定时间内在其他缔约国也提出了相同的申请,则优先承认在第一个国家递交申请的日期;独立原则是指在不同国家就同一发明取得的专利是相互独立的。《巴黎公约》第 5 条规定了强制许可制度;第 6 条至第 11 条是关于不同类型工业产权保护的具体权利、义务的规定。在程序性条款中,第 28 条属于争议解决的强制管辖条款,我国对此进行了保留。总体上,《巴黎公约》确立的基本原则和权利、义务规定对工业产权保护起到了重要的推动作用,促进了许多国家国内相关法律法规的立法工作。

(三)《保护表演者、音像制品制作者和广播组织罗马公约》

《保护表演者、音像制品制作者和广播组织罗马公约》(以下简称《罗马公约》)于 1964 年生效。《罗马公约》一共有 34 个条款,其中第 1 条至第 22 条是实质性条款,第 23 条至第 34 条是程序性条款。2002 年生效的《世界知识产权组织表演和录音制品条约》(WPPT)和 2020 年生效的《视听表演北京条约》都是对《罗马条约》的最新发展,前者在于加强对互联网时代数字传播技术引起版权领接权的保护,后者在于对《罗马公约》关于表演艺术从业者的权利和义务进行现代化更新。

《罗马公约》主要是规范与版权相关领接权的国际法上的权利与义务关系,即第 1 条的规定;第 2 条和第 3 条对国民待遇及表演者和唱片制作者进行了定义;第 4 条至第 5 条规定了国民待遇的使用标准;第 7 条至第 13 条是核心条款,分别规定了对表演者、录音制品制作者、广播组织这三种权利所有人的权利加以最低限度保护的条款,其中第 7 条至第 9 条是关于表演者的,第 10 条至第 12 条是关于唱片制作者的,第 13 条是关于广播组织的;第 14 条是关于最少 20 年保护期限及其起始时间的规定;第 15 条规定了例外条款;第 16 条至第 18 条是对公约做出保留的规则条款。《罗马公约》是由国际劳工组织、WIPO、UNESCO 共同倡议、共同管理,公约秘书处和各委员会负责日常事务管理活动,《罗马公约》的内容因技术的发展而处于不断更新和发展之中。

本章小结

▶ 发展国际文化贸易,要根据文化产品的属性,守住国家文化安全的底线,使国家

- 文化生存与发展在国际文化贸易中免于威胁或危险，在激烈的国际文化贸易竞争中，维护好文化多样性，提升民族文化软实力，推动国际文化贸易更加公正、均衡、合理。

- 国际文化贸易是跨越国家和地区边界，以文化产品和文化服务为对象的国际文化交易活动。按照不同的标准，可以分成不同的类型，《联合国教科文组织文化统计框架》采用的分类是目前国际实践中比较权威的分类方法，我国《文化及相关产业分类（2018）》借鉴了《联合国教科文组织文化统计框架》，形成了具有中国特色的文化及相关产业分类模式。

- 总体上，我国文化服务贸易还处于逆差状态，这一情况正好与北美和欧洲情况相异，这两个地区进口了全球一半以上的文化产品，却在文化服务贸易出口中占据绝大部分市场份额。

- 20世纪60年代以后，规模经济理论、产业内贸易理论、偏好相似理论等新贸易理论在一定程度上对国际文化贸易中的新现象进行了有效的解释，为国际文化贸易奠定了新的理论基础。

- 在国际文化贸易中，各国通常都会实施一定的国际文化贸易保护措施。传统的关税保护措施逐渐减少，但进口许可、进口数量配额、国产内容限制等非关税措施在国际文化贸易中逐渐取代关税措施，成为维护国家文化安全、保护国内文化产业的重要手段。

- 国际组织及其建立的国际规则深刻影响着国际文化贸易的发展。世界贸易组织框架下的协定体系与联合国教科文组织框架下的《保护和促进文化表现形式多样性公约》展现了贸易自由主义与贸易保护主义在国际文化贸易中的激烈竞争关系。世界知识产权组织框架下的文化知识产权保护规则也对国际文化贸易产生了重要影响。

综合练习

一、本章基本概念

文化安全、文化多样性、国际文化贸易、内部规模经济、外部规模经济、产业内贸易、偏好相似理论、引力模型、关税、关境、进口许可证制、进口配额制、贸易补贴、外国投资的所有权限制、WTO、GATT、GATS、TRIPS、例外条款、UNESCO、《贝鲁特协定》、《佛罗伦萨协定》、《内罗毕议定书》、《保护和促进文化表现形式多样性公约》、《保护工业产权巴黎公约》、《保护文学和艺术作品伯尔尼公约》、《保护表演者、音像制品制作者和广播组织罗马公约》。

二、本章基本思考题

1. 简述从文化例外到文化多样性的国际文化贸易冲突过程。

2. 简述联合国教科文组织文化统计框架对国际文化产品和服务贸易的分类。
3. 简述国际文化贸易规模经济理论。
4. 简述国际文化贸易产业内贸易理论。
5. 简述国际文化贸易偏好相似理论。
6. 简述关税措施对国际文化贸易的作用及其发展趋势。
7. 简述国际文化贸易中常见的非关税措施及其表现形式。
8. 简述我国文化贸易保护措施中的国产内容要求和数量限制措施。
9. 简述 GATT 关于国际文化贸易的例外条款的内容及其意义。
10. 简述 GATS 关于国际文化贸易的例外条款的内容及其意义。
11. 简述《保护和促进文化表现形式多样性公约》对文化多样性保护的意义。
12. 简述《保护表演者、音像制品制作者和广播组织罗马公约》的主要内容及其与《视听表演北京条约》的关系。

第十章

产业文化化与经济高质量发展

 学习目标

通过对本章的学习，学生应了解或掌握如下内容：
1. 了解传统产业结构；
2. 掌握产业文化化的机制；
3. 掌握产业文化化模型；
4. 熟悉文化改造传统农业、制造业、服务业和科技产业的作用原理。

 导言

人类自诞生开始，就在为满足自己的物质需求而不断努力。从石杵到蒸汽机，从汽车到计算机，随着生产力的不断提高，物质资料达到前所未有的丰富程度。"仓廪实而知礼节，衣食足而知荣辱"，满足了物质需求的我们开始为更高一级的精神需求而奋斗。于是，我们的衣食住行、生产服务都开始转型升级，开始了从"量"到"质"的飞跃。新时代，是一个历史性转折。

第一节 人类进入精神经济时代

一、人类进入精神经济时代的必然性

从古到今，人类社会生活最基本的行为方式是生产和消费，这是社会发展的基础，也是经济发展的动力。2023年，习近平总书记在苏州调研时指出："上有天堂下有苏杭，苏杭都是在经济发展上走在前列的城市。文化很发达的地方，经济照样走在前面。"揭示了文化与经济之间的关系，同时提出了"人文经济"的概念。党的十九大报告中提出，我们国家的经济增长已经从高速增长的阶段进入了高质量发展的阶段。生产由追求数量的阶段

转向了高质量生产阶段，消费也由物质消费向精神消费过渡。人类社会的发展进入了精神经济时代。

（一）人类需要层次的跃迁

马克思指出，人类社会的基本矛盾是生产力和生产关系的矛盾，生产关系一定要适应生产力发展，才能推动社会的进步。按照这一规律，马克思将人类社会发展分为五个阶段，从原始社会的石器到奴隶社会的金属工具，再到封建社会的铁质工具，资本主义社会的机器大工业，然后进入我们现在所处的社会主义时期。社会基本矛盾在不同的社会形态具有不同的运行特点和内在要求。千百年来，人类社会的经济活动主要目的是获取更多的物质财富，所有的经济活动可以归结于维持生存需要，满足衣食住行的需求。从逻辑上说，这是最基本的生物本能。

工业革命以后的一百年中，社会生产力获得极大提高，物质资料空前丰富，人们逐渐从繁重而枯燥的体力劳动中解放出来，开始进入消费狂欢的时代。人们终于摆脱对物质资料短缺的恐慌，开始自由地消费。粮食极大丰富，工业品极大丰富，汽车大量进入家庭，大城市开始拥堵，各种摩天大楼拔地而起。不仅发达国家如此，一些新兴国家也紧随其后，世界变得前所未有的财富涌流。

在这样的世界大潮中，中国一度被间离、被遗弃，直到最近四十年来，我们迅速赶超，经济社会发展的成就举世瞩目。随着人民收入的逐年提高，生活水平持续改善，需要层级也开始提高，社会的基本矛盾也随之悄然改变。

按照这条规律，我们研究一下社会主义建设时期我国社会主要矛盾的变迁。

1956 年，党的第八次全国代表大会中提出当时我国的主要矛盾是"人民对于建立先进的工业国的要求同落后的农业国的现实之间的矛盾，是人民对于经济文化迅速发展的需要同当前经济文化不能满足人民需要的状况之间的矛盾"，说明当时社会发展的状况，首先是人民对满足物质生活的需要。解决这个矛盾的办法就是发展社会生产力，实行大规模的经济建设。

1978 年召开的十一届三中全会将社会主义社会基本矛盾和主要矛盾概括为"基本的矛盾仍然是生产关系和生产力之间的矛盾，上层建筑和经济基础之间的矛盾"，"我们的生产力发展水平很低，远远不能满足人民和国家的需要，这就是我们目前时期的主要矛盾"。解决这个矛盾的办法就是改革开放，进行中国特色社会主义经济建设。

1981 年 6 月，党的十一届六中全会通过的《关于建国以来党的若干历史问题的决议》充分肯定了八大时的提法并作了进一步提炼，"我国所要解决的主要矛盾，是人民日益增长的物质文化需要同落后的社会生产之间的矛盾。党和国家工作的重点必须转移到以经济建设为中心的社会主义现代化建设上来，大力发展社会生产力并在这个基础上逐步改善人民的物质文化生活"。这一概括成为党在改革开放和社会主义现代化进程中制定各项路线、方针和政策的重要依据。

党的十九大报告中首次提出"中国特色社会主义进入新时代"，揭示了当代中国发展变化的内在动因，即社会主要矛盾已经发生了转化，是"人民日益增长的美好生活需要和不平衡不充分的发展之间的矛盾"。这是人类需要层次的一次从量到质的改变，是新时代经济高质量发展的动力。

过去我们对社会基本矛盾的判断归根到底是"供不应求"，也就是物资供给不足，不能满足需要。这是总量规模上的短缺，是对刚需的手足无措。经过本世纪初的需求拉动，再到近五年的供给侧结构性改革，如今，我们终于认识到，供不应求的大格局已经不复存在。我们已经进入新的阶段，人们不患寡，而患不好不美。这一切都在提醒我们，新时代是追求美好生活的时代。

（二）美好生活的本质是文化需要

人民群众对美好生活的追求，是在我国之前社会经济发展成果积累的基础上形成的。当人们为了生存和安全而奋斗的时候，还谈不上美好生活。我国综合国力的迅速提升，尤其是近年来，我们在政治、外交、国防领域的重大变革和成就，使人民不仅获得巨大的安全感，也大大提升了人民的自豪感和幸福感。人民从追求物质财富到寻求安全和尊严，再到追求更美好的生活，完成了过去几十年甚至上百年才能实现的目标。对美好生活的需要，其实质是对更高层次的美、尊严、自我实现的需求。

对于中国这样一个幅员辽阔、文化丰富、经济发展不平衡的国家来说，不同地区、不同阶层、不同民族的人们对美好生活的需求也是不一样的。应当认识到，文化需要并不是高层次需要所特有的。但是，高层次的需要必然是更偏向精神和文化的。

美好生活的需要是一种高级需要，其本质是以文化为核心的需要。所有的产品和劳务，最终都成为精神性的，成为符号，成为价值观的载体。从传统的影视、图书等文化产品，到服装、汽车，甚至住宅，都将成为一个人审美趣味、品牌偏好、社会地位、文化水平的综合载体，文化将成为核心竞争力和重要驱动力。正如党的十九大报告所指出的，"文化是一个国家、一个民族的灵魂。文化兴国运兴，文化强民族强。没有高度的文化自信，没有文化的繁荣兴盛，就没有中华民族伟大复兴。"

美好生活的需要，一是美，是可以看得见、体会到的精神感知，是综合文化水平、审美标准等对物质形式的主观评价，二是好，是一种身心体验、经过对比得出的综合感受。二者均源于个体对物质生活的精神感受，但又存在层次、理解上的差异。这些需要在本质上是精神需要。通过精神文化的解读和赋能，对现有的物质商品，都可提炼出其中的文化要素，视作精神符号的载体。过去人们追逐的财富的物质比重开始退去，代之而起的是越来越多的精神体验，这种精神体验渗透到生活的衣食住行各个方面。

新时代的生活要求不仅仅是量多质好，而且要求设计更加人性化、个性化、美学化。美好生活是人人得到尊重，个性得到张扬的多样化包容性社会。美好生活是有意义的生活。人们的劳动和活动不再是为了温饱而挣扎，而是在物质充足的前提下从事喜欢的事情，从观光、度假到运动、读书和写作。劳动不再是苦役，而是一种人生态度和生活方式。这是马克思主义经典作品在一百多年前所构思的美好未来。

美好生活不是无条件的，是建立在一定的基础之上的。2020年，我国已完成精准扶贫的攻坚，全面步入小康社会，完成了物质生活的基础构建，这是美好生活的第一个前提。

美好生活的第二个前提是城市公共文化服务建设,包括交通通信设施、各类文化设施以及社区文化的完善。美好生活的第三个前提是社会的公平正义、自由和秩序。人们更加关注城市的人文环境和宜居程度。

二、传统产业的认知

(一)传统产业

产业是社会分工的产物,是社会生产力不断发展的必然结果[①]。从产业组织的角度来看,产业是一个集合,是生产同类或有密切替代关系的产品或服务的企业集合。从产业结构的角度来看,产业是使用相同原材料、相同工艺技术的企业的集合。

从经济学角度来看,产业是介于微观经济学的"个量分析"和宏观经济学的"总量分析"之间的连接,是社会再生产过程的中观层次[②]。马歇尔在《经济学原理》中研究了产业组织,指出组织可以提高效率,增加经济效益;而且分工能提高效率,专业分工集中于特定的地方,能提高效率。产业是以产业部门及其之间的关系结构为基础构成的一个涵盖部门、市场、组织结构的集合。对产业进行分析是经济分析纵向发展的必然,是人们探索经济规律的需求。

在远古时代,人们共同劳动,共同生活,没有明显的劳动分工,所有的活动都是为了填饱肚子。随着对工具的制造和使用,逐步出现了分工,也出现了阶级和组织。于是,便有了畜牧、农业、艺术的区分。不同的生产形成了不同的人群聚合,这也是最初的产业形成过程。所谓的传统产业是一个相对的、动态的概念。每一次工业革命以后,原有的产业就会成为传统产业。蒸汽机发明后,所有在其之前的农业和手工业便成了传统产业。而电气化时代,过去由汽轮车驱动的工业便成了传统产业。目前国际流行的"工业 4.0"(Industry 4.0)则将大多数现有产业都"扫"进了传统产业。所谓 4.0 是基于工业发展的不同阶段做出的划分。工业 1.0 是蒸汽机时代,工业 2.0 是电气化时代,工业 3.0 是信息化时代,工业 4.0 则是利用信息化技术促进产业变革的时代,也就是智能化时代。

工业 4.0 首次提出于 2013 年的德国汉诺威工业博览会,其核心是利用物联信息系统(cyber-physical system,CPS)将生产中的供应、制造、销售信息数据化、智慧化,最后达到快速、有效、个人化的产品供应。从根本上说,这样的生产方式是为了适应消费需求的升级,尤其是消费的文化化,引发的供给侧的重大变革。在这样的革命性变化中,原先的所有产业都可能或正在变成传统产业。2015 年,我国政府正式印发《中国制造 2025》,部署全面推进实施制造强国战略,从本质上也是呼应这一场新的工业革命。

(二)传统的产业结构

1. 传统的产业分类

产业结构的变化主要由需求结构、生产结构、就业结构、贸易结构及其关联机制的变

[①] 苏东水. 产业经济学[M]. 北京:高等教育出版社,2010:1.
[②] 赵玉林. 产业经济学原理及案例[M]. 北京:中国人民大学出版社,2017:2.

化体现出来。具有不同特点的产业按照一定标准被划分为各种不同类型的产业。不同的分类标准形成了不同的产业分类方法，具体如表 10-1 所示。

表 10-1 产业分类标准与产业分类方法[①]

产业分类标准	产业分类方法
产品的最终用途	马克思的两大部类分类法
物质生产特点	农轻重产业分类法
工业生产的特点	霍夫曼产业分类法
产业发展层次顺序及其与自然界的关系	三次产业分类法
产业对经济发展的贡献	钱纳里-泰勒产业分类法
生产要素集约程度	生产要素集约分类法
产业在国民经济中的地位和作用	产业地位分类法
产业技术先进程度与发展趋势统计标准	产业发展状况分类法/标准产业分类法

马克思在《资本论》中从实物形成上将社会总产品分为两大部类，也把社会生产部门分为生产生产资料的产业部类和生产消费资料的产业部类。但这样的分类只包括物质生产部门，不包含商业、传媒等非物质生产部门，不利于对产业进行全面分析。

列宁在马克思的两大部类分类法的基础上提出了以物质生产的不同特点为标准的分类方法，将经济生活中的产业分为农业、轻工业、重工业三个产业大类。这样的分类方法具有明显的时代特征，但未将非物质生产部门划分进来，不再适合今天的社会发展。

费雪的三次产业划分理论架构了物质经济时代的内在产业逻辑。第一产业即农业和采矿业，从自然界获得生产资料后，由第二产业即制造业对其进行生产加工，制造成工业品。第三产业则负责为所有的产品提供各类相关服务。在这样的逻辑下，农业是基础，工业是关键，服务业只是陪衬。

美国经济学家钱纳里和泰勒于 1968 年根据不同经济发展时期将制造业划分为初期产业、中期产业和后期产业，将需求作为划分产业的一个标准，提出初期产业的产品主要用于满足基本生活需要，具有较强的最终需求性质；中期产业的产品有明显的最终需求性质和较高的需求收入弹性；后期产业的产品具有很强的中间需求性质。但其划分只局限于制造业领域，未考量商业、农业等行业。

根据不同产业在生产过程中对资源的需求和依赖程度将产业分为劳动密集型、资本密集型、技术密集型和知识密集型，属于按生活要素集约程度分类的方法。

产业地位分类法将产业分为基础产业、瓶颈产业、支柱产业、主导产业和先行产业。此外还有根据消费资料比例的霍夫曼分类法以及标准产业分类法（SIC）和国际标准产业分类法（ISIC）等。产业分类的方法和标准很多，根据不同的经济发展时期和社会状况，会对应产生不同的产业结构和产业侧重。

[①] 赵玉林. 产业经济学原理及案例[M]. 北京：中国人民大学出版社，2017：21-22.

2. 产业结构的演变

产业结构是国民经济的各个部门之间和每个产业内部的构成以及它们之间相互制约的经济联系和数量对比关系。产业结构会随着一个国家的经济发展而发生演变，从而适应国家的生产力和生产关系的发展步伐。

根据"配第-克拉克定理"，随着经济的发展和人均国民收入水平的提高，劳动力首先从第一产业向第二产业移动。当人均收入水平进一步提高时，劳动力便向第三产业移动。

我们知道，克拉克（Colin Clark）对40多个国家和地区的经济增长情况进行研究分析后，在1940年出版的《经济进步的条件》一书提出上述观点。通过图10-1可以看出，1940年，连美国的人均收入都没有进入昂起阶段，而今天的经济发展形势与过去相比有了非常大的差异。配第-克拉克定理必然有新的发展。

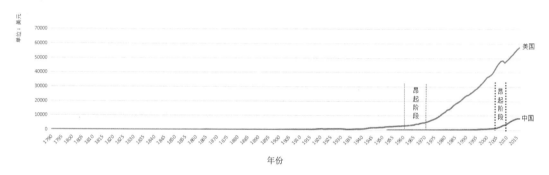

图 10-1　1790—2016 年中美人均名义 GDP 趋势①

产业结构的变化是经济发展的必然结果。随着人均国民收入的增加，产业结构会由第一产业为主的倒金字塔形结构向以第二产业为主的结构进行转变，当人均国民收入进一步增加后，就业人口又会向第三产业转移，形成金字塔结构。当人均国民收入增加到一定程度，进入后昂起阶段，产业结构又会逐步向文化产业流动，文化产业在国民经济中的比重也会增加。由于科学技术进步和劳动生产率的提高，人均收入水平提高、消费结构变化，诸多原因造成了文化产业地位的变动趋势。图10-2为我国2010—2020年三大产业占GDP比重的变化趋势。

产业结构和就业结构的变化是建立在上一个阶段物质经济发展达到一定成熟度的基础上的，社会化生产发展、人们生活水平提高、消费要求升级，才会自然过渡到更高阶段。

新中国刚成立时，经济发展落后，技术水平低下，但劳动力资源丰富且价格低廉，集中于第一产业。1953—1957年，自我国开展第一个五年计划开始，工业化全面开展，产业结构调整初见雏形。随着工业化的发展，科技不断进步，人均国民收入不断提高，20世纪70年代，第二产业增加值占GDP的比重超过第一产业。直到2011年，第三产业增加值占GDP的比重首次成为三大产业中的最高部分。劳动力发展较产业结构变化略微滞后，2011年开始，第三产业的劳动力就成为三大产业中人数最多的。2014年开始，从事第二产业的

---

① 根据美国商务部经济分析局、中国国家统计局数据绘制。

劳动人数首次超过第一产业（见表 10-2）。

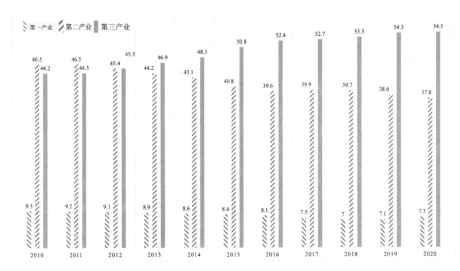

图 10-2　我国 2010—2020 年三大产业占 GDP 比重趋势①

表 10-2　新中国成立以来三次产业增加值占 GDP 比重和三次产业劳动力占全部劳动力比重

年　份	三次产业增加值占 GDP 的比重/%			三次产业劳动力占全部劳动力比重/%		
	第一产业	第二产业	第三产业	第一产业	第二产业	第三产业
1952	50.5	20.9	28.6	83.5	7.4	9.1
1953	45.9	23.4	30.8	83.1	8.0	9.0
1957	40.3	29.7	30.1	81.2	8.0	9.0
1960	23.4	44.5	32.1	81.2	9.0	9.8
1965	37.9	35.1	27.0	81.6	8.4	10.0
1970	35.2	40.5	24.3	80.8	10.2	9.0
1975	32.5	45.5	22.0	77.2	13.5	9.3
1978	27.9	47.9	24.2	70.5	17.3	12.2
1980	29.6	48.1	22.3	68.7	18.3	13.1
1985	27.9	42.7	29.4	62.4	20.8	16.8
1990	26.6	41.0	32.4	60.1	21.4	18.5
1995	19.6	46.8	33.7	52.2	23.0	24.8
2000	14.7	45.5	39.8	50.0	22.5	27.5
2005	11.6	47.0	41.3	44.8	23.8	31.4
2010	22.4	39.2	38.4	36.7	28.7	34.6
2015	16.4	40.5	43.1	28.3	29.3	42.4
2020	7.7	37.8	54.5	23.6	28.7	47.7

资料来源：根据国家统计局数据整理。

① 根据国家统计局数据整理。

在很长一段时间，我国的产业结构变化与工业化过程基本一致，从 1990—2010 年，GDP 总量的增长约 40%都是由第二产业提供的。但随着新时代经济发展进入"后昂起阶段"，对经济发展质量的高要求将促使文化创意成为我国的第一产业，文化产业和技术创新将成为产业结构调整的两个驱动轮。

三、产业文化化的转变

在进入精神经济时代以后，产业结构的逻辑顺序将发生根本逆转。生产和服务过程中对精神文化的需求依赖程度增加，创意设计逐步成为生产的第一环节，其重要性愈加凸显。

在新时代的精神经济中，文化创意将成为第一原生推动力，是提供精神产品的第一要素。文化产业将被赋予新的更重大的使命。新时代中，文化产业不仅仅是支柱性产业，而且会逐步发展为核心产业，负责为全社会提供最为稀缺的生产要素：符号、故事、形象和创意。然后，通过特许经营权的转让，将文化产业提供的精神内容注入传统产业，使物质产品具有生气、灵魂，从而唤醒人们潜在的需求，形成新的现实的市场。

从宏观上看，文化产业是精神经济的核心部门。在《1844 年经济学哲学手稿》和《德意志意识形态》中，马克思指出，精神生产是人们为满足精神文化生活的需要而进行的生产活动。精神生产着重探索人的内部精神世界，关注人的内心和社会的精神生活层面，以满足人的求知、审美、娱乐、情感等精神需求为根本目的，生产过程具有抽象性、创新性、传承性等特点，其产出即精神产品，其外在体现主要是文化生产。精神生产的范围涉及哲学、自然科学、社会科学、科学技术和文学艺术等，几乎涵盖人类生活的全部领域，这也是人类区别于动物的一个根本性标志。

由于物质决定意识，精神生产依附于物质生产，因此物质生产是决定精神生产的，精神生产必须依附于一定的物质条件才能实现。文化艺术活动表现为物质生产方式的延伸。马克思、恩格斯在《德意志意识形态》中指出，"分工只有在物质劳动和精神劳动分离的时候才成为真正的分工"。进入 21 世纪以来，随着精神经济时代的到来，精神劳动更多地对物质生产进行赋能，马克思所预言的这些条件正在逐步实现，精神劳动与物质劳动的界限开始模糊，精神产品和物质产品的界限也开始模糊起来。我们很难界定一件产品到底是物质产品还是精神产品，创意设计成为很多物质产品的第一道生产工序。

随着文化产业发展到较高级的形态，精神经济开始兴起，文化向传统产业赋能开始增加，文化业态更新迭代加剧，文化产业不仅成为社会经济的支柱性产业，而且会改造整体经济的面貌。文化将渗透到社会经济各方面，成为最重要的资源要素。产业文化化将为文化产业史展开全新的篇章，这也将为社会分工的模糊乃至消亡拉开大幕。

第二节 产业文化化及其作用机制

一、产业文化化的含义

产业文化化是将精神文化内容注入传统产业的过程,是泛精神产品占财富比重提高的过程,是传统产业的升级过程,也是文化从资源到资本的价值转化的过程,具体体现为以下三个方面。

一是文化品牌等无形资产的价值占企业资产和成本的比例持续提升。品牌成为精神经济时代企业竞争力的重要体现,也是对企业价值、产品价值、消费者体验的综合展示。无论是消费者对日常衣食住行的选择还是企业对生产原材料的选择,都更倾向与著名品牌、大型企业合作。日本的"千元西瓜""万元葡萄"等,都是其创意农业的产品。从1979年开始,日本的农业开始倡导"一村一品"发展模式,每个村子充分利用当地资源优势,因地制宜,开发具有地方特色的"精品",打入国内和国际市场,取得了较好的收益。

二是产业的逻辑顺序发生重大变化。过去的第一次、第二次、第三次产业,其实是以物质生产作为考察对象,生产原料的供给是产业运行的逻辑起点和实践起点。没有农业和矿产业提供的原料,就没有加工制造业,也就没有随之而来的交通、商业和其他服务等。但在产业文化化的过程中,这些物质的形态,包括原材料,甚至厂房、机器都不重要,可以交给下级企业去完成,顶层企业只需要掌管好品牌、设计和市场,物质生产已经不再是价值创造的中心环节。但由此产生的问题也是令人始料未及的,如美国的产业空心化所带来的国力和国运的变化。而中国和东南亚许多国家承接了制造业转移后,虽然承受了环境和资源的压力,承受了国际分工体系中的分配不公,但最终在交流与学习中实现了先进制造业的崛起并且形成前所未有的核心竞争力。

三是产业增长动力发生了变化。文化创意成为重要的生产要素,也成为产业结构调整和经济高质量发展的重要推动力,成为决定利润分配的重要筹码。产业文化化引发产业时尚化,离开设计和品牌寸步难行,设计与技术共同成为推动经济增长和市场拓展的双引擎。

二、产业文化化的模型

(一)精神产品的价值形成

原材料变成商品要经历生产、流通和消费三个环节,价值主要体现在流通和消费环节(关于产品的价值问题,详见第二章)。精神产品和普通物质产品的价值形成过程不同,精神产品在生产、流通和消费环节都有可能产生价值,形成价值的积累和转化。如图10-3所示,从产品的生产、流通和消费环节来看,不同类型的产品呈现出不同的价值形成特征。

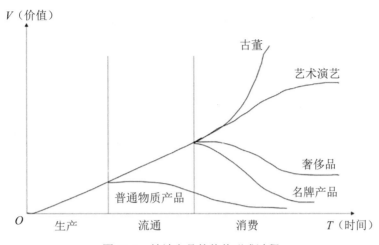

图 10-3　精神产品的价值形成过程

普通物质产品的价值在生产过程中一次性转化完成，其流通过程是价值的转移过程，消费过程是物质的损失和价值的损耗过程，在长期使用过程中，普通物质产品的价值趋向于 0 或者很小的残值。

富含精神内容的名牌产品和创意产品在流通过程中加入了广告、宣传的投资，因此其流通过程也是一个价值积累和增值的过程，形成了产品的品牌价值，消费者因而愿意支付比普通物质产品更高的价格购买这类产品。在消费过程中，这种产品的价值被消耗掉并在长期使用过程中趋向于 0 或者很小的残值。

奢侈品作为名牌产品的一个类别，具有独特性。奢侈品超高的品牌价值具有保值功能，在经过第一轮的流通、消费后仍然具有一定的价值，奢侈品交易的次级市场——"中古"市场成为其品牌在消费环节中再次实现价值的一个场所。有些二手的限量版奢侈品甚至会因为其稀缺性而使再次交易的售价高出商品原价。

主要依靠艺术家劳动的艺术演艺项目，如戏剧、歌剧、舞台剧等表演艺术，在经过品牌营销和传播过程后，会在大众心中形成一种稳定的偏好，而且这些产品属于无形的内容产品，在较长时期内不会产生产品物质和信息内容的损耗。这类准精神产品的价值在长期过程中会形成稳定的市场需求，其价值趋向一个固定的值。

还有一类精神产品的价值会随着时间的推移而不断上升，如古董。这类产品往往年代久远，在使用、保管和转移的过程中，虽然其物质形态不断损耗，但是其精神内涵愈发珍贵。

（二）产业文化化模型

我们再来看一下社会财富的精神经济模型（见图 10-4，详细内容见第二章介绍），整个方框代表人类的全部社会产品。

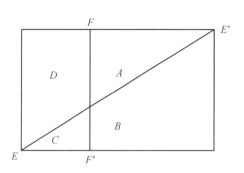

图 10-4　人类财富结构的精神经济模型

产业文化化的过程是将纯精神产品向传统物质制造业进行扩展,是从纯精神产品向泛精神产品扩散传播的过程,即图 10-4 中由 D 到 A 的转化,是将文化创意加载到传统的制造中,使物质产品成为独特的个性化产品。同样的衣料、同样的加工程序因为用了不同的品牌、不同的设计,最终销售价格差距可能达数百倍。当一个普通物质产品的非物质效益远远超过其物质载体的价值时,我们将很难区分它是精神产品还是物质产品,大量的文创产品都属于这种情况。一件塑料雨衣,成本可能只有 5 元,但如果把它设计成电影《哈利·波特》中的斗篷的样式,再加上一个独特的图案或者标语,它便有了文艺的气息,成了文创产品,可以卖到 30 元以上。

从宏观角度看,文化产业并不是一个独立的产业部门,它已经同其他传统产业交叉融合,开始了产业的文化化过程,这个过程将成为新时代的第二级产业。由第一级产业所生产的创意(IP)将通过特许经营权的方式加入其他传统产业,也因此,传统产业的产品才变得温暖而有趣。例如,在儿童服装和文具上印上米老鼠、唐老鸭的形象,使得原本普通的物件成为孩子的"伙伴"。正是得益于此,迪士尼公司的特许经营权收益早已超过其动画影片的票房。传统的马具制作企业爱马仕因加入文化设计元素而成为时尚界的龙头,其 2020 年营业收入达到 63.9 亿欧元(约合 71.7 亿美元)。成立于 1837 年的全球知名珠宝零售商蒂芙尼以制作西餐餐具起家,后因于 1851 年推出了银制装饰品而更加出名,1960 年由好莱坞著名女星奥黛丽·赫本出演的经典电影《蒂芙尼的早餐》促使这个品牌传遍全球,发展成为市值 160 亿美元(截至 2019 年年末)的公司。

新时代,人们对美好生活的需要实际上推动了经济的泛精神化。一方面,文化产业将成为重要的支柱性产业,其增加值占 GDP 的比重将持续上升;另一方面,文化产业与其他产业的关联度也不断提高,传统物质消费部门提供的产品日益精神化。从北京的皇家粮仓到上海的新天地、南京的老门东,再到景德镇的陶溪川、成都的宽窄巷子,即便是最传统的餐饮业,也因为环境的不同、氛围的不同而显得那么别致。一些濒临废弃的老旧建筑,因为文创的注入而重新焕发了生机。在这些老旧建筑中,人们可以聆听古老的故事,体验各种前尘往事,获得从书本中无法读取的情调。

三、产业文化化的演变动因

促使传统产业发生文化化演变的因素有很多,主要有技术因素、需求因素、供给因素、制度因素等。

（一）技术因素

技术创新是推动产业文化化的核心动力，也是促进产业结构调整、文化业态演变的根本因素。但技术不等于科学发明，科学发明需要通过与生产企业、人力资源、制度政策等创新空间的结合，才能转化为有效促进生产的科学技术。

科学技术进步有助于深化文化对传统产业的赋能，促进文化产品的创新，创造新的市场供给。产品创新是最本质的产业创新，也是创新文化业态、升级产业结构的重中之重。科学技术有助于进一步挖掘文化要素，提炼文化符号并将其实现于传统产品的制造过程中。例如，爱迪生发明的电灯泡原本是为满足人们日常生活和生产的需求，属于传统的制造业，但由于现代科技的提升，简单的灯泡焕发出了艺术的光芒，给传统产业增加了文化价值。每年的国际灯光节已经变成艺术家的作品展，展品皆为光影与自然、与城市艺术的结合体。因此，我们可以说，工业的尽头是艺术。

（二）需求因素

人们日益增长的文化需求是产业文化化演变的重要动因。需求对产业结构的影响主要从需求总量和需求结构两个方面产生，需求结构又受到消费结构和投资结构的共同影响。消费者行为与消费生活方式一直是社会学和经济学的研究重点。消费者行为通常与消费者的认知、态度、购买意向、决策过程等具体购买行为相联系，而文化企业之间的竞争主要通过"赢得消费者满意"和"创新产品"来实现，基于市场对文化产品或服务的综合评价，从而改变企业的生产和研究方向。

我国消费正由物质型向精神型、传统型向创新型升级。约翰·霍金斯（John Howkins）曾在 2011 年提出"十亿新一代"的概念，意味着庞大的"新消费"群体已经成长起来。90后、"Z世代""阿尔法世代"等的主流生活形态呈现出时间和空间的无边界，其消费具有明显的时代特点和线上性，更加追求商品的品质以及实时响应的体验。新型消费需求的升级也带动了科技与文化消费的整合，AR、MR 技术开始广泛应用于购物时的定制体验场景，越来越多的文化企业开始研究"阿尔法世代"的文化消费习惯，而他们的需求也成为家庭消费时很重要的参考因素。由此可见，文化需求成为驱动产业文化化发展的新动力，年轻一代的文化需求愈发受到行业的重视。

（三）供给因素

影响产业文化化演进的供给因素是指生产要素供给方面的因素，主要包括文化资源禀赋、人力资源、资本供应以及生产技术等。合理的产业结构必须能发挥文化资源的比较优势，这样才能更好地促进经济高质量发展。劳动力的数量、素质和价格等因素是影响产业文化化进程的重要因素。文化产业是知识密集型产业，人力资本是产业发展的重要资本，也是促使科技转化、产业升级的基础。此外，资本是产业维持和扩张的基础条件，资本供应状况也是制约产业文化化的重要因素。资本供应的总量规模、增长速度、投资方向直接影响了传统产业创新发展的生产规模和发展速度。人们通常认为,投资是产业结构变化的直接原因,因而资本短缺往往是一些传统的夕阳产业发展的重要瓶颈,这是传统产业文化化的制约,也是其文化化的动力。

(四)制度因素

制度是影响产业文化化进程的重要因素。制度主要包括经济制度、经济体制、经济战略、文化战略、文化政策和经济政策等,这些因素会极大地影响产业结构的变动和形成。高质量经济发展战略及产业文化化进程都需要创新驱动,而创新研究是一个时期长、产出慢、风险大、投入大的系统性行为。对于企业而言,创新投资大、不确定强且社会效率低。知识溢出使得创新技术和产品扩散速度快,同领域企业的模仿成本低。因此,创新造成"市场失灵"的概率较大,需要政府的引导、扶持和宏观调控,即平衡产业结构、引导市场消费、优化资源配置。

案例/专栏 10-1

陶溪川的产业空间

景德镇"陶溪川·CHINA 坊"国际陶瓷文化产业园是景德镇市重点项目,该项目沿陶瓷文脉"一轴四片六厂"展开布局,整合周边的历史文化街区、科技文化片区、工业遗址区,是由江西省陶瓷工业公司投资兴建的集现代服务业和陶瓷文化创意产业于一体的大型城市综合体。

陶溪川核心区的前身是景德镇"十大瓷厂"之一的宇宙瓷厂,一个计划经济时代的老牌国有企业,曾是中国最大的向美国出口陶瓷的企业,被外商誉为"中国景德镇皇家瓷厂",属于典型的传统制造业企业。2012 年 8 月,当地政府决定改造景德镇的十个老陶瓷工厂。距离陶溪川两公里的位置坐落着景德镇陶瓷大学,与陶溪川形成创意设计上的空间联动。

将文化赋能于传统产业,助力陶瓷业的转型升级是陶溪川的规划目标。通过在原宇宙瓷厂的旧址上开展工业化改造,对煤烧隧道窑、圆窑和各个年代的工业厂房等近现代工业设备进行抢救性保护与修复,如今的陶溪川打造了陶瓷文化产业的全产业链,包含产业链上游的艺术家工作室、陶瓷创客空间、陶艺研究机构;产业链中游的景德镇陶瓷工业遗产博物馆、学徒传习所、陶溪川美术馆与明清窑作营造长廊;产业链下游的邑空间商城、线上陶溪川、周末集市等,同时还配套有精品酒店、红酒窖、雪茄吧、餐馆、咖啡馆等文化旅游业态以及现代服务业设施,带动了周边产业的发展,旨在打造一个全生态闭环陶艺产业链。

陶溪川是一个复合型文化产业项目,已经筹集项目资金 42 亿元,可以撬动建设资金约 150 亿元,拉动经济约 300 亿元,提供就业岗位 5000 多个,2017 年营业收入达 5.8 亿元,为约 6500 户棚户区居民安置新家,成为景德镇的新地标,是产业转型升级的典范。

新时代的陶溪川已经将品牌输出，其在故宫博物院、北京国贸商城、重庆磁器口、青岛即墨等地均开设了品牌形象店。

第三节　产业文化化与经济高质量发展

精神经济是经济发展的全新阶段，它的发展使经济增长从主要依赖传统的物质生产要素转移到依赖技术、知识、文化等非物质生产要素。精神文化对产业的赋能是产业文化化的内在逻辑。产业文化化有助于推动我国经济高质量发展，促进传统产业的提档升级，优化传统的盈利模式，重构传统产业价值链，是新时代优化产业结构的根本动因。

一、文化赋能乡村振兴

"乡"本来是古代农村管理的一级行政单位。《周礼》中讲，"令五家为比，使之相保；五比为闾，使之相爱；四闾为族，使之相葬；五族为党，使之相救；五党为州，使之相赒；五州为乡，使之相宾。"甲骨文中的"乡"，是二人对坐之形，"祭天祀祖，相邀饗宴"。可以看出，对于乡村文化的解读，从一开始就是精神和物质的结合。在当代的乡村振兴中，产业文化化的作用十分突出。西方国家是较早关注乡村发展中文化提升的，英国学者埃比尼泽·霍华德（Ebenezer Howard）在1898年就提出了"田园城市"的规划思想，考虑到了人与自然之间的关系。19世纪末，法国最先开始了乡村旅游的开发并迅速风靡欧洲。20世纪，许多国家开始对乡村人居景观进行文化改造实践并取得了良好的成果。韩国和日本在20世纪六七十年代开始了"造町运动"和"新村运动"，推出了"村落艺术"项目，结合了文化创意与旅游产业，创造了更多的就业机会，缓解了经济不景气问题。

精神文化为乡村振兴赋予持续发展和文明传承的灵魂，是解决我国"三农"问题的战略路径。我国《乡村振兴促进法》规定，文化振兴要拓展乡村文化服务渠道，传承发扬农村优秀传统文化，加大农业文化遗产和非物质文化遗产保护力度，引导发展特色鲜明、优势突出的乡村文化产业。乡村是中华文明诞生的基础，是人类活动的基础，许多地方仍保存有最初的独具特色的文化气息，是诗人笔下的"衣杵相望深巷月，井桐摇落故园秋"，是游子心心念念的盐水鸭，是许多都市人抹不去的"乡愁"。因此，乡村振兴不是推倒重来，不是全面的工业化，而是将文化渗透于乡村产业发展，焕发乡村文化的时代精神。文化赋能乡村振兴要落实到具体的物质载体上，通过对乡村文化遗产的保护、传承，乡镇企业文化产品的生产加工，乡村文化艺术活动的开展，让村民了解故乡文化，认识文化价值，从而懂得去保护它、传承它。

（一）文化赋能创意农业

文化赋能乡村振兴要注重乡村产业的文化化，对原有的产业进行文化化发展，在种植、养殖、加工、营销和物流等方面全面提升文化水平，发展创意农业。创意农业是精神文化与传统农业交叉融合所形成的产业创新，具有独创性、产业融合、高附加值等特征，是对农业资源和农业环境的开发，也是对农产品用途的转化和农业废弃物的再次利用。农业本是传统产业分类中的第一大产业，是满足人类生存需要的根本，是所有其他产业发展的基础。创意农业的重点在文化，以文化创意为核心生产要素，衍生出以农业资源为物质载体的新兴业态，拓展传统农业的产前、产中和产后环节，形成完整的产业链条，增加农产品的附加值，生成新的文化价值和经济价值。经过多年的发展，荷兰、德国、英国和日本等国家已经形成具有代表性的创意农业发展模式。例如，荷兰采取高科技创汇，形成了精致农业、高科技农业；德国形成了休闲农庄和市民农园等农业体验类型；英国注重开发文化农业旅游；日本着力打造品牌农业，主推"一村一品"，注重营销[①]。以新媒介和互动为主的网络新营销正在创新文化消费业态，乡村的农特产品、民俗、传统手工艺品等都具备搭载内容营销平台，培育出乡村振兴新业态的潜力。

文化成为新农村建设的战略路径和新的生产要素，这个新的生产要素不同于农村工业化进程中的土地、劳动力和资本，文化作为新要素，具有非竞争性和部分排他性，有助于非物质文化遗产的保护和传承。在旧石器时代甚至更早的时候，人类就懂得种子发芽成长的规律，而人类对农业工具的改造是从旧石器时代向新石器时代过渡的标志。因此，发展农业的文化化，既要对传统农业工具如风车、水车、牛耕等进行保护和传承，同时也要对村史、祠堂及家谱等文化进行保留，注重村落文化的历史挖掘和系统整理。

（二）文化赋能乡村全域旅游

文化赋能乡村振兴要注重文化产业的乡村化，把公共文化设施、文化服务以及新兴文化产业业态渗透到乡村产业振兴中，发展创意农业。精神文化是促进乡村全域旅游发展的重要基础。乡村旅游作为乡村产业的重要组成部分，兼容一、二、三产业，融通交通、餐饮、房地产等相关产业，是乡村振兴实现过程中必不可少的部分。《关于促进乡村旅游可持续发展的指导意见》中强调了要通过强化规划、丰富产品等措施，提升乡村旅游的质量与效益，为乡村振兴做出贡献。精神文化对乡村旅游赋能的一个重要表现是提升旅游资源的文化性和丰富性，创新旅游业态。精神文化的赋能具有较强的正外部性，往往能成为一个地区产业发展的核心动力，带动区域发展，塑造乡村"气质"。例如，独具意象的江南水乡是文人墨客笔下的"诗和远方"，是无数画家心中的"白月光"。因此，围绕"江南水乡"这个文化意境而展开的古镇建设给沉寂百年的乡村带来新的发展机遇。一时间，乌镇、周庄、木渎等古镇成为文化旅游的热点，文旅产业为古镇发展注入了"强心针"，带动了整个小镇的经济发展。但新时代的乡村振兴要给大批同质化的乡村建设找到各自的发展特点，挖掘当地文化，避免雷同化、重复化，这也是精神文化发挥乡村振兴引领作用的重要体现。精神文化对乡村全域旅游赋能的另一个重要体现是促进了资金、人才在城乡间

---

① 廖军华，屠玉帅，简保权. 国外创意农业对中国发展创意农业的启示[J]. 世界农业，2016（2）：16-20.

的双向流动，实现了资源共享。越来越多的人选择在城市求学后回归农村，以自己所学为故乡建设贡献力量，由此出现了"网红"李子柒的田园生活、直播销售农产品、白领回乡建民宿等现象。

案例/专栏 10-2

荷兰库肯霍夫公园

位于荷兰的库肯霍夫公园是世界上最大的郁金香主题公园。库肯霍夫公园坐落在阿姆斯特丹近郊的小镇利瑟，原是雅各布伯爵夫人的狩猎领地，1840年聘请德国景观园艺家左贺特父子进行设计，形成雏形。目前占地0.32平方千米，步行路径总长15千米。公园内郁金香的品种、数量、质量以及布置手法堪称世界之最。每年三四月份郁金香盛开的时节，该公园都会举办为期8周左右的花展。

库肯霍夫公园自2006年开始，每年都会有一个开园主题，体现在园区的整体设计上。例如，"伦勃朗400周年诞辰""肖邦的浪漫""纪念梵高逝世125周年"等，2008年的开园主题即为"中国-北京2008奥运会"，还搭建了中国茶馆，举办了各式各样的与中国历史文化相关的娱乐活动。该公园曾举办了著名的花帽展览，展出了20世纪五六十年代由知名品牌设计师设计的古董花帽，以及来自世界各地的100余位设计师与艺术家以花为主题所创作出的作品，将花卉与帽子完美结合。

库肯霍夫公园起步于农业，但成就它的，是高度商业化的运营模式。公园不是生产者，只负责设计和营销平台。公园中的每个区域都是某家公司的产品展示区，整个公园其实是一个大型的花卉公司营销展会。而且，公园采取多元化经营的方式，除了大片花海之外，还有教育培训、艺术展览、自然餐厅、儿童乐园、花卉集市、摄影工作室、文创产品等业态，并且将雕塑艺术与公园完美融合，打造了一个围绕创意农业的产业链。公园的盈利模式由必要性消费（门票）和选择性消费（餐饮、文创等）构成。每年接待游客八十多万人次，游客可以尽情游览。库肯霍夫公园还带动了小镇利瑟的整体发展，将公园与奶酪集市、风车博物馆、羊角村等连接起来，形成文化旅游带。

二、文化对传统制造业的改造

（一）消费精神化是产业变局的重大标志

随着人类社会进入精神经济时代，物质财富需求逐步让位于精神需求，需要等级的升级拉动了供给结构和供给方式的革命性变化。

产业文化化的最直接表现是产业的时尚化。时尚产业是高附加值制造业、现代服务业与品牌、文化、设计、技术、传播、服务等诸多要素的结合，其核心部分以服饰为代表，包括服装、鞋帽、箱包、眼镜、手表等产品，这是狭义的时尚产业。事实上，目前我们还看到文化对社会生活的更多领域进行了改造和赋能，从而形成了广义的时尚产业，包括香水、化妆品、电子产品、汽车、家居用品等各类消费品。传统物质产品的时尚升级让我们在购物时获得了更"美"的消费体验，提升了生活的品质，增添了"仪式感"。另外，我们还可以通过这些产品进行身份识别和表达，从而张扬了精神力量。

案例/专栏 10-3

万宝路的"变性手术"

风靡全球的万宝路香烟，1840 年起步于一家伦敦小店，1908 年才以 Marlboro 品牌在美国注册登记，1919 年，成立菲利普•莫里斯公司，但在 20 世纪 40 年代被迫倒闭。

万宝路的最初定位是女士烟，其广告口号是"像五月天气一样温和"，可是事与愿违，尽管当时美国吸烟人数年年都在上升，但万宝路香烟的销路却始终平平，女士们抱怨香烟的白色烟嘴会染上她们鲜红的口红，很不雅观，于是，莫里斯公司把烟嘴换成红色，可是这一切都没有能够挽回万宝路女士香烟的命运，莫里斯公司终于在 20 世纪 40 年代初停止生产万宝路香烟。

1954 年莫里斯公司找到了著名的营销策划人李奥•贝纳，请他对香烟市场进行深入的分析，复苏万宝路。经过深思熟虑之后，李奥•贝纳完全突破了莫里斯公司最初的思路，对万宝路进行了全新的"变性手术"，建议将万宝路香烟改变定位为男子汉香烟，变淡味为重口味，香烟增加香味含量。大胆改造万宝路形象包装，采用当时首创的平开盒盖技术，并以象征力量的红色作为外盒的主要色彩。与此同时，广告策略上放弃原先的女性定位，强调万宝路香烟的男子汉气概，以浑身散发粗犷豪迈英雄气概的美国西部牛仔为品牌形象，吸引所有喜爱欣赏和追求这种气概的消费者。这是迄今为止最伟大的和成功的营销计划，在万宝路品牌改变后的第 2 年，1955 年，万宝路香烟在美国香烟品牌中销量一跃排名第 10 位。之后便扶摇直上。根据国际品牌价值评估权威机构 Brand Finance 公布的"2021 全球最具价值品牌 500 强排行榜"，万宝路名列全球烟草类第一位，品牌价值达 355.72 亿美元，比 2020 年增长 8.9%。品牌价值超过麦当劳和可口可乐。

万宝路经营的虽然是有害健康的烟草，但从其营销策划看，无疑是成功的。它的起死回生，主要不是通过技术的进步和价格调整等传统策略，而是通过改变品牌形象，注入新的概念和文化形象，使之一跃成为世界第一烟草品牌。

实际上，除了服饰之外，许多物质产品都变得精神化。我们不仅可以通过服饰了解和判断一个人，还可以通过他开的车，居住和活动的地方，甚至他喝的酒、抽的烟对他进行了解。从这个意义上说，不仅时尚产品，越来越多的工业品已经成为精神的载体。

再以酒为例，古人喝酒都是喝米酒或者高粱酒，很少关注品牌。而后，随着蒸馏技术的传入，中国人开始喝烈性酒，但也不太关注牌子。新中国成立后评出了十大名酒，大家才开始追捧这些名酒，因为名酒是质量和口味的保证。也正因为这个原因，能饮上名酒也显得体面和尊贵。但是近年来，随着经济的精神化，白酒消费越来越奢侈化，决定宴席档次的，除了酒店和菜肴，主要看有没有用上茅台。其实本来许多人并不习惯酱香型的茅台，而且一直被茅台的假酒所困扰，但因为这种消费时尚，茅台酒的销售、利润一路飚升，股票市值也一直上涨（见图10-5和图10-6）。在"2021全球最具价值品牌500强排行榜"，茅台的品牌价值位列全球烈性酒第一，达453.33亿美元，超过了壳牌和宝马。

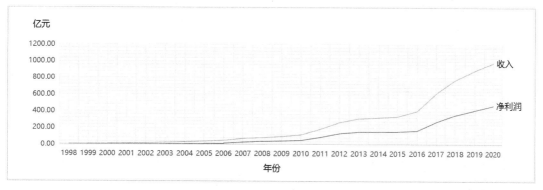

图10-5　茅台股份有限公司收入与归属于母公司的净利润曲线图

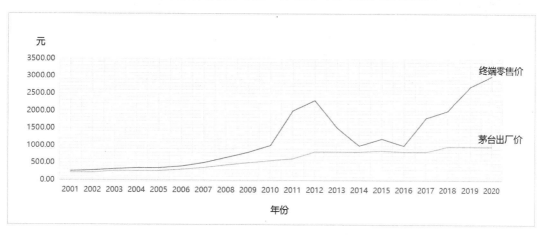

图10-6　2001—2020年茅台出厂价及零售价

如今的茅台酒已经不再是一般的物质商品。这么多年的价格持续上涨，并不是因为其物质成本和活劳动的增加，也不是来自技术进步，而是其精神内容份额的提高。价格的增长反映出其精神化的程度，其增值部分主要来源于精神价值的溢出。茅台酒价格和生产与营销成本之间越来越大的空间，来源于茅台的品牌价值和文化价值。当然这与茅台多年来持之以恒的品牌宣传所塑造的国酒的奢侈品形象有很大关系。因此，在今天，茅台已经主要不再是酒，而是文化的载体、精神的载体，成为了准精神产品。产业的文化化，就是推动了精神—物质财富分界线的左移，使之更加精神化（见图10-7和图10-8）。

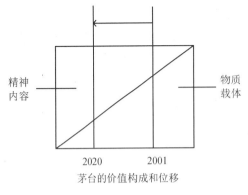
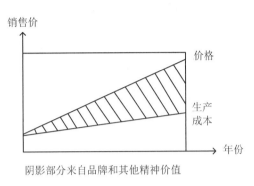

图 10-7　茅台的价值构成和运动　　　　　图 10-8　品牌和精神价值结构图

（二）文化重新定义传统产业

文化对传统工业的影响，首先体现在服饰上。从某种意义上说，服饰是人格的外化。"黄帝、尧、舜垂衣裳而天下治"，《周礼》对不同等级的人们的服饰有非常明确的规定，僭越行为将是严重的犯罪。服饰对社会等级的刻画和个人内在精神的展示是最直接的。

在现代社会，社会等级不再是由种姓、出身、阶级等强行规定的，服装所承载的更多的是建立在以财富为基础的个人风格，从而可以间接地反映个人的经济地位、学养、兴趣，甚至年龄、民族、宗教信仰等。

服饰业的变化为产业的文化化提供了蓝本，主要体现为以下三点。

第一，品牌的塑造。所谓品牌，是指某公司通过设计风格、质量把控、文化宣传等方式打造出的专属于该公司产品的独特的个性。这种个性来自于设计师的风格、理念，来自于代言人的气质，来自于品牌故事和宣传语。从某种意义上说，选择一个品牌就是选择一种个性，选择一种表达自我的方式。建立品牌后，很重要的是维护品牌的独特个性。就像可口可乐的总经理所说的，他最关心的不是产品的质量和销售，而是维护可口可乐的独特口味。

企业经理是品牌经营过程中的关键人物，负责商品的企业策划和宣传，确保品牌向既定的方向发展；根据市场和企业的具体情况制订产品开发计划，组织产品的生产，建立销售网络和销售队伍，寻求合适的销售方式。

第二，设计引领。好的设计体现着设计师独特的魅力和个性，形成个性品牌。例如，意大利服饰时尚强调独创性设计和独特的面料开发，不断挑战自我，为市场提供新的商品。其背后有包括公司、营销人员等团队的合作和支持，时装公司为设计师提供了轻松的氛围和自由的空间，设计师清楚其产品必须兼具艺术与商业价值。正是因为米兰有生产时尚产品的完备空间、年轻的设计师以及资金等且具有完善的时尚产业链，才使其成为"时装圣地"。

第三，小规模定制与特许经营。量体裁衣是典型的私人订制。一般来讲，时装的生产分为两季：秋冬季和春夏季。企业一般提前一年设计好下一年的款式，通过代理的渠道展示给客户，然后收集订单开始生产，因此每年的设计都要比销售提前一年。除了这种传统的生产模式，从 20 世纪 80 年代发展起来的 ERP、WMS、零库存等新型组织模式也使"即时性"生产出现，大大地提高了生产的灵活性。

由于品牌价值的持续增长和消费者对品牌的认知和执着，以品牌价值为代表的企业无形资产的价值迅速上升，占企业总资产的比例明显增大，从而改变了后工业时代的工业企业的资产构成。过去，这种情况往往出现在文化企业中，如今，品牌价值的持续增长使传统企业也越来越接近文化企业，维护品牌就是维护市场，也就是维护企业的生命。

2021 年 3 月，国际品牌价值评估权威机构"品牌金融"（Brand Finance）公布了"2021 年全球最具价值 500 大品牌榜"。榜单显示，中国大陆共有 77 个品牌上榜，总品牌价值达 1.4 万亿美元，工商银行、微信、建设银行、腾讯、华为、国家电网、中国平安、淘宝、农业银行等中国知名企业位列榜单 TOP20。

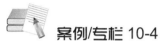
案例/专栏 10-4

"2021 年全球最具价值 500 大品牌榜" TOP30

排名	品牌名称	总部	核心领域	品牌价值/年增率
1	Apple 苹果	美国	科技	2633.75 亿美元/+87.4%
2	Amazon 亚马逊	美国	零售	2541.88 亿美元/+15.1%
3	Google 谷歌	美国	科技	1912.15 亿美元/+1.4%
4	Microsoft 微软	美国	科技	1404.35 亿美元/+20.0%
5	SAMSUNG 三星	韩国	科技	1026.23 亿美元/+8.6%
6	Walmart 沃尔玛	美国	零售	931.85 亿美元/+20.2%
7	Facebook 脸书	美国	媒体	814.76 亿美元/+2.1%
8	ICBC 中国工商银行	中国	银行	727.88 亿美元/-9.9%
9	VERIZON 威瑞森	美国	电信	688.89 亿美元/+8.2%
10	Wechat 微信	中国	媒体	679.02 亿美元/+25.4%
11	China Construction Bank 中国建设银行	中国	银行	596.49 亿美元/-4.7%
12	TOYOTA 丰田	日本	汽车	594.79 亿美元/+2.4%
13	Mercedes-Benz 奔驰	德国	汽车	582.25 亿美元/-10.5%
14	Tencent 腾讯	中国	媒体	564.32 亿美元/+28.0%
15	Huawei 华为	中国	科技	553.96 亿美元/-14.9%
16	State Grid 中国国家电网	中国	公用事业	552.03 亿美元/-3.1%
17	PingAn 中国平安	中国	保险	545.79 亿美元/-20.9%
18	Taobao 淘宝	中国	零售	535.35 亿美元/+44.2%
19	Agricultural Bank of China 中国农业银行	中国	银行	531.34 亿美元/-2.8%
20	The Home Depot 家得宝	美国	零售	529.17 亿美元/+4.8%
21	AT&T 美国电话电报	美国	电信	513.72 亿美元/-13.1%

续表

排名	品牌名称	总部	核心领域	品牌价值/年增率
22	Disney 迪士尼	美国	媒体	512.44 亿美元/−8.7%
23	Deutsche Telekom 德国电信	德国	电信	511.07 亿美元/+27.9%
24	Tmall 天猫	中国	零售	491.79 亿美元/+60.4%
25	Bank of China 中国银行	中国	银行	486.89 亿美元/−3.8%
26	Volkswagen 大众	德国	汽车	470.2 亿美元/+4.7%
27	Moutai 茅台	中国	烈酒	453.33 亿美元/+15.3%
28	Shell 壳牌	荷兰	石油天然气	421.56 亿美元/−11.3%
29	BMW 宝马	德国	汽车	404.47 亿美元/−0.1%
30	Alibaba.com 阿里巴巴	中国	零售	391.56 亿美元/+108.1%

（三）传统工业文化的挖掘与开发

进入 20 世纪中叶以来，文化创意产业迅速发展，文化渗透到传统行业中并且使大批工商业旧址"起死回生"，成为城市最具活力的代表。

一些著名的艺术区之所以在工业旧址上"生根发芽"，大致有几方面原因：一是地理优势，旧厂房及仓库、码头往往处于城市次繁华区域，交通等各方面条件都很方便。二是这些旧房屋相对租金低廉，有利于艺术家的聚集和创业交流。三是早期工业建筑所承载的历史信息和以包豪斯风格为代表的独特造型赋予其都市艺术的现代性和先锋性，如北京 798 艺术区、上海 M50 艺术区。

国际上的工业遗产保护起源于 19 世纪末英国提出的"工业考古学"，此后国际上逐渐开始将工业遗存作为一种文化遗产类型加以重视和保护并成立了国际工业遗产保护协会。

我国的工业遗产保护起步于 2006 年以工业遗产保护为主题的"国际古迹遗址日"。当年，国家文物局在无锡召开了主题为工业遗产保护的"首届中国工业遗产保护论坛"并形成了工业遗产保护的共识性文件《无锡建议》，我国的工业遗产保护拉开序幕。

在联合国教科文组织国际工业遗产保护协会所给出的定义里，工业遗产被解释为"具有历史、技术、社会、建筑或科学价值的工业文化遗存，这些遗存包括建筑物和机械、车间、作坊、工厂、矿场、提炼加工场、仓库、能源产生转化利用地、运输及其所有的基础设施，以及与工业有关的社会活动场所，如住房、宗教场所、教育场所等"。

工业遗产的利用既要尊重工业遗产的原有格局、结构和特色，做到保留城市记忆，又要能够适应当前城市发展的需要，依据其不同的性质和城市发展需要来探索。工业遗产可以用于文化设施建设，在体现遗产特色的同时又使得公众得以游憩、观赏和娱乐。城市工业遗产的保护既是对历史记忆的传承，也是对城市文脉的赓续。目前，对工业遗址的挖掘与开发主要有以下几种方式。

1. 主题博物馆与会展模式

主题博物馆模式是以博物馆的形式，对工业遗址进行原址原状保护及博物馆陈列展示，是一种对城市遗产的保护性利用。主题博物馆一般可分为室外博物馆和室内博物馆，通常是对工业遗产进行原址保存，只有在经济或社会需求不可避免地会破坏工业遗产的情况下，才会对其进行分解、移动、改造构造或进行异地保护。例如，北京南新仓是明清两朝京都储藏皇粮、俸米的皇家官仓，现保留古仓廒9座，是全国仅有的皇家仓廒，北京市借其打造了南新仓文化休闲街，由南新仓古仓群、仿古建筑群和南新仓商务大厦底商组成，入驻商户的业态涉及艺术文化、演出文化、美食文化等。自2007年5月18日以来，在"皇家粮仓"上演厅堂版昆曲《牡丹亭》三百余场，这一由历史文化遗产与非物质文化遗产组合成的绝妙文化热点被列为向2008年奥运代表团和国际宾客重点推介的北京新派传统文化项目。

2．工业旅游模式

工业旅游是工业遗产作为创意产业的重要模式，是指在废弃的工业旧址上，通过保护和再利用原有的工业机器、生产设备、厂房建筑等打造的一种能够吸引现代人了解工业文化，同时具有独特的观光、休闲和旅游功能的新的旅游方式。

发展工业遗产旅游借助具有科研、科普、文化、教育、休闲和民族精神等重要价值的工业遗产来满足游客的怀旧心理和对工业生产的好奇心，使其感悟工业遗产的独特魅力，以此来创造经济效益，当然也保护了珍贵的工业遗存。例如，青岛啤酒博物馆是青岛啤酒集团投资2800万元建成的国内唯一的啤酒博物馆，其展出面积达六千余平方米。博物馆设立在青岛啤酒的老厂房之内，以青岛啤酒的百年历程及工艺流程为主线，浓缩了中国啤酒工业及青岛啤酒的发展史，集文化历史、生产工艺流程、娱乐、购物、餐饮为一体，具备了旅游的知识性、娱乐性、参与性等特点，体现了世界视野、民族特色、穿透历史、融汇生活的文化理念。

3．公共休闲与主题景观公园模式

将工业遗产改造为公共娱乐休憩空间是公共文化建设的重要内容之一。工业遗产作为公共文化休憩空间的模式通常是打造景观公园，将城市工业遗产废弃用地作为郊野公园，强调保护与再生，在尽可能保留工业建筑及场地特征的基础上，通过转换、对比、镶嵌等多种方式构建一些游乐设施和基础文化设施，形成适合现代人休闲与放松的公共休闲空间。此外，也有将市区内的工业遗产根据其特点转换为主题公园的，保留工业遗产的建筑遗迹或片断，形成城市特色景观带，作为人们娱乐休闲的开放式公共场所。

4．创意产业聚集区

工业遗产建筑群具有深厚的历史底蕴和丰富的文化内涵，因此可将其转化为激发创意灵感、吸引创意人才、集聚创意作品的创意产业园区。实际上，这种模式既可以为创意产业发展提供活动场所，也可以向世人展示工业遗产的特色和优势，实现工业遗产保护的可持续性。原因在于从事创意工作的艺术家与创作者一般都具有较为深厚的艺术涵养和敏锐的艺术眼光，他们能真正认识到工业遗产建筑所承载的历史与文化内涵，这种内涵可以更好地激发他们的创造力与创意，而且他们对工业遗产的改造与创新是着力于原有区域、建筑、材料的再利用,将会推动这些工业建筑的保护和再生。例如,北京 798 原址为 20 世纪 50 年代的工业厂房,从 2002 年开始,由于租金低廉,吸引了大批艺术家聚集,为艺术家提供了创作空间。他们在保留下来的工业遗产上进行保护性改造,形成了汇集当代艺术展示、艺术家工作室、餐饮、展厅等于一体的文化空间,独具特色。

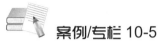
案例/专栏 10-5

工业废墟上的创意艺术区

世界闻名的伦敦南岸艺术区位于泰晤士河边,是利用废旧港口码头和古老仓库改造的文化旅游区,其历史可以追溯到 20 世纪 50 年代。南岸艺术区以现代艺术为醒目的标志,堪称当今伦敦最富有活力的艺术聚集区。沿着泰晤士河岸,世界三大现代艺术展览馆之一的泰特当代美术馆、英国艺术节中心、莎士比亚环球剧场以及英国最知名的两大剧院新维克、老维克次第排开,而世界上最负盛名的剧院之一——英国国家剧院也坐落在此。

美国洛杉矶酿酒厂(The Brewery)艺术村完全由民间发起。该艺术村的前身是 1888 年开业的酿酒厂,由 21 组大小、结构不同的建筑物所组成。The Brewery 艺术村已经发展成为世界上最大的艺术村之一,在 300 个单位内聚居了约 500 名艺术工作者和创作人,当中有画家、雕塑家、音乐人,也有摄影师、舞团,甚至有网页设计师,他们在这里创作、生活,令艺术村充满艺术气息,而社区中的建筑、街道装饰也源于艺术家们的创作,许多艺术家会在公共区域展示新作品,作为一种区内交流的手段,因此在这里也时常能欣赏到最新潮的设计。

对工业遗产的再利用,赋予了工业遗产新的内涵,延续了工业文明的历史,一方面有利于工业遗产作用的扩散(围绕工业遗产承载的文化精神价值);另一方面,对工业遗产进行再利用,可营造工业遗产空间场所的文化氛围,赋予工业遗产新的生命,使工业遗产文脉得以延续。

三、文化赋能现代服务业

服务业是我国经济的第一大产业,也是目前就业人数最多的产业。随着人们对美好生活需求的日益增长,居民外出娱乐消费的意愿增强,对服务业的要求也越来越高,日渐呈现个性化、多样化、优质化、高端化的趋势。以外出用餐为例,过去,人们讲究口味、菜量,关注的是物质的稳定性,在这种情况下,人们对餐厅的就餐环境、菜品创意和餐厅的服务要求较低;与此相适应地,餐厅在经营时也把注意力放在菜品本身,"物美价廉,经济实惠"是主要的挑选标准。但在精神经济时代,人们特别是年轻一代去餐厅吃饭的第一步是打开手机,查看大众点评等美食评分应用,根据网友对餐厅环境、菜品创意、服务质量、口味特色等因素进行的评分排名以及照片,综合选择一家餐厅进行消费。消费的同时也会拍摄美食、美景的照片并配上文字进行分享,"打卡""网红"美食,分享自己生活的同时也为自己贴上"标签",表达或暗示某种信息。饮食不再仅仅是为了填饱肚子的,其文化创意、精神内涵的作用越来越重要。

因此,文化对服务业供给质量的赋能和提升愈发重要,这是促进传统服务业向现代服务业转化的核心动力,也是培育服务业新业态、新模式的重要生产要素。现代服务业的未来发展因有文化的赋能而更加趋向于融合化、高端化和特色化。

(一)品牌是服务业价值的集中体现

品牌与口碑一直是消费者对现代服务业的评判标准。品牌社会注意力的精神内容表现为品牌"四度",即认知度、美誉度、顾客满意度和顾客忠诚度。这种精神内容与产品的服务的结合可以转化为"品牌资产价值",包括品牌的"产品价值"和"顾客价值",对减少顾客流失、增加企业利润具有非常重要的作用。从企业经营的角度而言,顾客购买是实现产品和服务增长的基础,顾客流失意味着购买量的降低。在同样的条件下,如果顾客不断流失,势必导致企业平均收益率降低,从而减少企业的利润(见图10-9和图10-10)。

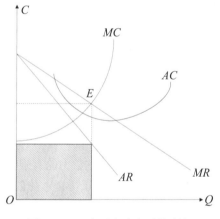

图10-9 没有顾客流失时的利润

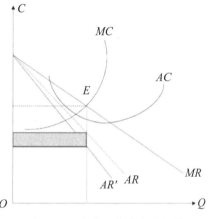

图10-10 存在顾客流失时的利润

由于顾客流失导致企业平均收益降低(AR曲线向内侧移动至AR'),在其他条件都基本保持不变的情况下,企业可获得的利润相对减少(图10-10中的阴影部分)。企业为了维持一定的销售增长,就必须努力创造新顾客。现代经济中,由于市场和产品的替代性,市场开拓成本十分昂贵。研究表明创造新顾客的成本是维持现有顾客的5倍。即使社会平均的销售收益率保持不变,但个别企业的利润会由于客户的流失而相对减少。因此,企业为了维持现有销售及利润并取得持续增长,会通过强化品牌来降低个别企业的顾客流失率。因此,通过强化品牌来降低顾客流失率对实现企业销售及盈利增长具有重要意义。

(二)现代服务业的文化开发

1. 文化创新零售业业态

精神经济时代的产业组织中,企业家为了实现利润最大化的目标,不断进行横向一体化的融合，以吸引消费者的注意力，延长消费者的关注时间。当今的商业综合体不再是单纯售货的百货大楼，而是包含电影院、餐饮、美容、教育培训等多个产业，涵盖零售、休闲、娱乐等领域，覆盖人们日常的消费范围。其中的文化娱乐消费是实体商场的消费引擎。由于线上零售业的冲击，线下实体店的客流量受到很大的影响，观影、游戏、餐饮等只能依靠线下的体验类消费成为实体商场的引流产业，任何一类顾客的消费都有可能为其他行业带来潜在的消费群体。

艺术为商业综合体的赋能也成为近年来商场个性化、地标化发展的新模式。商业综合体从传统的零售集聚开始引入文化设计的理念，寻找自己的文化定位，通过与美术馆、艺术展的结合为传统的商场焕发新的活力。将商业空间和艺术空间有机地融合，拓展了消费群体，增加了艺术与商业的互动。在被线上消费挤占市场的今天，美术馆带给线下商场的不仅仅是客流的增加，还有商场整体形象的提升。沉浸式商业艺术氛围给每一件商品增添了额外的艺术感，提高客户消费时的附加值。而民营美术馆作为承载和传达艺术审美教育功能的重要场所，不再是小众群体的单独空间，而是通过入驻商场的方式深入人们的生活，从封闭走向开放，从殿堂走向公众，消除了普通人进入美术馆的"知识焦虑"，给公众营造了轻松、随意的氛围。例如，2017年开馆的南京德基美术馆，不仅有奈良美智、草间弥生、约翰·代·安德烈埃等一批具有全球影响力的艺术家的作品进驻，还举办了管峻书画作品、昱德堂藏扬州八怪精品展等一系列展览，这使得德基逐步成为南京的文化商业地标。

2．文化创新现代消费模式

互联网的广泛应用改变了人们的消费习惯和交易方式，文化与互联网平台的融合催生了文化新业态。如果说农业时代的竞争主要依靠劳动力，工业时代的竞争主要依靠生产工具和科学技术，那么信息时代的竞争依靠的则是知识和信息，后信息时代，社会的竞争将依靠注意力[①]。今天的社会已经进入到精神时代，随着互联网的发展，注意力的有限性与信息资源的无限性之间的矛盾更加突出。在这种情况下，注意力本身具有了可资本化的价值。

文化、互联网、娱乐、游戏交叉融合，创新了文化消费新模式，给广大网民，特别是90后、Z世代等年轻群体带来了新的消费空间和消费体验。直播场景愈加多样化，游戏直播、读书直播、老字号直播、非遗直播、文化旅游导览直播、教育公开课直播等纷纷涌现。直播平台背后也有腾讯、阿里巴巴、字节跳动等互联网平台的支持，消费者通过抖音、快手短视频、淘宝直播等方式购买产品，足不出户，几秒钟便可完成交易。数据显示，2019年直播电商交易达4437.5亿元，2020年交易规模达12 850亿元，增长189.58%[②]，成为拉动消费的新引擎。

网络直播逐步成为一个主要的营销宣传渠道。它不仅仅是零售业的销售平台，电影宣传、文旅项目、音乐节等文化项目也都陆续出现在直播平台上，依靠平台的影响力销售门票，进行宣传。

---

① 李向民，徐浩然，王晨. 社会注意力：精神经济时代的稀缺资源/文化产业：变革中的文化[M]. 经济科学出版社，2005：130.
② 数据来源于《2021年中国直播电商行业研究报告》。

网络直播很好地运用了名人效应，开发名人所特有的商业价值，而且这种开发比明星广告、明星代言更接地气，范围也更广泛。网络主播不再是清一色的"网红"，大家熟悉的主持人、演员、歌手也都相继走进了直播间，用自身的人气"引流"，将粉丝流量变现。明星的社会身份是独特的社会注意力资源，人们对名人的接受和认可在潜移默化中影响生活习惯和消费行为。直播间带货使平时只在影视荧幕中出现的明星可以在直播间内分享他们的生活习惯和日常用品，也可以随时回答网友的提问，拉近了明星与公众的距离。网民出于对明星个人的信任，更愿意跟随他们的建议而购买产品，这是网络直播特有的优势。

四、文化赋能科技产业

文化赋能科技产业是文化与科技相互关系演进的必然要求。从历史角度来看，科技与文化从来都不是两条平行线，二者的关系是逐渐加深的，由最初的相对孤立走向深层次的相互融合。从以陶范、造纸术、活字印刷等为代表的古代文化科技，到电影、电视等科技支撑的艺术形式，再到今天的电子游戏、短视频、沉浸式体验等信息社会中的新兴业态，随着科技的发展，科技变革对文化繁荣的支持力愈发增强，文化内容对科技变革的引导力不断加深，科技为文化提供"形式"，文化为科技赋予"内容"，二者相互促进、深度融合，共同推动文化经济的发展。

（一）文化为科技发展赋予"内容"

科技创新的产品，科技产业的发展，需要文化的注入才能迸发活力。农耕文明时代，受制于生产力与科技水平，人类的文化活动与传统的生产、生活融为一体[①]。文化的生产、传播和演化过程是贯穿于整个人类的生活与生产过程中的。

2020年，我国成年人每天使用手机的时长已经上升到了6.1个小时，也就是每个人有1/4的人生是在移动互联网上消耗掉的[②]。这6个小时中，除了必要的通信外，占用时间最多的是看新闻、看短视频、玩手机游戏等娱乐行为。手机最初只是移动通信终端，只能接打电话，短信和彩信的出现使得手机能收发图片、音频和文字，扩充了手机作为媒体传播信息的功能。随着网络技术的发展升级，手机能够收发、编辑视频，拥有了更丰富的功能。麦克卢汉曾经说过，"任何新媒介都是一个进化的过程，一个生物裂变的过程"。如今的智能手机不仅仅是通信工具，还是文化工具和产品，成为继报纸、广播、电视之后的第四代主要传播媒介，甚至取代了数码照相机。手机文化化的过程充分证明了文化对于科技的引导作用，如果没有文化内容、文化业态的融入，手机只是空有一个科技的躯壳而已。

（二）文化赋能科技创新

20世纪后半叶，人类进入信息社会时代，数字化和网络化成为文化与科技不断融合的

---

① 李炎，胡洪斌. 集成创新：文化产业与科技融合本质[J]. 深圳大学学报（人文社会科学版），2015（6）：106-112.
② 根据《QuestMobile2020中国移动互联网秋季大报告》统计数据整理。

特征，文化生产要素、传播方式、消费方式、商业模式和管理模式等都发生了资源配置的优化，文化生产、传播与消费打破了工业社会的规模化、复制性的方式，科技为文化提供了更广阔的发展空间，文化赋能引领科技产业的发展。

在现实生产与生活活动中，文化赋能为消费者提供了更多的选择，也让消费者有了更大的想象空间，人们的消费需求逐步提升，对产品的个性化、智能化要求越来越高，科技的发展让这些想象变为现实。许多现实生活中的产品都是靠电影、动漫等文化产品的设想而引导生产实践的。例如，电影《隐形人》中的主人公每次遇到紧急情况都会披上"隐形斗篷"，这引发了杜克大学研究小组开展"隐形斗篷实现物体遁形"的实验。中国人工智能龙头企业科大讯飞董事长刘庆峰曾提出，人工智能发展的核心，算法是关键。科大讯飞的研究也是建立在神经网络算法与脑科学和类脑研究两个领域的研究。公司 2020 年的营收构成中，占比最高的是教育领域，占到其总营收的 32.14%，是其科技研究转化为文化产品从而走向市场的重要发展方向。

文化在赋能过程中还给予科技发展的文化反思。例如，在 2018 年上映的美国电影《头号玩家》以及美剧《真实的人类》都反映了对科技发展的反思和人性的思考——在电子游戏、人工智能迅速发展的今天，在享受科技带来的感官娱乐与便捷生活的同时，人们应当如何看待科技发展所带来的虚拟世界与现实世界的区分与融合。

本章小结

- 产业文化化是将精神文化内容注入传统产业的过程，是泛精神产品占财富比重提高的过程，也是文化从资源到资本的价值转化的过程，可以从三个方面去理解：一是文化品牌等无形资产价值占企业资产和成本的比例持续提升；二是产业的逻辑顺序发生重大变化；三是产业增长动力发生了变化。
- 原材料变成商品要经历生产、流通和消费三个环节，不同类型的产品呈现出不同的价值形成特征。普通物质产品的价值在生产过程中一次性转化完成，其流通过程是价值的转移过程，消费过程是物质的损失和价值的损耗过程。精神产品在生产、流通和消费环节都有可能产生价值，形成价值的积累和转化。
- 促使传统产业文化化演变的因素主要有技术因素、需求因素、供给因素、制度因素等。技术创新是推动产业文化化的核心动力，也是促进产业结构调整、文化业态演变的根本因素。人们日益增长的文化需求对产业结构的影响主要从需求总量和需求结构两个方面产生。供给因素从生产要素供给角度来看，主要包括文化资源禀赋、人力资源、资本供应以及生产技术等。制度主要包括经济制度、经济体制、经济战略、文化战略、文化政策和经济政策等，这些因素会极大地影响产业结构的变动和形成。
- 消费精神化是产业变局的重大标志，人类社会进入精神经济时代，物质财富需求逐步让位于精神需求。需要等级的升级拉动了供给结构和供给方式的革命性变化。文化重新定义了传统农业、制造业和服务业,成为经济高质量发展的重要驱动。

 综合练习

一、本章基本概念

产业文化化、品牌、精神产品。

二、本章基本思考题

1. 产业文化化的动因是什么?
2. 简述精神产品的价值形成。
3. 试举例解释产业文化化模型。

第十一章

文化经济政策

通过对本章的学习,学生应了解或掌握如下内容:
1. 了解文化体制与文化经济政策的基本概念;
2. 了解文化经济政策制定的理论依据;
3. 了解影响文化经济政策制定的价值导向因素;
4. 从性质和内容的角度了解文化产业政策;
5. 了解以政府财税政策为主的文化经济政策的内容;
6. 了解对外文化贸易政策的基本内容。

体制是国家治理体系的核心环节,文化体制构成了一个国家最根本的文化运作体系和制度体系,文化体制和文化政策的相关主体基本是一致的,而文化经济政策早已经成为国家文化管理和宏观调控的重要手段。在制定文化经济政策时,需要遵循一定的价值导向和基本原则。文化经济政策包括文化产业政策、文化贸易政策和文化财政税收政策等内容,它们在推动文化经济发展中都发挥着重要作用。

第一节 文化体制与文化经济政策

一、文化体制及其类型

在《辞海》中,"体制"是指"国家机关、企业、事业单位在机构设置、领导隶属关系和管理权限划分等方面的体系、制度、方法和形式的总称"。体制涉及两个层面的意义,即"体"和"制","体"代表着管理主体和参与主体,"制"代表着各主体之间所形成的多种关系的约定、准则和制度。对任何一个国家来说，体制是国家治理体系的核心环节，规定着各类主体参与国家不同事务的基本原则，具体包括政治体制、经济体制和文化体制等。了解一个国家文化经济的运行规律，关键在于认识一个国家的文化体制。文化体制决定着文化经济运行的基本特征，也是文化经济政策制定的基本出发点。

随着经济的发展和社会的进步，文化的经济属性愈发明显，文化逐渐成为经济发展中最为重要的生产要素之一，由此所形成的文化经济在整个国民经济体系中的地位日益重要。文化经济体系是围绕文化要素的选择、生成、组合、转化、传播、输送、消费而形成的运作过程和系统。在这个过程中，存在着党政部门、文化事业单位、文化企业单位和文化创作人员等不同的参与主体，它们各自履行不同的职责，互相之间形成的各种权力、利益等关系构成了一个国家的文化体制。所谓文化体制，是指国家党政文化部门的组织设置、相互关系以及它们对社会各从业主体运转的管理规定和建立在各种关系上所制定的系列制度的集合。

文化体制包括文化领导体制、文化行政体制和文化经济体制等不同的类型。文化领导体制是指国家文化发展战略制定与文化发展走向决定的过程中，政党与国家行政机构、其他社会团体之间形成的决策、执行关系以及一系列决策形成的机制和程序。文化领导体制主要体现为执政党与国家行政机构、社会其他主体之间的领导关系。就我国而言，中国共产党是文化领导体制的核心，党委宣传部门是具体的文化领导机构。文化行政体制也是文化管理体制，是指国家文化领域的行政管理机构的组织、划分与关联，以及在此基础上形成的具体行政职责和相关制度。文化行政体制主要体现为国家文化行政机构同级之间、上下级之间的行政联系，以及以它们为代表的国家文化行政机构对社会其他文化机构的管理关系。文化经济体制是指在文化生产、流通、消费的文化经济过程中，国家党政部门对文化经济实行管理的一种组织制度体系。文化经济体制主要体现为党政机构与文化企事业单位之间的基于经济联系的管理关系。

从国际上来看，世界上存在四种不同的文化体制模式。一是以英美为代表的以资本为主导的市场化文化体制模式，文化企业被视为满足国民精神文化需求的主体机构，而政府的公共文化行政职能则按照"非盈利性组织""一臂之距""董事会制"等方式来执行，注重资本投资、私人赞助和国家赞助等多元化投入渠道。二是以法国为代表的政府主导国家文化事业发展的管理体制模式，它倾向于国家扶持，政府采取实质性措施传播知识、艺术与文化，致力于保护民族文化遗产、发展民族文化产业，保障公民文化参与权、鼓励文化创新、促进文化多样性发展。法国政府不但建立了法兰西学院等高等学府，还兴建了法国国家图书馆、卢浮宫博物馆等著名公共文化设施，同时逐渐完善文化管理机构，确立文化基金机制。在法国文化发展中，政府发挥了重要的组织与促进作用。三是以日本、韩国为代表的宏观文化管理体制模式，通过制定政策和经济优惠措施来表示政府的倾向，引导文化事业的发展方向，依照法律法规管理文化事业。另外，许多文化活动都以产业的方式进行管理和运作，制定促进文化产业发展的法律法规，用宏观政策引导产业发展。四是以过去苏联为代表的计划文化经济管理模式，目前只有少数的社会主义国家采用此类模式，例如朝鲜。该模式的最大特征是政府部门直接管理文化机构、文化事业单位，党政部门掌握着文化组织机构的资金、人事和资源的调配权力，控制着文化发展的方向和重点。

二、我国文化体制改革

对一个国家的文化体制来说，文化领导体制、文化行政体制和文化经济体制虽然总体处于较为稳定的状态，但它们会随着不同的发展阶段而有所调整。当一个国家的经济体制、科技进步水平和社会生活方式发生变化时，文化体制也需要随之调整，否则将成为文化生产力进步的阻碍因素，这一点在我国表现得更加明显。改革开放以来，我国文化体制总体处于改革的认识、启动、执行和深化的过程之中。文化体制改革已成为国家治理体系和治理能力现代化的有机组成部分，是中国特色社会主义制度在文化建设方面的自我完善和革新。

改革开放是推进我国社会主义社会建设的必由之路，同时也是我国文化发展的强大动力。改革开放以来，我国确立了以经济建设为中心的基本路线，改革的重心放在经济体制方面。相对来说，文化领域的改革起步较晚，传统文化体制至今还没有退出历史舞台，其改革的思想理论和工作准备也不充分。与经济体制改革相比，文化体制改革更为复杂，这是由文化工作的性质决定的。作为国家上层建筑的文化，不仅仅是一个经济问题，而且还是一个政治问题。因此，文化体制改革的步伐落后于经济体制改革也属情理之中。在经济体制改革基本完成的今天，文化体制改革已经成为国家现阶段继续推进改革开放事业的着力点①。

案例/专栏 11-1

英国"一臂之距"管理原则②

"一臂之距"（Arm's Length Principle）管理原则是英国发明的一套文化管理方法，长期以来被英国政府视作文化管理的法宝，被认为可以有效地避免党派政治倾向对文化拨款政策的不良影响，保证文化经费由那些最有资格的人进行分配。

所谓"一臂之距"，原指人在队列中与其前后左右的伙伴保持相同距离。该原则最先应用在经济领域，针对的是一些具有隶属关系的经济组织，如母公司与子公司、厂商和经销商等。根据这个原则，这些组织在策划和实施各自的营销规划、处理利益纠纷乃至纳税义务上都具有平等的法律地位，一方不能取代或支配另一方。

"一臂之距"原则被运用到文化政策上则要求国家对文化采取一种分权式行政管理体制，将对文化的集中管理转为分权管理，这是"一臂之距"原则的基本要义。英国政府的文化行政主管部门即文化、新闻和体育部，它们只管制定文化政策和财政拨款政策，没

---

① 李向民，韩顺法. 我国深化文化体制改革的理论探析及政策选择[J]. 东岳论丛，2010（4）：155-159.
② 张雷莹. 英国"一臂之距"文化管理原则的启示[J]. 传承，2012（001）：82.

有直接管辖文化艺术团体和文化事业机构的权力，具体事务交由中介非政府公共文化机构，即各类艺术委员会负责执行，如由英格兰艺术委员会、工艺美术委员会、博物馆和美术馆委员会等专家组成的机构对艺术团体进行评估和拨款。各类中介非政府公共文化机构通过具体分配拨款的形式，负责资助和联系全国各个文化领域的文化艺术团体、机构和个人，形成全社会文化事业管理的网络体系。

英国非政府公共文化机构有两类，包括38个非政府公共执行机构（具有执行、管理、制定规章和从事商业活动的职能）和8个非政府公共咨询机构（就某些专门事项向部长和主管部门提供咨询意见）。除主要从文化、新闻和体育部拨款取得经费外，大多数非政府公共文化机构还通过收费或从事其他商业活动来获得收入。文化、新闻和体育部通过拨款方式对非政府公共文化机构在政策上加以协调，但二者不存在行政领导关系。非政府公共文化机构奉行与政府保持"一臂之距"的原则，独立运行。

我国文化事业发展的历史证明，只注重社会效益而忽视经济效益的文化管理体制不仅难以促进文化事业的发展，而且已经成为社会主义市场经济下文化发展的巨大障碍。随着国家经济、政治体制的改革，政府逐渐意识到国家没有这个能力，也没有这个必要办一切文化。政府和市场共同承担文化发展的重任是历史的必然选择，所以政府必须对一部分文化事业单位进行改制，将其推向市场，走产业化之路。

我国文化体制由原来政府的大包大揽逐渐向政府承担公益性文化事业和市场经营文化产业的方向转变，这就对我们提出了新的要求，就是必须正确处理政府与市场的关系，即决定哪些工作由政府去做，哪些工作交给市场去做。从市场经济理论的角度讲，自由市场是有效率的，市场能够灵活地支配各种资源，达到最优配置。市场是否能解决所有经济问题呢？事实表明，市场并非万能的。随着经济的发展，经济学家们也日益认识到市场本身的问题，弥补市场的缺陷离不开政府管制。市场机制的产业组织的优势在于发挥了灵活的竞争机制，直接面对消费者复杂的需求，企业能通过多元方式的供给来满足消费者的多元化需求并通过"规模化"来保持市场地位。但在市场失灵的情况下，市场机制的外部性需要政府进行调控，通过有计划的引导、监督等手段使市场趋于理性、有序。在文化市场上，政府的监管和控制更为重要，政府应承担起驱除"暴力、色情、危害社会稳定"的文化产品的任务。所以，文化体制改革的过程是政府和市场之间博弈中的一种均衡，这种均衡不断变化，不断被打破，不同的阶段，不同的外部条件，市场与政府的平衡点处于不同的位置。这场博弈实际上是政府放多少权、市场自由空间有多大以及它们各自充当怎样的角色的问题。

明确政府和市场的分工，规范政府行为和市场行为是文化体制改革的重点。长期以来，由于我国政府存在计划经济思维，政府一直是生产文化、传播文化的供给方，在操纵层次上存在职能错位、越位与缺位现象，政府行为的缺陷已成为文化市场发展的障碍。为了改变这种现状，我国文化体制改革确立了两条主线，即公益性文化事业及经营性文化产业。文化事业的主要功能是建设完善的公共文化服务体系，保证人民基本的文化消费权利。公共文化服务体系主要提供公共产品和社会效益强的文化产品。依据经济学理论，那些不能进行竞争性和排他性消费的产品就是公共产品。公共产品通常具有消费的公众性和公用性、生产的公正和公开性以及价值目标上的公益性等特征，如图书馆、博物馆、歌剧院、体育场（馆）及艺术展览馆等公共设施就具有类似的特征。那些具有重大社会效益的文化活动同样是文化事业的一部分，对于有关人类发展、国际声望及文化认同、内部和谐与团结、文化多样性状况的文化原创（如哲学、考古、历史、艺术、非物质文化遗产与科学）都需予以特别的支持；另外，公共文化服务的范畴还涉及加强中华优秀文化传统教育，运用现代科技手段开发利用民族文化资源，加强对各民族文化的挖掘和保护，重视文物和非物质文化遗产保护，做好文化典籍整理工作等。当然，政府在公共文化提供方面的行政或政策行为也是公共文化服务的重要内容。对于公共文化服务体系，要有科学、合理的制度设计并形成从公共文化需求的预测到公共决策，再到财政预算的形成与拨付、财政投入的使用（包括布设基础设施、组织生产或购买以及分发）和监管，最后到绩效评估等的行政制度体系，只有将一个充分民主而透明的科学程序引入公共管理，才能保证公共文化服务的效率、质量。

明确了政府职责，市场行为就容易界定了。对于一般性的、差异化的文化产品，借助文化产业来提供，由市场合理调配资源，灵活供给。对比而言，文化事业和文化产业则相辅相成，各有侧重，二者不能截然分开，但是也不能彼此混淆。具体操作中，市场可以配置、调节的，政府不应该去干涉，让文化企业主动寻求市场机会，创造需求；但在市场容易出现偏差、失误的地方，政府应该主动履行职责，加以引导、调控。总之，政府管理要从微观向宏观转变，从办文化向管文化转变。

文化体制改革通过厘清政府文化职能、改革行政审批制度、明确政府文化管理职责等方式，逐步实现了政府文化管理到文化治理思维的转变[①]。在目标诉求上，文化体制改革试图通过建立党委领导、政府管理、行业自律、企事业单位自主运营的文化管理体制以增强文化发展活力，从而为社会主义文化大发展大繁荣创造了体制条件[②]。在主体上，文化体制改革涉及党委、国家文化管理部门、地方文化管理部门、国有文化企业和事业单位等多元利益主体；在主要矛盾上，文化体制改革主要涉及政府管理和市场作用、经济效益和社会效益这两对矛盾，文化体制的改革进程推动就基于对这两对矛盾认识的深入和变化[③]。文化经济体制改革将逐步建立起符合现代市场经济体制的文化管理模式和运行机制，形成政府监管、市场主导、社会参与、功能互补、运转协调的文化体制机制格局。

三、文化体制与文化政策的关系

每个国家都会根据自身的情况，选择适合自身的文化体制类型。可以说，文化体制构成了一个国家最根本的文化运作体系和制度体系，既涉及文化政策制定的主体，也包括文

[①] 文娇慧. 党的十八大以来中国文化管理体制改革研究进展与趋势[J]. 国家治理评论，2020（4）：85-98.
[②] 陈世香. 大部制视角下地方政府文化管理体制改革进程及其挑战[J]. 上海行政学院学报，2010（5）：38-48.
[③] 曹光章. 新一届党中央推进文化体制改革的新发展[J]. 毛泽东邓小平理论研究，2017（9）：94-100.

化政策所涉及的不同文化参与主体之间的各种关系和行为准则，是制定文化政策的基础和参照。文化政策属于文化体制的一部分，体现了既定文化体制的国家意志，是文化体制的维护和延伸。文化政策是国家在文化艺术、新闻出版、广播影视、文物博物等领域实行意识形态管理、行政管理和经济管理所采取的一套制度性规定、规范、原则和要求体系的总称[①]。

文化体制和文化政策的利益相关者基本是一致的，它们主要涉及文化的生产者、分配者、消费者和政策制定者，它们是文化领域的主要参与主体，也就是在经济和社会中直接与文化生产、传播、消费有关的组织和个人，具体包括以下几个。

（1）党政部门和机构。文化领域的党政部门和机构是文化体制中的决策者和管理者，也是文化政策的制定者、执行者和监督者。在我国的文化体制和文化政策系统中，执政党、国家立法机关和国家文化行政机构为文化政策的制定主体和有机系统构成。执政党地位决定了它在宪法和法律规定的范围内享有在国家所有文化政策制定中的政策主体地位和决定性作用。立法机关拥有使文化政策合法化的权力，任何文化政策只有经过法律认定才能成为国家行为和国家意志。国家文化行政机构是国家文化意志的直接体现者和执行者，它根据有关国家法律、法规和部门制定的文化管理法规和政策，处理国家的文化发展问题。

（2）公共文化机构。公共文化机构是文化体制的主要构成和文化政策的关照对象，它的存在目的是为最广大人民群众提供最基础的文化公共服务，注重文化服务的均等性和普惠性，是保障人民群众基本文化权益的主要机构。从中央到地方的各级政府都拥有和管理着各种形式的公共文化机构，包括博物馆、美术馆、文化馆、图书馆、档案馆、文化遗址、演出场馆等。在许多国家，公共文化机构都有着不同的体制机制，有些国家的公共文化机构是以独立法人身份存在的非营利机构，如美国；有些国家的公共文化机构是文化事业单位，如中国。每个国家都非常重视公共文化机构的建设和财政投入，它也是文化政策较为集中的领域。

（3）文化企业或营利性文化商业机构。文化企业是文化市场的运营主体，是各类文化资源的组织者、配置者，也是文化产业的主体构成。依靠文化市场向大众提供文化商品成为文化发展的主流形式，许多国家把发展文化产业视为推动经济增长、促进就业和经济结构转型的重要力量，重视提升文化产业在经济体系中的地位和作用。因此，文化市场体制成为文化体制的主要表现形态，也是文化政策关注的关键领域，即如何更好地推动文化产业发展，培育更多的文化市场主体，完善文化市场经济体系，同时，保证文化产业有序、健康、持续发展，使其社会效益和经济效益相统一。

（4）创意工作者。创意工作者也被称为文化创作者或文化生产者，在西方还被称为创意阶层，他们是文化产品形成的直接贡献者和创作主体，既包括创造性人员，也包括围绕创造作品生成的辅助性生产人员，主要有文学、音乐、美术、绘画、舞蹈、戏曲、表演、游戏、电影、动漫、媒体、设计、广告等领域的从业人员。另外，配音、舞台灯光、服装、

---

① 胡惠林. 文化政策学[M]. 北京：清华大学出版社，2015：1.

化妆、拍摄等从业人员也属于创意工作者的范畴。从文化体制的主体视角看，创意工作者会建立自身领域的专业社团、工会、行业组织或非政府组织，发挥自我管理、行业规范和个人利益维护等方面的职能。从文化政策的视角来看，其目的是激励创意工作者的积极性，引导正确价值导向，促进他们的就业，保障他们的各项权益。党的二十大报告指出："坚持把社会效益放在首位、社会效益和经济效益相统一，深化文化体制改革，完善文化经济政策。"又一次把文化经济政策放在突出位置。

（5）消费者和消费者组织。无论是文化体制，还是文化政策，都是以满足消费者的精神文化需求为宗旨，消费者的精神文化需求构成了庞大的文化消费市场，是文化经济的重要组成部分。当前，随着移动互联网技术的广泛应用，可以说每个人都是文化消费者。从这个角度来看，每个人都会去互联网消费文化产品，文化政策涉及的社会范畴尤其广泛，有关文化内容的政策、法规几乎会影响到社会中的每个人。文化体制和文化政策都承担着促进文化多元化、提高社会凝聚力以及提升民众社会福利的重要任务。

以上各类文化领域的主体，既是文化体制的重要构成，又是文化政策的制定者、执行者或者关注对象，它们之间的相互作用关系建立起文化体制与文化政策之间的紧密联系。从这个角度看，文化体制包括了文化政策，文化政策制定的基本依据依然是文化体制。

四、文化政策与文化经济政策

在国际上，文化政策是文化领域备受关注的热点话题。1967年，联合国教科文组织在墨西哥城专门召开了一次学术会议讨论文化政策。其中，文化遗产成为文化政策最早关注的内容。1970年，联合国教科文组织通过《关于禁止和防止非法进出口文化财产和非法转让其所有权的公约》，提出"考虑文化财产视为构成文化和民族文化的一大基本要素，只有可能充分掌握有关其起源、历史和传统背景的知识，才能理解其真正价值"等八项主题。1972年，该组织又通过《保护世界文化和自然遗产公约》，促进了世界遗产观念的形成。从各国时间来看，欧洲不少国家的剧院、博物馆和艺术收藏等从原来由皇家或王子的财产纷纷被政府和城市当局接受，成为政府职能的一部分，由那些负责管理文化政策的国家公职人员拥有产权并实施管理[1]。在发展中国家，文化政策也逐渐受到重视，它们把文化遗产保护与去殖民化、提升民族文化认同和爱国主义结合起来。

从文化政策的应用来看，"文化"概念的范围已经从只关注文化遗产和艺术扩展到对生活方式的接受，随之，文化政策涉及的范围扩大到包括更广泛的社会政策的趋势一直延续，文化活动及其政策涵盖的范围已经从文化遗产延伸到包括电影、广播和印刷媒体等领域，直至出现涵盖领域更加广泛的文化产业，如时装、建筑设计、旅游、城市和区域发展、国家贸易、外交等都被纳入进来。文化产品的生产制造、分配和消费逐渐由经济运行所决定，经济全球化带来文化全球化[2]。20世纪80年代以后，文化政策关注的重心转向文化产

---

[1] 陶斯. 文化经济学[M]. 周正兵, 译. 大连：东北财经大学出版社, 2016: 21.
[2] 索罗斯比. 文化政策经济学[M]. 易昕, 译. 大连：东北财经大学出版社, 2013: 4.

业，各国在文化产业领域不仅形成了包含各行业、手段繁多的政策体系，而且成立了专门的文化产业政策部门①。与此同时，文化政策的重点转移到文化经济政策上。在我国，文化体制改革以来，文化经济政策一直是政府倡导的主流文化政策话语。十九大报告中明确指出"健全现代文化产业体系和市场体系，创新生产经营机制，完善文化经济政策，培育新型文化业态"，文化经济政策已经成为国家文化管理和宏观调控的重要手段。

虽然在制定文化政策时存在不同的价值导向，但是在落实和执行文化政策时，总是离不开经济的保障和财政的支持，如文化遗产的保护需要有大量的资金支持，经济的保障才能将更多的资源、人力投入遗产的保护过程之中。高雅艺术的推广以及人文素养的提升同样需要财政的支持。在这个意义上，每一项文化政策都具有一定的经济属性，与文化经济政策有较大的相关性。同时，文化经济政策虽然更多的是从经济角度考量文化政策，但它在本质上仍然是文化政策。文化政策具有的属性，文化经济政策同样具备，只是后者更加关心政策制定的投入产出问题。在经济支持上，文化经济政策同样要考虑哪些文化需要支持，哪些文化需要禁止，哪些文化需要在民众中推广，其根本目的仍然是通过政府或市场的手段，满足人民群众的多样化文化需求，获取一定的文化话语权，保障国家的安全，实现民族文化的复兴等。在这一点上，文化经济政策与文化政策的战略和目标是一致的，总体上，两者不存在清晰的区别和界限。

第二节 文化经济政策制定的理论依据与价值导向

当前，经济思维方式对政策制定过程起着决定性影响，公共政策与经济政策已经变得难以区分。文化经济政策是一种特殊的调控手段，是国家策略性地运用各种经济措施对文化发展的介入和干涉。在这种条件下，文化政策成为政府、文化营利机构、文化团体、艺术家等利益集团影响民众思想的手段，反映了在特定历史环境下为艺术自我实现建立体制和创造条件的政治斗争。"文化经济学从一开始就与文化政策有关联，如为艺术公共资助及公共财政提供经济学论证——简而言之，即国家为什么资助以及如何资助"②。也就是说，需要为政治和政府介入文化经济政策制定寻求理论支撑和合法性依据。

一、文化经济政策的理论依据

（一）文化产品的"双重效益"和外部性问题

文化产品一旦进入市场，它就成了一项特殊的商品。它的特殊性在于文化产品的价值构成与一般的物质商品有很大的不同。文化产品是凝结了文化生产者的思想、态度、价值观的精神产品，除了具有使用价值外，还有观念价值。文化生产者是文化产品的代言人，

---

① 魏杰. 文化经济学[M]. 北京：企业管理出版社，2020：248.
② 郭灵凤. 欧盟文化政策与文化治理[J]. 欧洲研究，2007（2）：64-76.

他们自由地应用创作技巧,通过不同的形式发挥自身的创造力,传达自己的思想和意识形态。正因为如此,广大的文化消费者在消费文化产品时会与文化生产者产生情感上的交流与互动,潜移默化地受到文化生产者的思想观念的影响,从而产生"说教"或"教化"的功能,而使得文化产品出现了其内在的"社会效益"。尽管如此,不能否认文化产品所蕴含的巨大的经济效益,社会对文化产品的认可与需求建构了文化产品的经济价值。文化产品的经济价值通过商业化运作和特定的社会制度安排被释放出来,而使文化成为经济体系中越来越重要的因素之一。从经济学的角度理解,文化产品的特殊功能决定了它具有显著的外部性特征,即存在"外部经济"和"外部不经济"两种效应。这里用经济收益(r)与社会效益(R)进行比较,以说明文化产品带来的外部性,其中纵坐标 P 代表产出(效益)数值,横坐标 Q 代表消费数量。一些优秀的、经典的文化作品通常是"外部经济"的,他们带来的社会效益(R)大于经济收益(r);有些通俗的、艺术水平一般而靠炒作的作品有时是"外部不经济"的,经济效益(r)大于社会效益(R);一些艺术水平低劣或有违社会公共道德的作品是严重"外部不经济"的,它们带来的社会效益(R')小于 0,而发行方获取的收益往往是非常可观的(见图 11-1)[①]。

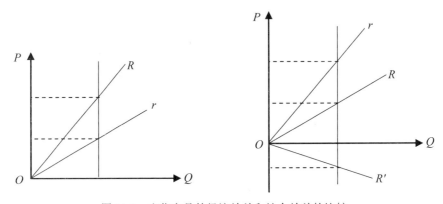

图 11-1　文化产品的经济效益和社会效益的比较

在现实中,文化产品的经济效益与社会效益并不总是表现为"一致性",也常有"背离性"。"一致性"认为文化产品经济效益的实现是以社会效益为前提的,一个得到社会认可,符合主流审美倾向和意识形态的作品会有大量的社会需求,经济收益会相应地增加。"背离性"指文化产品的经济效益与社会效益没有正相关性,甚至有相反性,如含色情、暴力内容的低劣作品,其社会效益是负面的,但在地下交易市场中往往能获得可观的经济收益。一个健康的社会呼唤的是能够反映时代价值观、引领先进文化方向的精品;然而,当市场面对庞大而复杂的文化消费群体和受经济利益驱使的文化生产者时,势必导致文化产品市场出现鱼龙混杂、劣币驱逐良币的局面,这就为文化建设提出了新的挑战:怎样监管市场上的文化产品?如何兼顾文化产品的社会效益和经济效益?如何向群众提供更多

---

① 李向民,韩顺法. 我国深化文化体制改革的理论探析及政策选择[J]. 东岳论丛,2010(4):155-159.

高质量的文化产品？仅仅依靠市场，显然是无法解决这些问题的，文化发展中的市场失灵现象广泛存在。首先是外部性强、社会效益高且经济效益差的文化艺术产品无法通过市场进行供给；其次是如果任由社会效益差、经济效益好的劣质文化艺术产品在市场上泛滥，最终会影响到社会稳定、民众的身心健康以及社会福利的整体提升，必须对其进行有效监管。文化市场的"双失灵"需要有一个强大的政府履行其文化职责。在文化经济政策制定时，那些对社会有正外部性的文化项目和产品应该受到支持，反之亦然。

（二）鲍莫尔法则与"成本病"

美国经济学家鲍莫尔与他的同事威廉·鲍恩编写的《表演艺术：经济困境》一书被认为是现代文化和艺术经济学研究的开端。1966年，这两位学者共同进行了一项研究：为什么搞艺术的文化组织总是财务吃紧？最终，他们得出了一个简单却震惊经济学界的结论：艺术工作者其实是与工厂里的工人在同一个劳动力市场内竞争的。制造业生产率提升，工人的工资水平随之上涨；与此同时，艺术工作者的工资也随之上涨，如若不然，他们就要辞职跑去工厂做工了。但艺术工作者工资的上涨并未伴随着生产率的提升。例如，两百多年前，演绎莫扎特的弦乐四重奏需要四位音乐家演奏八分钟，今天演奏也大致需要同样的时间，而且可以预料，即使在遥远的未来，这一曲目的演奏时间也不可能被压缩。由此可见，过去几百年，音乐家在演绎莫扎特弦乐四重奏时的"生产"过程从未改变，"生产"效率也从未提高。那么，四位演奏家的收入该如何提高？只能提高门票价格。因此，同更加高效的产品相比，这些人的工作最终将会变得越来越"昂贵"。经济学界将服务业成本快速增长的现象冠以"鲍莫尔成本病"，即鲍莫尔法则。

成本提升和产品的涨价必然导致需求的下降，相应地，销售收入也会不足，产生所谓的"收入差距"。同理，如果艺术想要在满足表演艺术出品的数量和质量的标准下存活，它将不得不依靠政府的补贴和私人赞助，否则将会因为产品标准的需求较低而出现"艺术性亏损"。因此，要想摆脱表演部门的困境，政府的资金投入和角色变得更加重要。20世纪，各类文化或艺术基金会开始大范围资助艺术。针对这一做法和理论，虽然不少学者提出了异议，但是并没有妨碍"鲍莫尔法则"成为文化经济学和艺术资助的理论依据。

二、文化经济政策的价值导向

文化经济政策本身涉及三个层面的约束，首先是文化艺术上的审美标准，其次是经济层面上的资源配置、成本节约和效率提升，再次是政策方面的政府介入维度，包括政治、权力和国家的综合考量。在推动文化发展的进程中，文化不仅被当作一种政策工具，而且还成为值得国家大力推动的经济产业和社会事业。这一特征必然为文化经济政策的制定带来多元化的价值导向。

（一）社会效益的优先性

文化经济政策是针对文化的政策，文化属性是它的首要属性。在经济政策的文化目标选取上，决策机构首先要考虑的是"哪些文化或艺术对人类自身有益，哪些文化或艺术对社会的和谐与繁荣有帮助"。在这种背景下，"文化"概念的范围依据从只关注艺术和文化遗产扩展到对生活方式的解释。这种从人类学和社会学角度将文化定义为一个共同的价值观和经验的表达绝非新潮，而是文化政策原理之基础[1]。正如米勒所说，文化政策是指沟通美学与集体生活方式的制度性支持——美学和人类学两个领域之间的桥梁，让政府组织通过执行政策来征召、培训、分配、资助、描述和拒绝那些打着艺术家或艺术作品旗号的人和活动[2]。当前，关于文化政策的适用范围扩大到包括更广泛的社会政策的趋势仍然在继续。文化是由人创造的，人所创造的文化反过来又塑造人。文化的教化和培育功能主要通过知识体系、行为方式等规范人的行为，使人有效地适应不同的社会环境和人际关系，成为社会的人。在1982年的世界文化政策会议，即由联合国教科文组织举办的一次关于文化政策的国际会议上，与会代表达成共识：文化赋予人类反省自身的能力，正是通过文化，人类可以表达自己，认识自己，发现自己的不足，质疑自己的成就，不知疲倦地寻找新的意义并创造出借以突破自身局限的新作品。国际上的认识表明，文化从来就不仅仅属于创造自身，一旦把文化与人类社会的发展和进步联系在一起，文化的现实意义就凸显出来，让我们无法忽视文化的社会影响力和文化经济政策的重要性。

众所周知，文化领域有关"社会效益"概念的最为经典、也最具有中国特色的表述方式就是，"把社会效益放在首位，实现经济效益与社会效益相统一"[3]。从相关文献来看，这种提法最早出现于《国民经济和社会发展第七个五年计划（1986—1990）》，"七五"计划关于"文化事业"部分是这样表述的，"各项文化事业的发展，必须坚持为人民服务、为社会主义服务的方向，正确处理经济效益和社会效益的关系，把社会效益放在首位"。这个提法延续至今，《中共中央关于制定国民经济和社会发展第十四个五年规划和二零三五年远景目标的建议》中再次得到充分强调，即"坚持把社会效益放在首位、社会效益和经济效益相统一，深化文化体制改革，完善文化产业规划和政策，加强文化市场体系建设，扩大优质文化产品供给。" 2015年，中共中央办公厅、国务院办公厅专门印发了《关于推动国有文化企业把社会效益放在首位、实现社会效益和经济效益相统一的指导意见》，强调文化企业提供精神产品，传播思想信息，担负文化传承使命，必须始终坚持把社会效益放在首位、实现社会效益和经济效益相统一。该意见指出，要正确处理社会效益和经济效益、社会价值和市场价值的关系，当两个效益、两种价值发生矛盾时，经济效益服从社会效益、市场价值服从社会价值，越是深化改革、创新发展，越要把社会效益放在首位。

文化企业追求经济效益没有错，但不能为了谋取短暂的经济效益而背离自身功能，不顾社会效益。实践证明，成功的文化企业，往往都是以为社会大众服务、主动担当社会责任为经营宗旨的。只有这样的企业才能顺势而为、大有作为，在激烈的市场竞争中站稳脚

---

[1] 索罗斯比. 文化政策经济学[M]. 易昕, 译. 大连：东北财经大学出版社，2013：4.
[2] 米勒. 文化政策[M]. 刘永孜, 译. 南京：南京大学出版社，2017：1.
[3] 周正兵. 文化领域的"社会效益"概念及其应用[J]. 中国出版，2017（19）：21-25.

跟，实现社会效益和经济效益的双丰收。说到底，坚持把社会效益放在首位是文化蓬勃发展的源泉。文化的生存与发展一刻都离不开社会的"土壤"，离不开人民群众的参与和支持。因此，作为文化经济政策，无论是促进文化创作，还是推动文化产品进入市场，都要坚持把社会效益放在首位的原则，该原则既有利于社会的健康发展，也有利于文化企业的长远发展。

（二）经济效益的兼顾性

在市场经济条件下，文化经济迅猛扩张，成为经济发展中具有活力的部分，也成为推动文化繁荣发展的最佳抓手。随着经济的发展，人民的物质需求基本得到满足，物质财富生产的经济带动力越来越弱，精神文化需求反而更加广泛，带动力更强，文化产业的规模不断壮大，日益成为最具潜力和最能创造财富的产业之一。美国、日本、英国、韩国等许多国家都受益于文化产业或创意产业的发展。从推动经济发展的层面来看，政府发展文化产业，推动文化经济是符合时代发展趋势的选择，有必要制定合适的产业政策，把文化产业作为新兴产业进行培育，在财政、税收、宏观调控等方面给予支持，提升其推动经济增长和创造更多就业机会的能力。从文化发展满足文化需求的角度来看，在经济利益的驱使下，文化创作者和文化生产者的积极性更高，各类文化资源配置的效率更强，能够更好地满足不同群体的文化品味和多元化的文化需求，在大幅度降低经济成本和社会成本的同时，还能提升整个社会的文化福利和保障普通民众的文化权益。在经济效益的刺激下，技术在文化领域得到更广泛的运用，提升了文化生产力，加快了文化经济发展的步伐，反过来文化经济的繁荣进一步刺激技术的研发和创新。

许多国家在制定文化经济政策时，不仅考虑文化发展目标，还会把经济目标作为重要的参考因素，如在教育、福利、公共卫生和社区发展等诸多领域，许多社会政策的制定比较强调效率和成本收益。同理，在文化领域，任何政策在制定时，都有对投入产出的衡量，即存在经济动机的追求。如果考察比较具体的文化领域，我们就可以看到政策制定的经济依据，如艺术、遗产、公共广播、电影制作、出版之类的活动都有明确的经济考虑，因而经济目标理所当然地受到公共政策的关注。这个判断有一定的根据，事实上政府确实对这些领域进行了经济干预，所使用的政策包括提供补贴、企业的公有制化、投资激励、税收减免、规章制度、提供信息、教育和培训等[1]。在宏观经济运行的标准模型中，根据供需的竞争模型以及假定需要政府干预以增加供应的原则，艺术和文化的总产出将低于社会需求。虽然政府干预有多种形式，但是，正如经济学思考的那样，干预可能与成本相连，并有理由考虑其边际成本不得大于其产出所带来的收益。总之，经济效益总是需要权衡的重要因素。

为了更好地体现和提升文化发展的综合效益，降低文化投入成本以及适应社会主义市场经济、适应时代发展需求，深化文化体制改革成为推动文化繁荣发展的必然要求。改革

---

[1] 索罗斯比. 经济学与文化[M]. 王志标，译. 北京：中国人民大学出版社，2011：151.

的目的是为文化找到合适的发展路径,为文化企业解开体制机制的束缚,以激活文化发展的内生动力,提升文化资源的整合能力和配置水平。通过文化市场的培育,文化市场主体和各类文化运营单位在获得一定经济效益的同时,也能取得较大的社会效益。

(三)文化多样性与多元文化需求的包容性

在制定文化经济政策时,要遵循文化的社会存在状态、基本特征和需求情况。文化为普通民众所创造,也服务于普通民众。从文化权益上讲,每个人、每个群体都拥有创造文化、生产文化、传承文化和消费文化的权利。在政策制定上,要给予不同主体文化权益以充分的保障。在文化生产方面,必须要尊重文化创作者的创造才能,激发他们的创作热情,允许他们用不同的方式表达自我情感和认识,展现不同的创作技艺和题材形式,支持和奖励那些技艺高超、社会反响好的文艺作品。在民族文化方面,文化是以多样化的形式存在的,不同民族的文化各有其形态、内涵和特点,不同民族的自然和社会环境各不相同,不同的环境造就了不同的民族文化体系。人类文明多样性是世界的基本特征,也是人类发展进步的动力源泉。不同国家、不同民族之间的文明交流互鉴,在推动文明发展的同时,也能促进文化的多样化。文化经济政策需要为多元化的文化存在创造良好的、宽容的环境条件。

在文化历时性方面,每个时代都有自身独特的文化类型、文化遗产和文化风格,过去的文化遗产和遗存对当代的生活和民众依然非常重要,它们承载着共同的历史记忆和共同的文化认同,是当代文化不可缺少的一部分,做好对它们的保护和传承非常有必要;当代文化应被视为文化发展的重点,目的是让文化艺术精品反映当下的时代风貌,发挥文艺引领时代,感染人、教化人和塑造人的作用,提升当代文化的影响力和感召力。在文化需求的多样性方面,只有市场化的文化生产方式才能满足多元化的文化需求。只有满足不同层次、类型的文化需求,文化生产才具有意义和动力。人民群众的年龄、经历和受教育程度、生活环境具有差异性,其文化需求也不相同,因而文化产品有着多样性要求,即高雅文化与通俗文化、经典文化与流行文化、外来文化与本土文化并存,在满足不同文化需求的同时,使文化以多样化的样态存在。

在文化生产主体的多元性方面,坚持公有制为主体、多种所有制共同发展的基本经济制度,既体现在物质生产领域,也体现在精神生产领域。近年来,在我国国有文化企业不断发展壮大的同时,民营经济在文化生产和文化产业发展中发挥着越来越重要的作用。民营文化企业、文化工作室等参与文化产品生产,成为推动文化发展的重要力量。网络作家、签约作家、自由撰稿人、独立制片人、独立演员、独立歌手、自由美术工作者等新的文化群体的形成,壮大了文化创作生产队伍,激发了文化市场活力。不同文化生产主体有不同的文化理念、文化追求,也有不同的文化生产方式,在满足人民多样化、多层次的文化生活需求的同时促进着文化多样化发展。在科技的支撑下,文化传播手段也走向多元化。当前,传统传播手段仍然发挥重要作用,同时,在数字传播技术的支持下,网络、移动电视、手机、数字报刊等媒体表现出强大的文化传播能力。传统传播手段与新兴传播技术交互作用,促成传统形态与新型形态的文化产品并存,推动新型文化业态和文化消费模式不断出现，文字数码化、书籍图像化、阅读网络化的发展促进着文化多样化发展①。

案例/专栏 11-2

《年画·画年》"破圈"出新②

2021年春节，纪录片《年画·画年》通过内容、制作、融合传播等方面的创新，生动活泼地展现了年画文化，"破圈"出新。数据显示，该片单集最高收视率为0.148%；在央视频的播放量突破220万；话题"年画·画年"在微博的阅读量达1.1亿。此外，该片在哔哩哔哩网（B站）的评分达9.7，节目相关视频点击量超过300万。

在科技的支撑下，这部纪录片深度挖掘年画的内容要素，通过纪录片节目、短视频、主题歌曲、话题、表情包等，有效整合内容资源，实现快手、B站、央视频、电视端、微博、微信、学习强国等多渠道传播，是一次传播内容社交化、传播平台多样化的融媒传播成功实践。

该片采用碎片化方式切分，符合年轻受众的审美偏好，符合融媒传播规律。《年画·画年》从创作阶段便充分考虑到大小屏的传播渠道，根据不同的传播渠道进行多样化组合，充分适应短视频用户对影视作品的分众化、碎片化需求。在小屏端，纪录片又灵活切分，制作出时长为1～8分钟的多个独立小故事，让观众看到了年轻化视觉下的年画，这种多元化文化传播手段可以跨越千载，将年画留在身边。

（四）意识形态与国家文化安全的保障性

意识形态属性是文化经济的基本属性之一，也是文化经济政策的重要导向。文化经济政策作为国家文化治理的重要手段，服从和服务于国家的意志、利益和目标，这是它的本质特征，它具有显著的政治性和意识形态属性。任何文化经济政策制定的出发点和根本任务都立足于维护和巩固现行的国家制度和主流意识形态。文化经济政策需要明确政策主体作为公共文化利益的代言人的价值导向，以及制定文化经济政策的基本立场，即是站在少数人的立场上还是站在最广大人民群众的立场上。意识形态既是行为的导向，也是价值和思想观念的导向，包括对世界和社会的根本看法以及对真、善、美的认知。国家或者统治阶级的合法性是来源于文化和意识形态的，意识形态职能是其基本职能。国家运用思想和文化手段塑造和影响人民的价值观念，以使他们认可现存的政治和社会秩序。如凯尔纳所说，"对于意识形态、控制和抵制、文化的政治等研究将文化研究引导到了对于处于权力结构里的文化产品、实践和体制的分析，同时表明文化怎样为控制提供手段和力量，也为抵制和抗争赋予种种策略。这一政治性焦点进一步强调了文化的效应以及文化产品的受众

---

① 陈金龙. 文化多样化新特点探源[N]. 人民日报, 2019-03-22（10）.
② 《年画·画年》破圈出新, 让年画"活"起来, http://k.sina.com.cn/article_1198531673_v4770245901900qvl3.html.

作用。"①

任何国家的执政党都在试图维护自身的意识形态，以获取意识形态领导权，即文化领导权，这是文化经济政策制定过程中所遵循的重要原则之一。例如，西方国家提倡新自由主义的意识形态，那么，它们的文化经济政策必然偏向市场主导，让资本和企业决定文化生产和传播的选择，鼓励个人权益的自由。与此同时，它们也试图将自身的意识形态在全球范围内推行，反对文化保护主义。显然，从国家竞争和文化领导权方面思考，这必然会威胁到其他国家的文化安全。那么，文化输出的弱势国会尽力维护自身国家的主流价值观，争取民众的国家认同和民族认同，维护自身统治的合法基础，并以此为基础，制定适合本国制度体系和具体国情的文化经济政策。发展中国家在文化吸引力和影响力上不如发达国家，而发达国家又掌握着世界上大部分的传播资源，因此它们的价值观及行为方式会通过出口的电影、音乐和其他媒介产品对发展中国家产生潜在的影响，这样更加有利于维护文化软实力最强大国家的国际地位。对待文化帝国主义的现象，发展中国家在制定文化经济政策时应该有清晰的认识并要努力维护和坚决捍卫国家的话语权，扶植本国文化产业的发展，以更加积极的态度、灵活的方式维护国家文化安全。今天的世界是一个开放的世界，不同国家、民族的文化在人类普遍交往中碰撞、交融、互鉴，在此背景下，如何保护本土文化、维护人类文化多样性成为人类社会面临的重要挑战。对于一个国家和民族而言，缺乏安全屏障的文化开放，有可能使其丧失文化发展自主性，甚至沦为异质文化的附庸。国家文化安全是关系到一个国家的民族精神独立性的重大问题。在实现中华民族伟大复兴的征程中，我国必须高度重视国家文化安全和民族精神的独立性，这也是文化经济政策的重要考虑因素和属性特征。

第三节 文化的财政支出与税收政策

文化经济政策主要包括两大类型：一类是以政府财税政策为主的文化经济政策，另一类是政府部门制定的一些促进文化市场和文化产业发展的文化经济政策。这两类文化经济政策各有侧重点，前者主要针对的是政府在文化领域的收入和支出，后者主要是政府制定的促进、规制和管理的宏观政策法规。

一、公共文化的直接投入

文化部门和机构一直是国家财政支出的重要领域。在许多国家，政府对文化产品和服务进行直接性投入，是公共文化的直接提供者。凡是具有普惠性、公益性、均等性和便利性的公共文化领域，均适合于国家财政的直接投入。国家根据财力和实际需要对基本文化

---

① 凯尔纳. 媒体文化：介于现代与后现代之间的文化研究、认同性与政治[M]. 丁宁，译. 北京：商务印书馆，2004：63.

公共服务的数量、质量、方式等方面进行调整。政府可以通过各种文化设施，如博物馆、艺术画廊、图书馆、演出场地、广播电视网络等提供公共文化服务并对相关运营机构提供财政拨款。在不同国家，由于各个行政机构具有不同的重要性和综合性，这形成了对文化提供不同的直接支出的体制模式。一种是文化或艺术部门将拨款直接分配给接受的组织和个人，大量的欧洲国家和亚洲国家使用这种模式。另一种是决策的职责被转移到独立的法定机构（通常称为艺术委员会），它起源于20世纪40年代的英国。这种运作中的所谓公平原则，旨在保证拨款决定免遭政治干预。当今，艺术委员会模式在爱尔兰、加拿大、澳大利亚以及新西兰等地广为采用。

法国文化管理包括利用政府划拨的文化资金直接管理博物馆、国家剧院、高等教育院校等公共文化机构，维护与发展公共文化，支持基础设施建设，资助文化机构以及地方政府实施其文化规划。为提高地方政府对文化的支持力度，法国在文化管理上逐步落实权力下放政策。文化和通信部鼓励地方政府制定自己的文化政策。地方政府作为博物馆、市剧院、图书馆和音乐学校等地区文化设施的所有者，逐渐成为政府文化资金的主要提供者。越来越多的地方政府选举代表分管文化事务并设立公共文化机构。公共文化机构在政府监督下拥有较大的管理自主权，对支持文化建设起着重要作用。

在我国，存在大量的由国家财政直接支持的文化事业单位，它们是国家公共文化服务体系的重要组成部分。我国公共文化服务设施通常被称为"四馆一站"，如财政部"中央财政积极支持完善公共文化服务体系"决策提出"持续推进全国五万余个博物馆、纪念馆、美术馆、公共图书馆、文化馆（站）等公共文化设施向社会免费开放"。当前，我国博物馆等公共文化服务设施正全方位、持续化地实现免费开放，大大提升了全体人民公共文化权益的保障力度。除此以外，我国文物保护利用的力度正在不断加大。截至2018年年末，全国共有各类文物机构10 160个，文物机构从业人员达16.26万人；全国共有非物质文化遗产保护机构2 467个，从业人员17 308人。随着国家财政实力的提高，我国开展了目标群体更加广泛、种类内容更为多样、形式手段更为灵活的文化均等化服务项目。国家持续面向革命老区、边疆地区、民族地区、贫困地区开展"春雨工程""阳光工程""圆梦工程"等文化志愿活动，在农村地区开展戏曲进乡村活动，仅2018年就为国家级贫困地区12 984个乡镇"配送"了77 904场文艺演出[①]。艺术普及是文化均等化服务的拓展和延伸，也是公益性文化事业的内容之一。在国家层面，学生群体成为政策关注对象。2005年，教育部、文化部、财政部联合在全国高校开展"高雅艺术进校园"活动，取得了积极成效。

二、文化生产的补贴与资助

在国民经济体系之中，文化产业和文化生产属于新兴的服务业领域，再加上它们具有典型的社会效益和意识形态属性，导致各国一直非常重视和支持文化相关行业的发展。国

---

① 数据来源于文化和旅游部《2018年文化和旅游发展统计公报》。

家财政除直接投资公共文化领域，还会以转移性支出的形式扶持和促进文化生产活动，包括创作个人、文化企业和各类不同的文化艺术项目。转移性支出只是简单地对收入进行重新分配，从一个人或一个组织转移到另一个人或另一个组织，并没有发生相应的产品或服务交换，所以转移性支出是不计入GDP的[①]。转移性支出体现了公共财政的效率、公平和稳定三大职能。其中，财政补贴是最重要的转移性支出方式，其经济效应可以改变资源配置结构和供给结构，让更多社会资本、人力、物力向被补贴领域转移。对企业的补贴通常包括：投资补贴，即为鼓励企业对关系国计民生的关键或短缺部门投资进行补贴；限价补贴，指对产品价格受政府限制的企业给予补贴，补贴支出增加将会增加对此类消费品的需求，使其获得等于甚至高于平均水平的利润；亏损补贴，指对因价格或市场原因造成亏损的企业进行补贴，以维持其就业和生产，由于受补贴居民多属低收入阶层，并促其适应市场变化进行产业调整。这些不同的补贴形式在文化生产领域比较常见，只是各国会采用不同的体制结构。

美国政府对文化艺术事业的管理和资助主要依靠法律来进行，其中最重要的两部法律是《国家艺术及人文事业基金法》和《联邦税收法》。通过法律法规和相关政策，美国政府鼓励各州、各企业集团以及全社会对文化事业进行投资。1965年，美国国会通过了自20世纪30年代大萧条以来的第一部支持文化艺术事业发展的法规，由总统签署成为法律，即《国家艺术及人文事业基金法》。依据此法，美国创立了其历史上第一个致力于艺术与人文事业的机构：国家艺术与人文基金会（NFAH），该机构独立运作，从事艺术与人文事业的补助工作，以促进美国艺术与人文事业的发展，还设立了联邦艺术人文委员会，由联邦政府中工作性质与文化发展有关的部门首脑组成。国家艺术与人文基金会的宗旨在于拟定政策，以支持美国的人文与艺术的发展和文化资产的保护，以奖励文化艺术活动、提升文化艺术水平为主要任务。美国政府在艺术补助上所秉持的态度是相当谨慎的，《国家艺术及人文事业基金法》内容至少包括三项重要的原则：一是民有，不仅意味着物质上的满足，也包括精神上的充实。所以第一条就开宗明义地说明艺术属于全民所有。二是艺术与人文的重要性不亚于科学技术，是社会文明进步的象征，也是展示国力的重要标志。三是政府应该促进对人文艺术的提升，途径在于创造有利于思考、想象与创造力发展的环境。

案例/专栏 11-3

美国国家艺术与人文基金会的"种子基金"与"乘数效应"[②]

美国国家艺术与人文基金会的建立标志着美国政府对艺术领域的介入管理，从建立至今，该基金会不断支持杰出的艺术作品，推进艺术教育，发展美国国内艺术。美国国家艺

[①] 黄亚均. 宏观经济学[M]. 2版. 北京：高等教育出版社，2005：39.
[②] "种子基金"与"乘数效应"——美国国家艺术基金会的运作机制，http://www.aaausa.com.cn/news_view.asp?id=1011.

术与人文基金会在艺术资助上有着一套灵活的资金分配原则，其每一美元的拨款将为受益机构吸引七至八倍的资金与之形成配套，是推进美国艺术发展的"种子基金"，这也是美国政府资助艺术的特色所在。

在资金对艺术发展产生作用的同时，艺术也对美国城市的发展起到了巨大的推动作用。艺术产业的发展带动了城市规模的扩张，增强了城市的凝聚力和吸引力，并进一步带动城市工商业和其他各种产业的繁荣。纽约是众所周知的国际艺术之城，纽约对自身城市发展定位明确，即大力发展艺术，创造艺术氛围，构建艺术之城，这使得纽约在创造艺术美感享受的同时也创造了巨大的经济效益和社会效益，文化艺术成为纽约的重要产业。艺术消费中，一旦发生乘数效应或连锁反应，艺术和文化组织的消费就会给经济带来巨大的效益。

我国国家艺术基金于 2013 年 12 月 30 日正式成立，是接受中央财政拨款，同时依法接受自然人、法人或者其他组织的捐赠的一项公益性基金。国家艺术基金在组织管理上设立了理事会、管理中心、专家委员会。《国家艺术基金章程》《国家艺术基金理事会工作制度》《国家艺术基金财务管理办法》《国家艺术基金专家委员会管理办法》《国家艺术基金项目资助管理办法》这五个制度文件是国家艺术基金开展工作的准则。国家艺术基金重点围绕创作生产、宣传推广、征集收藏和人才培养四大方向进行资助，其中，创作生产是基金支持的重点。与人文领域其他类型的基金相比，艺术基金具有多样性、开放性、广泛性、复杂性。和其他同类政府基金相比，艺术基金打破了体制、系统、行业和地域的局限，具有开放性和广泛性，其面向全社会，国有、民营、机构和个人都可以申报。国家艺术基金的资助方式分为三类：① 项目资助，即根据资助项目申报类别及评审情况予以相应资助；② 优秀奖励，即对实施效果良好、社会效益显著的项目，给予奖励资助；③ 匹配资助，即为引导和鼓励社会力量支持艺术发展，对获得其他社会资助的项目进行有限陪同资助。国家艺术基金改变了以往财政投入直接"养人"的模式，通过间接赞助、专家评审、社会监督、绩效考评等手段，充分发挥了财政资金的导向作用，保证资金投入和资金使用的公开、公平、公正、透明，也有利于督促被资助者努力提高资金使用效率。

三、文化消费的补贴与资助

文化消费的补贴与资助同样是财政转移支付的形式，只是支付对象从生产者转变为消费者。对文化消费进行补贴与资助的目的涉及三个方面：一是文化消费是一种能力，也是一种权利。从某种意义上说，文化消费是一种变相的人力资本投资，也是社会文明程度的一种体现。扩大全社会的文化消费，从文化民生的意义上体现了社会发展带来的福利。提升文化消费力是实现文化基本权利的基础。文化权利公平就是按照公益性、基本性、均等性、便利性的原则，提升全民的文化消费力。二是文化消费与文化需求是一致的，而文化需求与人们普遍的文化素养和精神品质有直接关系，促进文化消费有助于提升普通民众的文化素质。文化会在无形中影响人们的客观认知和价值判断，主导社会意识。先进的文化引导人们健康发展、积极向上，而落后的文化却让人们愚昧、消极，危害相当大。如果没有文化素质的真正提升，即使人们的收入增长了，消费增加了，也很少会将收入投入到高品质的文化消费中。正如马克思所说："对于不懂音乐的耳朵，最美的音乐也没有意义。"文化消费满足了人们的精神文化需求，与人们的兴趣爱好相契合，能够充分调动人们接受文化熏陶的自觉性和主动性并以潜移默化的方式提高人们的文化素养和思想道德境界，进而提升社会文明程度。所以，扩大文化消费、提升文化消费水平、普及文化艺术教育、提升公民的整体文化素质理应是政府极力促进推动的公共事务。三是文化消费是文化生产的目的和价值实现，也是文化经济发展的最终拉动力。同时，民众的文化消费品味也决定着文化生产的价值取向，引导文化生产走向大众，提升文化企业的市场运营能力和大众文化消费的敏感度。可以说，提升文化消费能力是增强文化产业竞争力的根源性因素。因此，从文化经济政策的视角来看，政府介入普通民众的文化消费，既是必须又是必然。

为刺激国民的文化消费，提升国民文化参与水平，法国推出"文化支票"计划。法国宪法规定公民有平等参与文化活动的权利。法国政府也制定了一系列政策，保证公民不因地理、经济和社会等方面的因素无法平等地参与文化活动。为解决不同地区文化发展不平衡的问题，减少区域间的文化差别，法国采取"文化分散政策"，将文化活动、资金和设施分散到全国各地，而非集中于巴黎，努力实现首都与外省、城市与乡村、市区与郊区之间的文化平衡，保障各地公民平等享受文化的权利。为了不使文化设施的入场费阻碍大多数公民参与文化活动，尤其是经济条件较差的未成年人和弱势群体，法国很多文化机构采取了减免入场费用的措施。在法国，未成年人可以免费参观国家古迹和博物馆。自1999年10月1日起，法国98个由国家管理的古迹在旅游旺季之外，每月提供一个星期日作为免费入场日。针对15~20岁的高中生，法国开展了"文化支票"计划，适用于电影院、剧院、博物馆、图书馆等众多场所。"文化支票"不仅是一种定价机制，而且可作为一种手段，使文化空间不再神秘，提高人们的文化选择能力，增加人们对于文化的兴趣，形成新型文化关系。

目前，我国居民文化消费较快增长的领域主要在旅游观光、休闲娱乐等表层精神消费方面，阅读、欣赏、创意等深度精神消费还比较欠缺。2016年，文化部、财政部联合下发《关于开展引导城乡居民扩大文化消费试点工作的通知》，决定在2015年"拉动城乡居民文化消费试点项目"取得成效的基础上，在全国范围内开展引导城乡居民扩大文化消费试点工作，将纳入试点工作的城市确定为"国家文化消费试点城市"。同时，中央财政将通过中央补助地方公共文化服务体系建设专项资金，按照有关规定对扩大文化消费试点工作统筹予以资金支持，这是我国首次从扩大文化消费角度出台的一项重要政策。2019年，《国务院办公厅关于进一步激发文化和旅游消费潜力的意见》（国办发〔2019〕41号）推出一系列文化消费惠民措施，以提升文化和旅游消费质量水平，增强居民消费意愿，增强人民群众的获得感、幸福感。在地方上，北京市自2012年开始实施惠民低价票政策，2016年起实施《北京市惠民低价票演出补贴项目管理办法》，提升演艺消费规模和水平。2016年年底，南京市文化和旅游局发布了《南京市引导城乡居民扩大文化消费的实施意见》及系列配套政策文件，为南京文化消费试点工作提供了完善的政策保障。结合自身实际，南京市文化消费试点以"演出市场短板"为切入口，通过制定《南京市促进演出市场消费实施办法（暂行）》《关于政府文化消费补贴剧目涉及商业赞助的规定（暂行）》和《南京市文化消费政府补贴剧目管理实施细则》等政策，进一步规范了演出试点工作，巩固了文化消费试点工作成果。为鼓励文化消费试点工作中具有示范性与拉动性的单位或机构，2018年1月，南京又出台了《南京市促进演出市场消费试点工作绩效奖励考核办法（试行）》，通过绩效奖励措施助推供给侧结构性改革和文化消费转型升级，进一步构建起"以政府为引领、市场为主导"的完善的政策体系。作为全国首批文化消费试点城市，南京自2017年以来每年落实1500万元政府补贴，极大地调动了演出机构的积极性和市民的观演热情。

四、文化税收政策

税收是市场宏观调控的重要政策工具，也是一种收入再分配的调节工具。税收作为国家机器的经济基础，其基本作用是为政府支出需要的资金提供收入。对不同的商品与服务征收不同的税率，本身是一种激励机制，能够指导和改变资源配置的方式和效率。有时为了使某些商品相对于其他产品更有吸引力，可以免税，如英国对图书免征增值税。在支持文化经济发展的过程中，需要发挥好税收的调节功能，即运用税收政策促进文化产业健康发展。"税收减免"和"收税豁免"是间接的补贴形式，一方面，那些消费这些产品和服务的人享受了优惠；另一方面，政府必须从别处收回这些"豁免"的税收①。

文化税收政策首先要确保税收基本职能的正常发挥，政府在运用税收手段的同时，要明确对文化产业实施减税免税等优惠措施所让渡的税收收入总额以及这些收入对财政可持续发展产生的影响。其次，要对不同类型的文化企业、个人进行差别化征税。具体来看，对那些公益性强的文化事业单位或公共文化服务机构，可实行免税政策，因为其社会效益显著，产生了正外部性，需要优惠政策来扶持。例如，营业税、所得税相关条例都把博物馆等同于公益性产业。由于没有盈利性收入，只有公益性收入，因此很多博物馆的营业税是免除的，所得税也会有相应的优惠。对那些公益性不强、产业化程度高的文化企业和从业个人，应该按照国家正常执行的税率征税。只是，当前许多地方为了把文化产业做成支柱产业，多数对文化产业单位给予一定的税收减免政策。另外，现在公共产品的供给是非常短缺的，由事业单位供给的公共产品不够，就需要私人资本进入，对那些私人捐赠、赞助以及私人直接投资的公益文化事业，应该减征和免征税费。在美国，税收豁免允许公司把艺术赞助的开支当作营业成本来统计，也是一种间接收税支出的形式；个人为艺术机构提供捐助享受所得税豁免，这个政策也被世界上许多国家所采用。

总体来看，我国把文化产业视为新兴产业，对文化产业相关税收政策的支持力度较大。国家每年都会根据文化企业发展的情况，出台相应的税收优惠政策。国家财政部、税务总

---

① 陶斯. 文化经济学教程[M]. 意娜，吴维忆，苏锑平，译. 北京：高等教育出版社，2019：161.

局《关于继续实施支持文化企业发展增值税政策的通知》(财税〔2019〕17号)指出,对电影主管部门(包括中央、省、地市及县级)按照各自职能权限批准从事电影制片、发行、放映的电影集团公司(含成员企业)、电影制片厂及其他电影企业取得的销售电影拷贝(含数字拷贝)收入、转让电影版权(包括转让和许可使用)收入、电影发行收入以及在农村取得的电影放映收入,免征增值税。一般纳税人提供的城市电影放映服务,可以按现行政策规定,选择按照简易计税办法计算缴纳增值税。根据财政部、税务总局、中央宣传部《关于继续实施文化体制改革中经营性文化事业单位转制为企业若干税收政策的通知》(财税〔2019〕16号),经营性文化事业单位转制为企业,自转制注册之日起五年内免征企业所得税。2018年12月31日之前已完成转制的企业,自2019年1月1日起可继续免征五年企业所得税。2006年,国务院办公厅转发了财政部等部门《关于推动我国动漫产业发展的若干意见》,文件指出要利用增值税、所得税、营业税和进口关税等方面的税收优惠政策支持我国动漫企业发展,增强市场竞争力。为落实文件精神,2008年,文化部会同财政部、国家税务总局制定并印发了《动漫企业认定管理办法(试行)》,对动漫企业、重点动漫产品和重点动漫企业认定管理的相关工作作了规范。2009年、2011年,财政部、国家税务总局先后制定了《财政部 国家税务总局关于扶持动漫产业发展有关税收政策问题的通知》(财税〔2009〕65号)、《财政部 国家税务总局关于扶持动漫产业发展增值税营业税政策的通知》(财税〔2011〕119号)等文件,对经认定的动漫企业享受的增值税、企业所得税、营业税等税种的优惠政策予以了明确。

第四节 文化产业与市场政策

一、文化产业发展政策

文化产业政策属于特殊领域的产业政策,既有经济属性,又有文化属性,既遵循经济发展规律,也要符合文艺创作规律。不同国家文化产业政策的制定取决于政治精英对文化产业的认知和态度,即对文化产业为何发展以及如何发展的看法。产业政策是由国家制定的,是政府为了实现一定的经济和社会目标而对产业的形成和发展进行干预的各种政策的总和,目的是引导国家产业发展方向,推动产业结构升级,协调国家产业结构,使国民经济健康可持续发展。在不同的经济发展阶段,文化产业会有不同的地位和作用。在国家经济发展较为落后的时期,经济发展的最重要目的是满足人民的物质需求,文化产业相对处于附属地位,不会被列为重点发展的对象。当一国经济获得长足发展之后,物质需求得到基本满足,精神文化需求将会有效释放,这时候,文化产业的重要性就会凸显出来。许多国家为了满足国民的精神文化需求,提升国家的文化软实力,传播国家文化形象,都会选择把文化产业列为国家重点支持的产业。从经济发展的角度来看,文化产业是文化与经济相互交融的集中体现,文化的经济功能在很大程度上通过文化产业得以体现。文化产业具有优结构、扩消费、增就业、促跨越、可持续的独特优势和突出特点，是一个朝阳产业、绿色产业，对促进经济增长、提升经济发展质量、推动经济发展方式转变发挥着重要作用。此外，积极发展具有国家特色、民族风格的文化产业可影响国民价值观的形成和国民对社会的基本认识，能够极大地提升国民的文化认同感和民族的凝聚力，是繁荣本国历史文化传统和文化创造的重要形式，也是维护国家文化安全和提升国家文化软实力的重要手段。在赫斯蒙德夫看来，文化产业是促进经济、社会即文化变迁的机制[①]。从上述角度分析，无论是在经济中，还是在文化发展中，文化产业都具有举足轻重的地位。因此，文化产业政策是文化经济政策最重要的组成部分之一。

从政策的性质来看，文化产业政策分为政策指导类、发展规划类和法律法规类。政策指导类主要是纲要、条例、办法、意见、通知、决定、说明等指导性文件。例如，2010年，我国中宣部等9部门共同发布了《关于金融支持文化产业振兴和发展繁荣的指导意见》（银发〔2010〕94号），这是我国第一个在国家层面上鼓励金融与文化产业全面对接的政策性指导文件；2014年，文化部、财政部共同发布《关于推动特色文化产业发展的指导意见》（文产发〔2014〕28号）；发展规划类文化产业政策比较多，而且许多还带有周期性特征，如从国家到地方制定的各类文化产业五年发展规划，还有一些针对性专项发展规划，例如2009年我国发布的《文化产业振兴规划》就是我国第一部文化产业专项规划。2017年，《文化部"十三五"时期文化产业发展规划》正式发布，该规划成为指导"十三五"时期文化产业工作的总体规划。法律法规类文化产业政策主要是指那些由国家立法机关正式通过的法律文件，具有更强的法律效力，也标志着文化产业走向成熟发展阶段。例如，《中华人民共和国电影产业促进法》由中华人民共和国第十二届全国人民代表大会常务委员会第二十四次会议于2016年11月7日通过，自2017年3月1日起施行。《中华人民共和国电影产业促进法》是为了促进电影产业健康繁荣发展、弘扬社会主义核心价值观、规范电影市场秩序、丰富人民群众精神文化生活而制定的法律。另外，2019年，司法部公布了文化和旅游部起草的《中华人民共和国文化产业促进法（草案送审稿）》及其说明，征求社会各界意见。

从涉及内容来看，文化产业政策主要包括宏观指导类、要素促进类和行业发展类三个类型。宏观指导类文化产业政策包括国家文化体制的改革以及文化产业发展的总体导向和政策指导，如我国文化部于2004年11月出台《关于鼓励、支持和引导非公有制经济发展文化产业的意见》；2005年国务院公布的《关于非公有资本进入文化产业的若干决定》使得非公有制资本进入文化产业既有理论依据，又有现实依据和法律依据。2014年，中央全面深化改革领导小组第二次会议审议通过了《深化文化体制改革实施方案》，为后续的文化改革发展规划了路线图、确立了时间表，标志着文化体制改革开始进入全面实施阶段。要素促进类政策文件相对较多，现阶段，我国基本构建了一条多部门协调、党和政府全面扶持的文化产业促进政策体系，国家出台了推动文化产业与金融、科技、贸易、旅游等产

---

① 赫斯蒙德夫. 文化产业[M]. 3版. 张菲娜, 译. 北京: 中国人民大学出版社, 2016: 9.

业融合的一系列政策，如文化部、中国人民银行、财政部发布的《关于深入推进文化金融合作的意见》（文产发〔2014〕14号），科技部、中宣部、财政部、文化部、广电总局、新闻出版总署关于印发《国家文化科技创新工程纲要》的通知（国科发高〔2012〕759号），国务院《关于推进文化创意和设计服务与相关产业融合发展的若干意见》（国发〔2014〕10号）等。行业发展类政策主要是针对文化各行业的发展政策，包括电影、动漫、游戏、旅游、设计、传媒、广告等行业，相关政策、法规的数量和类型较多。例如，国家新闻出版广电总局、财政部《关于推动新闻出版业数字化转型升级的指导意见》（新广发〔2014〕52号），国务院《关于促进旅游业改革发展的若干意见》（国发〔2014〕31号），国务院办公厅《关于印发三网融合推广方案的通知》（国办发〔2015〕65号），新闻出版广电总局、财政部《关于推动传统出版和新兴出版融合发展的指导意见》（新广发〔2015〕32号）等。

从世界范围看，韩国、日本、欧洲等国家和地区非常注重文化产业政策。以韩国为例，韩国制定了"文化强国2010"战略，先后推出了一系列文化产业政策，旨在跻身于世界文化产业五大强国之列。集中培育数字化时代的核心——文化内容产业，力求达到"世界三大游戏强国""世界五大电影强国""亚洲音乐强国"和"广播影视先进国"等现实目标。为此，韩国政府制定和实施了与之相匹配的政策法规，如《文化产业振兴基本法》《关于音像、录像及游戏的法律》《综合广播法》《电影振兴法》《内容产业振兴法》等。同时，每一届政府都会出台文化产业发展计划。

案例/专栏11-4

中国（上海）自由贸易试验区临港新片区促进文化产业发展若干政策（节选）

2020年4月14日，《中国（上海）自由贸易试验区临港新片区促进文化产业发展若干政策》对外发布，节选内容如下：

（三）支持数字文化产业发展

8. 深挖动漫游戏文化潜力，支持原创动漫游戏的创作和推广。鼓励市场主体充分挖掘反映中华优秀传统文化及社会主义核心价值观的动漫游戏题材，投资创作或改编漫画、电视动画、网络动漫、网络游戏、手游等优秀原创项目。对入选中国民族网络游戏出版工程、国家动漫品牌建设和保护计划等国家级重大项目，以及中国文化艺术政府奖动漫奖等国家级重大奖项的优秀原创动漫游戏作品，经评审认定，给予最高不超过500万元的奖励。

（五）支持创意与设计产业发展

15. 促进时尚创意产业发展，支持并鼓励打造时尚精品地标。支持市场主体在公共文化空间、创意园区、商圈、展馆等区域打造集聚时尚创意品牌、时尚创意产品、时尚创意人物、时尚创意活动为一体的时尚精品地标，总投资额达到5000万元及以上的，经评审认定，按不超过总投资额的30%给予补贴，最高补贴金额不超过2000万元。

（八）支持开展对外文化贸易

20. 积极开拓国际市场，支持提升文化贸易服务能力。鼓励开展文化出口业务，支持文化创意企业参加境外艺术节、动漫展、影视展、演艺展、游艺游戏设备展览等国际大型展会和文化活动。对首次被评定为国家级、市级文化出口重点项目的，经评审认定，分别给予最高不超过 100 万元、50 万元的奖励。对积极参加境外知名文化创意产业展会，能有力提升临港新片区文化品牌影响力的，经评审认定，给予最高不超过展位费 30% 的补贴，最高补贴金额不超过 50 万元。

二、监管政策与规制法规

政府对制定经济运行的监管框架及其管理负有重要的责任，对文化领域，还有一些发挥独特作用的特殊监管手段[①]。在文化经济领域，政府行使监管职责的主要原因在于文化经济政策的价值导向，即制定文化经济政策需要兼顾文化商品所产生的社会效益及其本身所具有的意识形态属性。政府有责任让更多有益于社会和谐发展和民众身心健康的文化商品被生产出来并在文化市场上流通、传播和扩散；反之，要制定政策让那些影响身心健康、违背社会主流意识形态、社会效益低下的文化商品无法过多占用各类生产资源，降低甚至禁止它们的流通。文化市场与人民群众的日常文化生活关系密切，涉及演出、娱乐、旅游、音像、电影、文物、艺术品、网络以及出版物在内的多个门类，还有各种传统媒体和新兴媒体，文化领域已经形成了综合性文化市场体系。针对上述内容，政府的监管任务涉及文化市场产品服务的内容监管和文化经营活动的导向管理以及制定规制法规，保证现代文化市场体系的形成和规范运行，推动文化市场健康、持续发展，其监管和规制任务繁重、责任重大，决定着民众文化权益的保障和美好文化生活需要的实现。

在内容监管和文化经营活动导向管理方面，我国出台了相应的文化经济政策。2015 年，中共中央办公厅、国务院办公厅发布《关于推动国有文化企业把社会效益放在首位、实现社会效益和经济效益相统一的指导意见》（中办发〔2015〕50 号），强调国有企业应把社会效益放在经营管理的首位。另外，对于行业的监督和管理仍然是工作的重点之一，相关法规有《艺术品经营管理办法》《文化市场综合行政执法管理办法》《游戏游艺设备管理办法》《娱乐场所管理条例》和《互联网上网服务营业场所管理条例》，还包括新闻出版广电总局《关于移动游戏出版服务管理的通知》《微博客信息服务管理规定》、国家新闻出版广电总局办公厅《关于进一步规范网络视听节目传播秩序的通知》等。2018 年，国家互联网信息办公室依据《网络安全法》《互联网信息服务管理办法》《互联网直播服务管理规定》等法律法规，要求"快手""火山小视频"暂停有关算法推荐功能并将一些违规网络主播纳入跨平台禁播黑名单，禁止其再次注册直播账号。另外，我国正在加快构建以信用为核心的市场监管体系，不断提升对文化市场的综合执法能力。总体来看，相较于迅

[①] 索罗斯比. 文化政策经济学[M]. 易昕，译. 大连：东北财经大学出版社，2013：4.

猛发展的网络文化市场,相关的法律法规建设存在较大的滞后性。基于当前实际情况分析,现阶段,我国有关网络文化监管的法律法规本身的立法层次相对较低,具体表现为"规多法少",尽管表面上与网络文化市场管理相关的部门规章、行政法规非常多,但因为在内容规定方面不够细致,再加上没有跟随快速发展的网络文化市场进行调整,导致法律法规的约束作用大打折扣[①]。

在坚定社会效益与经济效益相统一的基本底线的前提下,现代文化市场体系的构建仍然是未来文化产业政策的重点工作。为此,我国出台了一系列文化经济政策,关注点有两个:一是知识产权的保护与管理,二是规范文化市场中不合理的经济现象。2014年,国务院办公厅转发《深入实施国家知识产权战略行动计划(2014—2020年)》(国办发〔2014〕64号)。2018年2月,中共中央办公厅、国务院办公厅印发《关于加强知识产权审判领域改革创新若干问题的意见》,文件意在强化知识产权创造、保护、运用,破解制约知识产权审判发展的体制机制障碍,充分发挥知识产权审判激励和保护创新、促进科技进步和社会发展的职能作用。2018年3月,国务院办公厅又发布了《知识产权对外转让有关工作办法(试行)》(国办发〔2018〕19号),文件明确了知识产权对外转让的审查范围、审查内容、审查机制等,为规范知识产权对外转让秩序,贯彻落实总体国家安全观,完善国家安全制度体系,维护国家安全和重大公共利益迈出了坚实的一步。2020年11月11日,十三届全国人大常委会第二十三次会议表决通过关于修改《著作权法》的决定,修订后的《著作权法》自2021年6月1日起施行,是保护原创作品的利剑。知识产权保护是激励创新的基本手段,是创新原动力的基本保障。国家对于知识产权相关工作的重视和部署,事关创新驱动发展战略的实施,事关经济社会文化发展繁荣,对于建设知识产权强国和世界科技强国具有重要意义。

另外,针对文化市场上出现的各种乱象,2018年,中宣部等五部门联合发布关于整治"天价片酬""阴阳合同"等问题的《关于开展文娱领域综合治理工作的通知》等政策,要求加强对影视行业"天价片酬""阴阳合同"、偷逃税等问题的治理,控制不合理片酬,推进依法纳税,促进影视业健康发展。同年,国家广电总局下发《关于进一步加强广播电视和网络视听文艺节目管理的通知》。对于综艺嘉宾片酬,国家广播电视总局在该通知中做出明确规定,全部嘉宾总片酬不得超过节目总成本的40%,主要嘉宾片酬不得超过嘉宾总片酬的70%;同时规定,政府资金、免税的公益基金等不得参与投资娱乐性、商业性强的电视剧、网络剧(含网络电影)。

三、对外文化贸易政策

对外文化贸易政策研究涉及政策学、文化学、国际贸易学、文化安全等多维视角,是文化经济政策的重要组成部分。在文化全球化交流和贸易的过程中,一个国家的文化安全不仅与其文化产业发展的程度成正比,而且与其文化产业的国际贸易化程度成正比。也就

---

① 端木潘婷,余杰. 网络虚拟现实中的文化雾霾及其生态协同治理研究[J]. 老区建设,2016(16):52-53.

是说，一个国家在国际文化贸易中的顺差越大，说明其文化影响力和文化软实力越强，国家的文化安全就越有保障。在这样的背景下，国际文化贸易存在着经济价值与文化价值的冲突，即在贸易谈判中，是只考虑经济利益而把文化商品作为普通商品看待，还是考虑到它们的文化价值，将其作为特殊的商品来看待。1995 年在成立世界贸易组织（WTO）时，法国和加拿大提出将视听媒体一项排除在 GATT 之外，也就是人们所熟知的"文化例外"，但这项议案没有获得通过。1995 年签署的《服务贸易总协定》（GATS）还是允许对视听产品予以灵活对待。特别的是，各成员国可以自行决定是否对某些特殊服务贸易的市场准入、最惠国待遇和国民待遇等问题做出承诺。传统贸易谈判总是关于经济的，无论是 WTO 中的多边谈判，还是近年来经常出现的双边自由贸易谈判。任何认为在决定"游戏规则"时应该把文化价值也考虑进去的建议都会被经济学家们认为是有碍效率和不切实际的。然而，在实施上，文化贸易对文化身份、自我认同存在着重要的影响。

经济全球化促使经济和文化的融合不断加深，我国对外文化贸易持续高速增长，我国文化产品在国际文化市场上的份额不断扩大，竞争力显著增强。从整体表现来看，我国已经成为文化服务贸易大国，但在文化服务贸易领域的表现与经济地位仍有较大差距。从《中国对外文化贸易发展报告 2018—2019》和联合国贸易组织公布的数据来看，我国文化服务进出口总额虽然保持扩张态势，但均为逆差，而且我国文化服务贸易逆差呈现扩大的趋势，这显然与我国的国际地位和经济地位不相符。如图 11-2 所示，2016 年，美国、韩国、英国等国家的文化贸易出口额大于进口额，总体处于顺差位置。而我国的进口额为 21.40 亿美元，出口额仅为 7.42 亿美元，逆差额较大。

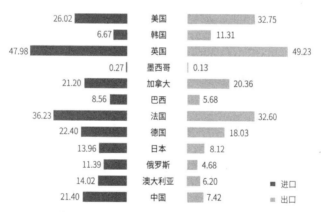

图 11-2　2016 年文化服务贸易额排名前 12 的国家（单位：亿美元）

数据来源：2016 年联合国商品贸易数据库。

为了促进对外文化贸易的水平，我国出台了相关文化经济政策。2014 年 3 月，国务院印发《关于加快发展对外文化贸易的意见》（国发〔2014〕13 号）对加快发展对外文化贸易、推动文化产品和服务出口做出了全面部署。该意见在现行政策的基础上，分别从工作重点、财税支持、金融服务、服务保障方面全面系统地提出了支持对外文化贸易发展的政策措施。

为了维护我国的文化独立性和多样性，我国在文化产品进口方面保持着以我为主、稳步推进的原则。我国政府在国外文化产品和服务（尤其是内容文化产品和服务）的输入内容和数量、中外文化合作以及外商投资等方面都有严格的规定，对于核心文化产品和服务的对外开放采取逐步放开的策略，以维护国家文化和社会安全并保护弱势文化产业。限制进口的文化贸易政策工具包括关税壁垒和非关税壁垒。由于关税壁垒主要针对以物质形态存在的商品，因此进口关税主要对文化产品进口起到限制作用。而对于文化服务以及内容文化产品的进口主要采取非关税壁垒的限制措施。其中，数量限制、本地内容限制和市场准入等政策手段是我国政府用来保护我国文化产业（尤其是内容文化产品和服务）的发展和文化安全，为其参与激烈的国际竞争争取一定空间和时间的有效手段。

因此，在未来的文化产业政策设计规划上，不仅应该注重我国文化产业"引进来"与"走出去"的政策制定，更应该注重对国家文化安全的保护，确立以国家利益为最高利益的文化发展观，建立积极的国家文化安全预警系统，加快国家文化贸易体制的改革，全面推进国家文化创新能力的建设。

本章小结

- 文化体制，是指国家党政文化部门的组织设置、相互关系以及它们对社会各从业主体运转的管理规定和建立在各种关系上所制定的系列制度的集合。
- 世界上存在四种不同的文化体制模式。一是以英美为代表的以资本为主导的市场化文化体制模式；二是以法国为代表的政府主导国家文化事业发展的管理体制模式；三是以日本、韩国为代表的宏观文化管理体制模式；四是以过去苏联为代表的社会主义文化体制模式。
- 文化体制改革是我国现阶段继续推行改革开放事业的着力点，我国文化体制逐渐向政府承担公益性文化事业和市场经营文化产业的方向转变，因此必须正确处理政府和市场的关系。
- 文化体制包括了文化政策，文化政策制定的根本依据是文化体制。
- 文化经济政策制定的理论依据有文化产品的"双重效益"和外部性问题，鲍莫尔法则与"成本病"。
- 文化经济政策的价值导向为：社会效益的优先性、经济效益的兼顾性、文化多样性与多元文化需求的包容性、意识形态与国家文化安全的保障性。
- 以政府财税政策为主的文化经济政策主要针对政府在文化领域的收入和支出，政府部门制定的一些促进文化市场和文化产业发展的文化经济政策主要是针对政府制定的促进、规制和管理的宏观政策法规。文化经济政策包括公共文化的直接投入、文化生产的补贴与资助、文化消费的补贴与资助、文化税收政策。

- 对文化消费进行补贴与资助的目的涉及三个方面：一是文化消费是一种能力，也是一种权利；二是文化消费与文化需求是一致的，促进文化消费有助于提升普通民众的文化素质；三是文化消费是文化生产的目的和价值实现，也是文化经济发展的最终拉动力。
- 从政策的性质来看，文化产业政策分为政策指导类、发展规划类和法律法规类；从涉及内容来看，文化产业政策分为宏观指导类、要素促进类和行业发展类。
- 政府对制定经济运行的监管框架及其管理负有重要的责任，对文化领域，还有发挥一些独特作用的特殊监管手段。政府的监管任务涉及文化市场产品服务的内容监管和文化经营活动的导向管理以及制定规制法规，保证现代文化市场体系的形成和规范运行，推动文化市场健康、持续发展，其监管和规制任务繁重、责任重大，决定着民众文化权益的保障和美好文化生活需要的实现。
- 在未来的文化产业政策设计上，不仅应该注重我国文化产业"引进来"与"走出去"的政策制定，更应该注重对国家文化安全的保护，确立以国家利益为最高利益的文化发展观，建立积极的国家文化安全预警系统，加快国家文化外贸体制的改革，全面推进国家文化创新能力的建设。

综合练习

一、本章基本概念

体制、文化体制、文化经济政策、中国文化体制改革、文化产品的"双重效益"、鲍莫尔法则、意识形态领导权、"一臂之距"、文化税收政策、文化产业政策。

二、本章基本思考题

1. 简述世界上存在的四种不同的文化体制模式。
2. 简述文化体制与文化政策的关系。
3. 简述影响文化经济政策制定的价值导向因素。
4. 简述文化经济政策的财政支出和税收政策的基本内容。
5. 从政策涉及内容角度简述文化产业政策的基本内容。
6. 简述我国文化经济领域的监管政策和法律法规以及目前存在的问题。
7. 简述我国对外文化贸易的现状以及目前的对外文化贸易政策。

参 考 文 献

[1] 马克思. 资本论[M]. 中共中央编译局, 译. 北京：人民出版社, 2018.

[2] 李向民. 中国文化产业史[M]. 长沙：湖南文艺出版社, 2006.

[3] 李嘉图. 政治经济学及赋税原理[M]. 郭大力, 王亚南, 译. 北京：商务印书馆, 1962.

[4] 斯密. 国富论[M]. 胡长明, 译. 重庆：重庆出版社, 2015.

[5] 熊彼特. 经济发展理论[M]. 何畏, 易家详, 译. 北京：商务印书馆, 2017.

[6] 凡勃伦. 有闲阶级论[M]. 蔡受百, 译. 北京：商务印书馆, 1982.

[7] 布尔迪厄. 区分：判断力的社会批判[M]. 刘晖, 译. 北京：商务印书馆, 2015.

[8] 李向民. 中国艺术经济史[M]. 南京：江苏教育出版社, 1995.

[9] 张光直. 中国青铜时代[M]. 北京：三联书店, 1983.

[10] 萧清. 中国古代货币史[M]. 北京：人民出版社, 1984.

[11] 亚里士多德. 政治学[M]. 吴寿彭, 译. 北京：商务印书馆, 1965.

[12] 孟. 贸易论[M]. 顾为群, 刘漠云, 陈国雄, 等, 译. 北京：商务印书馆, 1997.

[13] 巴尔本. 贸易论[M]. 顾为群, 刘漠云, 陈国雄, 等, 译. 北京：商务印书馆, 1997.

[14] 魁奈. 魁奈经济著作选集——略论国民每年收入的分配变化情况[M]. 吴斐丹, 张草纫, 译. 北京：商务印书馆, 1979.

[15] 曼德维尔. 蜜蜂的寓言：私人的恶德, 公众的利益[M]. 刘霈, 译. 北京：华文出版社, 2019.

[16] 布阿吉尔贝尔. 布阿吉尔贝尔选集[M]. 伍纯武, 梁守锵, 译. 北京：商务印书馆, 1984.

[17] 布阿吉尔贝尔. 法国详情及补篇[M]. 伍纯武, 译. 北京：商务印书馆, 1981.

[18] 坎蒂隆. 商业性质概论[M]. 余永定, 徐寿冠, 译. 北京：商务印书馆, 1986.

[19] 左罗妮. 当代艺术经济学：市场、策略与参与[M]. 管理, 译. 大连：东北财经大学出版社, 2016.

[20] 凯夫斯. 创意产业经济学——艺术的商品性[M]. 康蓉, 张兆慧, 冯晨, 等, 译. 北京：商务印书馆, 2017.

[21] 陶斯. 文化经济学[M]. 周正兵, 译. 大连：东北财经大学出版社, 2016.

[22] 李向民. 精神经济[M]. 北京：新华出版社, 1999.

[23] 李向民, 王晨. 文化产业管理概论[M]. 北京：清华大学出版社, 2015.

[24] 花建. 产业界面上的文化之舞[M]. 上海：上海人民出版社, 2002.

[25] 花建. 文化软实力：全球化背景下的强国之道[M]. 上海：上海人民出版社，2013.

[26] 胡惠林. 文化政策学[M]. 上海：上海交通大学出版社，1999.

[27] 胡惠林. 文化产业发展与国家文化安全[M]. 广州：广东人民出版社，2005.

[28] 熊澄宇. 文化产业研究：战略与对策[M]. 北京：清华大学出版社，2006.

[29] 熊澄宇. 中国文化产业政策研究[M]. 北京：清华大学出版社，2017.

[30] 陈少峰. 文化产业战略与商业模式[M]. 长沙：湖南文艺出版社，2006.

[31] 陈少峰. 企业文化与企业伦理[M]. 上海：复旦大学出版社，2009.

[32] 金元浦. 跨越世纪的文化变革：中国当代文化发展研究报告[M]. 北京：首都师范大学出版社，2001.

[33] 祁述裕. 中国文化产业国际竞争力报告[M]. 北京：社会科学文献出版社，2004.

[34] 祁述裕. 中国文化政策研究报告[M]. 北京：社会科学文献出版社，2011.

[35] 张晓明，王家新，章建刚. 文化蓝皮书：中国文化产业发展报告（2015—2016）[M]. 北京：社会科学文献出版社，2016.

[36] 张晓明. 国际文化产业发展报告：第1卷[M]. 北京：社会科学文献出版社，2007.

[37] 齐勇锋. 中国文化发展战略与公共财政研究[M]. 北京：中国经济出版社，2014.

[38] 齐勇锋. 中国文化产业学术年鉴：2003—2007年卷[M]. 北京：文化艺术出版社，2009.

[39] 尹鸿著. 通变之途：新世纪以来的中国电影产业[M]. 北京：中国社会科学出版社，2019.

[40] 傅才武，宋丹娜. 文化市场演进与文化产业发展——当代中国文化产业发展的理论与实践研究[M]. 武汉：湖北人民出版社，2008.

[41] 傅才武. 近代中国国家文化体制的起源、演进与定型[M]. 北京：中国社会科学出版社，2016.

[42] 傅才武. 中国文化市场的演进与发展[M]. 北京：经济科学出版社，2019.

[43] 顾江. 文化产业经济学[M]. 南京：南京大学出版社，2007.

[44] 顾江. 文化遗产经济学[M]. 南京：南京大学出版社，2009.

[45] 范建华. 中国文化产业通论[M]. 昆明：云南人民出版社，2013.

[46] 范建华. 中国特色文化与特色文化产业研究：十卷本[M]. 昆明：云南大学出版社，2014，2018，2019.

[47] 李炎. 西部文化产业理论与实践[M]. 昆明：云南大学出版社，2015.

[48] 李炎. 区域文化产业研究[M]. 昆明：云南大学出版社，2014.

[49] 范周. 文化产业论纲[M]. 北京：社会科学文献出版社，2016.

[50] 范周. 中国文化产业新思考[M]. 北京：光明日报出版社，2010.

[51] 中国社会科学院文化研究中心. 文化发展的理论与政策——基于文化竞争的战略研究[M]. 北京：社会科学文献出版社，2013.

[52] 李凤亮. 文化科技蓝皮书：文化科技创新发展报告[M]. 北京：社会科学文献出版社，2017，2018，2019，2020.

[53] 丁未，李凤亮. 粤港澳台文化创意产业发展报告（2014）：聚焦数字产业[M]. 北京：社会科学文献出版社，2015.

[54] 单世联. 文化大转型：批判与解释——西方文化产业理论研究[M]. 北京：中国社会科学出版社，2017.

[55] 魏鹏举，周正兵. 文化产业投融资[M]. 长沙：湖南文艺出版社，2008.

[56] 魏鹏举. 文化产业与经济增长——文化创意的内生价值研究[M]. 北京：经济管理出版社，2015.

[57] 向勇. 文化立国[M]. 北京：华文出版社，2012.

[58] 向勇. 文化的流向：发展文化产业学论稿[M]. 北京：中国文联出版社，2016.

[59] 舒尔茨. 论人力资本投资[M]. 吴珠华，等，译. 北京：首都经济贸易大学出版社，1990.

[60] 布劳格. 经济学方法论[M]. 吴士均，译. 北京：商务印书馆，1992.

[61] 安土敏. 日本超级市场探原[M]. 北京：中国人民大学出版社，1992.

[62] 吕庆华. 文化资源的产业开发[M]. 北京：经济日报出版社，2006.

[63] 萧桂森. 连锁经营理论与实践[M]. 海口：南海出版社，2004.

[64] 孙军正，王乐平. 文化与人才突破[M]. 北京：中国财富出版社，2014.

[65] 孙全胜. 列斐伏尔"空间生产"的理论形态研究[M]. 北京：中国社会科学出版社，2017.

[66] 王育济，齐勇峰，侯祥祥. 中国文化产业学术年鉴：1979—2001年卷[M]. 济南：山东人民出版社，2010.

[67] 戴汝为. 社会智能科学[M]. 上海：上海交通大学出版社，2006.

[68] 李向民，王晨. 文化产业：变革中的文化[M]. 北京：经济科学出版社，2005.

[69] 萨缪尔森，诺德豪斯. 经济学[M]. 17版. 萧琛，译. 北京：人民邮电出版社，2004.

[70] 李建平，安乔治. 价格学原理[M]. 北京：中国人民大学出版社，2015.

[71] 波兹曼. 娱乐至死[M]. 章艳，译. 桂林：广西师范大学出版社，2011.

[72] 熊澄宇，张铮，孔少华. 世界数字文化产业发展现状与趋势[M]. 北京：清华大学出版社，2016.

[73] 思罗斯比. 经济学与文化[M]. 王志标，张峥嵘，译. 北京：中国人民大学出版社，2015.

[74] 李怀亮. 国际文化贸易导论[M]. 北京：中国人民大学出版社，2008.

[75] 李凤丹. 马克思主义文化哲学视角下的国家文化安全问题研究[M]. 北京：人民出版社，2020.

[76] 胡惠林. 国家文化安全学[M]. 北京：清华大学出版社，2016.

[77] 韩骏伟，胡晓明．国际文化贸易[M]．广州：中山大学出版社，2009．

[78] 张骞．国际文化产品贸易法律规制研究[M]．北京：中国人民大学出版社，2013．

[79] 冯洁．国际文化贸易发展研究[M]．杭州：浙江大学出版社，2019．

[80] 王婧．国际文化贸易[M]．北京：清华大学出版社，2015．

[81] 佟东．国际文化贸易[M]．北京：经济管理出版社，2016．

[82] 范爱军．国际贸易学[M]．北京：高等教育出版社，2016．

[83] 张斌．国际文化贸易[M]．北京：人民出版社，2019．

[84] 薛荣久．世界贸易组织概论[M]．北京：清华大学出版社，2019．

[85] 张丽英．世界贸易组织法律制度与实践[M]．北京：高等教育出版社，2012．

[86] 芙恩．文化产品与世界贸易组织[M]．裘安曼，译．北京：商务印书馆，2010．

[87] 张乃根．与贸易有关的知识产权协定[M]．北京：北京大学出版社，2018．

[88] 张丽英．世界贸易组织法律制度与实践[M]．北京：高等教育出版社，2012．

[89] 苏东水．产业经济学[M]．北京：高等教育出版社，2010．

[90] 索罗斯比．文化政策经济学[M]．易昕，译．大连：东北财经大学出版社，2013．

[91] 米勒．文化政策[M]．刘永孜，付德根，译．南京：南京大学出版社，2017．

[92] 李向民，王晨．文化产业：变革中的文化[M]．北京：经济科学出版社，2005．

[93] 凯尔纳．媒体文化：介于现代与后现代之间的文化研究、认同性与政治[M]．丁宁，译．北京：商务印书馆，2004．

[94] 海闻，林德特，王新奎．国际贸易[M]．上海：格致出版社，2012．

[95] 陶斯．文化经济学教程[M]．意娜，吴维忆，苏建平，译．北京：高等教育出版社，2019．

[96] 赫斯蒙德夫．文化产业[M]．3版．张菲娜，译．北京：中国人民大学出版社，2016．

[97] 傅才武．中国文化创新报告（2017）[M]．北京：社会科学文献出版社，2018．

[98] 汪颖．中国文化贸易政策研究[D]．南昌：江西财经大学，2015．

[99] 陈建军．中国与"一带一路"沿线国家文化产品贸易研究[D]．武汉：中南财经政法大学，2018．

[100] 中国互联网信息中心．第47次中国互联网络发展状况统计报告[R]．北京：中国互联网络信息中心，2021．

[101] 中华人民共和国文化和旅游部．文化发展统计分析报告[R]．北京：中国统计出版社．2018．

[102] 叶朗．文化产业与我国21世纪的经济发展[J]．经纪人，2002（2）：20-24．

[103] 伍业锋．产业业态：始自零售业态的理论演进[J]．产经评论，2013，4（3）：27-38．

[104] 徐运保，曾贵．大数据战略下我国创意产业业态创新路径探索——基于新经济内涵嬗变视角[J]．理论探讨，2018（6）：108-114．

[105] 李向民. 新时代：加速崛起的精神经济时代[J]. 山东大学学报（哲学社会科学版），2020（1）：40-46.

[106] 张曾芳，张龙平. 论文化产业及其运作规律[J]. 中国社会科学，2002（2）：98-106.

[107] 李向民，杨昆. 新时代的文化生态与文化业态[J]. 深圳大学学报（人文社会科学版），2021（2）：39-48.

[108] 李凤亮，宗祖盼. 文化与科技融合创新：模式与类型[J]. 山东大学学报（哲学社会科学版），2016（1）：34-42.

[109] 陈少峰，陈晓燕. 基于数字文化产业发展趋势的商业模式构建[J]. 北京联合大学学报（人文社会科学版），2013，11（2）：64-69.

[110] 林炳坤，吕庆华. 创意农业业态演化机理及其趋势研究[J]. 技术经济与管理研究，2020（4）：117-122.

[111] 赵志立. 文化产业发展要重视新的文化业态[J]. 成都大学学报（社会科学版），2007（5）：3-5.

[112] 杜丽芬. 新兴文化业态：核心概念及其初步分类[J]. 商场现代化. 2010（17）：109-111.

[113] 王林生. 互联网文化新业态的产业新特征与发展趋势[J]. 甘肃社会科学，2017（5）：9-16.

[114] 尹宏. 文化科技融合促进文化产业发展研究[J]. 江西社会科学，2015（4）：50-55.

[115] 傅才武，李国东. 促进文化科技融合的模式与政策路径分析[J]. 艺术百家，2015（11）：57-63.

[116] 于泽. 文化科技融合的内涵、目标、互动关系探究[J]. 科技管理研究，2017（1）：66-68.

[117] 高宏存，纪芬叶. 区域突围、集群聚合与制度创新——"十四五"时期文化产业高质量发展的大视野[J]. 行政管理改革，2021（2）：16-27.

[118] 薛贺香. 论中国新型文化业态的发展方向[J]. 区域经济评论，2018（4）：81-88.

[119] 江小涓，罗立斌. 网络时代的服务全球化[J]. 中国社会科学，2019（2）：68-91.

[120] 解学芳，高嘉琪. AI技术与制度协同驱动文化产业演化机理及进阶模式. 社会科学研究，2021（2）：104-114.

[121] 克拉克，李鹭. 场景理论的概念与分析：多国研究对中国的启示[J]. 东岳论丛，2017，38（1）：16-24.

[122] 牛盼强. 我国文化统计的困境与解决途径[J]. 统计与决策，2017（5）：2.

[123] 吕洁华，王凤，蔺泽一. 我国文化产业统计核算数据有效性的实证分析[J]. 统计与决策，2015（19）：25-28.

[124] 刘杨，顾海兵. 文化创意产业统计：国际镜鉴与引申[J]. 改革，2017（6）：143-151.

[125] 魏和清，李燕辉，肖惠妩. 我国文化产业综合发展实力的空间统计分析[J]. 统计与决策，2017（15）：83-87.

[126] 安奉钧,李树海,赵建强. 我国文化产业统计存在的问题及对策思考[J]. 统计与决策, 2016（4）: 33-37.

[127] 丁未,张弈. 文化统计与中国城市文化指标体系建构[J]. 福建论坛（人文社会科学版）, 2017（6）: 162-168.

[128] 国凤兰,刘庆志. 文化消费统计指标体系的设计[J]. 统计与决策, 2015（8）: 36-40.

[129] 曹麦. 中国文化贸易统计分析[J]. 调研世界, 2016（6）: 54-56.

[130] 徐蔼婷. 德尔菲法的应用及其难点[J]. 中国统计, 2006（9）: 57-59.

[131] 林甦,任泽平. 模糊德尔菲法及其应用[J]. 中国科技论坛, 2009（5）: 102-103.

[132] 田军,张朋柱,王刊良,等. 基于德尔菲法的专家意见集成模型研究[J]. 系统工程理论与实践, 2004（1）: 57-62.

[133] 韩广华,樊博. 李克特式量表语义差异对科学测量的影响[J]. 科技进步与对策, 2017, 34（20）: 1-6.

[134] 郭显光. 改进的熵值法及其在经济效益评价中的应用[J]. 系统工程理论与实践, 1998（12）: 99-103.

[135] 朱喜安,魏国栋. 熵值法中无量纲化方法优良标准的探讨[J]. 统计与决策, 2015（2）: 12-15.

[136] 谢开贵,周家启. 组合预测模型的回归分析方法[J]. 重庆大学学报（自然科学版）, 2003（1）: 62-65.

[137] 刘晓莉. 试验设计中多元回归分析方法的研究[J]. 数理统计与管理, 2001（4）: 14-16.

[138] 傅惠民. 回归分析的数据融合方法[J]. 机械强度, 2004（2）: 159-163.

[139] 张祥建,徐晋,李向民,等. 终极竞争力:全球文化竞争力的评价与分析[J]. 贵州大学学报（社会科学版）, 2020, 38（2）: 53-71.

[140] 骆郁廷. 文化软实力:基于中国实践的话语创新[J]. 中国社会科学, 2013（1）: 20-24.

[141] 张国祚. 文化软实力研究[J]. 中国高校社会科学, 2015（1）: 42-45.

[142] 熊正德,郭荣凤. 国家文化软实力评价及提升路径研究[J]. 中国工业经济, 2011（9）: 16-26.

[143] 肖永明,张天杰. 中国文化软实力研究的回顾与前瞻[J]. 湖南大学学报（社会科学版）, 2010, 24（1）: 12-17.

[144] 贾磊磊. 中国文化软实力提升的策略与路径[J]. 东岳论丛, 2012, 33（1）: 41-45.

[145] 何鸿飞. 文化企业价值评估的指标体系探究——基于文化产品和服务视角[J]. 人文天下, 2020（11）: 43-48.

[146] 陶建杰,尹子伊. 中国文化软实力:国际评价、传播影响与提升策略[J]. 现代传播（中国传媒大学学报）, 2020, 42（7）: 51-55.

[147] 李少惠,韩慧. 我国地方政府公共文化服务承载力的差异研究[J]. 图书馆杂志, 2020, 39 (7): 37-47.

[148] 孙莹,孙良泉,刘志强,等. 数字文化企业信用评价指标研究[J]. 质量探索, 2020, 17 (1): 70-76.

[149] 朱媛媛,甘依霖,李星明,等. 中国文化消费水平的地域分异及影响因素[J]. 经济地理, 2020, 40 (3): 110-118.

[150] 杨林. 文化消费现象及其评价体系变化研究[J]. 商业经济研究, 2018 (15): 50-52.

[151] 马艳,王琳. 三大经济长波理论的比较研究[J]. 当代经济研究, 2015 (3): 32-39.

[152] 熊澄宇. 数字内容产业的发展趋势与动力分析[J]. 全球传媒学刊, 2015 (2): 39-53.

[153] 花建. 长三角文化产业高质量一体化发展: 战略使命、优势资源、实施重点[J]. 上海财经大学学报, 2020 (4): 33-48.

[154] 曹磊,杨荣斌. 世界科技创新——新态势、新环境、新政策[J]. 世界科学, 2020 (S1): 25-27.

[155] 杨嵘均. 论网络空间草根民主与权力监督和政策制定的互逆作用及其治理[J]. 政治学研究, 2015 (3): 110-122.

[156] 江凌,陈轶欧. 论国家文化贸易安全——基于国际文化贸易比较的视角[J]. 毛泽东邓小平理论研究, 2015 (8): 77-83.

[157] 朱康有,杜芳芳. 文化多样性与中国文化安全[J]. 中国井冈山干部学院学报, 2014, 7 (3): 16-22.

[158] 王军. "文化例外"的历史演变及当代启示[J]. 理论月刊, 2017 (2): 44-48.

[159] 李小牧,李嘉珊. 国际文化贸易: 关于概念的综述和辨析[J]. 国际贸易, 2007 (2): 41-44.

[160] 范帆,杨颖. 《保护和促进文化表现形式多样性公约》谈判通过始末[J]. 中国出版, 2006 (2): 9-11.

[161] 张玉国,朱筱林. 文化、贸易和全球化(上)[J]. 中国出版, 2003 (1): 47-52.

[162] 张玉国,朱筱林. 文化、贸易和全球化(下)[J]. 中国出版, 2003 (2): 37-41.

[163] 曾燕萍. 中国与"一带一路"沿线国家文化贸易总体格局与互补性研究[J]. 上海对外经贸大学学报, 2020 (2): 41-50.

[164] 陈柏福,刘莹. 我国对外文化贸易竞争力状况分析——基于"一带一路"沿线国家核心文化产品贸易的比较[J]. 湖湘论坛, 2021, 34 (1): 115-128.

[165] 陈敬贵,曾兴. "一带一路"背景下中国与南亚国家文化产品贸易合作[J]. 南亚研究季刊, 2019 (4): 101-108.

[166] 周经,刘厚俊. 世界文化创意产品的比较优势与产业内贸易研究[J]. 软科学, 2011, 25 (6): 16-20.

[167] 许陈生，程娟. 文化距离与中国文化创意产品出口[J]. 国际经贸探索，2013，29（11）：25-38.

[168] 孙俊新. 文化距离、文化贸易与对外直接投资区位选择[J]. 经济问题探索，2020（12）：103-110.

[169] 桂韬. 我国动漫产品出口面临的文化贸易壁垒及对策[J]. 对外经贸实务，2013（10）：52-55.

[170] 彭岳. 贸易与道德：中美文化产品争端的法律分析[J]. 中国社会科学，2009（2）：136-148.

[171] 廖军华，屠玉帅，简保权. 国外创意农业对中国发展创意农业的启示[J]. 世界农业，2016（2）：16-20.

[172] 李向民，韩顺法. 我国深化文化体制改革的理论探析及政策选择[J]. 东岳论丛，2010（4）：155-159.

[173] 端木潘婷，余杰. 网络虚拟现实中的文化雾霾及其生态协同治理研究[J]. 老区建设，2016（16）：52-53.

[174] 王晨. 专家热议文化产业新业态[N]. 中国文化报，2008-05-16（007）.

[175] 姜念云. 文化与科技融合的内涵、意义与目标[N]. 中国文化报，2012-02-14（3）.

[176] 陈金龙. 文化多样化新特点探源[N]. 人民日报，2019-03-22（10）.

[177] 何玲. 中阿博览会：共识与共赢[N]. 中国经济时报，2019-09-09（007）.

[178] GRUBEL, LLOYD. Intra-Industry Trade: The Theory and Measurement of International Trade in Differentiated Products[M]. New York: Wiley, 1975.

[179] UNESCO, Culture, Trade and Globalization: Question and Answers[R]. Paris: UNESCO Publishing, 2000.

[180] AGUIAR M. Hurst E. Measuring trends in leisure: the allocation of time over five decades[J]. Quarterly Journal of Economics, 2007, 122(3): 969-1006.

[181] NYE, JR JOSEPH S. Public Diplomacy and Soft Power[J]. Annals of The American Academy of Political and Social Science, 2008, 616(1): 94-109.

[182] LILIAN. Trade, culture and the European Union cultural exception[J]. International Journal of Cultural Policy, 2019, 25(5): 568-581.

[183] GUNTHER G. Schulze. International Trade in Art [J]. Journal of Cultural Economics, 1999, 23: 1-2.

后　　记

随着文化创意产业热的持续升温，作为经济学理论的一个分支，"文化经济学"开始受到越来越多的重视。本世纪初，国内部分高校和研究机构开始了对文化产业相关专业的本科和研究生教育，学科建设和专业建设都迫切需要回答文化经济的重大基础理论问题。教育部在颁布"文化产业管理"本科专业培养方案时，也将"文化经济学"列入专业基础课。

但是，不得不承认，经济学界对此没有做好足够的准备，甚至没有给予足够的关注。

历史地看，我国经济学家往往重视宏观经济现实，很少关注文化经济这样的部门性问题。正如钱学森在1987年谈到精神经济学时所说的："这个大问题，我国经济学家也出不了多少力，他们也没有研究过，还望有志于此的同志继续努力！"

近年来，国内外学者也先后开展了对文化经济学理论的系统研究，涌现了一批具有一定水准的专著和教材。但是随着文化经济的发展，出现许多新的情况和问题，需要及时给予解释和分析。

因此，重新写一本文化经济学教材很有必要。2020年，中国文化产业管理专业委员会年会上，大家一致商定，要推出一批代表国内文化产业学术界水平的教材。因为我和南京艺术学院文化产业学院的团队大都是经济学出身，因而当仁不让地承担起文化经济学的编著工作。参加本书编写的人员基本都拥有高级职称、博士学位，并且以经济管理为支点。编写组认真研究了文化经济学的理论体系，并且参考了现有的文化经济学的主要论著。大家确定大纲后，分工写作初稿。各章主要执笔人：第一章李向民、第二章袁玥、第三章徐万欢、第四章姚缘、第五章徐堃、第六章王晨、第七章周瓅、第八章杨昆、第九章伍俊龙、第十章杨昆、第十一章韩顺法。完成初稿后，编写组多次组织会议，逐章逐节地研讨教材内容，在吸取大家意见后，对相关部分进行修改。如此反复六次，最终由我统稿。

虽然这是一本教材，但反映了我和我的团队对精神经济理论的最新思考，可以说是精神经济学的最新版本。当然，本教材的编写参考了国内外相关研究成果和教材，以反映理论界的研究水平。同时，为了贯彻课程思政的要求，我们对中央和国家的重大政策，及时吸收并且加以阐释。对于一些文化经济领域的新情况、新问题，我们也力图进行理论的分析。

感谢编委会的信任和清华大学出版社的支持，感谢中国文化产业管理专业委员会全体同仁和各位审读专家，也感谢各高校和任课老师选用本教材。由于认识水平和时间的原因，本教材还有许多不足之处，恳请大家提出宝贵意见，以便在再版时进行修订。

李向民识于南京观鹰阁
2021年7月31日